Internet

PARA LEIGOS®

Tradução da 14ª Edição

Internet Para Leigos

Folha de Cola

Há mais de uma década as pessoas navegam na internet e fazem pesquisas nas páginas da web. Você encontra aqui as principais características e extensões dos programas mais comuns para navegar na internet.

Utilizando o Firefox para Navegar na Internet

O Firefox faz com que o uso da internet seja algo leve. Ele foi o primeiro programa a implementar o recurso de abas. A seguinte lista resume seus principais recursos:

- **Faça o download gratuito do Firefox** em `www.mozilla.com.br`. Depois disso ele poderá fazer updates automáticos. (Selecione Firefox⇨Opções⇨Avançado⇨Updates.)
- **Adicione páginas aos seus favoritos:** Pressione Ctrl + D.
- **Edite os seus favoritos:** Pressione Ctrl + Shift + B.
- **Configure suas preferências de navegação:** Clique em Firefox⇨Opções.
- **Configure a página atual (ou as páginas) como sua página inicial:** Clique em Firefox⇨Opções⇨Geral e selecione "abrir página inicial" na parte "ao iniciar o Firefox:". Se você quiser abrir múltiplas abas, o Firefox se lembrará de todas.
- **Apague os cookies ou seu histórico de navegação:** Clique em Firefox⇨Opções⇨Privacidade e clique em "limpar os dados pessoais mais recentes" para o histórico; para os cookies, clique em "excluir cookies em particular".
- **Bloqueie janelas pop-up:** Clique em Firefox⇨Opções⇨Conteúdo e certifique-se de que a caixa "bloquear janelas pop-up" esteja marcada. Clique em Exceções (à sua direita) para especificar os sites que podem ou não abrir pop-ups.

Utilizando o Chrome para Navegar na Internet

O Chrome oferece toda a velocidade e confiabilidade que se espera de um produto do Google. A lista a seguir resume seus principais recursos:

- **Faça o download gratuito do Chrome** em `www.chrome.com.`
- **Adicione páginas aos seus Favoritos:** Pressione Ctrl + D.
- **Edite seus favoritos:** Pressione Ctrl + Shift + B para exibir ou ocultar a barra de favoritos.
- **Configure sua página inicial:** Clique no ícone Personalizar e Controlar o Google Chrome e selecione Configurações; no item Inicialização, selecione a caixa "Abre uma página específica ou um conjunto de páginas" e clique em "Configurar páginas".
- **Apague os cookies ou seu histórico de navegação:** Clique no ícone Personalizar e Controlar o Google Chrome e selecione Ferramentas; na aba que se abre, clique em Limpar dados de navegação. (Ou pressione Ctrl + Shift + Del.)
- **Bloqueie janelas pop-up:** o Chrome já bloqueia os pop-ups automaticamente.

Para Leigos: A série de livros para iniciantes que mais vende no mundo.

Internet Para Leigos

Folha de Cola

Utilizando o Navegador da Microsoft: Internet Explorer

O Internet Explorer (IE), da Microsoft, é o navegador mais conhecido da internet, pois já vem instalado nos computadores com Windows. A lista a seguir resume seus principais recursos:

- **O Internet Explorer já vem com o Windows:** Faça o download ou atualize para novas versões em `www.microsoft.com.br/ie`.
- **Adicione páginas aos seus favoritos:** Clique na barra Adicionar aos Favoritos ou pressione Ctrl + D.
- **Edite seus favoritos:** Clique no ícones Favoritos ou pressione Alt + C.
- **Configure a página atual como sua página inicial:** Selecione Ferramentas⇨Opções da Internet ⇨Geral e selecione Usar Atual na seção de seleção de home page.
- **Apague os cookies ou o seu histórico de navegação:** Selecione Ferramentas⇨Segurança e selecione Excluir Histórico de Navegação (ou pressione Ctrl + Shift + Del).
- **Controle os cookies no seu computador:** Selecione Ferramentas⇨Opções da Internet⇨ Privacidade e clique em Avançado; na janela que se abre, selecione Ignorar Manipulação Automática de Cookies. Em seguida, marque Cookies Internos para Aceitar e Cookies de Terceiros para Bloquear.
- **Bloqueie janelas pop-up:** Selecione Ferramentas⇨Opções da Internet⇨Privacidade e clique em Avançado. Em seguida, verifique se a caixa de texto Ativar Bloqueador de Pop-ups está desmarcada; se não estiver, desmarque-a.

Utilizando o Navegador da Apple: Safari

Safari é o navegador padrão para a maioria dos usuários de Mac. Existe uma versão gratuita para Windows também.

- **Macs, iPhones e iPads vêm com o Safari instalado.** Você pode baixar a versão para Windows em `www.apple.com/safari`.
- **Adicione páginas aos seus marcadores:** Clique no ícone de sinal de mais no canto esquerdo da Barra de Endereços.
- **Configure sua página inicial:** Clique no ícone Configurações (a engrenagem), escolha Preferências, clique na aba Geral e, no item O Safari Abre Com, selecione Página Inicial.
- **Apague o histórico das páginas que visitou:** Clique no ícone Configurações, vá em Preferências, clique na aba Privacidade e, em seguida, em Remover Todos os Dados dos Sites.
- **Controle cookies no seu computador:** Clique no ícone Configurações, escolha Preferências, clique na aba Privacidade e selecione a opção Bloquear Cookies.
- **Bloqueie janelas de pop-up:** Clique no ícone Configurações, escolha Preferências, clique na aba Segurança e, em seguida, marque a opção Bloquear Janelas de Pop-up, caso não esteja marcada.

Internet para Leigos®

Tradução da 14ª Edição

por John R. Levine
Margaret Levine Young

ALTA BOOKS
EDITORA
Rio de Janeiro, 2016

Internet Para Leigos — ISBN: 978-85-7608-808-0

Impresso no Brasil, 2016

Edição revisada conforme Acordo Ortográfico da Língua Portuguesa de 2009.

Produção Editorial
Editora Alta Books

Gerência Editorial
Anderson Vieira

Assistente Editorial
Carolina Giannini

Supervisão Editorial
Sergio de Souza

Produtor Editorial
Claudia Braga
Thiê Alves

Design Editorial
Aurélio Corrêa

Marketing Editorial
marketing@altabooks.com.br

Gerência de Captação e Contratação de Obras
J. A. Rugeri
Marco Pace
autoria@altabooks.com.br

Vendas Atacado e Varejo
Daniele Fonseca
Viviane Paiva
comercial@altabooks.com.br

Ouvidoria
ouvidoria@altabooks.com.br

Equipe Editorial
Bianca Teodoro
Christian Danniel
Jessica Carvalho
Juliana Oliveira
Renan Castro
Silas Amaro

Copidesque
Wendy Campos

Revisão Gramatical
Wellington Nascimento

Revisão Técnica
Marcos Figueredo

Diagramação
Joyce Matos

Dados Internacionais de Catalogação na Publicação (CIP)

L665i Levine, John R.
Internet para leigos / por John R. Levine, Margaret Levine Young – Rio de Janeiro, RJ : Alta Books, 2015.
376 p. : il. ; 24 cm. – (Para leigos)

Inclui índice.
Tradução de: The Internet for dummies (2. ed.).
ISBN 978-85-7608-808-0

1. Internet - Manuais, guias, etc. 2. World Wide Web (Sistema de recuperação da informação). 3. Redes sociais on-line. I. Young, Margaret Levine. II. Título. III. Série.

CDU 004.738.5
CDD 004.678

Índice para catálogo sistemático:
1. Internet 004.738.5

(Bibliotecária responsável: Sabrina Leal Araujo – CRB 10/1507)

ALTA BOOKS
EDITORA

Rua Viúva Claudio, 291 – Bairro Industrial do Jacaré
CEP: 20970-031 – Rio de Janeiro – Tels.: (21) 3278-8069/8419
www.altabooks.com.br – e-mail: altabooks@altabooks.com.br
www.facebook.com/altabooks – www.twitter.com/alta_books

Sobre os Autores

John R. Levine foi membro do clube de computação durante o Ensino Médio — antes que os alunos, ou até mesmo as escolas de Ensino Médio, tivessem computadores. Foi onde ele conheceu Theodor H. Nelson, autor de *Computer Lib/Dream Machines* e inventor do hipertexto, lembrando-nos que os computadores não deveriam ser levados a sério e que todos podem e devem entendê-los e usá-los.

John criou seu primeiro programa em 1967 em um IBM 1130 (um computador um pouco menos poderoso do que o seu relógio de pulso moderno, apenas mais difícil de usar). Ele se tornou administrador de sistemas oficial de uma rede de computadores em Yale, em 1975. Em 1977, começou a trabalhar em tempo parcial — para uma empresa de computadores, é claro — e tem entrado e saído do ramo de computadores e redes desde então. Teve sua empresa na Usenet (o sistema mundial de discussões da internet) tão cedo que aparece em um artigo em uma edição da revista *Byte* de 1982 sobre um mapa da Usenet, que então era tão pequena que o mapa cabia em meia página.

Embora John costumasse passar a maior parte do tempo criando softwares, agora passa mais tempo escrevendo livros (incluindo *UNIX For Dummies* e livros técnicos como *Linkers and Loaders* e *qmail*), porque é mais divertido e ele pode fazer isso em casa, na pequena cidade de Trumansburg, estado de Nova York, onde, no seu tempo livre, foi prefeito por vários anos, e pode ficar com sua filha enquanto trabalha. John também ministra uma quantidade razoável de palestras (visite `www.johnlevine.com` para ver a programação). Ele possui bacharelado e pós-doutorado em Ciência da Computação pela Universidade de Yale, mas, por favor, não use isto contra ele.

No Ensino Médio, **Margaret Levine Young** estava no mesmo clube de computação que seu irmão mais velho, John. Ela permaneceu no ramo por todo o período da universidade, contra todas as probabilidades e apesar da presença de John como aluno de pós-graduação no Departamento de Ciência da Computação. Margy se pós-graduou em Yale e tornou-se uma das primeiras gerentes de sistemas no início da década de 1980 na Columbia Pictures, onde pegava o elevador com grandes estrelas cujos nomes nem sonharia em listar aqui.

Desde então, Margy foi coautora de mais de 25 livros sobre computação, a respeito de tópicos que incluem internet, UNIX, WordPerfect, Microsoft Access e (do passado) PC-File e Javelin, incluindo *The Internet For Dummies Quick Reference* e *UNIX For Dummies*, além de *Windows Vista: The Complete Reference* e *Internet: The Complete Reference* (ambos da Osborne/McGraw-Hill). Ela conheceu seu futuro marido, Jordan, no R.E.S.I.S.T.O.R.S. (o clube de informática que mencionamos). Sua outra paixão são seus filhos, junto com a música, Universalismo Unitário, leitura, tricô, jardinagem (você nunca planta alho suficiente) e qualquer coisa a ver com comida. Ela mora em Vermont (veja alguns cenários em www.gurus.org/margy — em inglês) e trabalha como gerente de equipe web para a Unitarian Universalist Association (www.uua.org).

Visite os autores online em net.gurus.org (*conteúdo em inglês*).

Dedicatória

John e Margy dedicam este livro a seu pai, Bob Levine, que, depois de 93 anos, ainda trabalha árduamente para fazer do mundo um lugar melhor, e à memória de Dionir de Souza Gomes Young.

Agradecimentos dos Autores

Agradecemos a Shelby Meyerhoff, extraordinária trabalhadora de redes sociais, por escrever os capítulos sobre Facebook e Twitter.

Mark Enochs nos conduziu pelo processo editorial, apesar das nossas tentativas de sair, ao mesmo tempo que (sem dúvida a um grande custo pessoal) nos fazia parecer melhores escritores do que somos. Steve Hayes que nos ajudou a nos organizar, tarefa nem um pouco fácil. Agradecemos ainda ao resto da equipe da John Wiley & Sons, especialmente aqueles listados na página de agradecimentos do editor.

John agradece a Tonia, e Margy agradece a Jordan por manter tudo em ordem. Todos agradecemos a Bill Gladstone, da Waterside Productions, pelo incentivo. O conteúdo inteiro deste livro foi editado e submetido ao editor usando a web — praticando o que pregamos. Agradecemos aos nossos provedores de internet: Lightlink and Brightworks Computer Consulting (Ithaca, Nova Iorque — Olá, Homer! Olá, John!) e OTT Communications (Shoreham, Vermont).

Finalmente, agradecemos a todos os astutos leitores (não diríamos sabichões) que nos enviaram comentários sobre edições anteriores e nos ajudaram a melhorar esta. Se você tiver sugestões, comentários ou reclamações sobre este livro, envie-os para `altabooks@altabooks.com.br`.

Sumário Resumido

Parte I: Bem-vindo à Internet 5

Capítulo 1: O que Há de Tão Interessante na Internet? 7

Capítulo 2: A Internet É Segura? Vírus, Spyware, Spam e Outras Coisas Nojentas 15

Capítulo 3: As Crianças e a Internet 35

Parte II: Internet, Aqui Vou Eu! 47

Capítulo 4: Montando Seu Equipamento para Navegar na Web 49

Capítulo 5: Configurando Sua Própria Rede ou Ponto Wi-Fi 75

Capítulo 6: Bem-vindo à Selvagem, Maravilhosa e Maluca Web 89

Capítulo 7: Levando Seu Navegador para Dar uma Volta 109

Parte III: Passando Tempo com Amigos Online 137

Capítulo 8: Mensagem Para Você: Enviando e Recebendo E-mails 139

Capítulo 9: Colocando Seus E-mails no Lugar 161

Capítulo 10: Socializando com o Facebook e o Google+ 177

Capítulo 11: Tweetando sobre a Sua Vida 191

Capítulo 12: Digitando e Conversando na Internet 203

Parte IV: A Web Está Cheia de Coisas Interessantes 229

Capítulo 13: Agulhas e Palheiros: Encontrando Quase Tudo na Internet 231

Capítulo 14: Música e Vídeo na Web 251

Capítulo 15: Mais Compras, Menos Desistências 269

Capítulo 16: Bancos, Pagamento de Contas e Investimentos Online 289

Parte V: Colocando Seu Próprio Material na Net 301

Capítulo 17: Dando um Mergulho Online 303

Capítulo 18: Blogs: O Mundo Lendo Seu Diário 317

Parte VI: A Parte dos Dez 327

Capítulo 19: Dez Coisas Divertidas para Fazer Online 329

Capítulo 20: Dez Coisas que Valem a Pena Fazer Online 337

Índice 343

Sumário

Introdução *1*

Sobre Este Livro 1
Como Usar Este Livro 2
Penso que... 2
Como Este Livro Está Organizado 3
Ícones Usados Neste Livro 4
Além Deste Livro 4

Parte I: Bem-vindo à Internet *5*

Capítulo 1: O que Há de Tão Interessante na Internet? 7

Afinal, o Que É a Internet? 7
E Esse Estardalhaço Todo? 9
Qualquer pessoa pode acessar 10
É política, social e religiosamente correta 10
A vantagem da internet 11
Ok, e o que Vem a Seguir? 14

Capítulo 2: A Internet É Segura? Vírus, Spyware, Spam e Outras Coisas Nojentas 15

Privacidade: Quem É Quem e o Que Eles Podem Descobrir sobre Você ... 16
Com quem estou falando? 17
Segurança em primeiro lugar 18
Phishing: roubo de informações 18
Não morda a isca 20
Web bugs registram as propagandas que você lê 21
Cookies podem ser bons 21
Sabemos aonde você está 23
Segurança: Como as Pessoas Podem Invadir Seu PC 23
Vírus chegam por e-mail 24
Worms vêm direto pela internet 25
Spywares chegam através de sites 25
Janelas pop-up aparecem em todos os lugares 28
Qual é a senha, Sr. Potter? 28
Spam, Bacon, Spam, Ovos e Spam 31
Por que é chamado de spam 31
Por que é tão nocivo 32
O que você pode fazer a respeito 32
Segurança: Como Manter Você e Sua Família Seguros 33

Capítulo 3: As Crianças e a Internet 35

Formas Muito Legais de as Crianças Usarem a Internet 35
Formas Mais ou Menos de as Crianças Usarem a Internet 37
Formas Não Tão Boas de as Crianças Usarem a Internet 38
Formas Muito Ruins das Crianças Usarem a Internet 39
A Internet e as Crianças Pequenas 40
Navegue com Segurança 41
Vender, Vender, Vender! 42
Quem Está Online? 43
A Internet nas Escolas 43
Alguns Sites Úteis 45

Parte II: Internet, Aqui Vou Eu! 47

Capítulo 4: Montando Seu Equipamento para Navegar na Web 49

De que Tipo de Computador Você Precisa? 50
Ei, eu nem tenho um computador! 50
Sim, tenho aquela caixa bege velha no armário 51
Sim, tenho um BitBucket 2015 novinho em folha 51
Sim, pretendo comprar um tablet como o iPad 51
Sim, tenho um smartphone 52
Tipos de Conexão com a Internet 53
Internet via Smartphone e Tablets 54
Café com Wi-Fi 55
Wi-Fi pode ser gratuito, ou não 55
Conectando a uma rede Wi-Fi de um tablet ou celular 56
Conectando a rede Wi-Fi de um laptop 57
Aeroportos, hotéis e outros 57
Wi-Fi e e-mail não se misturam 58
Conexões Rápidas: DSL e Internet a Cabo 59
O que é banda larga, afinal? 59
O que É uma Conta? 60
Modens DSL e Cable Modens 60
Como seu computador se conecta ao modem 61
Conectando sua internet a cabo 62
Conectando sua DSL 62
Fios para todos os lados! 63
Depois do instalador configurar sua internet a cabo ou DSL 64
Verificando sua conexão DSL ou a cabo 66
Entrei! 68
Softwares Essenciais para Manter seu Sistema Seguro 69
Deixando os caras maus lá fora 69
Nenhum vírus precisa de solicitação 71
Detectando spyware 71
Nossa Configuração Favorita de Internet 73
Você Está Conectado — E Agora? 73

Capítulo 5: Configurando Sua Própria Rede ou Ponto Wi-Fi. . . . 75

Apenas um Computador para Acessar a Internet? Nããão 75
Primeiro, Crie uma LAN 76
A caixa no meio — hub, switch ou roteador 77
Configurando um roteador 78
Configurando roteadores para conexões DSL que requeiram um nome de usuário e senha 78
Conectando sua LAN ao modem 80
Conectando Seus Computadores à LAN com Fios 81
Esqueça os Fios — Use Wi-Fi! 82
Coloque uma senha, por favor! 83
Criando a conexão Wi-Fi 84
Configuração Rápida com WPS 86
Configuração em casa e no escritório 86

Capítulo 6: Bem-vindo à Selvagem, Maravilhosa e Maluca Web 89

O Que É World Wide Web? 89
Conectando páginas da web 90
Encontrando a página que você quer 91
Onde está essa página? 92
Navegando para Lugares Desconhecidos 92
Navegando pela Web com Seu Navegador 96
Navegando 97
Voltando! 97
Indo a lugares 97
Um ótimo lugar para começar a navegar 100
Onde não clicar 102
Esta página parece estranha ou desatualizada 102
Tire-me daqui 102
Visualizando Várias Páginas da Web ao Mesmo Tempo 103
Mania de janelas 103
A dança das abas 103
Navegando com Seu Smartphone ou Tablet 105
Obtendo e Instalando um Navegador 105
Obtendo o programa 106
Executando um novo navegador pela primeira vez 106

Capítulo 7: Levando Seu Navegador para Dar uma Volta 109

Salvando Coisas da Web 109
Salvando o texto de uma página 110
Salvando uma imagem 110
Imprimindo páginas 110
Algumas das Suas Coisas Favoritas 111
Criando favoritos com o Firefox 111

Criando favoritos de um clique no Firefox 113
Armazenando favoritos no Internet Explorer 113
Criando favoritos de um clique no Internet Explorer 114
Adicionando páginas da web à sua barra de tarefas Windows 115
Favoritando uma página (incluindo um clique) com o Chrome 115
Criando favoritos arrastando e clicando com o Safari 116
Preenchendo Formulários 117
Sabendo Onde Iniciar 119
Especificando onde o Firefox deve iniciar 120
Configurando a página inicial e a página de abertura no Internet Explorer 121
Informando ao Chrome o que exibir na inicialização 122
Configurando a página inicial no Safari 123
Quem Consegue Lembrar Todas Essas Senhas? 123
Armazenando senhas no Firefox 124
Armazenando senhas no IE 125
Armazenando senhas no Chrome 125
Armazenando senhas no Safari 126
Cookies (Geralmente) São Seus Amigos 126
Armazenando cookies no Firefox 127
Explorando os cookies no Internet Explorer 127
Cookies e o Chrome 128
Safari com cookies 128
Por Onde Você Andou? 128
Histórico de navegação 128
Ah, na verdade, em lugar nenhum 129
Bloqueando Janelas Pop-Up 130
Sem pop-ups no Firefox 130
Bloqueando pop-ups no Internet Explorer 131
O Chrome e os pop-ups 131
O Safari bloqueia pop-ups 132
Quando os Navegadores Param de Funcionar 132
Conectando-se com Plug-Ins 132
Quatro plug-ins essenciais 133
Como usar plug-ins 134

Parte III: Passando Tempo com Amigos Online 137

Capítulo 8: Mensagem Para Você: Enviando e Recebendo E-mails 139

Qual É o Meu Endereço? 140
A parte do domínio 140
A parte do nome de usuário 141
Obtendo sua Própria Caixa de Mensagens 142
Juntando tudo 143
E Como Leio Meus E-mails? 144

A Web É um Ótimo Local para Ler Seus E-mails........ 145
Lendo no webmail........ 145
Enviando e-mails pelo webmail........ 147
Lendo Seus E-mails no Smartphone ou Tablet........ 148
Configurando seu programa de e-mails em um telefone ou tablet... 148
Lendo seus e-mails em um telefone ou tablet........ 149
Enviando e-mails em um telefone ou tablet........ 149
Lendo Seus E-mails em um Programa de E-mail........ 150
Abundância de servidores de e-mail........ 151
Alguns programas de e-mail populares........ 152
Configurando o Outlook........ 153
Configurando o Apple Mail........ 153
Enviar E-mail É Fácil........ 155
E-mails Chegando........ 156
Lendo suas mensagens........ 156
Apagando mensagens de forma rápida e fácil........ 158
Para Quem Eu Escrevo?........ 158
Evitando Vírus, Malware e Outros Incômodos por E-mail........ 160

Capítulo 9: Colocando Seus E-mails no Lugar. 161

Algumas Palavras das Damas da Etiqueta........ 162
Fique frio!........ 162
Sorria!........ 164
Spam: Eliminar, Eliminar, Eliminar!........ 164
Filtragem de spam no webmail........ 164
Filtrando spam no seu telefone ou tablet........ 165
Filtrando spam no Outlook........ 165
Filtrando spam no Apple Mail........ 166
De Volta para Você, Sam: Respondendo ao E-mail........ 166
Cadastrando Seus Amigos........ 168
Quem é quem........ 168
Endereçando mensagens no modo fácil........ 170
Batatas Quentes: Encaminhando E-mails........ 171
Batatas Frias: Salvando E-mails........ 171
Armazenando mensagens em sistemas de webmail........ 172
Arquivando mensagens em um smartphone ou tablet........ 172
Arquivando mensagens no Outlook........ 173
Arquivando mensagens no Apple Mail........ 173
Enviando Arquivos por E-mail........ 173
Anexar é fácil........ 173
Criando anexos........ 174
Recebendo Anexos........ 175

Capítulo 10: Socializando com o Facebook e o Google+. 177

O Facebook Não É a Única Rede Social........ 177
Iniciando-se no Facebook........ 179

O Facebook em seu navegador ... 179
O Facebook no seu bolso ... 180
Expandindo Seu Perfil ... 181
Conectando-se com seus amigos ... 181
Grupos de amigos ... 182
Você quer que o mundo inteiro veja isso? ... 183
Um pouco de precaução ... 184
Não Perca as Novidades ... 184
Atualizando seu status ... 185
Respondendo e Dialogando com Seus Amigos ... 186
De olho no Feed de Notícias ... 187
Enviando mensagens ... 187
Deixando de seguir e desfazendo amizades ... 187
Excesso de Facebook ... 188
O Google Socializa com o Google+ ... 188
Hangout do Google ... 190

Capítulo 11: Tweetando sobre a Sua Vida ... 191

Iniciando ... 192
O Twitter em seu navegador ... 192
O Twitter em seu celular ou tablet ... 193
Lendo Tweets e Seguindo Twitters ... 194
Pesquisando o universo dos tweets ... 194
E toda essa pontuação esquisita? ... 194
Ei, eu gosto dos tweets desta pessoa ... 195
Como Não Ficar Soterrado por Todos Esses Tweets ... 195
Listas ... 195
Salvando suas pesquisas ... 196
Preparando-se para Tweetar ... 196
Seu perfil no Twitter ... 196
Tweetando em particular ... 197
Como Tweetar ... 198
Hashtags identificam as palavras-chave ... 198
Incluindo um endereço da web no seu tweet ... 198
Respondendo e retweetando ... 198
Estou falando com você: mensagens diretas ... 200
Vamos todos tweetar ao mesmo tempo ... 200
Levando o Twitter a Sério ... 200

Capítulo 12: Digitando e Conversando na Internet ... 203

Conversando com uma pessoa por mensagem instantânea ... 204
Batendo papo via Facebook ... 205
Mensagens instantâneas via Google ... 206
Abreviações e Emoticons para Bate-Papo ... 207
Adicionando Vozes e Rostos ... 209
O que você falou? Conectando o som ... 209

Estou vendo você! 211
Conversando pelo Google Hangouts 211
Boas Viber-ações 212
Bate-papo com voz e vídeo usando o Skype 214
Outros recursos do Skype 214
Uma Volta pela Cidade Virtual 215
Participando de grupos no Facebook 215
Lendo o Reddit 216
Listas de e-mails: Tem certeza de que não é lixo eletrônico? 218
Postando em quadros de mensagens 223
Veja Quem Está Batendo Papo 225
Onde todos estão conversando? 225
Quem sou eu? 226
Digitar ou falar? 226
Acostumando-se à cultura do bate-papo 226

Parte IV: A Web Está Cheia de Coisas Interessantes...... 229

Capítulo 13: Agulhas e Palheiros: Encontrando Quase Tudo na Internet 231

Sua Estratégia Básica de Pesquisa 233
Vamos à Procura! 234
Google, o nosso mecanismo de busca favorito 234
Refinando sua pesquisa 234
Ainda mais opções do Google 237
Bing! 239
Navegando com Diretórios 241
Diretórios Yahoo! 241
Para fatos, experimente primeiro a Wikipédia 243
Os Suspeitos Comuns: Outros Sites Úteis de Pesquisa 245
Encontrando Pessoas 246
Procurando endereços de e-mail 246
Procurando pessoas no Google 246
Usando outros sites de busca por pessoas 247
Somos do Seu Navegador e Estamos Aqui para Ajudá-lo 247
Muitas Barras de Ferramentas 248

Capítulo 14: Música e Vídeo na Web 251

Sete Formas de Obter Mídia e Uma Forma de Não Obter 252
Recebendo de presente 252
Pegando emprestado por streaming 252
Comprando mídia 253
Tocando mídia de CDs e DVDs que você já tem 253
Assinando serviços de mídia 253
Compartilhando Mídia 254

Alugando mídia ... 254
Roubando mídia — hum... não ... 255
Como Você Está Ouvindo? ... 255
iTunes ... 256
Windows Media Player ... 256
Que Tal um Pouco de Música? ... 257
Copiando músicas dos seus próprios CDs ... 258
Organizando suas músicas com o iTunes ... 258
Criando listas de execução ... 258
Assinando Podcasts ... 259
Assinando podcasts na web ... 259
Assinando podcasts com o iTunes ... 260
Tocando Música e Podcasts ... 260
Ouvindo Rádio na Internet ... 261
Sintonizando uma estação ... 261
Criando sua própria estação ... 262
Assistindo a Filmes na Web ... 263
O YouTube ... 264
Colocando você no YouTube ... 265
Assistindo a filmes ... 266
Assistindo à TV ... 267

Capítulo 15: Mais Compras, Menos Desistências ... 269

Comprando Online: Os Prós e os Contras ... 269
A Questão do Cartão de Crédito ... 270
Pagando na Loja ... 272
Quanto Você Quer Pagar? ... 273
Subindo e Partindo ... 274
A teoria das passagens aéreas ... 274
Mais sobre companhias aéreas online ... 276
Mais Lugares Para Fazer Compras ... 277
Leilões e itens usados ... 277
Craiglist ... 279
Livros, música e mais ... 279
Roupas ... 280
Computadores ... 281
Alimentos ... 282
Mais Opiniões do que Você Imaginou ... 283
Viagens e alimentação ... 283
Vrum, vrum ... 284
Imóveis ... 285
Imóveis por temporada ... 286
Perguntas e Respostas ... 286

Capítulo 16: Bancos, Pagamento de Contas e Investimentos Online. 289

Indo ao Banco sem Sair de Casa 289
Transferindo dinheiro entre contas bancárias 291
Pagando contas online 292
Utilizando outros serviços bancários online 294
Lidando com Cartões de Crédito 294
Pague com o PayPal 295
Investindo Seu Dinheiro Online 297
Fundos de investimento 297
Corretores de ações 298
Acompanhando o portfólio 298
Ferramentas de Orçamento 299

Parte V: Colocando Seu Próprio Material na Net 301

Capítulo 17: Dando um Mergulho Online 303

Formas de Publicar na Web 303
Diga "X"! 304
Organizando Suas Fotos 306
Compartilhando Documentos e Agendas 306
Criando um documento no Google 307
Compartilhando a riqueza 309
Criando e compartilhando uma agenda online 309
Indo além do Google Docs 309
Os Bons e Velhos Arquivos na Nuvem 310
Criando Seu Próprio Site 311
Há muitos criadores de páginas 312
O que dizer? 313
Configurando uma Loja Online 314

Capítulo 18: Blogs: O Mundo Lendo Seu Diário. 317

O que Tem em um Blog? 317
Como ler um blog 319
Mais fotos do que texto 320
Comentando em blogs 320
Super-blogs 321
Assinando blogs 321
Escrevendo Seu Próprio Blog 322
Encontrando um lugar para o seu blog 323
Postando 324
Ilustrando seu blog 325
Blogando sons 325

Parte VI: A Parte dos Dez 327

Capítulo 19: Dez Coisas Divertidas para Fazer Online 329

Compartilhar Imagens e Vídeos com Seus Amigos e Família 329
Assistir a Filmes, TV e Anúncios 330
Ouvir Programas de Rádio Atuais e Antigos 330
Jogar Damas ou Buraco 332
Jogar Outros Jogos Online 332
Descobrir Quanto Seus Itens Valem 332
Criar Seu Próprio Jato Jumbo 333
Visitar Museus de Arte pelo Mundo 333
Viajar pelo Planeta 334
Viajar pelo Sistema Solar 335
Criar Seu Próprio Mundo 335
Ler Quadrinhos 336
Compartilhar Sua Tela com um Amigo 336

Capítulo 20: Dez Coisas que Valem a Pena Fazer Online 337

Alimentar Quem Tem Fome 337
Apoiar uma Instituição de Caridade Enquanto Faz Compras 338
Encontrar Bons Projetos para Ajudar a Financiar 338
Tornar-se um Microfinanciador ou um Filantropo 338
Aprender 339
Editar uma Enciclopédia 339
Digitalizar Livros Antigos 340
Buscar Vida Extraterrestre ou a Cura do Câncer 341
Aconselhar um Adolescente ou Jovem Online 341
Apadrinhar ou Adotar uma Criança 342

Índice 343

Introdução

Bem-vindo ao *Internet Para Leigos*. A internet está tão interligada à vida atual — trabalho, escola, política e jogos — que ignorá-la não é mais uma opção. Este livro descreve o que você precisa fazer para se tornar um *internauta* (alguém que navega pela internet com habilidade): como começar, o que você precisa saber e aonde ir para obter ajuda. E, tudo isso, de forma simples e divertida.

Quando escrevemos o primeiro *Internet Para Leigos* 21 anos atrás (puxa!), um usuário típico de internet era um estudante conectado em sua universidade ou um trabalhador técnico que a acessava no escritório. A World Wide Web era tão nova que só tinha algumas centenas de páginas. A internet cresceu loucamente chegando a atingir um bilhão de pessoas comuns (ousamos dizer isso?), que se conectam em casa ou no trabalho, junto com estudantes desde o ensino fundamental até o ensino superior. Esta edição se concentra naquilo que é mais interessante para os usuários típicos — como encontrar qualquer tipo de assunto ou matéria na World Wide Web, baixar coisas interessantes, enviar e receber correio eletrônico (e-mail) e, ainda, comprar, investir, conversar e jogar online.

Sobre Este Livro

Não temos a ilusão de achar que você esteja suficientemente interessado na internet a ponto de se sentar e ler este livro inteiro (embora ele possa ser uma ótima leitura de banheiro). Mas, ao se deparar com um problema usando a internet ("Humm, *achei* que sabia encontrar antigos programas de TV na rede, mas parece que não consigo me lembrar."), basta consultar o livro e resolver seu problema.

As seções contêm informações para:

- Entender o que é a internet
- Permanecer seguro online
- Conectar seu computador (ou tablet ou telefone ou o que quer que seja) à internet
- Explorar a World Wide Web
- Localizar pessoas, lugares e coisas
- Comunicar-se por e-mail

- Passar tempo com seus amigos usando o Facebook, mensagens instantâneas e outros métodos
- Assistir a filmes, ouvir programas de rádio e outras atividades divertidas online
- Publicar seu próprio conteúdo online em sites e redes sociais

Como Usar Este Livro

Para começar, por favor, leia os dois primeiros capítulos. Eles trazem uma visão geral da internet e algumas dicas importantes de segurança. Se você tiver filhos ou netos, leia o Capítulo 3 também. Quando estiver pronto para entrar na internet, vá até a Parte II e leia o Capítulo 4. O Capítulo 6 descreve como usar a web — você não está verdadeiramente online até que consiga ver uma página da web. As Partes III a VI o encorajam e fornecem ajuda extra — descrevendo a web, e-mails e outras coisas que você pode fazer nela.

Pelo fato de a internet estar em constante mudança, colocamos informações adicionais online, que podem ser atualizadas com maior frequência do que este livro pode ser republicado. Nós, os autores, temos um site contendo atualizações, história e outros artigos interessantes em `net.gurus.org` (conteúdo em inglês).

Quando você tiver que seguir um procedimento complicado, oferecemos um passo a passo sempre que possível. Quando tiver que digitar algo, isso aparece no livro em **negrito**. Digite exatamente como aparece. Use as mesmas letras maiúsculas e minúsculas que nós — alguns sistemas diferenciam letras MAIÚSCULAS e minúsculas. E, então, pressione a tecla Enter. O livro lhe informa o que deve acontecer quando você executa cada comando e quais são as suas opções.

Quando você tiver que escolher comandos em menus, usamos o símbolo ⇨. Por exemplo, escrevemos Arquivo⇨Sair quando quisermos que você selecione o comando Arquivo da barra de menu, e depois o comando Sair do menu que aparecer.

Penso que...

Ao escrever este livro, fizemos algumas suposições sobre você:

- Você tem ou gostaria de ter acesso à internet.
- Você quer realizar algum trabalho online — consideramos o termo *trabalho* incluindo os conceitos de aprender e jogar.
- Você não está interessado em se tornar o próximo grande especialista em internet, pelo menos, não exatamente nesta semana.

Como Este Livro Está Organizado

Este livro possui seis partes, e cada uma delas é independente. Embora você possa começar a ler por onde quiser, deve, pelo menos, examinar as Partes I e II primeiro, para se familiarizar um pouco com o jargão inevitável da internet e descobrir como conectar seu computador a ela.

Estas são as partes do livro:

Na Parte I, "Bem-vindo à Internet", você descobre o que é a internet e o porquê de ela ser interessante (pelo menos os motivos pelos quais a achamos interessante). Além disso, esta parte apresenta terminologia essencial da internet e explica conceitos que o auxiliarão na leitura das partes posteriores do livro. A Parte I discute questões de segurança e privacidade e apresenta opiniões sobre o uso da net por crianças.

Para ver as informações necessárias sobre como entrar na net, leia a Parte II, "Internet, Aqui Vou Eu!". Para a maioria dos usuários, a parte mais difícil do uso da Net é, sem dúvida, obter essa primeira conexão, com o software carregado, a configuração pronta e o modem ou a banda larga funcionando. Depois disso, é (relativamente) simples navegar. Também mostramos como usar a World Wide Web, a aplicação mais popular da net. Você também recebe instruções sobre como evitar e bloquear perigos online, como vírus e spam.

A Parte III, "Passando Tempo com Amigos Online", apresenta importantes serviços de comunicação da net: enviar e receber e-mails, trocar mensagens instantâneas e conversar. Você descobre como trocar e-mails com pessoas que estão logo ali, no final do corredor, ou em outros continentes; como aproveitar ao máximo os programas de telefone e de videoconferência online, como usar programas de mensagens instantâneas para conversar com seus amigos, como usar o Facebook e o Twitter (a mais nova forma de passar seu tempo livre) e como usar listas de e-mails para se manter em contato com pessoas que tenham interesses semelhantes.

A Parte IV, "A Web Está Cheia de Coisas Interessantes", mergulha mais fundo nos detalhes da web. Mostramos como explorar a internet, como encontrar coisas (o que não é tão fácil quanto deveria) e como comprar online. Também incluímos capítulos sobre como ouvir música, assistir a vídeos, comprar e gerenciar suas finanças na internet.

A Parte V, "Colocando Seu Próprio Material na Net", é sobre como publicar todos os tipos de material na internet. Publicar seus textos, fotos e vídeos online é mais fácil do que nunca devido à variedade de serviços gratuitos que você pode usar, incluindo blogs, que permitem que qualquer pessoa seja um jornalista online.

A Parte VI, "A Parte dos Dez", é um coletânea de referências prontas e informações úteis (que, supomos, sugere que o resto do livro é cheio de informações inúteis — o que não é verdade).

Ícones Usados Neste Livro

Diz que alguma informação especialmente nerd e tecnológica está vindo, de modo que você pode pulá-la, se quiser. (Por outro lado, você talvez queira lê-la.)

Indica que um pequeno atalho elegante ou poupa tempo é explicado.

Descobrimos a informação desses ícones do modo mais difícil! Não deixe que isso aconteça com você!

Indica algo a ser memorizado.

Além Deste Livro

Entender a internet vai muito além destas páginas e deve ser pesquisada também diretamente na net, onde você pode encontrar mais informações. Aqui, você encontra uma elegante e prática folha de cola que reitera as informações básicas, e traz outras mais avançadas.

- **Folha de Cola:** você pode acessar a Folha de Cola Online, através do endereço: `www.altabooks.com.br`. Procure pelo título do livro ou ISBN. Na página da obra, em nosso site, faça o download completo da Folha de Cola, bem como de erratas e possíveis arquivos de apoio.
- **Conteúdo Extra:** artigos trazendo o conteúdo extra deste livro, disponíveis em `www.dummies.com/extras/internet`. Os tópicos são muito variados e incluem dez receitas práticas de trabalhos manuais (conteúdo em inglês).
- **Atualizações:** caso este livro tenha qualquer atualização, ela será disponibilizada em `www.dummies.com/extras/internet` (conteúdo em inglês).

Parte I

Bem-vindo à Internet

começando com a Internet

Nesta parte...

- Entenda por que a internet é importante
- Cuide de sua segurança
- Apresente a internet para seus filhos

Capítulo 1

O que Há de Tão Interessante na Internet?

Neste Capítulo

- Afinal, o que é a internet?
- E, aliás, o que é uma rede?
- Para que serve a internet?

É enorme, vasta, espalha-se mundo afora e se tornou parte de nossas vidas. Deve ser... a internet. Todos nós sabemos algo sobre ela, e a maioria já tentou usá-la, com muito ou pouco sucesso. (Se você teve menos sucesso, veio ao lugar certo.) Neste capítulo, examinamos o que a internet é e o que ela pode fazer, antes de entrarmos em detalhes ao longo do livro.

Se você é principiante na internet e, especialmente, se não tem muita experiência com computadores, *tenha paciência consigo mesmo*. Muitas das ideias aqui são completamente novas. Dê-se algum tempo para ler e reler. A internet é um mundo diferente, com sua própria linguagem, e demora um pouco até nos acostumarmos a ela.

Até mesmo os usuários experientes de computadores, podem achar o uso da internet mais complexo do que outras tarefas com as quais já estão familiarizados. A internet não é um único pacote de software e não se adequa facilmente para o tipo de instruções passo a passo — que forneceríamos para um programa único e fixo. Este livro traz etapas detalhadas sempre que possível, mas a internet se parece muito mais com um organismo vivo em mutação, em velocidade impressionante, do que com o Microsoft Word e o Excel, que vivem parados em seu computador. Depois que você começar e praticar um pouco, usar a internet parecerá natural; no início, entretanto, pode ser assustador.

Afinal, o Que É a Internet?

A internet — também conhecida como net — é a maior rede de computadores do mundo. "O que é uma rede?", você talvez pergunte. Mesmo que já saiba, talvez seja interessante ler os próximos parágrafos para se certificar de que estamos falando a mesma linguagem.

De Onde Surgiu a Internet?

A ancestral da internet é a ARPANET, um projeto financiado pelo Departamento de Defesa dos Estados Unidos em 1969. Foi um experimento sobre redes confiáveis, e para conectar as organizações de pesquisa militar, incluindo diversas universidades que eram financiadas pelas forças armadas. ARPA significa Advanced Research Projects Administration, ou Administração de Projetos de Pesquisa Avançada, um setor do Departamento de Defesa responsável pelo repasse das verbas. Para aumentar a confusão, a agência agora se chama DARPA — com o acréscimo do D de Defesa, para deixar claro de onde os recursos vêm. Embora a ARPANET tenha começado pequena — conectando apenas três computadores na Califórnia e um computador em Utah — ela cresceu rapidamente atingindo todo o continente e, via conexão de rádio, a Europa.

No início da década de 1980, a ARPANET se transformou no início da internet; um grupo de redes interligadas conectando diversas organizações educacionais e de pesquisa financiados pela National Science Foundation (NSF) e as organizações militares originais. Em 1990, já era claro que a internet tinha vindo para ficar, e a DARPA e a NSF passaram a bola para as redes exploradas comercialmente que formam a internet de hoje (E, sim, embora Al Gore não tenha inventado a internet, ele foi fundamental para a manutenção de seu financiamento, para ter se tornado a internet que conhecemos). Companhias já conhecidas como AT&T, Comcast, Sprint e Verizon administram algumas redes; outras pertencem a companhias especializadas, como Level3 e Cogent. Não importa a qual você está conectado, elas são todas interligadas, a fim de formar uma internet única e gigantesca. Para mais informação, leia nossa página em `net.gurus.org/history` — em inglês.

Uma *rede* de computadores é um grupo de computadores que se comunica entre si, mais ou menos como uma rede de rádio ou TV se conecta a um grupo de emissoras, para que possam compartilhar o episódio mais recente de *The Big Bang Theory*.

Não leve a analogia longe demais. Em uma rede de *radiodifusão*, as redes de TV enviam a mesma informação para todas as estações ao mesmo tempo; em redes de computadores, cada mensagem é *roteada* para um determinado computador, logo, diferentes computadores podem exibir conteúdos distintos. Ao contrário das redes de TV, as redes de computadores possuem mão dupla: quando o computador A envia uma mensagem para o computador B, B pode enviar uma resposta para A.

Algumas redes de computadores consistem em um computador central e algumas estações remotas que se comunicam com ele (por exemplo, um computador central de reservas de passagens aéreas com milhares de telas e teclados em aeroportos e agências de viagens). Outras redes, incluindo a internet, são mais igualitárias e permitem que qualquer computador na rede se comunique com qualquer outro. Muitos dispositivos sem fio — telefone celular, tablets e outros dispositivos do gênero — expandem o alcance da internet até nossos bolsos (Sem mexer em nossas carteiras!).

A internet não é simplesmente uma rede — mas uma rede de redes, todas trocando informações livremente. As redes variam das grandes e corporativas até as pequenas (como a que John criou no seu quarto dos fundos, com dois PCs antigos que ele comprou em uma loja de eletrônicos) e todas entre elas. As redes universitárias existem há muito tempo na internet, e, agora, as escolas de Ensino Médio e Fundamental estão aderindo também. Recentemente, a internet se tornou tão popular que muitas casas possuem mais de um computador e estão criando suas próprias pequenas redes para se conectarem.

E Esse Estardalhaço Todo?

Para qualquer lado que você olhe, existem vestígios da internet. Produtos para casa, cartões de visita, programas de rádio e créditos de filmes listam seus endereços de site (geralmente começando com *www* e terminando com *.com* ou *.com.br*) e seus endereços de e-mail. Pessoas às quais você é apresentado lhe dão um endereço de e-mail antes de dar um número de telefone. Cada vez mais, as pessoas estão "conectadas" e "usando o Google".

A internet afeta nossa vida em uma escala tão significativa quanto o telefone e a televisão. No que diz respeito à difusão de informações, ela é a invenção mais importante desde a máquina de impressão. Se você usa telefone, escreve cartas, lê jornais ou revistas, faz negócios ou algum tipo de pesquisa, a internet pode mudar radicalmente sua visão do mundo.

Em redes, o tamanho conta muito. Quanto maior a rede, mais ela tem a oferecer. Por ser o maior grupo de redes de computadores interconectados do mundo, a internet possui uma gama impressionante de informações disponíveis.

Quando as pessoas falam sobre a internet, geralmente falam sobre o que podem fazer, o que descobriram e quem encontraram. O número de serviços disponíveis é grande demais para listar neste capítulo, mas aqui estão os três principais:

- **Correio eletrônico (e-mail):** Este serviço é certamente o mais amplamente usado — você pode trocar e-mails com milhões de pessoas no mundo inteiro. As pessoas usam o e-mail para qualquer coisa na qual poderiam usar papel (correspondência, fax, entrega especial de documentos) ou telefone (fofocas, receitas, cartas de amor) para se comunicar — você escolhe. Ouvimos dizer que as pessoas o usam até para assuntos relacionados ao trabalho. Os grupos de discussões permitem que você se junte à grupos de pessoas que tenham interesses semelhantes e encontrar pessoas na net. A Parte III deste livro tem todos os detalhes.
- **World Wide Web:** Atualmente, quando as pessoas falam sobre navegar na internet, muitas vezes, o que querem dizer é visualizar sites nesse banco de dados multimídia global (atenção para alerta de jargão). Na verdade, as pessoas estão se referindo mais à web e menos à internet. Elas são a mesma coisa? Tecnicamente, a resposta é "não". Mas, na prática, a resposta para muitas pessoas é que "são muito parecidas". Nós lhe contamos a verdade, toda a verdade, e nada além da verdade, na Parte II deste livro.

  Os sites podem lhe fornecer informações que vão desde de viagens até como criar galinhas. Você também pode assistir a vídeos, ouvir música, comprar e vender itens, além de jogar videogames.

O software usado para navegar pela web é o *navegador*. Os mais populares atualmente são o Firefox, o Google Chrome, o Internet Explorer e o Safari. Falamos sobre eles no Capítulo 6.

- **Mensagens instantâneas (Instant Messaging — IM):** Programas como o Facebook Messenger e o WhatsApp permitem que você envie mensagens que "pipocam" no monitor do destinatário. Ouvimos histórias sobre jovens com dedos ligeiros que executam até treze sessões de IM ao mesmo tempo. Alguns sites também oferecem serviços de mensagens. Falamos sobre programas de IM no Capítulo 12.

A internet é diferente de qualquer outra mídia de comunicação que já vimos. Pessoas de todas as idades, cores, crenças e países compartilham livremente ideias, histórias, dados, opiniões e produtos.

Qualquer pessoa pode acessar

Uma das coisas fantásticas da internet é o fato de ela ser a rede mais aberta do mundo. Milhares de computadores fornecem dispositivos que ficam disponíveis para qualquer pessoa com acesso à rede. Embora existam serviços pagos (e mais são adicionados todos os dias), a maioria dos serviços da internet é gratuita depois que se está conectado. Se você ainda não tem acesso à internet através da sua empresa, escola, biblioteca ou de um amigo, você pode pagar por acesso usando uma operadora (Net, GVT, Oi, Claro, entre outros) em conjunto com um provedor ISP (Globo, Oi, UOL). Falamos mais sobre ISPs no Capítulo 4.

Uma mudança significativa no uso da internet nos últimos anos foi a tendência ao uso de equipamentos cada vez menores, mais leves e mais baratos. Um *netbook* é um computador pequeno e barato, de tamanho e peso semelhante a este livro, cuja principal intenção é se conectar com a net. Se o netbook ainda for grande demais para você, um smartphone — como o iPhone da Apple, ou um que tenha o Google Android — providenciam um computador com internet no seu bolso, com conexão sempre disponível. Um tablet como o iPad da Apple, ou um tablet Android da Samsung, da Asus, entre outros, tem uma tela maior que a do telefone e é mais fácil de usar do que o celular, mas ainda cabem em uma bolsa ou um bolso (grande). Os chamados phablets, de nome um tanto infeliz, são os celulares com telas bem grandes, mais próximas as dos tablets em tamanho e ainda podem ser usados como telefones.

É política, social e religiosamente correta

Outro aspecto incrível da internet é que ela "não tem camadas sociais", ou seja, um computador não é melhor que outro, e ninguém é melhor que ninguém. Quem você é na internet depende apenas de como você se apresenta quando está usando seu computador. Se o que você diz o fizer parecer uma pessoa inteligente e interessante, é isso que você será. Não importa sua idade, aparência, nem se você é estudante, executivo ou operário.

Deficiências físicas são irrelevantes — podemos nos comunicar com pessoas com deficiência auditiva ou visual. E, se elas não quiserem nos contar, nunca saberemos. As pessoas se tornam famosas (e infames) na comunidade da internet como consequência de seu próprio comportamento.

A vantagem da internet

A internet se tornou a corrente dominante, e você ficará para trás — cada vez mais longe — se ainda não faz parte dela. Cada vez mais, notícias são divulgadas na internet antes de estarem disponíveis em qualquer outro lugar, e as pessoas que não têm acesso ao ciberespaço estão perdendo terreno.

Aqui estão algumas das formas possíveis para as pessoas usarem a internet:

- **Encontrar informação:** Muitos sites possuem informações gratuitas. Elas vão de formulários de declaração de IRPF a anúncios de empregos, listas de imóveis para venda ou locação e receitas culinárias. Desde decisões do Supremo Tribunal Federal e catálogos de bibliotecas até textos de livros antigos, imagens digitalizadas (muitas apropriadas para famílias) e uma enorme diversidade de softwares — de jogos a sistemas operacionais. Você pode encontrar praticamente qualquer assunto na internet. Pode verificar a previsão do tempo, visualizar listagens de filmes, encontrar sua namorada de infância, navegar por catálogos e assistir encerramentos escolares em qualquer lugar do mundo, a partir de qualquer lugar do mundo.

  Ferramentas especiais, conhecidas como *mecanismos de busca*, ajudam você a encontrar informação (e pessoas) na net. Veja o Capítulo 13 para descobrir como procurar a informação de que precisa.

A internet realmente chega a todos os continentes?

Alguns leitores céticos, após ler a alegação de que a internet se espalha por todos os continentes, podem destacar que a Antártida é um continente, embora sua população consista principalmente de pinguins, os quais (até onde sabemos) não estão interessados em redes de computadores. A internet chega lá? Sim. Algumas máquinas na Base Scott, em McMurdo Sound, na Antártida, estão na internet, conectadas por conexão de rádio com a Nova Zelândia. A base no Polo Sul possui uma conexão com os Estados Unidos. Veja a webcam polar em `www.usap.gov`.

Quando escrevemos este livro, a maior massa de terra sem internet no mundo era provavelmente uma ilha desabitada no Ártico canadense — a ilha Devon, talvez, quando seu posto de observação marciano fictício não está em uso (se quiser saber mais sobre isso, procure na internet). Mesmo lá, uma conexão de satélite pode fornecer uma conexão com a internet, de modo que talvez não haja nenhum lugar na superfície da Terra em que não exista internet.

- **Manter contato:** Os *weblogs* (ou *blogs*) permitem que as pessoas e organizações distribuam informações atualizadas com rapidez e facilidade. *Microblogs*, como o Twitter, combinam a internet com mensagens de texto de telefones celulares para que as pessoas fiquem atualizadas em qualquer lugar, a qualquer momento.
- **Estudar:** Professores de escolas coordenam projetos com salas de aula espalhadas por todo o planeta. Estudantes universitários e suas famílias trocam e-mails para facilitar a correspondência e manter baixo os gastos com chamadas telefônicas. Os alunos pesquisam usando seus computadores em casa. As enciclopédias mais recentes estão online.
- **Comprar e vender itens:** Na internet, você pode comprar qualquer coisa, desde livros sobre como produzir cerveja até ações de microcervejarias. E pode ganhar algum dinheiro limpando seus armários e vendendo roupas e objetos usados no eBay. Empresas de software vendem o software e fornecem as atualizações na internet. A maior parte da distribuição de software está migrando para a internet, onde um cliente pode baixar e instalar programas sem esperar até que um CD chegue. Falamos sobre essas questões relevantes no Capítulo 15.
- **Viajar:** Cidades, estados e países estão usando a web para colocar (ou *postar*) informações turísticas ou sobre eventos. Os viajantes encontram informações sobre o tempo, mapas e horários de museus, assim como horários e passagens de aviões, trens e ônibus. Pela internet, você pode comprar suas passagens de avião, alugar automóveis ou fazer reservas em hotéis.
- **Usar intranets:** As empresas descobriram que esse conceito de internet é verdadeiramente útil e criaram suas próprias redes internas — como mini internets. Nessas *intranets*, as empresas usam páginas da web para postar informações como benefícios, preencher relatórios de despesas, cronogramas e requerimentos de suprimentos. Uma intranet permite que uma empresa forneça informações que somente os funcionários podem ver, incluindo manuais, formulários, vídeos de reuniões entediantes e, é claro, memorandos intermináveis. Em algumas empresas, os e-mails e a intranet reduzem a quantidade de papel que antes era usada para essa finalidade.
- **Jogar:** Jogos multijogadores baseados na internet podem absorver facilmente todas as suas horas acordado e um alarmante número de horas que deveriam ser de sono. Você pode desafiar outros jogadores, que podem estar em qualquer lugar do mundo. Muitos tipos de jogos estão disponíveis na web, incluindo jogos tradicionalmente viciantes como jogos de carta, xadrez, damas e outros. No Capítulo 20, indicamos onde encontrar esses jogos.
- **Encontrar o amor:** As pessoas estão encontrando romance na internet. Anúncios de solteiros e sites de relacionamento disputam usuários. Faz algum tempo, que a internet se expandiu para além do grupo original de nerds de 22 anos com dificuldades sociais, e agora virou a maior casamenteira do mundo, para pessoas de todas as idades, gêneros, preferências e situações de vida.

- **Saúde e cura:** Pacientes e médicos se mantêm atualizados com as últimas descobertas médicas, compartilham experiências de tratamentos e se ajudam mutuamente no que diz respeito aos problemas médicos. Ouvimos falar de alguns médicos que trocam e-mails diretamente com seus pacientes.
- **Investir:** As pessoas pesquisam informações financeiras, compram ações e investem dinheiro online, como informaremos no Capítulo 16. Algumas empresas online comercializam suas próprias ações. Os investidores estão encontrando novos empreendimentos, que estão encontrando capital.
- **Participar de ações não lucrativas:** Igrejas, sinagogas, mesquitas, escolas, clubes, centros de adolescentes e outras organizações comunitárias postam páginas informando aos usuários da web sobre si próprias e convidando novas pessoas. O boletim informativo online da igreja *sempre* chega antes do domingo.

Nublado com probabilidade de servidores

Os computadores atualmente são muito, muito rápidos — tão rápidos que têm mais poder de processamento do que conseguem usar. Seu computador fica apenas desenhando animações bonitas na tela porque não tem nada melhor para fazer, enquanto você não tecla. Os servidores dos computadores acabam tendo o mesmo problema — é preciso um site grande para manter um servidor ocupado, e eles, muitas vezes, ficam ociosos a maior parte do dia.

É também muito mais eficaz executar vários servidores em um só lugar, onde possam compartilhar racks, eletricidade, ar condicionado e conexões de rede rápidas; dessa forma, há muitos anos, o meio padrão de execução de um servidor web é alugar espaço para ele em uma central de dados (data center). Mas esses servidores ainda ficam ociosos a maior parte do tempo. A tecnologia de ponta de *virtualização* permite que um servidor superrápido opere como se fosse muitos servidores *virtuais* independentes, razoavelmente rápidos, e, mais importante, inicie e pare servidores virtuais conforme necessário. Portanto, alguém que teria que comprar ou alugar alguns computadores físicos pode solicitar que uma central de dados inicie servidores virtuais quando eles forem necessários, e os interrompa quando não forem. Devido a diferentes servidores virtuais ficarem ocupados em momentos diferentes, a situação tende a igualar a carga, especialmente quando uma empresa é suficientemente grande para ter centrais de dados em diversas partes do mundo; as pessoas na Europa estão usando seus servidores virtuais enquanto os californianos estão dormindo e vice-versa. Um nome como *servidores virtuais distribuídos geograficamente e alocados sob demanda* não é muito prático, então, eles os chamam de *computação na nuvem.*

Do ponto de vista do usuário, não existe diferença entre um site executado "na nuvem" e um de outra forma. A computação em nuvem permite que os operadores do site executem uma operação importante na Web, e não precisem comprar equipamento adicional ou, até mesmo, saber as localizações exatas dos servidores que estão usando. Fornecedores de nuvem tendem a ser empresas grandes que já têm enormes centrais de dados — notavelmente, a Amazon e a Microsoft. (John usa o serviço de nuvem da Amazon e acredita que seus dados estejam provavelmente em algum lugar perto de Seattle. O site que Margy gerencia, `www.uua.org`, fica em uma nuvem na Virgínia e pode se mudar em breve para Boston.)

Curiosidade: A virtualização foi inventada pelos pesquisadores da IBM em 1967, e mainframes a usam há quatro décadas, então, talvez, não sejam assim tão de ponta. Mas não conte aos entusiastas da nuvem ou irá ferir seus sentimentos.

Ok, e o que Vem a Seguir?

Se você estiver pronto para mergulhar na internet, leia primeiro o Capítulo 2 para obter dicas de segurança. Se tiver filhos (ou netos), leia no Capítulo 3, sobre o que as crianças devem (e não devem) fazer online.

Pronto? O Capítulo 4 vai lhe ensinar como se conectar!

Desligue o computador de vez em quando

Podemos lhe dizer por experiência própria que, quando você está na internet, os ponteiros do relógio se movem mais devagar e até param, e acabamos passando mais tempo online do que pensamos. Para algumas pessoas, é impossível ficar dez minutos sem verificar o e-mail, a louça vai se acumulando na pia enquanto elas visitam "só mais um" site, e, às vezes, chegam ao ponto de ficar viciadas em internet. Lembre-se de que a internet é um ótimo complemento para a vida real — não um substituto.

Como nossa amiga e usuária da internet de longa data, Jean Polly, costuma dizer: "A internet está fechando! Vá para a rua brincar!".

Capítulo 2

A Internet É Segura? Vírus, Spyware, Spam e Outras Coisas Nojentas

Neste Capítulo

- Examinando os possíveis perigos à espreita na internet
- Protegendo sua privacidade online
- Entendendo como os vírus podem infectar seu computador
- Evitando que criadores de spyware instalem softwares indesejados no seu PC
- Controlando quanto lixo eletrônico você deve examinar
- Mantendo você e sua família seguros online

Gostamos da internet. Ela é parte das nossas vidas — e meio de vida — há anos. Adoraríamos lhe dizer que todas as coisas que você já deve ter lido sobre os perigos de conectar um computador à internet são um exagero. Mas, não podemos. O sucesso da internet atraiu muitas pessoas más que veem você como uma árvore de dinheiro pronta para ser depenada. (Nada pessoal — eles veem todos dessa forma.) Em alguns países, aplicar fraudes na internet agora é uma parte importante da economia nacional.

Mesmo que ninguém roube seu dinheiro, as pessoas podem obter informações sobre suas atividades online, o que resulta em uma perda real de privacidade. E, algumas tentam controlar seu computador para usá-lo para finalidades terríveis. Quando um computador novo está conectado à internet, não é uma questão de *se* ele estará exposto ao ataque cibernético, mas, de *quando*. E não se trata de meses ou dias — mas de horas ou minutos.

Quando você combina a internet com telefones celulares e GPS, as questões de privacidade se tornam mais assustadoras. Operadoras de telefonia celular podem informar aonde você está sempre que estiver com seu celular. Telefones ou outros dispositivos online com um GPS podem ajudá-lo a encontrar seu caminho, mas, também, podem informar por onde você anda.

Agora que lhe demos as notícias ruins, relaxe: a internet não tem que ser um lugar perigoso. Usar a internet é como caminhar por uma cidade grande — sim, você precisa ter cuidado, usar alguma proteção e ficar longe de zonas perigosas, mas também pode aproveitar com segurança as maravilhas que ela tem a oferecer.

Este capítulo descreve os tipos de problemas que infestam a internet:

- **Questões de privacidade** envolvem o quanto as pessoas podem descobrir sobre você pela internet.
- **Questões de segurança** têm a ver com manter controle sobre quais programas estão sendo executados no seu computador.
- **Questões de mero aborrecimento** que incluem ter de acabar com uma caixa de e-mails cheia de *spam* (lixo eletrônico) ou janelas do seu navegador que se abrem sozinhas com propagandas.

Ao longo de todo este livro, incluímos instruções para permanecer seguro usando um firewall, um verificador de vírus, um verificador de spyware e uma dose de bom senso. O Capítulo 3 fala sobre as regras para deixar as crianças usarem a internet, e a maioria das sugestões faz sentido para os adultos também.

Privacidade: Quem É Quem e o Que Eles Podem Descobrir sobre Você

Os avanços na tecnologia estão diminuindo a privacidade que a maioria de nós acredita estar garantida. A tecnologia que usamos todos os dias — cartões de crédito, telefones celulares, chaves eletrônicas em cartão e receptores-transmissores para cobranças em automóveis — permite que cada compra e cada movimentação feita por nós seja rastreada. A internet é uma extensão dessa tendência. Muitas das suas atividades online podem ser observadas e registradas — às vezes, sem segundas intenções, mas, em outras, não.

Tudo isso se junta à quantidade de informações, que agora estão convenientemente disponíveis para um público muito maior na internet. Quando os registros em papel eram mantidos por funcionários do governo, e as pessoas tinham que visitar o escritório e procurar nos arquivos as informações específicas que desejavam, o abuso de informação era bem mais restrito. Agora, existe a possibilidade de que qualquer pessoa, em qualquer lugar, acesse informações que, até então, eram desconhecidas, e colete dados de diversas fontes, incluindo diretórios online. Não há mais barreiras geográficas ou de tempo.

Algumas pessoas se preocupam que bisbilhoteiros na internet possam interceptar seus e-mails particulares ou suas páginas da web. Isso é bastante improvável, além do caso específico de redes Wi-Fi públicas; veja o quadro "Os perigos do Wi-Fi gratuito", mais adiante neste capítulo ou vigilância por órgãos governamentais, o que está além do escopo deste livro. O problema mais grave é que os anunciantes criam perfis dos sites que você visita e dos itens que você compra. A maioria dos anúncios na web é fornecido por algumas empresas, como DoubleClick, da Google, Advertising.com, da AOL, e Razorfish, da Microsoft, que podem usar seus anúncios para determinar que uma mesma pessoa (você) está visitando muitos sites diferentes. Usando tais informações, essas empresas podem criar um perfil. Elas dizem que não criam esses perfis pessoais, mas não dizem que não farão isso no futuro.

Nas próximas seções são descritas diversas técnicas para obter informações a seu respeito quando você usa a internet, ou para induzi-lo a fornecê-las.

Com quem estou falando?

A internet pode parecer completamente anônima, mas não é. As pessoas costumavam usar apelidos na internet que guardavam alguma semelhança com suas identidades reais — seus nomes, ou iniciais, ou alguma combinação deles que junto com os nomes de sua universidade ou empresa, criavam caminhos razoavelmente rastreáveis para as pessoas reais. Criar um novo endereço de e-mail agora leva apenas alguns minutos, portanto, revelar sua identidade é definitivamente opcional.

Dependendo de quem você é e do que quer fazer na internet, você pode, na verdade, usar diferentes nomes e diferentes contas. Estes são alguns motivos legítimos para querer fazer isso:

- Você é um profissional — um médico, por exemplo — e quer participar de uma lista de correspondência ou grupo de notícias sem que peçam sua opinião profissional.
- Você precisa de ajuda em uma área de interesse que acha muito pessoal e não quer que seu problema seja conhecido por pessoas próximas a você, que podem descobrir se o seu nome estiver associado ao e-mail.
- Você faz negócios e socializa na internet, e, talvez, queira manter essas atividades separadas.

CUIDADO!

A maioria das atividades na internet pode ser rastreada. Se você começar a abusar da natureza anônima da internet, descobrirá que não é tão anônima assim.

Segurança em primeiro lugar

A natureza anônima e sem rosto da internet tem suas desvantagens também. Para proteger você e sua família, use estas simples precauções:

- Antes de publicar informações em uma rede social, como o Facebook ou o Google Plus, reveja atentamente suas configurações de privacidade. Veja detalhes no Capítulo 10. Esses sites dão a impressão de que as informações que você fornece ficarão visíveis apenas para seus amigos mais próximos, mas não é necessariamente assim.
- Ao publicar informações que aparecerão em um site público (além do seu próprio, ou seus sites de rede social) ou em algum site de debates ou discussões, não use seu nome completo. Esse conselho não se aplica se você estiver trabalhando em um contexto de negócios, como publicar informações no site da sua empresa.
- Nunca forneça seu nome, endereço ou número de telefone para alguém que não conheça.
- Nunca acredite em alguém que diz que é do "suporte técnico do Facebook", da "prevenção de fraudes do eBay", da "administração do PayPal" ou autoridades do tipo e que lhe solicitem sua senha. Nenhuma entidade legítima lhe pedirá sua senha.
- Seja especialmente cauteloso ao revelar informações sobre crianças. Não preencha perfis que solicitem o nome de um filho, cidade, escola, idade, endereço ou número telefônico, porque eles são invariavelmente usados para "marketing direcionado" (também conhecido como *lixo eletrônico*).

Embora seja relativamente raro, coisas horríveis já aconteceram com algumas pessoas que levaram seus encontros da internet para a vida real. Mas, outras situações maravilhosas aconteceram também. Conhecemos alguns dos nossos melhores amigos pela internet, e algumas pessoas se conheceram e depois se casaram. Queremos incentivá-lo a usar seu bom senso sempre que marcar um encontro com um amigo da internet. Uma pessoa para a qual você envia e-mails ou com quem troca mensagens instantâneas ainda é uma estranha e, se você quiser encontrá-la pessoalmente, tome as mesmas precauções que tomaria em um primeiro encontro com alguém que você não conhece: encontre-se em um local público, talvez junto com um amigo, e assegure-se de que sua família saiba aonde você está e quando pretende voltar.

A internet é um lugar maravilhoso, conhecer novas pessoas e fazer novos amigos é um dos seus grandes atrativos. Só queremos assegurar que você seja tão cauteloso quanto seria em outros aspectos da sua vida.

Phishing: roubo de informações

Phishing (roubo de informações) é o crime de internet que cresce mais rápido, e o alvo é você. A boa notícia é que se proteger é fácil quando você e sua família sabem como identificar o local por onde isso é feito.

Aprenda como identificar um phishing. Depois de começar a usar a internet e a receber e-mails (conforme descrito no Capítulo 8), há uma grande chance de que você receba uma mensagem como esta:

```
Subject: Ebay Important Warning

From: eBay Billing Department! <Service@eBay.com>

eBay Fraud Mediation Request

You have recieved this email because you or someone
had used your account to make fake bids at eBay.

THE FRAUD ALERT ID CODE CONTAINED IN THIS MESSAGE
WILL BE ATTACHED IN OUR FRAUD MEDIATION REQUEST FORM,
IN ORDER TO VERIFY YOUR EBAY ACCOUNT REGISTRATION
INFORMATIONS.

Fraud Alert ID CODE: 00937614

Please access the following form to complete the
verification of your eBay account registration
informations:

http://www.eBay.com/cgi_bin/secure/Fraud Alert ID CODE:
           00937614

If we do not receive the appropriate verification within
48 hours, then we will assume this eBay account is
fraudulent and will be suspended.

Regards, Safeharbor Department (Trust and Safety
Department), eBay Inc.
```

Parece verdadeiro e assustador, não? Acha que deveria tomar providências imediatas com relação a essa mensagem? Melhor pensar de novo. Essa mensagem é a isca, e você o alvo. O texto sublinhado no meio é o anzol. Clique nele e logo uma página de aparência oficial surgirá, parecendo uma página inicial de registro do eBay. Depois de digitar seu nome de usuário e senha, outra página de aparência oficial lhe solicitará o número do cartão de crédito, senha, endereço de cobrança, detalhes da conta corrente (completa, com um gráfico bastante útil, contendo inclusive os números corretos dos seus cheques pessoais), data de nascimento, nome da mãe e número da carteira de motorista. A página é suficientemente inteligente para rejeitar um número inválido de cartão de crédito. Se você preencher todas as informações e pressionar em "Continuar", verá uma página válida do eBay que informa que você se desconectou. A seguir, quem sabe o que acontecerá? Pessoas mal-intencionadas já saberão o suficiente sobre você para fazer qualquer coisa, desde uma pequena compra paga com seu cartão de crédito até um roubo de identidade integral que pode levar meses ou anos para ser consertado.

Essa mensagem *não* veio do eBay. Milhões de mensagem desse tipo são enviadas pela internet todos os dias.

Algumas pistas podem alertá-lo. Palavras com grafia errada sugerem que o autor é alguém com conhecimento limitado da língua. E, se você se der ao trabalho de gravar o e-mail em um arquivo e imprimi-lo, a conexão sublinhada no meio da mensagem terá a seguinte aparência:

```
<a href="http://192.168.45.67/cgi_bin"> http://www.
        eBay.com/cgi_bin/secure/Fraud Alert ID CODE:
        00937614</a>
```

O texto entre os caracteres < e > é para onde vai o link real, para um site com um endereço numérico. Quando tentamos clicar no link dois dias depois de recebermos o e-mail, o site já havia sido fechado (Esse pessoal da segurança do eBay é ótimo).

Não morda a isca

Ladrões de informações têm muito mais conhecimento agora do que os primeiros, há uma década. Muitas vezes, têm bons editores de texto e usam um verificador ortográfico, de modo que você não pode se basear em erros de ortografia ou gramática, embora sejam ótimas pistas quando os localiza. Aqui estão algumas dicas adicionais:

- Presuma que todo e-mail que o leve a uma página que peça senhas, números de cartão de crédito ou outras informações pessoais seja uma tentativa de roubo de informações.
- Se o e-mail informa ser de uma empresa da qual você nunca ouviu falar, ignore-o.
- Se a mensagem informar que é de uma empresa, na qual você tem uma conta, dirija-se até o site da empresa digitando a URL desta no seu navegador (veja o Capítulo 7), *não* clicando em um link no e-mail. Quando você chegar ao site da empresa, procure o link Minha Conta. Se houver algum problema, ao se conectar, você deve receber alguma informação. Se não conseguir se conectar e ainda estiver preocupado, encaminhe uma cópia do e-mail para o departamento de atendimento ao cliente, ou pegue o telefone e ligue para o número no seu cartão ou fatura mensal.

Um truque que os ladrões de informações usam para enganar os usuários da internet é a *simulação de sites* — enganando seu navegador para que exiba um endereço quando, na verdade, você está em outro site. Alguns navegadores permitem que o site mostre apenas seu endereço principal, para não ficar muito diferente. Os ladrões de informações se aproveitam dessa capacidade. Os bons navegadores da web oferecem proteção contra a simulação de sites — eles sempre mostram o endereço real da web da página em que você está.

Para resumir, assegure-se de que sua família conheça bem esta regra: nunca, *nunca*, **nunca** digite senhas, números de cartão de crédito ou outras informações pessoais em uma página da web que tenha sido aberta ao clicar em um link que veio por e-mail.

Web bugs registram as propagandas que você lê

Desde que a World Wide Web se tornou uma palavra familiar (está certo, três palavras), as empresas têm visto, cada vez mais, sua presença na internet como uma forma vital de fazer propaganda dos seus bens e serviços e administrar seus negócios. Elas gastam milhões em seus sites e em e-mails com propaganda (e verdadeiras, que você realmente solicitou) — e querem muito saber como as pessoas os usam. Não é de espantar que, ao visitar um site, as empresas possam rastrear seus passos enquanto você vai de link para link. Mas elas *realmente* querem saber o que você estava fazendo antes de entrar nos seus sites — e, mais ainda, se você lê os e-mails que lhe mandam. Para arrematar todo esse processo de inteligência, elas colocam pequenas imagens em mensagens de e-mail, que se chamam *web beacons* — também chamadas de *web bugs* —, que informam suas ações de volta ao remetente.

A maior parte dos programas de e-mail oferece a opção de não exibir imagens em mensagens de remetentes desconhecidos ou não confiáveis; evitando os web bugs e, também, agilizando a leitura de e-mails.

Cookies podem ser bons

Quando você navega pela web (como descrito no Capítulo 6), o servidor web precisa saber quem você é; se quiser fazer coisas que requeiram o registro de usuário, o chamado login, colocar itens em um carrinho de compras virtual, ou completar algum outro processo que requeira que o site lembre informações sobre você enquanto vai de uma página para outra. O truque mais comum usado que permite aos sites rastrearem o que você está fazendo é configurar cookies. Um *cookie* é um pequeno arquivo, armazenado no seu computador, que contém o endereço do site e códigos que seu navegador envia para o site, cada vez que você visita uma página lá. Os cookies geralmente não contêm informações pessoais ou perigosas; na sua maioria são inofensivos e — acredite ou não — úteis.

Se você tem planos de fazer compras na web (descrito no Capítulo 15) ou de usar outros serviços da web, os cookies tornam tudo isso possível. Quando você está usando um site de reserva de passagens aéreas, por exemplo, o site usa cookies para separar suas reservas dos que os outros usuários estão reservando ao mesmo tempo. Por outro lado, você pode usar seu cartão de crédito para comprar um item ou serviço em um site, e este, usa um cookie para lembrar a conta com seu número de cartão de crédito. Suponha que você fornecesse essas informações a partir de um computador no trabalho, e a próxima pessoa a visitar esse site usasse o mesmo computador. Essa pessoa poderia — não necessariamente, claro, mas também não seria impossível — fazer compras com o seu cartão de crédito. Opa!

Os usuários da internet têm opiniões diversas a respeito de cookies. Algumas pessoas não se importam com eles, e, alguns, os veem como uma invasão extrema de privacidade. Você tem que decidir por si mesmo. Ao contrário dos rumores, os arquivos de cookies não conseguem obter outras informações do seu disco rígido, fazer um corte de cabelo indesejável em você ou bagunçar sua vida de alguma outra forma. Eles só juntam informações que o navegador lhe fornece. Seu navegador da web permite que você controle se e quando os cookies são armazenados no seu computador; veja detalhes no Capítulo 7.

Os equivalentes dos navegadores da web aos web bugs são os *cookies de rastreamento*. Se diversos sites mostrarem anúncios da mesma rede de anúncios, esta pode usar cookies para informar sempre que você estiver procurando por um de seus anúncios. Juntando informações de vários sites, essas empresas de rastreamento formam uma imagem clara de onde você vai online — e do que você procura, pesquisa e examina na internet. Muitas são cuidadosas ao fornecer apenas informações estatísticas para seus clientes, mas o potencial de abuso existe. Vale observar que os tribunais dos EUA estabeleceram um padrão de proteção mais baixo para "registros de negócios" coletados dessa forma, do que para papéis pessoais armazenados em nossas casas. Felizmente, a maioria dos navegadores da web fornece uma opção para rejeitar cookies *de terceiros*, ou cookies de alguém que não seja a fonte da própria página da web; isso faz com que os cookies de rastreamento desapareçam.

Não rastreie, ou, talvez, sim

Com a consciência cada vez maior sobre questões de privacidade online, propostas de leis surgiram para impedirem o rastreamento, análogas às leis que bloqueiam ligações telefônicas. A ideia é que, sempre que você visitar um site, possa fazer com que seu navegador envie um indicador de "não rastreie" que informe ao site para não rastreá-lo. (Muitos navegadores, incluindo o Firefox, já têm este recurso.) Temos sentimentos contraditórios sobre se isso é ou não uma boa ideia.

Primeiro, porque não está bem claro o que significa "não rastrear". Se você encomendar algo, digamos, do Submarino, ele usa cookies para registrar sua sessão e seu carrinho de compras, e para reconhecê-lo quando você retornar usando o mesmo navegador. Para a maioria das pessoas, essa estratégia é aceitável, pois é a mesma empresa, e você fez, deliberadamente, sua primeira visita ao Submarino. Certo, tudo bem, muitas pessoas abriram conta no Google para usar o Gmail (veja o Capítulo 8) e outros serviços do Google. Como a rede de anúncios DoubleClick faz parte do Google, não há problema se ela lhe rastrear, porque é a mesma empresa, certo? Não. Pesquisadores sobre privacidade fazem conferências que duram dias para lidar com questões como esta, e elas estão longe de serem resolvidas.

O outro problema, mais sério, é que *você não consegue saber se um site está obedecendo a ordem de "não rastrear"*. Se uma loja ignorar seu pedido de "não telefone", você sabe, pois seu telefone toca, mas se ele ignorar sua opção de "não rastreamento", como você pode saber? Por meio de spams que, estranhamente, sabem dos seus interesses enviados por empresas das quais você nunca ouviu falar?

Os Estados Unidos são o único país desenvolvido sem leis abrangentes sobre privacidade, e as leis de "não rastreamento" são apenas um paliativo. Não se contente com menos.

DICA

Google-se

Uma grande atração na internet é que *todos os dados que estão lá* agora são fáceis de ser acessados. Alguns desses dados são sobre você. Se você tiver seu próprio blog ou site pessoal (veja os Capítulos 17 e 18), deve esperar que todas as informações que coloca lá fiquem disponíveis para todos verem — geralmente, para sempre. (Descobrimos coisas sobre nós mesmos de mais de 25 anos atrás.) Outras pessoas também colocam informações — boletins, eventos, fotos de eventos e outras imagens, por exemplo. Os rastros online dos seus dados podem durar mais tempo do que você imagina. Se você ainda não tiver feito isso, pesquise na web pelo seu nome. Digite seu nome entre aspas na caixa de pesquisa do Google ou do Bing e pressione Enter. Se você tiver um nome comum, talvez precise informar também seu nome do meio ou adicionar o nome da sua cidade ou escola. (Se faz isso com frequência, você é o que chamamos de surfista de ego).

Sabemos aonde você está

Telefones celulares e receptores de GPS tornam a situação da privacidade ainda mais complicada. Qualquer pessoa com um telefone celular pode tirar fotos ou fazer vídeos seus e enviá-los por e-mail para amigos ou postá-los na web, o que pode ser classificado como desde diversão inocente até jornalismo cidadão, ou algo muito perturbador. Já lemos notícias de pessoas paradas com seus telefones celulares perto de escadarias e escadas rolantes para tirar fotos das saias de garotas. Que absurdo! Os telefones celulares modernos têm receptores GPS internos, principalmente para fornecer sua localização para os serviços de emergência, quando você precisar, mas que, também, pode ser utilizado para rastrear sua localização sempre que o telefone estiver ligado.

Segurança: Como as Pessoas Podem Invadir Seu PC

Você pode baixar e instalar softwares diretamente da internet, um recurso bastante útil. Se você precisar de um programa de visualização para exibir e imprimir um formulário de impostos, ou quando quiser instalar uma atualização gratuita de um programa que tiver comprado anteriormente, apenas alguns cliques são necessários. É muito conveniente!

Entretanto, outras pessoas também podem instalar programas no seu computador sem sua permissão. Ei, espere um minuto... De quem é o computador, afinal? Esses programas podem chegar de diversas maneiras, especialmente por e-mail ou pelo seu navegador da web.

Vírus chegam por e-mail

Os Vírus de computador são programas que se transferem de computador para computador, da mesma forma que vírus biológicos são transmitidos de pessoa para pessoa. Vírus em computadores podem se espalhar por meio de qualquer mecanismo que eles usem para se comunicar — como redes, pen drives, CDs de dados e DVDs. Os vírus existem nos computadores há muito tempo. Originalmente, eles ficavam em arquivos de programas que as pessoas baixavam usando um programa de transferência de arquivos ou seus navegadores da web. Agora, a maioria dos vírus se espalha na abertura de arquivos que são enviados por e-mail, como anexos em mensagens.

Houve um tempo em que as pessoas com conhecimento (como nós achávamos que éramos) riam dos novatos na internet que se preocupavam com vírus em e-mails. As mensagens de e-mail, na época, consistiam apenas de arquivos de texto e não podiam conter programas. Então, os anexos foram introduzidos. As pessoas passaram a enviar softwares de computador — incluindo aqueles vírus sorrateiros — por e-mail. O progresso não é incrível?

O que os vírus fazem

Quando um vírus chega ao seu computador, ele tem que dar um jeito de ser executado. "Ser *executado*", em jargão computacional, significa ser trazido à vida; um vírus é um programa, e esses programas têm que ser executados para começar a fazer seu trabalho perverso. Depois de ser executado, um vírus faz duas coisas:

1. Faz uma busca e tenta encontrar sua lista de endereços, que ele usa para silenciosamente enviar cópias de si mesmo para todos os seus amigos e conhecidos, muitas vezes, camuflado em mensagens que parecem autênticas ("Ei, foi legal aquela festa, achei que você gostaria de ver estas fotos!").

2. Executa seu *payload*, que é o motivo pelo qual os criadores de vírus se dão ao trabalho e correm o risco. (Ocasionalmente, eles acabam presos.)

O *payload* é a atividade ilegal que o vírus está executando de dentro da sua máquina. Ele pode gravar todas as teclas que você digita — incluindo suas senhas. Pode lançar um ataque a alvos específicos ou aleatórios pela internet. Frequentemente, envia spam a partir do seu computador. Seja o que for que ele faça, você não vai gostar. Acredite: se seu computador começar a se comportar de modo estranho ou ficar extremamente lento, há uma boa probabilidade de que ele tenha contraído um vírus — ou vinte deles.

Nos bons tempos de antigamente, os criadores de vírus se contentavam em apenas ver seus vírus se espalharem. Mas, como tudo relacionado à internet agora, a criação de vírus é um negócio grande, em muitos casos controlado por sindicatos de crime organizado.

O que fazer com relação aos vírus

Não se preocupe *demais* com os vírus — excelentes programas antivírus estão disponíveis, que verificam cada e-mail que chega antes que os vírus consigam atacar. No Capítulo 4, que descreve a conexão com a internet, recomendamos a instalação de um antivírus. Depois de instalá-lo, certifique-se de atualizá-lo regularmente, de modo que sempre esteja protegido contra os vírus mais recentes. Você pode programá-lo para receber e instalar as atualizações automaticamente.

Worms vêm direto pela internet

Um *worm* (que significa verme) é como um vírus, com a diferença que não precisa pegar carona em uma mensagem de e-mail. Um worm simplesmente pula diretamente de um computador para outro pela internet, entrando no seu computador por meio das falhas de segurança no seu software de rede. Infelizmente, a arquitetura mais popular de software de rede na internet, a mesma utilizada no Microsoft Windows, está cheia de furos de segurança — tanto que, se você conectar uma máquina Windows boa e nova à internet de banda larga, a máquina ficará coberta de *worms* em menos de um minuto.

Se você aplicar rigorosamente todas as atualizações de segurança da Microsoft, elas consertam a maioria das falhas de segurança conhecidas, mas demora muito mais que um minuto para aplicá-las. Assim, recomendamos, enfaticamente, a todos que usam uma conexão de banda larga a usar um hardware de *firewall*, que é uma caixa que fica entre a internet e o computador e mantém os worms do lado de fora. Se você tiver conexão de banda larga, provavelmente deve usar um *roteador*, não muito caro, para conectar seus computadores, e todos esses dispositivos incluem um firewall como recurso padrão. Veja mais informações no Capítulo 4.

Spywares chegam através de sites

Spywares (que incluem *adwares*) são semelhantes a um vírus, só que eles infectam seu computador de forma diferente. Em vez de chegarem por e-mail, os spywares são baixados pelo seu navegador. Geralmente, você precisa clicar em algo em uma página web para baixar e instalar spywares. No entanto, muitas pessoas são facilmente enganadas, sendo levadas a instalar spywares que se fazem passar por um visualizador gráfico ou outro tipo de programa que queiram instalar.

Saiba o que um spyware faz

Os spywares receberam esse nome por serem usados frequentemente para ações suspeitas, como espiar o que você está digitando. Às vezes, os spywares coletam informações sobre você e as enviam para outro site, sem seu conhecimento ou consentimento. Um uso comum dos spywares é descobrir quais sites você visita, de modo que os anunciantes possam exibir anúncios pop-up (descritos mais adiante neste capítulo) de produtos ou serviços de sua área de interesse.

Os anúncios direcionados não são propriamente maléficos. O programa Google AdSense, por exemplo, coloca anúncios relacionados ao conteúdo dos sites de seus clientes. Anúncios direcionados valem mais para os anunciantes porque é mais provável que você clique em um, sobre o assunto que esteja pesquisando.

Os spywares também enviam spam a partir do seu computador, capturam cada tecla pressionada e as enviam para um malfeitor pela internet, e fazem todas as outras coisas ruins que worms e vírus fazem.

Não instale spywares voluntariamente

Há muitos programinhas gratuitos disponíveis para download, mas não os instale a menos que tenha verificado se são seguros *e* úteis. A maioria das barras de ferramentas gratuitas, protetores de tela e outros utilitários é spyware disfarçado. Além disso, quanto mais programas você baixar no seu computador, mais lentamente seus outros programas serão executados. Verifique com amigos antes de baixar o programa mais recente. Ou, então, pesquise na web pelo nome do programa (veja o Capítulo 13) para descobrir resenhas positivas ou negativas. Só baixe programas de sites bem recomendados e mantenha seu computador livre de emaranhados de softwares.

Os Macs são a solução?

Ouvimos os usuários do Apple Macintosh se gabarem enquanto você lê este capítulo: "Não temos esses problemas. Por que as pessoas simplesmente não usam Macs?". Usuários de Macs também precisam lidar com o roubo de informações e outras formas de lixo eletrônico, e os spywares começaram a surgir, justamente, nos Macs. Mas, até o momento, quase nenhum vírus ou worm afeta Macs, e, neles, a ameaça de spyware é menor do que em PCs. Embora essa situação possa mudar, achamos que os usuários de Mac sempre terão vida mais fácil na internet. Em primeiro lugar, os Macs são tão raros (em comparação às máquinas com Windows) que não vale o tempo de um criador de vírus atacá-los — em parte porque essa raridade dificulta a expansão dos vírus. A maioria dos endereços de e-mail em uma lista de endereços de um usuário de Mac pertence a usuários de Windows, de qualquer forma, de modo que, se um vírus de Mac fizer cópias de si mesmo, as cópias que ele envia não encontram bons destinos. (Projetar um vírus que execute *tanto* no Windows quanto em Macs é difícil, mesmo nos dias de hoje.) Finalmente, o Mac OS X é projetado para ser mais seguro do que o Windows e é difícil de ser infectado.

Macs atuais baseados em Intel podem executar programas Windows, ou podem até mesmo ser configurados para executar Windows nativo, para aplicativos que sejam apenas para Windows. Sabemos de empresas cujas equipes de suporte executam *tudo* em Macs — porque eles não são infectados. Quando os funcionários precisam executar algo em um PC, eles o fazem em uma janela na tela de um Mac. Interessante.

Mas não sejam ingênuos, usuários do Mac. Todos os nossos conselhos sobre não clicar em links desconhecidos ou baixar softwares não confiáveis também se aplicam a vocês.

Essa recomendação é especialmente importante para o seu dispositivo móvel. Alguns aplicativos são grátis porque o programador os criou apenas por diversão, outros porque estimulam o acesso a um site comercial, ou porque o fornecedor espera que você faça um upgrade para uma versão mais completa, paga. Mas há aplicativos que são grátis por conterem anúncios e por devolverem seus dados de acesso aos fornecedores. Em dispositivos Android, ao instalar um aplicativo você recebe uma mensagem informando quais as funcionalidades do sistema que serão acessadas pelo aplicativo — é sempre bom fazer um teste de verificação. Quando você encontra um jogo de pinball divertido e ele quiser acessar seu catálogo de endereços, desconfie, afinal, para que um jogo de pinball precisa dos e-mails dos seus amigos? Provavelmente, trata-se de um spyware que roubará seus endereços de e-mail.

Proteja seu computador de spywares

Na maioria das vezes, os programas spywares são projetados para serem difíceis de remover — o que pode bagunçar seu sistema operacional. Em vez de esperar até contrair um caso grave de spyware para depois tentar desinstalá-lo, uma ideia melhor é vacinar seu computador contra spywares. Para bloquear spywares, tenha cuidado com os elementos na tela em que clica. Instale um programa que verifica spywares para verificar seu sistema periodicamente, como o Microsoft Windows Defender, que é gratuito. Veja detalhes no Capítulo 4.

Spywares podem atacar Macs e, até mesmo, telefones

Os computadores Mac não são imunes a spyware. (Veja o quadro acima, "Os Macs são a solução?".) O sistema operacional Macintosh é, por concepção, mais seguro que o Windows, logo, poucos vírus e poucos spywares o atacam. Mas um usuário de Mac tem a mesma probabilidade de um usuário de PC de ser induzido a clicar em um link para um site pornô gratuito — que baixa o spyware no seu computador junto com aquele vídeo sexy. Até mesmo os smartphones (como os telefones iPhone e Android) podem ser infectados com spyware e, embora a maioria dos alvos de spywares seja Windows, eles também miram em outros tipos de computadores e telefones. Portanto, pense duas vezes antes de clicar em algum desses dispositivos.

Adware: Apenas outro tipo de spyware

O adware, um tipo controverso de software que muitas pessoas consideram spyware, é instalado como parte de determinados programas distribuídos gratuitamente. Ele observa o que você faz no seu computador e exibe anúncios direcionados — mesmo quando você executa outros programas. Achamos que nenhum usuário iria querer instalar um programa que os atacasse com uma avalanche de anúncios — e queremos leis para banir a prática, destacando que o adware, muitas vezes, se comporta como um parasita, escondendo ou substituindo anúncios de sites concorrentes.

Antes de baixar um programa gratuito, procure saber qual é o acordo. Se não tiver certeza, não baixe. Certifique-se de que seus filhos saibam disso, para não baixar jogos grátis, letras de músicas e coisas do gênero — a maioria está infestada de adwares. Do contrário, antes que perceba terá tanto anúncio pop-up que terá de desconectar seu computador para livrar-se deles.

Janelas pop-up aparecem em todos os lugares

Uma das piores inovações nas décadas recentes é a janela *pop-up*, que aparece na sua tela sem ser solicitada (por você) quando visita determinados sites. Algumas pop-ups aparecem imediatamente, e outras são *pop-unders*, que ficam escondidas sob sua janela principal até que você a feche. As pop-ups que você mais verá são anúncios de passagens aéreas e de remédios para emagrecer (não, não damos os nomes deles aqui; eles já têm publicidade demais.)

Diversos mecanismos podem fazer pop-ups aparecerem no seu computador:

- Um site pode abrir uma nova janela de navegador. Às vezes, essa nova janela exibe um anúncio ou outras informações irritantes. Mas, em outros casos, a nova janela possui informações úteis — alguns sites usam janelas pop-up como um tipo de sistema de ajuda para usar o site.
- Spywares ou outros programas podem exibir janelas pop-up.

Por sorte, os navegadores podem impedir a maioria dos websites de abrir janelas indesejadas. Vá ao Capítulo 7 para descobrir como dizer ao seu navegador para exibir menos pop-ups.

Qual é a senha, Sr. Potter?

Em todos os lugares em que você vai atualmente, alguém pede que digite uma senha ou código de entrada. Até mesmo Harry Potter tem que informar sua senha para um retrato mágico, apenas para entrar no dormitório de Grifinória (embora, aparentemente, não haja segurança entre as alas de meninos e meninas). Especialistas em segurança são quase unânimes em nos dizer que deveríamos proteger todas as nossas senhas:

- Escolha senhas complexas que sejam suficientemente longas para que ninguém consiga descobri-las.

  Nunca use como senha uma palavra que apareça no dicionário. Considere colocar um número ou dois na sua senha.
- Nunca use a mesma senha para contas diferentes.
- Memorize suas senhas e nunca as escreva.
- Altere suas senhas com frequência.
- Descubra o quanto um hacker teria que se esforçar para descobrir sua senha. A Microsoft possui um site sobre isso: `www.microsoft.com/protect/yourself/password/checker.mspx`.

CUIDADO!

Os perigos do Wi-Fi gratuito

O *Wi-Fi*, a forma sem fio pela qual seu laptop ou smartphone podem se conectar à internet, está disponível em muitos locais públicos, incluindo aeroportos e lanchonetes. Conforme será explicado no Capítulo 4, quando você usa Wi-Fi para conectar seu computador à internet, basta localizar a rede, clicar em Conectar e, então, começar a usar a internet. Uma das primeiras coisas que você provavelmente fará será usar seu navegador da web para verificar seus e-mails ou se conectar com a rede da sua empresa. Nesse processo, você digita uma ou duas senhas.

Você pode confiar na rede Wi-Fi? Como você sabe que ela não está "escutando" o que você digita, incluindo suas senhas? Bem, você não sabe.

A espionagem Wi-Fi é surpreendentemente fácil. Um ladrão configura um computador em um saguão de aeroporto ou lanchonete com um computador que sintoniza todo o tráfego de rádio da rede Wi-Fi local. Ele monitora o que você digita e usa suas senhas para enviar spam, esvaziar sua conta bancária ou executar outras ações terríveis.

O que um usuário da internet deve fazer ao viajar? Você pode diminuir significativamente a possibilidade de espionagem usando sites https seguros (que mostram um ícone de cadeado no navegador), em vez de sites http não seguros. Um site seguro criptografa o tráfego entre seu navegador e o site, de modo que, mesmo que alguém esteja espionando, tudo o que conseguirá ver é o tráfego criptografado sem significado. Se você usar um programa de e-mail como o Thunderbird ou o Outlook para verificar seus e-mails (veja o Capítulo 8), configure suas conexões de entrada e saída de e-mails para usar criptografia (muitas vezes chamada de *SSL* ou *TLS*), que oferece os mesmos benefícios.

Se você realmente precisar usar Wi-Fi público para verificar seus e-mails enquanto estiver viajando e não tiver uma conexão http ou SSL, veja o que pode fazer (conselho cortesia do nosso amigo Mark Steinwinter):

1. Antes de viajar, altere sua senha de e-mail (e qualquer outra senha que você pretenda usar).
2. Enquanto estiver viajando, limite seu uso de Wi-Fi público às contas cujas senhas você tiver alterado antes de viajar. Fique à vontade para acessar sites que não requeiram senha.
3. Assim que retornar para casa, altere sua senha de e-mail novamente. Você pode alterá-la de volta para a que usava antes da viagem, ou para outra senha. Apenas suponha que alguém mal-intencionado sabe a senha que você usou na viagem e certifique-se de que esse alguém nunca use essa senha novamente.

Esse sábio conselho serve para todos — exceto seres humanos comuns. A maioria de nós tem senhas demais para registrar e pouco cérebro para armazená-las.

Uma abordagem sensata é usar uma única senha para contas em que você tenha pouco risco de perda, como as que precisa para ler um jornal online, por exemplo. Use senhas separadas e mais fortes para as contas realmente importantes (como sua conta bancária online). Se você achar que não vai se lembrar de todas, escreva e guarde em um lugar seguro, e, não em um post-it colado no seu monitor.

Quanto ao nosso conselho de não usar como senha uma palavra que esteja no dicionário — leve-o a sério! Hackers conseguiram encontrar um furo no nosso firewall uma vez, e havíamos ingenuamente deixado uma senha configurada como uma palavra normal em inglês (*weather*, se você quiser saber). Os hackers demoraram menos de duas horas para entrar no nosso computador, simplesmente fazendo o computador deles digitar cada palavra em inglês até encontrarem a que funcionava.

Ao criar uma senha, use números e pontuação nas palavras ou junte duas palavras com alguns algarismos, ou escreva uma palavra de trás para a frente. Use letras maiúsculas e minúsculas também. Se seus filhos se chamarem Fred e Susie e o número da sua casa for 426, que tal Fred426susiE? Ou Susie426dreF? Usar as primeiras letras de cada palavra de uma expressão é um bom método também. Se sua música favorita for "I Wanna Hold Your Hand", dos Beatles, não seria difícil lembrar uma senha como Iwhyh1963. Você captou o espírito da coisa!

No decorrer dos anos, acabamos com tantas senhas que começamos a armazená-las em arquivos de texto — os quais qualquer pessoa com acesso ao seu PC pode ler! Essa ideia é certamente uma das piores do mundo. Se você tiver muitas senhas e nenhuma forma de lembrá-las, considere o uso de um gerenciador de senhas, que é projetado para armazenar suas senhas em um local seguro. É claro que você vai precisar de uma senha para o seu gerenciador de senhas. Nós usamos o KeePass, um freeware, programa open source que você pode baixar a partir de `www.keepass.info` para PCs e Macs. Veja o Capítulo 19.

Tenha cuidado com dicas de senhas

Operadores de sites estão cansados de lidar com usuários que esquecem sua senha, de modo que uma nova ferramenta computacional surgiu nos últimos anos — a dica de senha. Quando você cria uma nova conta, um amigável software gerenciador de identidades pede seu nome de usuário e uma senha. Ele, então, faz com que você escolha algumas respostas para umas perguntas de segurança, como "Qual sua cor favorita?" e "Qual o nome do seu animal de estimação?".

Às vezes, tempos depois, você tenta se conectar a essa conta — e descobre que esqueceu a senha. Sem problemas! Você recebe suas perguntas de segurança; se digitar a resposta certa, está dentro. O problema é que um ladrão fingindo ser você encara o mesmo tipo de desafio. Em vez de adivinhar sua senha, tudo o que ele tem de adivinhar é sua cor favorita (azul é uma possibilidade) e o nome do seu animalzinho de estimação (será que seu filho colocou fotos com legenda do Rover no site da escola, como parte do projeto de computação do terceiro ano?).

Se você encontrar uma dessas dicas de senhas ao se registrar em uma conta importante, escolha perguntas cujas respostas um invasor não possa descobrir pesquisando sobre você. E não há regra que determine que você tem que responder às perguntas de segurança com a verdade. Você pode escolher o animal de estimação de um amigo, por exemplo, ou uma cor estranha, como fúcsia, sépia ou sulferino, pode dizer que sua cor favorita é Rover e o nome do seu animal de estimação é Púrpura. Você só precisa depois se lembrar das respostas que inventou.

Spam, Bacon, Spam, Ovos e Spam

Pink tender morsel,
Glistening salty gel.
What the hell is it?

Hawaiian lunch meat?
Someone else's old shoe heels?
We may never know.

— Um *haicai* (um tipo de poema japonês) do SPAM, encontrado na internet, Christopher James Hume e Reber Clark ficam com os créditos, às vezes.

Com uma frequência cada vez maior, recebemos e-mails não solicitados de organizações ou de pessoas que não conhecemos. *Spam* é a versão online de correspondência não desejada. Offline, os remetentes de correspondência não desejada têm de pagar a postagem. Infelizmente, online, o custo de enviá-las é praticamente zero.

Spams de e-mails (não confundir com SPAM, um produto à base de carne originado de Minnesota que é bastante popular no Havaí) significa que milhares de cópias de uma mensagem não solicitadas são enviadas para contas de e-mail, e, até, para programas de mensagens instantâneas. A mensagem geralmente consiste de anúncios sem graça do tipo "fique rico trabalhando em casa" ou remédios duvidosos e outras finalidades — algo que você pode não querer ver e, definitivamente, não quer que seus filhos vejam. Muitas mensagens de spam agenciam clientes para ações sem valor que os remetentes de spam compraram e esperam que você compre a preços inflacionados. A mensagem é *spam*, a prática chama-se *spamming*, e a pessoa que envia o spam é chamada de *spammer.* O roubo de informações (phishing) também envolve o spam.

Os spams, infelizmente, são um problema sério na internet, porque são extremamente baratos para anunciantes sem muitos recursos. Recebemos centenas ou milhares de spams por dia, e o número continua a subir. Os spams não precisam ser comerciais (temos visto spams religiosos e políticos), mas nunca são solicitados; se você solicitou, não é spam.

Por que é chamado de spam

A carne? SPAM pode ser a abreviação de *spiced ham* (presunto temperado, em inglês). Ah, você quer dizer e-mails não solicitados? Veio de uma cena da série britânica Monty Python na qual um grupo de vikings canta repetidamente a palavra *spam* em ritmo de marcha, abafando todas as outras conversas (pesquise *Monty Python spam* no seu mecanismo de pesquisa favorito e encontrará muitos sites onde poderá ouvi-la). Os spams podem abafar todos os outros e-mails, porque algumas pessoas recebem tanto que simplesmente param de usar o e-mail.

Por que é tão nocivo

Você talvez pense que spams, assim como correspondências postais não solicitadas, sejam apenas um contratempo com o qual você tem que conviver. Mas é pior do que isso, em vários aspectos. Os spams lhe custam dinheiro. Destinatários de e-mails pagam muito mais do que o remetente pagou para enviar uma mensagem. Enviar e-mails é barato: um spammer pode enviar milhares de mensagens por hora a partir de um PC. Depois disso, custa o seu tempo para baixar, ler (pelo menos a linha do assunto) e descartar o e-mail. A quantidade de spams agora está em torno de vinte vezes a de e-mails reais, e se o volume de spam continuar a aumentar nessa velocidade alarmante, logo os e-mails válidos serão inúteis, porque ficarão enterrados sob o lixo eletrônico. Outro problema é que os filtros de spam, que devem descartar apenas spams, podem jogar fora mensagens válidas por engano.

Os destinatários de spam não têm que lidar apenas com um custo, como também, todo esse volume de e-mail gasta recursos dos servidores e da internet. Os ISPs têm de passar adiante os custos extras para os usuários. O volume de spam dobrou ou triplicou ao longo dos anos, e ainda está crescendo, embora num ritmo menos rápido. Grandes provedores de internet que conhecemos informam que mais de 95% dos e-mails que chegam para eles são spam, e muitos ISPs estrangeiros relatam que US$2 da taxa mensal são destinados para a solução e a limpeza de spam. Os spammers enviam 100 *bilhões* de mensagens de spam *por dia*. E, enquanto os ISPs tentam cada vez mais filtrá-los, mais e mais e-mails legítimos se arriscam a ser confundidos e ignorados ou descartados.

Muitas mensagens de spam incluem uma linha que instrui o destinatário sobre como sair de suas listas, muitas vezes do tipo "Clique aqui se não quiser mais receber nossas mensagens" ou "Envie-nos uma mensagem com a palavra REMOVER". Responda às mensagens ou clique em links para não assinar mais *apenas* se as mensagens forem de listas que você se lembra de ter assinado ou de empresas com as quais fez algum contato ou transação. Qualquer outra fonte irá ignorá-lo ou adicioná-lo a outras listas de spam.

O que você pode fazer a respeito

Você não precisa lidar com esse transtorno do spam. Os filtros de spam podem eliminar a maioria do spam que você recebe. Veja no Capítulo 9 como usar o filtro de spam que pode já existir no seu programa de e-mail ou como instalar um programa de filtragem de spam. Visite também `www.cauce.org`, a Coalition Against Unsolicited Commercial E-mail (Coalizão Contra E-mails Comerciais Não Solicitados), que é uma importante organização antispam.

Segurança: Como Manter Você e Sua Família Seguros

Vírus, spyware, roubo de informações, pop-up, spam — a internet vale todo esse incômodo? Não, você não precisa desistir da internet por causa disso, nem precisa se desesperar ou desanimar. Você só tem de tomar algumas precauções para usá-la com segurança. Além dos ajustes tecnológicos que sugerimos (verificadores de vírus, varredores de spyware e bloqueadores de pop-up), você precisa ter algum conhecimento sobre segurança online. Aqui está uma lista das principais providências que você deve tomar:

- **Desenvolva um ceticismo saudável.** Se parecer bom demais para ser verdade, não é verdade. Ninguém na África tem R$25 milhões para dividir com você se você o ajudar a tirá-lo do país, e você não ganhou um prêmio em um concurso do qual nunca participou. Como diz o antigo ditado, nasce um tolo por minuto. Que o otário do momento não seja você.
- **Mantenha atualizado o software do seu computador.** Tanto a Microsoft quanto a Apple possuem recursos que tornam esse processo mais ou menos simples. Use-os. As atualizações mais recentes de software geralmente consertam alguma falha de segurança que poderia vir a ser explorada.
- **Use um firewall e mantenha-o atualizado**. Seu computador provavelmente possui um firewall interno. Assegure-se de que ele esteja ligado. Alguns programas do tipo malware sabem como desligar softwares de proteção, então verifique a cada semana. Recomendamos o uso de um roteador — um dispositivo que permite a você compartilhar conexões de internet entre diversos computadores (com ou sem fio) —, porque incluem programas internos de firewall que os malwares não conseguem desabilitar ou contornar. Essas unidades são tão baratas que você deveria comprar uma mesmo que tenha apenas um computador. (Veja detalhes no Capítulo 5.)
- **Instale proteção contra vírus e software de proteção contra spyware e mantenha-os atualizados.** Você pode obter softwares gratuitos ou pagos. Use-os. O Capítulo 4 explica como instalar antivírus e varredores de spyware.

  Você deve manter atualizados os arquivos de descrição de vírus do seu software antivírus — automaticamente, se possível, e a cada semana, pelo menos. (Novos vírus são criados todos os dias.) Seu software antivírus deve baixar automaticamente as atualizações; verifique sua documentação.
- **Não abra um anexo de e-mail a menos que seja de alguém que você conheça *e* esteja esperando receber.** Contate o remetente, se não tiver certeza.
- **Não clique em links contidos em mensagens de e-mail, a menos que tenha certeza de saber aonde eles levam.** Se você clicar e for direcionado para um site que peça sua senha, ou número de cartão de crédito, ou nome do cachorro, feche a janela do navegador. Nem pense em dar alguma informação.

- **Escolha senhas que sejam difíceis de adivinhar, e nunca as divulgue para ninguém.** Não divulgue sua senha para o rapaz simpático que diz ser do suporte técnico, nem para um agente especial do FBI que alega precisar dela para rastrear uma criança sequestrada. Ninguém.
- **Seja consistente.** Se você compartilhar seu computador com diversas pessoas da família ou que morem na sua casa, assegure-se de que todas entendam essas regras e concordem em segui-las.

DICA

Para mais dicas sobre como permanecer seguro online, consulte o site do Comitê Gestor de Internet no Brasil (CGI-BR) que administra o site Internet Segura em `www.internetsegura.br`.

Capítulo 3

As Crianças e a Internet

Neste Capítulo

- Reconhecendo as formas boas e nem tão boas assim das crianças usarem a internet
- Conhecendo algumas preocupações da internet
- Criando regras para seus filhos usarem a internet
- A internet nas escolas

Encare os fatos: a maioria das crianças fica mais confortável e à vontade na internet do que seus pais (e avós). As escolas pedem às crianças que façam pesquisas na internet e que enviem a informação por e-mail para os outros alunos e professores. Jogos online são projetados para crianças de todas as idades. Proibir seus filhos de usar a internet é inútil (a não ser que eles tenham menos de 6 anos), mas obviamente você quer seus filhos em segurança, seja qual for a idade deles. Este capítulo fala sobre o que é positivo e o que é negativo — e até assustador — sobre crianças e jovens usando a internet.

Com milhões de crianças online, uma discussão sobre o uso familiar da internet é crucial. (Obviamente, se esta não for a sua preocupação, pule este capítulo.)

Formas Muito Legais de as Crianças Usarem a Internet

A internet é incrível. Ela pode ajudar as crianças a fazer as coisas que elas *têm* que fazer (como deveres de casa), assim como o que elas *querem* fazer:

- **Pesquisas para os deveres de casa:** A internet é uma forma incrível de expandir as paredes de uma escola. Ela pode conectar as crianças a bibliotecas, recursos de pesquisa, museus, outras escolas e pessoas. As crianças podem visitar o Museu Histórico Nacional para obter informações sobre documentos manuscritos e iconográficos da história do Brasil em `www.museuhistoriconacional.com.br`, como mostra a Figura 3-1; visitar a Capela Sistina em `w2.vatican.va/content/pt.html`; podem ver salamandras no seu habitat nativo;

podem escutar músicas novas e fazer novos amigos e, ainda, aprender sobre a história da computação. Atualmente, muitas escolas supõem que as crianças tenham acesso à web, de modo que é melhor que os pais estejam preparados.

Figura 3-1: Muitos museus têm informações úteis online.

- **Fazer amigos virtuais em outros países:** Projetos escolares como o Global Schoolhouse (GSH) conectam crianças de todo o mundo trabalhando em colaboração em vários tipos de projeto. Suas feiras cibernéticas anuais reúnem mais de 500 mil alunos de centenas de escolas em pelo menos 37 países! As crianças podem descobrir mais no site da Global SchoolNet, `www.globalschoolnet.org` — em inglês.
- **Praticar línguas estrangeiras:** As crianças podem visitar salas de bate-papo online, onde podem praticar inglês, francês, espanhol, russo, japonês e até mesmo esperanto.
- **Pagar para baixar músicas:** Crianças adoram música e podem comprá-las pela internet de diversas maneiras (os adultos também). A loja de músicas iTunes, da Apple, em `www.apple.com/br/itunes`, vende músicas por aproximadamente $2,00. Outros sites, como `www.napster.com` — em inglês, permitem que você baixe quantas músicas quiser por uma mensalidade. Veja detalhes no Capítulo 14.

- **Escrever um artigo de enciclopédia:** A Wikipédia, em `pt.wikipedia.org`, é uma enciclopédia online gratuita em que qualquer pessoa pode contribuir. É uma ferramenta útil de pesquisa, mas, melhor ainda, as crianças podem adicionar material enquanto pesquisam para seus trabalhos, tornando a Wikipédia ainda melhor. Uma equipe mundial de escritores e editores voluntários atualiza o material continuamente, e você — ou seu filho! — pode ser um deles. (Veja o que são os wikis no Capítulo 20)
- **Colocar suas próprias fotos, músicas ou outras coisas na web:** Um site pode ser criativo ou não, depende de você. Você e seus filhos podem postar suas histórias ou arte que sua família e amigos admirem. Explicamos como fazer essas coisas na Parte V.

CUIDADO!

Quando você ou seus filhos pesquisam um tópico, podem surgir páginas criadas pela maior autoridade mundial no assunto, por algum lunático inventando uma teoria maluca, por um estudante publicando sua monografia, por uma pessoa qualquer que se julga especialista, ou, mais provavelmente, todas as alternativas. Alguns sites são mantidos por grupos de ódio e trazem material verdadeiramente odioso. Saber identificar todos esses tipos de informação e desinformação é uma das habilidades mais valiosas que as crianças (ou qualquer outra pessoa) podem aprender.

Formas Mais ou Menos de as Crianças Usarem a Internet

Aqui estão algumas ideias que os adultos talvez considerem uma perda de tempo, se bem que não podemos ser sérios o tempo todo:

- **Jogar:** Muitos jogos populares (tanto os tradicionais — como xadrez, buraco, canastra, copas entre outros — e os de vídeo) têm opções que permitem que as crianças joguem contra outros jogadores na internet. Veja o quadro anterior "Jogos na web".
- **Passar tempo com amigos:** O Facebook (veja o Capítulo 10) permite compartilhar ideias, pensamentos, fotos, vídeos e comentários aleatórios. Muitos adolescentes parecem morar no Facebook.
- **Conversar em uma videochamada:** Graças a softwares como o Google Hangouts e Skype, as crianças podem ver seus amigos enquanto conversam com eles (não se recomenda o uso naqueles dias em que o cabelo está um horror). O Capítulo 12 fala sobre programas gratuitos de vídeo.
- **Comprar:** O que podemos dizer? Comprar na internet é como comprar no shopping center, com a diferença de que a internet nunca fecha e você não precisa procurar vaga para estacionar. As crianças podem vender coisas também. O Capítulo 15 fornece mais detalhes.

Jogos na web

Você pode encontrar praticamente qualquer jogo na web, desde o jogo de paciência até videogames ou jogos de aprendizado. Alguns rodam diretamente no navegador e outros são programas que devem ser baixados e executados. Estes são alguns lugares aonde procurar jogos para um ou mais jogadores:

- **AddictingGames:** Um dos incontáveis sites dedicados a jogos individuais está em `www.addictinggames.com`. Um bom mecanismo de pesquisa o ajudará a encontrar outros, como o Miniclip (`www.miniclip.com`).
- **Angry Birds:** Se você nunca jogou Angry Birds (que pode ser baixado em `www.angrybirds.com`), você é um dos poucos que, como nós, nunca jogou. Apenas nunca tivemos a oportunidade!
- **Games.com:** O site `www.games.com` possui diversos jogos individuais disponíveis para qualquer um que deseje criar uma conta gratuita. O Free Internet Games (`www.friv.com`) também.
- **Merchandising advertising:** Muitas empresas anunciam seus produtos em jogos que podem ser baixados. Se você gosta de lego, por exemplo, experimente `www.lego.com/en-us/games/default.aspx` (conteúdo disponível em diversos idiomas, exceto português). Os sites para alguns filmes de ação oferecem jogos relacionados.
- **MSN Games:** Quebra-cabeças, cartas, palavras, perguntas e outros tipos de jogos estão disponíveis no site da Microsoft `http://zone.msn.com`. O Yahoo! Games em `http://games.yahoo.com` apresenta o mesmo conceito (ambos com conteúdo em inglês).
- **Steam:** Você e seus filhos podem baixar uma enorme variedade de jogos em `store.steampowered.com` (conteúdo em inglês). Eles não são baratos, mas os gráficos são fantásticos.
- **VirtualNES:** Se você gostava do seu antigo jogo de console Nintendo, gostará de `www.virtualnes.com` (conteúdo em inglês), que oferece jogos clássicos Nintendo Entertainment System gratuitamente. (É legal porque os jogos já não têm mais direitos autorais.)

Formas Não Tão Boas de as Crianças Usarem a Internet

Assegure-se de que seus filhos ou netos fiquem longe das seguintes ideias, que têm um grande potencial para causar problemas, alguns bastante sérios:

- **Plágio:** Esta é uma palavra elegante de dizer "usar o trabalho de outras pessoas como se fosse seu". Plágio de conteúdo retirado da internet é tão errado quanto o plágio de um livro — e é, também, muito mais fácil de ser descoberto, porque os professores podem consultar os mesmos sites de pesquisa de onde o aluno copiou o trabalho.
- **Bullying:** Seus filhos com certeza já ouviram muito falar em cyber bullying na escola, e isto é muito importante. Antigamente, crianças sem muita popularidade estavam livres de seus algozes em casa; hoje,

a internet e consequentemente as crianças que xingam, ridicularizam e provocam podem segui-las a qualquer lugar.

- **Trapaça:** Usar softwares tradutores para fazer dever de casa de línguas estrangeiras também não é aconselhável. No máximo, usar como dicionário para consulta, porque, além de tudo, as traduções automáticas ainda têm uma qualidade muito inferior às reais e não as substituem de forma alguma.

CUIDADO!

- **Revelar muitas informações pessoais:** Ao conversar na internet com pessoas que seus filhos não conhecem, eles podem ser tentados e induzidos a dar informações de identificação sobre si mesmos ou sua família, mas é perigoso — isso pode expor seus filhos a riscos como perseguição, roubos, ou algo pior. Até revelar seus endereços de e-mail pode resultar em lixo eletrônico indesejado. Algumas perguntas aparentemente inocentes que estranhos fazem online não são tão inocentes assim, então entraremos em maiores detalhes mais adiante, ainda neste capítulo, sobre o que merece mais atenção.
- **Compartilhar músicas e vídeos protegidos por direitos autorais:** Agora que as crianças podem comprar facilmente música online, não têm muita desculpa para usar software de compartilhamento de arquivos para trocar músicas ou vídeos sem permissão. Em alguns países do exterior, as indústrias da música e de vídeo estão se aperfeiçoando no sentido de identificar as pessoas que fazem isso — e estão tomando ações legais contra elas. Isso pode lhe custar muito dinheiro.
- **Visitar sites de ódio e pornográficos:** Este conselho é entre você e seus filhos. Os pais devem deixar claras as regras sobre quais tipos de site são aceitáveis, deixar as regras próximas ao computador e garantir que sejam obedecidas.
- **Fingir ser outra pessoa online:** As crianças devem criar pseudônimos, de modo que não tenham que usar seus nomes reais. (Esta estratégia pode ser uma forma de limitar as informações que um estranho mal-intencionado pode descobrir.) Mas fingir que você é um caça-talentos do *The Voice Brasil* ou do reality show mais recente procurando um encontro não é uma boa ideia.
- **Ficar em salas de bate-papo de adultos:** Se as crianças fingirem ser mais velhas do que são, podem arranjar problemas para si *e* para os desenvolvedores do site de bate-papo.
- **Deixar a internet tomar conta da sua vida:** Se a única coisa que seus filhos querem fazer depois da escola é ficar online, é hora de estabelecer alguns limites. (O mesmo serve para você e seu trabalho!)

Formas Muito Ruins das Crianças Usarem a Internet

CUIDADO!

Aqui estão algumas ideias que as crianças *nunca* devem considerar, porque podem levar diretamente a problemas muito sérios:

- **Encontrar-se fisicamente com amigos online sem avisar aos pais:** Se uma criança ou adolescente conhece alguém online e quer se encontrar pessoalmente com ela, tudo bem — talvez. Mas os pais precisam tomar precauções! Em primeiro lugar, assegure-se de que seus filhos lhe informem sobre o encontro, de modo que vocês possam decidir juntos como proceder. Em segundo lugar, ninguém (criança, jovem ou adulto) deve encontrar um amigo online em um lugar privado: sempre se encontrem em um lugar público, como um restaurante. E por fim, vá ao encontro junto com seu filho, para o caso de terem sido enganados. (Você pode ficar espreitando discretamente de algum lugar próximo, então, leve um livro para se distrair.)
- **Fazer algo ilegal — online ou offline:** A internet parece totalmente anônima, mas não é. Se uma criança ou um adulto comete um crime, a polícia pode obter os registros de conexões na internet com seu provedor de serviço de internet (ISP – Internet Service Provider) para descobrir quem estava conectado, em qual modem, em que dia, em que horário e com qual endereço IP, e chegar até a pessoa.
- **Invadir outros computadores ou criar vírus:** Isto podia ser considerado brincadeira na década de 1980, mas as autoridades já perderam o senso de humor a respeito. Muitos adolescentes e jovens *já* foram presos por isso.

A Internet e as Crianças Pequenas

Somos a favor de permitir que as crianças sejam crianças e acreditamos que os seres humanos sejam melhores professores do que os computadores. Agora que você conhece nossa opinião, talvez possa imaginar o que diremos a seguir: não somos a favor de deixar uma criança pequena grudada na frente de um monitor. Com que idade uma criança é considerada pequena demais para usar a internet? Acreditamos que com menos de 5 anos, a criança ainda é pequena demais. Nessa fase, as crianças se beneficiam muito mais brincando ao ar livre, subindo em árvores, jogando bola, brincando na areia ou na terra, com lápis, tinta, bicicleta, outras crianças e, especialmente, com os irmãos mais velhos. Os computadores não são as babás ideais. Se seus filhos pequenos usam o computador, escolha os programas e sites com cuidado, e limite o tempo de uso.

Achamos que o acesso à internet é mais apropriado para crianças um pouco maiores (que estejam no quinto ou sexto ano, ou mais velhas), mas isso pode variar. Mesmo assim, achamos boa ideia limitar o tempo que alguém, especialmente uma criança, passa online. Nós (apesar da nossa ótima aparência e boa forma) usamos computadores há mais de 40 anos (cada um) e sabemos o que acontece com crianças que ficam grudadas no computador por tempo indefinido. Acredite: *não é bom*. Você se lembra daqueles velhos ditados "Você é o que você come" e "Lixo entra, lixo sai"? O que o nosso cérebro consome faz diferença.

Como os seres humanos (que conceito), as crianças precisam conviver e interagir com outros seres humanos. Com muita frequência, crianças que têm dificuldade em se socializar e acabam preferindo se ocupar com o computador — o que não ajuda a desenvolver suas habilidades sociais. Os problemas nesse sentido apenas se agravam, levando a um isolamento ainda maior. Se você estiver começando a achar que seu filho está se distanciando e se isolando cada vez mais com o computador e quiser colocar a máquina de volta no lugar dela (e talvez até incentivar seu filho a recuperar sua vida), aqui estão algumas dicas rápidas de autodefesa:

- Mantenha um registro do total de tempo que seu filho passa na internet durante uma semana. Pergunte, então, a ele se é realmente assim que ele quer passar a vida.
- Mantenha o computador do seu filho em áreas de acesso comum, como salas e escritórios, para que tudo que façam online seja visível para o resto da família. Coloque os smartphones do seus filhos para carregar em seu quarto durante a noite, para que eles não tenham acesso no horário em que devem dormir.
- Ajude seu filho a encontrar um hobby que não envolva uma tela. Incentive-o a praticar algum esporte de que ele goste, formar uma banda ou criar algum tipo de arte.
- Faça seu filho reservar um dia por semana em que não use o computador.
- Faça com que seu filho faça as refeições e converse com seres humanos de carne e osso (ou seja, você e o restante da família), cara a cara e em tempo real.

Navegue com Segurança

Assegure-se de que seus filhos ou netos conheçam as regras de segurança para usar a internet. Aqui estão algumas diretrizes básicas para seus filhos:

- **Nunca revele exatamente quem você é.** Seu filho deve usar apenas o primeiro nome e não deve fornecer sobrenome, endereço ou número de telefone, nem o nome da escola.
- **Nunca, *nunca mesmo*, revele sua senha, para ninguém.** Nenhuma pessoa ou empresa séria perguntará para você ou para seu filho sua senha.
- **Suspeite de estranhos que pareçam saber muito a seu respeito.** Talvez alguém diga que é pai de um amigo do seu filho e se ofereça para ir buscá-lo na escola, ou então que tem uma encomenda para entregar na sua casa. Assegure-se de que seus filhos nunca saiam com um estranho nem deixem alguém entrar na casa sem perguntar a um adulto de confiança (offline) primeiro.

Aqui estão mais algumas diretrizes para ajudar a manter as crianças a salvo online:

- **Pense antes de dar seu endereço de e-mail para alguém.** Muitos sites pedem aos usuários para se registrar, e muitos sites requerem que os usuários forneçam endereços de e-mail válidos, que eles verificam enviando mensagens de confirmação. Antes de você deixar seu filho se registrar em um site, assegure-se de que seja administrado por uma empresa com boa reputação e da qual você não se importe em receber lixo eletrônico.

- **Nunca concorde em conversar com alguém ao telefone ou encontrar alguém pessoalmente sem antes falar com seus pais.** A maioria das pessoas que uma criança pode conhecer online é gente boa, mas alguns tipos assustadores por aí tem feito da internet seu campo de caça.
- **Não suponha que as pessoas estejam lhe dizendo a verdade.** Aquela "criança" que diz que é da idade do seu filho e do mesmo sexo, e que parece compartilhar os mesmos interesses e hobbies, pode, na verdade, ser um quarentão solitário. Se os seus filhos tiverem irmãos mais novos, convença-os de como é importante ter cuidado com a segurança dos irmãos mais novos. Eles podem não ter ideia de como um estranho pode ser perigoso e podem acreditar que tudo que as pessoas dizem online é sempre verdade.
- **Se alguém o estiver assustando ou deixando-o desconfortável — especialmente se a pessoa diz para não contar aos seus pais — *conte* aos seus pais.** Se algo perturbar seu filho, peça que lhe avise para que você entre em contato com seu provedor de serviço de internet. Lembre seu filho de que ele sempre tem a opção de desligar o computador.

Vender, Vender, Vender!

Quando você gasta muito dinheiro online, logo percebe que todos parecem estar tentando lhe vender algo. Crianças, especialmente as de famílias de classe média e alta, são um mercado-alvo lucrativo, e a internet está sendo vista como outra forma de captação de clientes.

Ter o público infantil como alvo de vendas não é novidade. Se você assiste à TV, sabe como os programas de TV para crianças criam suas próprias linhas de brinquedos, bonecos e todo tipo de produto. As crianças precisam entender que os departamentos de marketing das grandes empresas desenvolvem softwares atraentes, fascinantes e cativantes apenas para ajudá-los a vender mais. Personagens familiares e encantadores de desenhos animados e programas infantis usam com habilidade as informações estratégicas de marketing extraídas diretamente do teclado na sua casa.

Você deve estar ciente dessa situação e saber o que fazer quando alguém na web pedir informações aos seus filhos. Se estes tiverem acesso a cartões de crédito, seus ou deles, podem acabar gastando muito dinheiro pela internet. Tenha cuidado com lojas online onde você tenha configurado seu navegador da web para lembrar suas senhas, porque seus filhos poderão entrar e começar a comprar. E seus filhos devem estar cientes de que, se gastarem seu dinheiro online sem permissão, haverá consequências.

Nos Estados Unidos há uma lei que limita as informações que as empresas podem obter de crianças menores de 13 anos (ou pelo menos que *admitem* ter menos de 13 anos) sem consentimento explícito dos pais — o que, a propósito, achamos que os pais raramente concedem. Ouvimos a respeito de um marqueteiro que disse que queria usar a internet para criar relacionamentos pessoais com todas as crianças que usavam seu produto. Eca. Temos nomes para sujeitos que querem relacionamentos com crianças, e não são nomes bonitos.

Quem Está Online?

Muitas crianças — e adultos — estão criando sites sobre si mesmos e suas famílias. Sites de redes sociais como o Facebook (veja o Capítulo 10) tornam isso fácil. Achamos que criar perfis é interessante, mas incentivamos enfaticamente as famílias que usam a internet por motivos pessoais (diferente de homens de negócios, que usam a internet para o trabalho) a *não* usarem seus nomes completos ou reais. Também aconselhamos seus filhos e você a nunca revelarem seu endereço, número de telefone, número de RG e CPF ou senhas de contas em ambientes sociais para qualquer pessoa que solicitar — seja online ou offline. Este conselho se aplica especialmente quanto a pessoas que alegam estar em situação de autoridade — por exemplo, mensagens instantâneas de pessoas alegando ser do suporte técnico da Microsoft. Elas *não são*, como detalhamos no Capítulo 2.

LEMBRE-SE

Pessoas que trabalham em empresas e órgãos oficiais *nunca* fazem perguntas buscando informações pessoais. Provedores de serviço de internet não lidam com contas de membros usando mensagens instantâneas e nunca solicitam informações sobre cartão de crédito por e-mail. Tudo isso é motivo para saber como seu provedor de serviço de internet realiza seu trabalho.

Mais do que nunca, as crianças precisam desenvolver habilidades de pensamento crítico. Elas têm de ser capazes de avaliar o que leem e veem — especialmente na web.

É lamentável que praticamente qualquer pessoa que tenha um endereço de e-mail receba sua cota de lixo eletrônico (*spam*). Essa situação só tende a piorar, até que tenhamos leis eficazes, assim como a tecnologia contra estes e-mails indesejados. Até lá, lembre-se desta regra importante: se uma oferta por e-mail parecer boa demais para ser verdade, é porque não é — e se aparecer um anúncio de alguém que você não conhece, também aconselhamos que desconfie.

A Internet nas Escolas

Algumas escolas e bibliotecas usam algum software, *proxy ou firewall* para filtrar o acesso à internet pelos alunos. Uma diversidade de sistemas de filtro está disponível, em uma gama de preços e facilidade de instalação, prometendo filtrar sites inapropriados ou prejudiciais. Parece bom, mas muitas crianças são suficientemente espertas para encontrar formas de contornar as regras, e crianças extremamente espertas podem encontrar formas de contornar sistemas de software projetados para “protegê-las”.

Verificando faculdades na internet

A maioria das faculdades e universidades tem sites na web. Você pode encontrar um diretório de uma delas em `www.universidades.com.br/brasil.htm`, com links para muita informação sobre faculdades e universidades.

Depois que você estiver um pouco mais acostumado ao uso da internet, pode usá-la para examinar mais de perto aulas e professores, para ter uma ideia melhor do que as faculdades têm a oferecer.

Não apenas para crianças: A escola na internet

A educação dos seus filhos, assim como a sua própria, não termina quando você acaba o Ensino Médio, a faculdade ou (para aqueles de nós seriamente dedicados a evitar a vida real) a pós-graduação. Sempre há mais a aprender. Não há nada como aprender diretamente de um bom professor em uma sala de aula, mas aprender pela internet pode ser a segunda melhor opção — especialmente para alunos que moram distante ou têm horários irregulares. Você agora pode fazer tudo online, de curso supletivo para equivalência de Ensino Médio até educação profissional contínua e cursos de graduação é pós. Alguns cursos são apenas online; outros usam uma combinação de presencial (salas de aula), laboratórios e orientação online.

Acreditamos que a filtragem da internet em escolas não é uma boa abordagem. As crianças são mais rápidas e mais altamente motivadas e têm mais tempo para gastar entrando e saindo de sistemas do que a maioria dos adultos que conhecemos, e esse método não os incentiva a fazer algo mais produtivo do que desbloqueios eletrônicos.

Muitas instituições contam com contratos assinados por alunos que detalham explicitamente o que é apropriado e inapropriado usar. Alunos que violarem esses contratos perdem seus privilégios de internet ou computador. Recomendamos a abordagem de contratos e consequências, a partir da qual as crianças podem realmente aprender.

Muitas escolas usam a internet para postar informações que os alunos podem usar nas suas aulas, incluindo um resumo do currículo, próximos trabalhos e links para sites com recursos úteis. Um sistema assim é o Moodle (em `www.moodle.org/?lang=pt_br`) — pergunte aos seus filhos se os professores deles postam trabalhos e recursos online.

Algumas instituições de ensino, como a Universidade Estácio de Sá (www.estacio.br), se especializam também em educação online, mas escolas do mundo inteiro oferecem agora educação online, e algumas (como o MIT, em http://web.mit.edu) disponibilizam todo seu material de cursos online gratuitamente. Se o curso estiver na internet, não importa se a escola fica do outro lado da rua ou do outro lado do oceano. Você pode encontrar milhares de escolas e cursos em diretórios como estes:

```
www.petersons.com/college-search/distance-education.aspx
www.usnewsuniversitydirectory.com
www.onlineschools.org
```

Alguns Sites Úteis

Aqui estão alguns sites que podem ser úteis para crianças e pais (avós, professores e outros responsáveis).

Estes sites enfocam a educação e cuidados paternos e maternos e dão dicas de segurança:

- www.internetresponsavel.com.br, www.google.com.br/segurancafamiliar, www.internetsegura.org, www.portaldafamilia.org, www.criancamaissegura.com.br, www.avidaquer.com.br/familias-interativas-seguranca-online-para-criancas, são espaços que podem interessar a professores, alunos e pais.
- **KidPub (conteúdo em inglês),** em www.kidpub.com, com resenhas de livros feitas por crianças.
- **Funbrain (conteúdo em inglês),** em www.funbrain.com, possui jogos educativos para o jardim da infância até a 8ª série.

Estes sites são apenas diversão:

- **UOL Crianças,** em www.criancas.uol.com.br, é um portal web da UOL projetado para crianças. www.smartkids.com.br, www.qdivertido.com.br, www.leme.pt/criancas, www.educarparacrescer.abril.com.br.
- **The Yuckiest Site on the Internet (conteúdo em inglês),** em http://yucky.discovery.com, é apenas o que parece — quanto mais asqueroso, melhor.
- **Na Kid Page da CIA (conteúdo em inglês),** em https://www.cia.gov/kids-page, você tem que digitar a parte https:// (é um site seguro — é o que o *s* significa) porque é, você sabe, a CIA.
- **Netmon (conteúdo em inglês),** em www.netmon.com, é administrado pela nossa amiga Jean Polly, que procura recursos online para crianças até há mais tempo que nós.

- **Sports Illustrated for Kids (conteúdo em inglês),** em www.sikids.com, possui notícias sobre esportes e jogos, mas nada de pessoas em trajes de banho.
- **Site do Sennina:** passatempos, histórias, cinemas, mural, tudo para diversão em http://senna.globo.com/senninha/
- **Estadinho:** site com histórias, brincadeiras e livros infantis para ler a partir do próprio site, em http://www.estadinho.com.br
- **Cartoon Network:** para quem gosta de diversão e muita ação. Acesse http://www.cartoonnetwork.com.br
- **Turma da Mônica:** site da Turma da Mônica com muita diversão. Acesse http://www.monica.com.br

Parte II

Internet, Aqui Vou Eu!

Nesta parte...

- Juntando os equipamentos e se conectando à internet
- Configurando sua rede ou pontos de acesso Wi-Fi
- Escolha um navegador e explore os sites
- Aproveite ao máximo seu navegador

Capítulo 4

Montando Seu Equipamento para Navegar na Web

Neste Capítulo

- Escolhendo um computador, ou outro dispositivo, para acessar a internet
- Usando um telefone ou tablet com internet
- Mergulhando no mundo do Wi-Fi
- Conectando-se à DSL e à internet a cabo
- Recordando aquela internet antiga e lenta
- Ficando seguro com firewalls, antivírus e antispywares
- Nossa configuração internet favorita: banda larga com um roteador (um o quê?)
- O que você pode fazer depois de se conectar

"Ótimo!", você diz. "Como conecto meu computador à internet?" A resposta é "Depende". (Você ouvirá essa resposta com mais frequência do que gostaria.) A internet não é uma rede — são 100 mil redes distintas e conectadas, cada uma com suas próprias regras e procedimentos, e você pode chegar à internet a partir de qualquer uma delas. Leitores de edições anteriores deste livro solicitaram (eles disseram outras coisas também, mas este é um livro para a família) instruções passo a passo sobre como entrar, de modo que fizemos este capítulo na forma de passos, tanto quanto foi possível.

Aqui (que rufem os tambores, por favor) estão os passos básicos:

1. **Descubra qual tipo de dispositivo você tem ou pode usar.**
2. **Conheça quais tipos de conexão com a internet estão disponíveis no local onde você está (mora ou trabalha).**
3. **Inscreva-se para ter uma conexão, se ela exigir uma conta.**
4. **Configure seu dispositivo para usar sua nova conexão e decida se gosta dela.**

5. **Instale o software que precisa para proteger seu computador de vírus e spyware, para alguns tipos de dispositivos.**

   Veja o Capítulo 2 para descrições assustadoras dos tipos de perigos da internet que você precisa se proteger.

DICA

Se você tem mais de um dispositivo para conectar à internet, veja o Capítulo 5. Você pode querer acessar a net, por exemplo, de um computador e um tablet ou dois computadores em sua casa ou seu trabalho.

CUIDADO!

Contas de internet são fáceis de usar, mas elas podem ser um pouco complicadas de configurar. Na verdade, conectar-se pela primeira vez pode ser a parte mais difícil de sua experiência na internet. Instalar e configurar o software para conexão à internet costumava requerer a digitação de muitos números bem estranhos de endereços, nomes de usuário, portas de comunicação — e muitos outros. Atualmente, fazer a conexão é muito mais fácil, em parte porque o software de internet agora pode configurar a maioria dos detalhes sozinho, mas principalmente porque todas a versões mais recentes de Windows, Macs e Linux e todos os tablets e smartphones incluem um software de configuração que lhe orientam ao longo de todo processo.

De que Tipo de Computador Você Precisa?

Devido ao fato de a internet ser uma rede de computadores, a única forma de se conectar a ela é usando algum tipo de computador. Mas computadores aparecem com todos os tipos de disfarces — incluindo telefones, tablets, MP3 players, torradeiras (tudo bem, é brincadeira) — e podem já estar na sua casa, saiba você ou não.

Ei, eu nem tenho um computador!

Se você não tem um computador e não está pronto ou não pode comprar um, ainda tem opções.

Um local provável de encontrar acesso à internet é a sua biblioteca pública. A maioria das bibliotecas tem centros de acesso à internet, com grupos de computadores conectados à internet entre as estantes. Esses computadores tendem a ser populares, então informe-se sobre os horários menos procurados.

Outra opção é um cyber café ou um restaurante local. Você pode navegar pela internet enquanto toma sua bebida favorita e compartilha sua cyber experiência. Se quiser testar a internet, um cyber café é um ótimo local para experimentar antes de comprar. Alguns têm computadores prontos para você usar, ao passo que outros requerem que você leve seu próprio laptop. (Veja no Capítulo 5 dicas de segurança para laptops.)

Se você quiser usar a internet em sua casa, você precisa comprar algum tipo de computador. Felizmente, quase qualquer computador novo pode se conectar com a internet, e você pode, perfeitamente, comprar um de segunda mão, bem mais barato.

Sim, tenho aquela caixa bege velha no armário

Quase todo computador pessoal fabricado a partir de 1980 é adequado para *algum* tipo de conexão com a internet. Porém, a menos que você tenha um bom amigo que entenda de computadores e que esteja disposto a passar um longo tempo na sua casa ajudando-o a se conectar, não se dê ao trabalho de tentar lidar com essa máquina velha — a menos, é claro, que você esteja procurando um motivo para o especialista passar um longo tempo na sua casa, mas isso é da sua conta.

Se você puder, recomendamos fortemente que compre um computador novo ou pelo menos um que não tenha mais do que dois ou três anos. Os computadores mais antigos tendem a rodar versões antigas de softwares. Os novos já vêm com software para a internet instalado e configurado para a tecnologia mais recente da web. Qualquer versão do Windows anterior ao Windows Vista ou qualquer sistema Mac anterior ao OS X não valem a pena todo o trabalho que você terá para usá-los.

Sim, tenho um BitBucket 2015 novinho em folha

Ah, você *tem* um computador, seja ele um desktop ou um laptop (ou talvez esteja pensando em comprar um). A maioria dos usuários da internet se conecta através de uma conexão de banda larga, Wi-FI (uma conexão sem fio descrita na seção "Café com Wi-Fi") ou, em algumas áreas em que a banda larga não está disponível, através de linha discada, e um provedor de serviço de internet. Quando você liga pela primeira vez seu computador novo, ou quando executa um dos programas de internet que vêm instalados, seu computador se oferece para se conectar imediatamente. Termine de ler este capítulo primeiro, começando com a seção "Tipos de Conexão com a Internet". Temos alguns avisos e opções que achamos que você deve levar em conta.

Sim, pretendo comprar um tablet como o iPad

Se você não faz questão de ter um teclado de verdade, também pode considerar um *computador tablet*, como o iPad, Nexus, Surface, Kindle Fire ou o Galaxy Tab. Esses computadores fininhos como uma revista parecem telefones grandes. As telas têm o tamanho aproximado de um livro, o que os torna muito prático para leitura e para assistir vídeos, mas não muito úteis para teclar. Inicialmente, ficamos um tanto céticos sobre os tablets, mas hoje eles estão por toda a parte. Os Phablets são menores do que os tablets e maiores que os celulares — mas ainda pequenos o bastante para caber em um bolso grande. Se você espera digitar muito, é possível comprar um teclado portátil para conectar ao tablet. A menos que você tenha dedos muito grossos, eles funcionam muito bem.

Alguns tablets (e phablets) podem se conectar a uma rede do celular. Todos podem se conectar usando o Wi-Fi, descrito na seção "Café com Wi-Fi", mais adiante neste capítulo. A vantagem de um tablet com rede de celular é poder se conectar em qualquer lugar com serviço de dados, mas é preciso pagar uma taxa mensal para se conectar. O Wi-Fi funciona apenas onde há sinal de rede sem fio, mas não é preciso pagar taxa mensal.

Sim, tenho um smartphone

Os modernos smartphones com conexão à internet são pequenos computadores que, por acaso, têm uma antena de celular, um microfone e caixas de som embutidos. Eles têm telas menores e teclados menores, o que obrigou as empresas a desenvolver um meio de mostrar e permitir a navegação de páginas da internet nessas telas. Ao sair da loja de celulares, seu smartphone estará configurado para se conectar à internet. Leia "Internet via Smartphones e Tablets" mais adiante neste capítulo.

Assim como os computadores, que vêm equipados com sistemas Windows, Mac ou Linux, os smartphones têm uma variedade maior. Os principais tipos de smartphone são:

- **Android**: Este sistema é open source (que significa que o código é de uso livre para criação de softwares compatíveis). Por ser patrocinado pela Google, você pode usar seus Google Apps (como Gmail, Google Calendar e Google Maps) nesses telefones. Os celulares Android estão disponíveis em uma ampla gama de fabricantes e funcionam na maioria das redes de celulares.
- **iPhone:** O iPhone é uma maravilha, e seu design elegante foi uma sensação em seu lançamento em 2007. Todos os iPhones são fabricados pela Apple. A Figura 4-1 mostra a visualização de um e-mail em um iPhone.
- **Windows Mobile:** Uma variedade de telefones usam a versão do Windows criada para celulares e outros dispositivos portáteis. O Windows Mobile está disponível em diversos fabricantes de celulares.

Para cada um desses sistemas operacionais de smartphones, é possível comprar uma variedade de telefones em diferentes formatos e tamanhos. Eles podem ter pequenos teclados, ser dobráveis, ter telas maiores, ser maiores e mais pesados, conectar-se à internet via Wi-Fi ou pela rede de celulares ou ainda permitir o uso de um teclado externo — deu para ter uma ideia da variedade? Pesquise na hora de comprar. Novos modelos de smartphones são lançados todo mês.

Figura 4-1: Smartphone (como este iPhone) podem receber e enviar e-mails, navegar e usar outros serviços da internet.

Tipos de Conexão com a Internet

Se você usa um computador em uma biblioteca, no trabalho, em um cyber café (conhecidos como pontos de acesso de Wi-Fi, um local onde você pode se conectar à rede sem fio), ou na casa de outra pessoa, não precisa se preocupar com a forma como ele se conecta à internet, porque a conexão já existe. Mas se quer usar seu próprio computador, tablet, celular ou outro dispositivo em sua casa, há diversas maneiras de fazer isso:

- Usar a conexão via **rede do celular** em um smartphone ou um tablet com essa função
- Usar uma rede **Wi-Fi**
- Usar uma linha telefone rápida (**linha DSL**)
- Usar um provedor de TV **a cabo**
- Usar uma linha telefônica comum (chamada **dial-up**)

Se você estiver num lugar realmente muito distante, é possível usar um satélite para se conectar, geralmente através da mesma operadora a partir da qual você acessa a TV por satélite. Todas essas conexões estão descritas neste capítulo.

A Tabela 4-1 mostra que tipo de dispositivo se conecta com qual.

Tabela 4-1 Dispositivos e Como eles Podem se Conectar à Internet

Engenhoca	Como se Conecta
Computador desktop	Linha DSL, cabo, dial-up
Computador laptop	Wi-Fi, Linha DSL, cabo
Tablet com plano de celular	Wi-Fi, celular
Tablet sem plano de celular	Wi-Fi
Smartphone	Wi-Fi, celular

O Capítulo 5 descreve como configurar seu ponto de Wi-Fi usando sua linha DSL ou conexão a cabo.

Internet via Smartphone e Tablets

Você paga muito mais caro por um smartphone. O aparelho em si pode custar muitas centenas de reais, e você ainda tem que pagar pelo uso da internet com o que chamamos de plano de dados, disponíveis em diversos preços e tipos de planos. O uso de e-mail e áudio consomem muito pouco de seu plano de dados, enquanto que reproduzir um vídeo pode estourar o plano contratado e resultar em um custo adicional. Em smartphones (incluindo o iPhone) é totalmente possível adquirir um plano de dados mensal. Quase todos os smartphones podem usar também uma rede Wi-Fi (veja a seção "Café com Wi-Fi") sempre que estiverem em sua área de cobertura. A rede Wi-Fi, geralmente, é mais rápida do que a rede de dados do celular e não é computada de seu plano de dados.

Na maioria dos casos, os smartphones estão disponíveis e funcionam bem em qualquer operadora. Se você tem uma operadora preferida, avalie as opções de planos que a mesma oferece, certifique-se de que compreendeu o plano mensal que adquiriu e verifique se a cota mensal de dados contratada se encaixa na quantidade que você utiliza. Se você usá-lo apenas para checar e-mails algumas vezes por dia, um plano bem pequeno já é o suficiente, mas se pretende reproduzir vídeos uma hora por dia à caminho do trabalho ou escola, você precisa de um plano ilimitado.

Todo smartphone vem com um navegador e um programa de e-mails. (Se não viessem, por que seriam tão smarts [espertos]?) A maioria permite baixar novos aplicativos (*apps*) de um site. Alguns apps são grátis e outros custam baratinho. É possível ainda baixar mapas (o Google Maps tem uma versão para smartphone), programas de mensagem instantânea e jogos de internet. Grande parte também permite reproduzir áudio e vídeo da internet, para que você possa assistir ao YouTube enquanto se desloca para o trabalho, preferencialmente quando outra pessoa estiver dirigindo.

Um ponto positivo de comprar um telefone ou tablet com conexão via rede de celular é que a própria loja configura a conexão de internet para você. Não saia da loja sem configurar seu celular ou tablet para usar o e-mail (descrito no Capítulo 8) e de saber como usar o navegador (que discutimos no Capítulo 6).

Para mais informações sobre internet móvel, leia *Mobile Internet For Dummies* (em inglês), escrito e publicado por pessoas de confiança. Para mais detalhes sobre smartphones, visite a página `www.dummies.com` (conteúdo em inglês) e pesquise por modelos específicos.

Café com Wi-Fi

Antigamente, as pessoas iam a uma cafeteria, pediam uma xícara de café, e só existiam no máximo dois tipos, normal e descafeinado, e batiam papo com pessoas que se sentavam junto a elas. Agora, é claro, esse cenário ficou totalmente no século passado. Vamos aos cafés carregando nossos laptops, tablets e smartphones, pedimos um cappuccino mocha grande semidescafeinado duplo com leite semidesnatado com pó de cacau e chocolate granulado, colocamos nosso dispositivo de Bluetooth no ouvido e falamos ou trocamos mensagens com pessoas que estão a milhares de quilômetros, ignorando completamente os chatos da mesa ao lado. A mágica do Wi-Fi torna isso possível, já que os cafés instalaram pontos de acesso Wi-Fi (locais públicos com acesso sem fio à internet) para que seus clientes se conectem.

A quantidade de trabalho que você terá para conseguir usar a rede Wi-Fi varia de nenhum à muito. Em alguns cafés, aeroportos e diversos outros lugares, o Wi-Fi é gratuito, mas existem locais que é preciso usar o cartão de crédito. Você também pode criar seu próprio ponto de acesso Wi-Fi; veja o Capítulo 5.

Cuidado com falsos pontos de acesso: leia o box “Bisbilhoteiros de Cafeterias.

Wi-Fi pode ser gratuito, ou não

Cada vez mais lojas e restaurantes vêm oferecendo Wi-Fi grátis para atrair mais clientes. Em alguns pontos de acesso é preciso uma senha para acessar a rede, para impedir que pessoas possam se conectar do lado de fora do estabelecimento. Neste caso, normalmente há um aviso próximo ao caixa contendo a senha de acesso, ou você pode perguntar para um dos atendentes. A senha pode ser usada para limitar o tempo de acesso ao Wi-Fi. Em nossa opinião, é falta de educação usar a rede Wi-Fi sem comprar nada no estabelecimento, principalmente em lojas pequenas.

CUIDADO!

Bisbilhoteiros de Cafeterias

Apesar de acharmos que muitas das preocupações sobre a segurança das redes de internet sejam exageradas, as redes Wi-Fi públicas, como as dos hotéis e cafés, são um problema real. Essas redes normalmente não requerem senha, o que significa que *qualquer pessoa na rede pode bisbilhotar sua conexão*. Ainda que os frequentadores do café pareçam bacanas, um bisbilhoteiro pode estar sentado em um carro parado em frente ao local. E em um hotel, é claro, não temos a menor ideia de quem está no quarto ao lado.

Felizmente, basta algumas precauções simples para permanecer seguro. Ao visitar sites, certifique-se de que qualquer site onde você deva digitar uma senha ou outras informações confidenciais use *criptografia SSL*. Neste caso, o endereço deve começar com `https://` e um pequeno cadeado fechado aparece no canto. Se o site não tiver criptografia SSL, espere até chegar em casa. Para mais conselhos e recomendações sobre segurança em seu programa de e-mail, veja a seção "Wi-Fi e E-mail Não se Misturam", um pouco mais adiante neste capítulo. Se encontrar uma rede chamada Wi-Fi Público Gratuito ou algo parecido, *não* use, pois é um vírus que rouba senhas sendo executado em algum computador infectado perto de você, onde alguém espera ansiosamente para que você use seu cartão de crédito para comprar uma propriedade rural na Islândia. Apenas se conecte a redes Wi-Fi que você tenha absoluta certeza de que é real e honesta.

Em alguns lugares é preciso pagar pelo acesso, por hora ou por dia. Essa tarifa acrescenta uma etapa adicional e chata ao processo de conexão, a fase do pagamento. Depois de ligar seu dispositivo acesse seu navegador. Não importa qual seja sua página de acesso, a rede é configurada de modo que seu navegador mostre a página de acesso dela, onde é possível fazer o pagamento.

Existem tantas maneiras de acessar a internet quanto existem sabores de café. É possível até comprar cartões com as informações de acesso no caixa do estabelecimento. O mais comum é as cafeterias fazerem um acordo com uma das grandes operadoras de celular, que oferecem serviços também de Wi-FI. Neste caso, você paga com cartão de crédito, por hora ou por pacote de horas. Você se inscreve pelo navegador — a rede de Wi-Fi permite que você se conecte à pagina de acesso gratuitamente, mas é preciso se inscrever para fazer qualquer outra coisa.

Conectando a uma rede Wi-Fi de um tablet ou celular

Todos os dispositivos móveis se conectam mais ou menos da mesma maneira.

1. **Abra o aplicativo settings ou configurações.**

   Em sistemas Androids, é um ícone com uma ferramenta azul. Em iPhones e iPads, a ferramenta é cinza. No Windows Mobile, uma ferramenta vermelha. (Quem escolhe essas cores?)

2. **Em iPhones e iPads, selecione Wi-Fi.**

   Em outros dispositivos, a opção já vai estar aparecendo.

3. **Se o Wi-Fi estiver desligado, ligue-o, deslizando o botão para o On.**
4. **Quando aparecer a lista de redes, selecione a desejada.**
5. **Se a rede Wi-Fi necessitar de senha, o dispositivo pedirá que você a digite.**

   Seu telefone ou tablet deve se lembrar deste ponto de Wi-Fi no futuro, da senha inclusive.

Conectando a rede Wi-Fi de um laptop

Para conectar seus computador a uma rede Wi-Fi, siga os seguintes passos:

1. **Ligue ou desperte seu computador.**

   Se seu computador não procurar sozinho por uma rede Wi-Fi, dê o comando para que ele se conecte.

2. **No Windows 8 ou 8.1, exiba a Charm Bar, deslizando-a a partir do lado direito da tela ou movendo seu mouse para o canto superior direito, clique em Settings (Configurações) e clique no ícone da rede sem fio (um conjunto de cinco barras).**

   No Windows 7 ou Vista, clique no ícone da rede na barra de tarefas ou selecione Iniciar⇨Conectar à para visualizar a lista de redes Wi-Fi disponíveis.

   No Mac, clique no ícone do Wi-Fi (uma figura com curvas concêntricas) no topo de sua tela, próximo ao relógio.

3. **Clique no nome da rede quando ela aparecer.**

   Se aparecer a opção Conectar Automaticamente, assinale a opção caso queira se conectar sempre que estiver no local.

4. **Se for solicitada uma senha, digite-a.**
5. **Clique Conectar.**

A próxima vez que estiver no local, seu computador se lembrará da rede e se conectará imediatamente.

Aeroportos, hotéis e outros

Cafeterias não são os únicos locais que oferecem Wi-Fi. Se você passa bastante tempo em aeroportos (John passa, pois faz parte de uma porção de comitês consultivos), encontra diversas redes Wi-Fi — com praticamente as mesmas opções que as cafeterias. Os mesmos provedores aparecem, além de uma porção de outras opções locais. Depois de um tempo, quem costuma viajar muito acaba ouvindo a lenda do Wi-Fi — que diz que há um Wi-Fi grátis no clube de uma companhia aérea no mezanino do Terminal C do aeroporto de Newark, e que é possível acessa-la da praça de alimentação no andar de baixo. Grandes fornecedores de TV a cabo (como a Net), possuem pontos de acesso para uso de seus clientes quando estão fora de casa. Basta se conectar com seu nome de usuário e senha de acesso ao site da empresa.

Hotéis, assim como as cafeterias, costumam tratar o Wi-Fi como um serviço de cortesia — como as máquinas de gelo nos corredores — ou uma fonte de renda, como os minibares repletos de bebidas a preços exorbitantes. Alguns hotéis ainda oferecem conexão à internet com fio (neste caso um cabo na mesa de seu quarto deve ser plugado em seu computador), e outros têm Wi-Fi. Se você está em um hotel do tipo cortês, é possível ligar o computador e acessar a internet sem problemas, ou pode ter que se inscrever através de seu navegador, mesmo que não tenha que pagar. Alguns hotéis com Wi-Fi fornecem um cartão com os dados de login assim que você chega, para impedir que visitantes sentem-se no lobby e usem a internet de graça. Nos hotéis do tipo "lucro é o que interessa", você precisa se conectar através do seu navegador. A maioria deles faz a cobrança diretamente em sua conta, outros solicitam o pagamento separado, via cartão de crédito. Em geral, a tarifa é cobrada por dia, mas há casos em que é cobrada por hora ou pacote de horas, os preços variam muito. Há hotéis que oferecem um pacote de negócios que inclui internet, chamadas de longa distância e outros agrados.

Se você tiver algum problema com o serviço de internet do hotel, raramente os funcionários poderão lhe ajudar, eles devem lhe fornecer um número 0800 para que você ligue diretamente para a empresa fornecedora do serviço.

Wi-Fi e e-mail não se misturam

Conexões Wi-Fi em cafeterias, aeroportos e hotéis com certeza são bastante práticas, mas lembre-se: *elas são públicas*. Esta situação é um problema especialmente ao enviar e receber e-mail, pois normalmente queremos que nossos e-mails sejam particulares *e* o computador precisa enviar seu nome de usuário e senha através da internet até o seu servidor de e-mail. Com apenas um pouco de planejamento, é possível usar seu e-mail com segurança ao viajar.

A alternativa mais simples é o *webmail* — um site seguro onde você pode fazer o login, ler e enviar e-mails. Verifique se seu provedor oferece webmail opcional. Se oferecer, mesmo que não o utilize em casa, use-o ao viajar, especialmente se o servidor do webmail for seguro. Veja a seção "A Web É um Bom Lugar para Ler seus E-mails" no Capítulo 8 para descobrir como eles funcionam. Em geral, não damos muita importância a sites seguros (`https://` versus `http://`), mas as Wi-Fis públicas são um dos poucos casos em que pessoas podem realmente estar bisbilhotando e a segurança do https é de grande ajuda.

DICA

Se quiser ser *realmente* paranoico, crie uma conta no Gmail, Hotmail, Yahoo! ou outro serviço de webmail e use-o durante viagens, e depois encerre a conta ao voltar para casa. Certifique-se de não usar a mesma senha que utiliza em suas outras contas ou sites.

Conexões Rápidas: DSL e Internet a Cabo

A forma mais popular de conectar seu computador à internet, disponível em quase todos os lugares, é a conexão de *banda larga* (alta velocidade). Este tipo de conexão pode ser extremamente rápida, com downloads chegando a atingir 10 milhões de bits por segundo. Conexões de banda larga agora estão à disposição a um preço que meros mortais podem pagar em quase todos os lugares, exceto regiões rurais mais remotas (que podem se conectar via satélite, assim como as TVs via satélite).

Se quiser conectar um computador, ou vários computadores, à internet, ou se quiser configurar sua própria ponto de acesso Wi-Fi, em casa ou no escritório (como descrito no Capítulo 5), prefira uma conexão de banda larga.

O que é banda larga, afinal?

Há dois tipos de conexões de internet banda larga — DSL e a cabo:

- DSL (*Digital Subscriber Line - Linha de Assinante Digital*) é uma linha telefônica que você solicita na sua operadora local, geralmente compartilhada com a mesma linha que conecta seus telefones comuns.
- A internet *a cabo* é fornecida pela sua operadora local de TV a cabo, usando a mesma conexão a cabo que traz até você 250 canais de TV. Muitas empresas de TV a cabo também oferecem serviço telefônico como parte de um pacote.

Contas DSL e de internet a cabo têm muita coisa em comum: são rápidas e não ocupam seu telefone. Algumas contas de banda larga têm uma conexão permanente que funciona de um jeito bem parecido com uma conexão a uma rede local em um escritório. Outras requerem que você se conecte cada vez que quiser usar a internet. O ISP (a companhia telefônica ou de TV a cabo) fornece a maior parte do equipamento — por exemplo, o modem — e às vezes envia um instalador para configurá-lo com seu computador. Pergunte à sua operadora de TV a cabo sobre seu acesso à internet e pergunte à sua operadora telefônica sobre sua DSL e depois escolha uma delas.

Consulte as operadoras sobre os custos da mensalidade e da instalação. Algumas empresas não cobram instalação e ainda oferecem descontos em pacotes, caso você utilize outros serviços prestados pela operadora. Em geral, o melhor preço é para o pacote que combina internet, telefone e TV a cabo.

CUIDADO!

O custo adicional de adquirir a conexão a cabo ou DSL é ter que tirar um dia de folga do trabalho para esperar pelo técnico que fará a instalação, a menos que você se sinta confiante o bastante para fazer tudo sozinho. Tente agendar o primeiro horário da manhã. Além disso, a empresa de TV a cabo ou a companhia telefônica terão que ser seus ISPs, a menos que queira ter mais um custo. Na teoria, a companhia telefônica presta o serviço de DSL em iguais termos para todos os operadores ISP — mas na prática o serviço de ISP deles tem sempre termos mais atrativos que os outros.

O que É uma Conta?

Uma conta na internet — DSL ou via cabo — vem com:

- **Seu nome de usuário e senha:** o mais importante para que você possa se conectar.
- **Um ou mais endereços de e-mail, cada um com sua própria caixa de mensagens:** a maioria das contas tem de um a cinco endereços de e-mail. Se você tiver uma família, cada membro dela pode ter um endereço separado.
- **Webmail (um site da web onde você pode ler seus e-mails):** o webmail é útil quando você quer verificar seus e-mails e não está no seu próprio computador com seu programa de e-mails configurado. Você pode usar um navegador da web para exibir suas mensagens a partir de qualquer computador. Veja o Capítulo 8.

Sua conta também deve vir com número gratuito ou local que você possa ligar para obter suporte. Cada ISP possui um site mostrando preços, instruções para registro e informações de suporte.

Modens DSL e Cable Modens

Para se conectar a uma conta DSL ou a cabo, você usa um modem DSL ou a cabo. A operadora de telefone ou de TV a cabo o fornece (normalmente de graça). Não compre um por sua conta — você precisa de um modem compatível com o equipamento do seu provedor, mas hoje em dia os modens a cabo são bastante padronizados de modo que acabará economizando em longo prazo se comprar ao invés de ter que alugar um aparelho. Quando a companhia de cabo vier fazer a instalação, irá instalar o seu modem ou o que ela irá lhe alugar.

DICA

Uma observação sobre nomes de usuário e senhas

Mais de um bilhão de pessoas usam a internet. E como uma delas é você, é bom que as demais não possam xeretar seus arquivos e mensagens de e-mail. Por este motivo — não importa o tipo de conta de internet que você tenha — sua conta tem um nome de usuário e uma senha secreta associada a ele.

Seu *nome de usuário* (ou *ID de usuário*, *nome de login* ou *logon*, ou *nome de tela*) é único entre todos os nomes registrados nos usuários do seu provedor. Geralmente também é seu endereço de e-mail, então não escolha um nome como *snickerdoodle123*, a menos que seja o que você quer ter que dizer para seus amigos e colocar no seu cartão de apresentação.

Sua senha é secreta e ainda a principal questão que impede pessoas mal-intencionadas de usar sua conta. Não use uma palavra ou nome real. Veja a seção "Qual é a senha, Sr. Potter?" no Capítulo 2 para sugestões de senhas que você possa lembrar.

Nunca revele sua senha para outra pessoa. Nem mesmo para alguém que alegue ser do seu ISP ou do seu banco — eles não são.

DICA

Se você mora em uma região em que ocorrem muitas tempestades, seu modem pode queimar caso raios atinjam um local próximo. (Dá para adivinhar como aprendemos isso). Se você comprar um modem, peça uma garantia extendida que cubra danos causados por problemas elétricos. Normalmente, as garantias extendidas não são um bom negócio, mas neste caso específico, são uma boa ideia.

Como seu computador se conecta ao modem

Modens DSL ou de cabo se conectam ao seu computador de uma entre duas formas e meia:

- **Adaptador de rede:** um adaptador de rede (ou *adaptador LAN* ou *adaptador Ethernet* ou *placa de interface de rede*) foi projetado originalmente para conectar computadores a redes. Se você tiver mais de um computador na sua casa ou escritório, pode usar adaptadores de rede para conectar os computadores a uma rede local (LAN), conforme descrito no Capítulo 5. Um adaptador de rede possui um plug RJ-45, que se parece com um plug comum de telefone, mas é um pouco maior, no qual você conecta seu modem ou cabo de rede. Procure na parte de trás e nas laterais do seu computador entradas que se pareçam com plugs grandes de telefones. Todos os PCs modernos (e todos os Macs) têm adaptadores de rede internos.
- **Adaptador de rede sem fio:** se seu computador não estiver perto de um telefone ou cabo, ou se você tiver um laptop que carrega pela casa, pode usar uma rede sem fio, normalmente chamada de Wi-Fi. Funciona como uma rede com fio, só que sem os fios (óbvio!). Todos os laptops,

netbooks, tablets e smartphones fabricados nos últimos 5 anos possuem Wi-Fi embutidos.

- **USB:** quase todos os computadores vêm com um ou mais conectores USB (*Universal Serial Bus*), que são usados para conectar todos os tipos de acessórios ao seu computador, desde mouses e câmeras até impressoras. Uma porta USB é um pequeno orifício retangular e estreito. Nos tablets e telefones, há uma micro entrada USB que parece um trapézio achatado.

Conectando sua internet a cabo

Para assinar uma conta de internet a cabo, ligue para sua companhia de TV a cabo. A menos que decida fazer tudo sozinho (o que não é muito difícil), um técnico irá até sua casa para instalar a conexão de rede no ponto de entrada de sua TV a cabo, levando um modem a cabo (que se parece com um pequeno laptop com um cabelo espetado) e/ou um roteador, se você não tiver um, e fará a ligação entre toda essa parafernalia. Mágica!

Se você tem TV a cabo, o cabo será dividido e um deles será ligado ao modem. Se você não tem TV a cabo, a companhia de TV a cabo pode ter que instalar todo o cabeamento antes de conectar sua rede. Quando o técnico for embora, você terá acesso permanente em alta velocidade à internet (desde que você pague a fatura mensal, os valores variam de acordo com a velocidade escolhida e os serviços contratados).

Conectando sua DSL

O serviço de DSL deveria usar sua linha telefônica existente e a fiação da casa; porém a DSL muitas vezes funciona melhor se a empresa telefônica colocar uma nova fiação do ponto onde seu telefone chega em sua casa até o local em que vai usar o computador (eles chamam de cabeamento). Para a maioria dos tipos de DSL funcionar, o usuário precisa morar a uma distância não muito grande do escritório central da companhia telefônica, de modo que a DSL não está disponível em algumas áreas rurais.

A DSL está disponível em diferentes velocidades. As velocidades mais altas são mais caras, claro, mas a velocidade mais baixa, geralmente 640 Kbps ou mais, é adequada para a maioria dos usuários, embora não seja muito satisfatória para assistir a vídeos.

Se houver disponibilidade de serviço DSL em sua região, ligue para sua operadora telefônica para adquiri-lo. Talvez eles lhe enviem o equipamento para que você mesmo o instale, ou receberá a visita de um técnico que levará um modem, que você ou ele conectará ao seu computador. Alguns modens DSL se conectam a um adaptador de rede ou conector USB, e a maioria inclui um roteador (descrito em maiores detalhes mais adiante) que também pode oferecer uma conexão Wi-Fi. Leia o box a seguir “Evitando o ruído de DSL”.

Evitando o ruído de DSL

Uma coisa inteligente sobre a DSL é que a conexão compartilha os mesmos fios do seu telefone, sem ocupar a linha telefônica. Você pode dizer que este é o caso porque em todos os telefones na linha com DSL, você pode ouvir um barulho alto dos marimbondos de dados zunindo ao longo da sua linha telefônica. (Não é isso, mas é o que parece.)

Para se livrar do barulho, instale um *filtro DSL*, que filtra o ruído entre a linha telefônica e seus aparelhos de telefone. Os filtros são fornecidos pela operadora, mas você provavelmente os encontrará a preços mais baratos em lojas de eletrônicos em geral. A forma ideal de instalar um filtro é com um fio separado da caixa onde a linha telefônica entra na sua casa até o modem DSL e instalar um filtro DSL nessa caixa, onde você conecta o fio que leva a todos os telefones. Mas a vida raramente é ideal, então a maioria das pessoas tem que instalar um filtro para cada telefone.

Para o plug de telefone ao qual seu modem DSL está conectado, você precisa de um filtro separador de saída com um plug filtrado onde você conecta um telefone (o que você usa para chamar o suporte técnico quando seu computador não funciona) e um plug filtrado de dados para o modem DSL. Para todos os outros telefones, o filtro simplesmente se conecta ao telefone, e o fio do telefone se conecta ao filtro. Você também pode obter filtros para telefones de parede (que ficam entre o telefone e o local onde ele está instalado) e plugs de telefones de chão com filtros internos.

Fios para todos os lados!

Uma vez que sua conexão de banda larga estiver conectada ela deve parecer como a ilustração da Figura 4-2. Os detalhes podem variar um pouco — a DSL do John veio com filtros que incluem um separador de saídas dois para um, e o modem inclui um roteador Wi-Fi, de modo que não há cabo até o computador. Para uma configuração com cabo, o fio do telefone sai do modem ao invés de sair da parede.

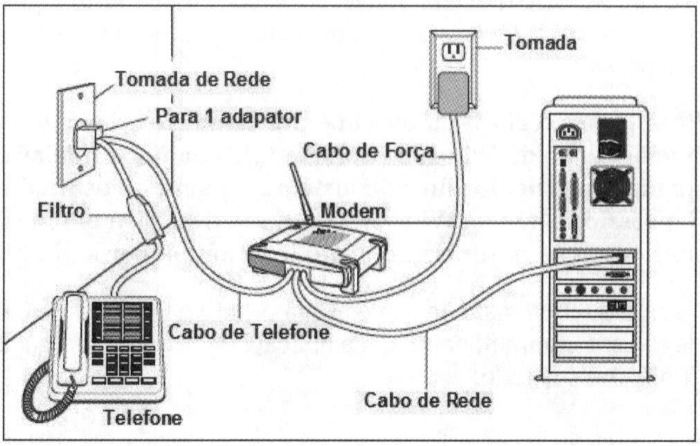

Figura 4-2: Seu computador Windows conectado a uma linha DSL.

Agora você pode pular para a seção “Depois de o instalador configurar sua internet a cabo ou DSL”. E não deixe de ler os quadros “Evitando o ruído de DSL”.

Depois do instalador configurar sua internet a cabo ou DSL

O instalador configura seu computador para se comunicar com a internet. Siga as instruções para se conectar à sua conta pela primeira vez; alguns modens DSL e a cabo vêm com um CD com software que você talvez precise usar. Não deixe que o instalador vá embora antes de conseguir acessar a net e saiba como a conexão funciona.

DICA

Mesmo que planeje usar seu computador via Wi-Fi (descrita no Capítulo 5), é mais fácil fazer a configuração inicial conectando seu computador ao roteador ou modem com um cabo Ethernet ou USB. O Wi-Fi tem alguns problemas, como qual das muitas redes de sua região é a correta para usar, enquanto que como o cabo, não há outra opção, apenas a que está conectada via cabo.

É bem provável que, a esta altura, você já esteja na internet. Deverá então conseguir iniciar um navegador web, como o Internet Explorer, e digitar o nome de um site na barra de endereços no topo. (Experimente o nosso `http:www.altabooks.com.br.`) A página da web deve aparecer a qualquer momento. Se você tiver uma conexão com um nome de usuário, ela pode lhe solicitar se deve se conectar. (Bem, sim, esta é a ideia, mas o sarcasmo se perde dentro da máquina.)

Se você ainda não conseguir se conectar, pode tentar configurar, você mesmo, o Windows.

Configurando Windows 8.1 para se conectar

O Windows 8.1 detecta sozinho uma conexão à internet, caso exista, então talvez você não precise fazer nada. Ele encontra a rede Wi-Fi, ou o modem DSL ou a cabo e faz o que tem que fazer. Se você tem que configurar sua conexão sozinho, ou precisar mexer nela em algum momento, siga os seguintes passos:

1. **Pressione a tecla Windows até que visualize a Tela de Inicialização do Windows 8.1. É a tela chamada Iniciar com quadros multicoloridos. Se instalou o menu no estilo do Windows 7, pressione a tecla Windows uma vez e surgirá um menu com uma caixa de pesquisa no canto inferior esquerdo da tela.**

   De qualquer da maneira, você estará pronto para buscar a Central de Rede e Compartilhamento, a aplicação que permite visualizar e configurar sua rede.

2. **Digite rede e compartilhamento.**

   Se você está na tela de inicialização do Windows 8.1, aparecerá um campo de busca para digitação, junto com um resultado da busca: Central de Rede e Compartilhamento. Se você usa o menu no estilo do Windows 7, deve aparecer a mesma coisa como resultado da busca.

3. **Clique em Central de Rede e Compartilhamento.**

   A Central de Rede e Compartilhamento mostra diversas opções, dependendo do tipo de conexão que você tiver. Discutimos algumas das outras opções para conexão dial-up e sem fio mais adiante neste capítulo e no Capítulo 5.

4. **Clique Configurar uma Nova Conexão ou Rede, clique, então, em Conectar a Internet, e clique em Próximo.**

5. **Insira a informação fornecida por seu ISP.**

   Em especial, insira o nome de usuário e senha que seu ISP lhe deu.

Configurando o Windows 7 para se conectar

O Windows 7 também detecta uma conexão com a internet, se houver. Se precisar configurá-la sozinho, escolha Iniciar⇨Painel de Controle⇨Rede e Internet⇨Central de Rede e Compartilhamento e então, siga os passos de 2-4 para o Windows 8.1.

Configurando o Windows Vista para se conectar

Se sua rede se conecta via LAN com fio e não requer nome de usuário ou senha (o que acontece com a maioria dos modens a cabo), o Vista normalmente faz toda a conexão sozinho, automagicamente. Para conexões que precisam de login, siga estes passos:

1. **Selecione Iniciar⇨Conectar a e depois clique no link Configurar Conexão ou Rede.**

2. **Para o tipo Conexão de Rede, selecione Conectar com a Internet e clique em Próximo.**

3. **Selecione Banda Larga (PPPoE).**

4. **Digite as informações solicitadas nas caixas de diálogo.**

Configurando um Mac para se conectar

Para configurar uma conexão em um Mac rodando OS X, clique no ícone da Apple no canto superior esquerdo da tela, escolha Preferências do Sistema, e depois no ícone Rede. Você verá uma janela de Rede, como a mostrada no Figura 4-3.

Ou a entrada USB Ethernet ou a Ethernet na coluna do lado esquerdo devem estar verdes se seu Mac estiver conectado via cabo ao seu modem. Clique em USB Ethernet para visualizar suas configurações e siga as instruções fornecidas pelo seu ISP.

Figura 4-3: Configurando sua conexão de rede em um Mac.

Verificando sua conexão DSL ou a cabo

Depois que estiver conectado, você pode verificar o status da sua conexão:

- **Windows 8 ou 8.1:** Exiba a Central de Rede e Compartilhamento pressionando a tecla Windows até que visualize a tela de inicialização do Windows 8.1, digitando "rede e compartilhamento" e depois selecione Central de Rede e Compartilhamento. Se estiver usando o menu do Windows 7, pressione a tecla Windows para exibir a caixa de diálogo. Você verá uma tela de informação semelhante a Figura 4-4.
- **Windows 7:** Exibe Central de Rede e Compartilhamento selecionando Iniciar➪Painel de Controle➪Rede e Internet➪Central de Rede e Compartilhamento. Veja a seção Exibir Redes Ativas, mostrada na Figura 4-4.

Discando — à Moda Antiga

Um *modem discado* ou dial-up se conecta a uma linha telefônica comum — usando a mesma conexão (uma RJ-11) e o fio telefônico. Você pode desconectar um telefone e conectar um modem discado no seu lugar. Os problemas com a discagem são que a conexão é l-e-n-t-a e sua linha telefônica fica ocupada enquanto você estiver online.

Os computadores costumavam vir com modens discados internos — examine seu computador com cuidado e veja se encontra uma conexão telefônica e, se encontrar, conecte uma linha telefônica a ela. Não confunda a conexão para telefone com uma Ethernet com fio, que tem aparência semelhante, mas é mais larga. Se seu computador não tem um modem discado, compre um modem USB que se conecta via entrada USB do seu computador.

Para usar conexão discada, você se registra em um ISP (sua companhia telefônica ou outra) para obter uma conta na internet. Os recursos e serviços oferecidos pelos ISPs são muito parecidos entre si. Se você não souber quais são seus ISPs locais, verifique o guia telefônico ou propagandas na seção de negócios do seu jornal local.

Se você não tiver cuidado, pode acabar pagando mais pela ligação telefônica do que pela conta de internet. *Use um ISP cuja discagem para o servidor seja gratuita ou com chamada local ilimitada* (ou seja, você não está pagando por minuto). Quase todo o continente possui um número local de ISP; se você for um dos que não têm essa sorte, veja se sua operadora telefônica possui um plano de interurbanos sem limite.

Seu ISP deve lhe dar informações para configurar sua conta: seu nome de usuário e senha, seu número para discagem e seu endereço de e-mail, se for diferente do nome de usuário. Veja como configurar seu computador para discar para seu ISP, dependendo da sua versão do Windows:

- **Windows 8.1:** Pressione a tecla Windows até que surja a tela de inicialização do Windows 8.1, digite **rede e compartilhamento** e selecione `Central de Rede e Compartilhamento` na lista. Se estiver usando o menu do Windows 7, pressione a tecla Windows para visualizar a caixa de diálogo.
- **Windows 7:** Selecione Iniciar⇨Painel de Controle⇨Rede e Internet⇨Central de Rede e Compartilhamento⇨Configurar uma nova conexão ou rede.
- **Windows Vista:** Selecione Iniciar⇨Conectar a. Na janela que se abre, clique no pequeno link Configurar uma Conexão ou Rede. Clique em Configurar uma conexão discada (ou dial--up).
- **Macs:** Selecione Preferências do Sistema no menu da Apple e clique no ícone Rede. Clique em Ajuda Mac e depois Assistente. Dê um nome a sua conexão ("CASA" "DIAL-UP", ou qualquer outro), clique Continuar e escolha Eu uso um Modem Discado para Discar para meu ISP.

Digite o número do telefone como você faria normalmente, com 7, 10 ou 11 dígitos. A menos que você compartilhe seu computador com alguém em quem não confia, selecione a caixa para lembrar sua senha.

Depois de configurar sua conta discada, seu computador deve se conectar automaticamente sempre que você usar o navegador ou o programa de e-mails. Você também pode se conectar sempre que quiser. No Windows 8.1 ou 7, clique no ícone Rede na barra de tarefas (ele parece com as barras de sinal do seu celular). No Windows Vista, escolha Iniciar⇨Conectar a e depois clique conexão discada e o botão Conectar. Se aparecer uma caixa de diálogo pedindo seu nome de usuário e senha ISP, digite-os e depois clique em Conectar.

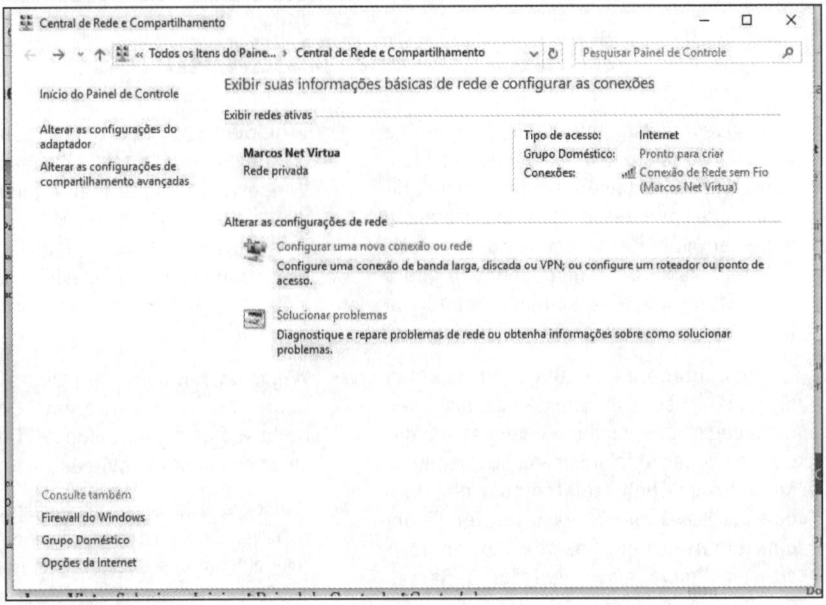

Figura 4-4: A Central de Rede e Compartilhamento do Windows 7 ou 8 mostra como seu computador se conecta à internet.

- **Windows Vista:** Selecione Iniciar➪Painel de Controle➪Central de Rede e Compartilhamento. As conexões de banda larga aparecem na parte superior da janela.
- **Macs:** Selecione Preferências do Sistema no menu Apple e clique no ícone Rede.

Entrei!

Quando você se conecta à internet, pode monitorar sua conexão ou se reconectar ou desconectar. Há um ícone de Rede na barra de tarefas do Windows; ele fica na parte inferior direita do monitor, à esquerda do relógio digital. Veja onde está e o que ele faz:

- **Windows 8.1:** Um ícone com uma barra de sinal igual a do seu celular aparece no canto inferior direito da tela. Passe o mouse sobre ele para ativar as conexões. Ao clicar, a página Rede desliza do lado direito da tela com mais opções de rede, como a rede Wi-Fi e o botaõ de liga e desliga do modo avião.
- **Windows 7:** Um ícone de barra de conexão de telefone celular aparece no canto inferior direito do monitor. Clique nele para ver onde você está conectado. Clique em Abrir a Central de Rede e Compartilhamento na parte de baixo dessa janela para ver mais informações (veja a Figura 4-4).

- **Windows Vista:** Um ícone com duas telas de computador aparece no canto inferior direito do monitor. Clique com o botão direito do mouse para ver as opções.

Se você usar uma conta de banda larga, nunca precisa se desconectar. Afinal, todos nós gostamos de acessar a internet a qualquer momento para checar a previsão do tempo, nossos e-mails, uma boa receita de waffle, ou de quais filmes Joe E. Brown participou, sem ter de esperar até que nosso computador se reconecte.

Se você precisa discar para conectar-se à internet, em algum momento precisará desconectar (desligar), de modo que possa usar sua linha telefônica para falar ao telefone. Você pode deixar o resto dos seus programas (como seu navegador da web e programa de e-mail) em execução mesmo quando não estiver conectado à internet. Para finalizar uma conexão discada, dê um clique duplo no ícone de Rede, que acabamos de descrever, e selecione Desconectar.

Softwares Essenciais para Manter seu Sistema Seguro

Certo, você está conectado. Antes de começar a navegar na net e enviar e-mails, é preciso proteger seu computador dos terrores da internet: vírus e spyware. O Capítulo 2 descreve esses conceitos e agora é hora de usar uma proteção.

Deixando os caras maus lá fora

Um *firewall* é uma barreira entre seu computador (ou computadores) e a internet. Em empresas grandes, o firewall pode consistir de um computador que não faz nada além de monitorar o tráfego que entra e sai, verificando se há algo "do mal". Na sua casa ou escritório, você tem duas boas opções:

Use o software de firewall que você já tem

Veja como encontrá-lo em um Windows:

- **Windows 8 ou 8.1:** Pressione a tecla Windows até que a tela de inicialização do Windows 8.1 apareça, digite **firewall** e depois selecione Firewall do Windows (não a opção com "Segurança Avançada", que lhe leva direto para a nerdlândia). Se estiver usando o menu do Windows 7, pressione a tecla Windows para exibir a caixa de diálogo. Você verá uma tela como a mostrada na Figura 4-5.

- **Windows 7:** Selecione Iniciar⇨Painel de Controle⇨Sistema e Segurança⇨Firewall do Windows
- **Windows Vista:** Um ícone com duas telas de computador aparece no canto inferior direito do monitor. Clique com o botão direito do mouse para ver as opções.

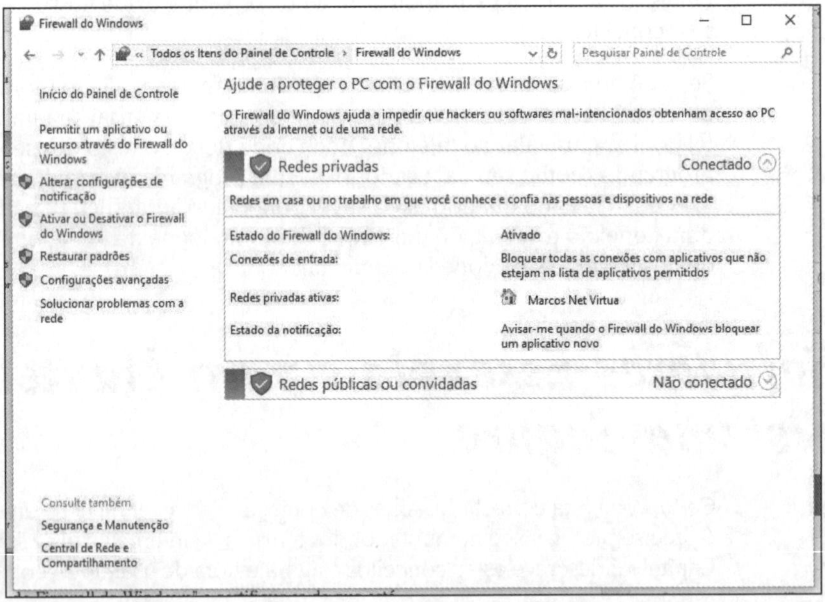

Figura 4-5: O Windows 8.1, 7 e Vista vem com firewalls embutidos, que devem ser ligados.

Procure pelo "status do Firewall do Windows" e certifique-se de que está ligado (On). Se não estiver, clique em "Ligar/Desligar o Firewall do Windows". Depois disso seu computador terá proteção básica contra hackers.

Em um Mac, selecione "Preferências do Sistema" no menu Apple e clique em "Segurança & Privacidade". Depois clique na aba "Firewall" e no botão "Ligar Firewall".

Use um roteador

Um *roteador* é uma caixinha que fica entre seu computador (ou computadores) e seu modem de banda larga. Seu modem pode ter um roteador embutido; pergunte a seu instalador. Um roteador tem uma entrada para o cabo do modem DSL ou a cabo, diversas entradas (geralmente quatro) em que você pode conectar seus computadores, e normalmente uma antena para conexões Wi-Fi sem fio. O roteador tem um software de firewall rodando o tempo todo. Veja o Capítulo 5 para saber como usar um roteador para conectar mais de um computador a uma conta na internet. Na maioria das vezes, seu modem a cabo ou DSL incluem um roteador, então você já está com tudo pronto. Se ele tiver uma antena Wi-Fi, ou ao menos quatro soquetes na parte de trás, ele é um roteador.

Mesmo que você tenha apenas um computador que se conecte à internet, recomendamos o uso de um roteador. Se seu fornecedor de banda larga não lhe forneceu um, é possível comprar por preços razoáveis e temos certeza de que você irá querer conectar um segundo computador à internet em breve. Os programas de firewall incluídos nos Windows 8.1, 7, Vista e XP funcionam bem também. Ei, por que você não usa ambos?

Um roteador é uma ideia particularmente boa se você tiver uma conexão de banda larga que está sempre ligada (ou seja, sempre conectada). O roteador está sempre ligado, também.

Nenhum vírus precisa de solicitação

Vírus são programas sorrateiros que chegam por e-mail ou em programas baixados e imediatamente fazem coisas ruins (veja detalhes no Capítulo 2). Você precisa executar um antivírus o tempo todo, e precisa atualizar sua lista de vírus regularmente, de modo que o programa possa detectar os vírus mais recentes.

Há muitos programas antivírus disponíveis. O AVG gratuito do site `http://free.avg.com` não é ruim, especialmente pelo custo. A Microsoft também tem um bom antivírus, chamado Windows Defender, que vem pré-instalado no Windows 8.1. Se você utiliza o Windows 7 ou anterior, baixe dispositivos de segurança da Microsoft grátis em `www.microsoft.com/windows/products/winfamily/defender`. Os usuários de Mac devem obter o ClamXAV em `www.clamxav.com`.

Há ainda outros programas antivírus disponíveis através de assinatura paga, mas não achamos que eles sejam em nada melhores do que o Windows Defender. Muitos PCs vêm com programa de antivírus pré-instalado, com uma versão de teste gratuita que depois do período de teste começará a emitir alertas histéricos dizendo que você precisa comprar uma assinatura paga AGORA! AGORA! AGORA! Basta desinstalar esse antivírus e usar o programa da Microsoft.

Certifique-se de que seu antivírus esteja configurado para baixar automaticamente as atualizações, que devem ser feitas pelo menos algumas vezes por semana.

Detectando spyware

Spyware é uma classe de programas que entram sorrateiramente no seu computador, geralmente quando você está navegando na web, e rodam sem seu conhecimento, fazendo sabe-se lá o quê (veja detalhes no Capítulo 2). Uma gama de programas antispyware está disponível gratuitamente, embora nenhum programa isolado pareça conseguir identificar todos os tipos de spyware. Recomendamos que você execute diversos programas antispyware de tempos em tempos, para limpar seu disco rígido e procurar por coisas indesejáveis.

Junto com o Windows Defender, pré-instalado no Windows 8.1, e com os dispositivos de segurança da Microsoft disponíveis para o Windows 7 e Vista, os três programas gratuitos que usamos são:

- **Malwarebytes Anti-Malware**, em `www.malwarebytes.org`. Outro pacote de programas anti-malware, com uma versão básica gratuita e uma mais sofisticada, paga.
- **Spybot Search & Destroy**, em `www.safer-networking.org`. É um shareware; doações são muito bem-vindas. Observe que diversos programas inescrupulosos começaram a usar a palavra *spybot* em seus nomes, então, não use simplesmente um mecanismo de pesquisa para encontrar o programa; em seu navegador web, digite o endereço mostrado neste parágrafo.
- **Ad-Aware Personal Edition**, em `www.lavasoft.com`. Também é gratuito, embora o desenvolvedor queira que você compre a versão mais sofisticada e paga.

Para ajudar na hora de fazer o download e instalar seu programa anti-spyware, veja o Capítulo 2. Macs abrigam muito poucos spywares, mas se você está preocupado e não se importa em pagar por um programa, faça o download e instale o MacScan em `macscan.securemac.com`.

Além disso, siga estas regras básicas, que você entenderá melhor depois de ler os próximos capítulos deste livro. Não se preocupe: tratamos novamente dessas regras nos referidos capítulos, também. As regras básicas são:

- **Não use o Internet Explorer como navegador.** A maioria dos spywares é criada para usar as características do Internet Explorer para se infiltrar em seu computador. Use Firefox ou Chrome, como descrito no Capítulo 6.
- **Não use o Internet Explorer com outros aplicativos.** Por exemplo, alguns programas de e-mails têm a opção de usar o Internet Explorer para exibir as mensagens que contêm HTML (formato da web). Desative essa opção.
- **Se você usa o Windows, ligue as Atualizações Automáticas, baixe e instale as atualizações sugeridas.** A Microsoft lança consertos de segurança para o Windows em torno de uma vez por semana. O Windows 8.1, 7 e o Vista baixam e instalam atualizações automaticamente, a menos que você desative este recurso. No Windows 8 ou 8.1, pressione a tecla Windows até visualizar a tela de inicialização, digite atualizar (update) e selecione Atualização do Windows para verificar se o recurso está ligado. Se você usa o menu do Windows 7, pressione a tecla Windows para visualizar a caixa de diálogo para busca. No Windows 7, certifique-se que as Atualizações Automáticas estejam ativadas selecionando Iniciar⇨Painel de Controle⇨Sistema e Segurança⇨Windows Update. No Windows Vista, selecione Iniciar⇨Painel de Controle⇨Segurança⇨Windows Update. Na caixa de diálogo Propriedades do Sistema, clique na aba Atualizações Automáticas. Selecione a primeira ou a segunda opção, de modo que o Windows lhe informe quando as atualizações estiverem disponíveis.

Livre-se do seu software Dell ou Gateway

Muitos computadores vêm com software de internet criado pelos fabricantes de hardware, projetados para lhe proporcionar uma experiência mais fácil na internet. Infelizmente, achamos que esses programas só lhe dão uma experiência mais *confusa* na internet, porque cada programa é renomeado para acrescentar o nome do fabricante de hardware. (A AOL costumava fazer isso também.) Se seu computador Dell, ou Gateway, ou outro computador novo vier com programas de internet Dell ou Gateway ou outros programas de internet, recomendamos que você os ignore e use os programas Windows padrão descritos neste livro. O nome educado para isso é entulho*ware*. Walt Mossberg do *The Wall Street Journal* tem um nome mais descritivo: *porcarialets*.

Nossa Configuração Favorita de Internet

Você provavelmente está imaginando: "Os autores deste livro usam a internet há muito tempo. O que eles recomendam como a melhor forma de se conectar a ela?". Está bem, você provavelmente não está imaginando isso, mas gostaríamos que estivesse. E temos a resposta.

A melhor configuração para a internet (na nossa humilde opinião) é esta:

- Um computador (Windows, Mac ou Linux — todos eles são bons).
- Uma conta de internet a cabo ou DSL — o melhor é banda larga!
- Um *roteador*, para fornecer um firewall entre seu computador (ou computadores) e a internet. Nossos roteadores também são Wi-Fi, de modo que podemos nos conectar sem fio (conforme descrito no Capítulo 5).

Você Está Conectado — E Agora?

Quando você se conecta ao seu ISP, seu computador se torna parte da internet. Você digita coisas ou clica em programas que são executados no seu computador, e esses programas se comunicam pela internet para fazer o que quer que façam por você.

Você pode executar diversos programas de internet ao mesmo tempo, o que pode ser bastante útil. Você pode estar lendo seu e-mail, por exemplo, e receber uma mensagem descrevendo um novo site interessante na World Wide Web. Você pode alternar imediatamente para seu programa navegador da web (geralmente Chrome, Firefox, Internet Explorer ou Safari), examinar a página web e depois retornar ao programa de e-mail e continuar de onde havia parado. A maioria dos programas de e-mail destaca *URLs* (endereços web) e permitem que você vá diretamente ao seu navegador clicando na URL da sua mensagem de e-mail.

Você não está limitado a executar os programas que seu provedor de internet lhe apresentar. Pode baixar um novo aplicativo para internet e começar a usá-lo imediatamente — seu ISP apenas age como um condutor de dados entre seu computador e o resto da internet.

Para descobrir mais sobre o uso da web, veja o Capítulo 6. Se quiser começar com e-mails, leia o Capítulo 8. Ou apenas folheie o restante deste livro para ver o que lhe parece interessante!

Capítulo 5

Configurando Sua Própria Rede ou Ponto Wi-Fi

Neste Capítulo

- Configurando uma rede em casa
- Criando seu próprio ponto Wi-Fi

Atualmente, muitas famílias têm mais de um computador — talvez, um no escritório, um na sala de estar e um no quarto dos filhos adolescentes. Algumas pessoas até têm um na cozinha para o calendário da família e agenda de endereços. E, isso, sem falar no viajante laptop.

Felizmente, você não precisa de uma conexão internet separada para cada computador. Em vez disso, pode conectar seus computadores a uma rede — com cabo ou através do ar com conexões Wi-Fi sem fio — e depois configurá-los para compartilhar uma conexão com a internet. Este capítulo mostra como configurar os dois tipos de rede.

Apenas um Computador para Acessar a Internet? Nãããão

Há muitos anos, quando os computadores eram grandes, trambolhos enormes e desajeitados encontrados apenas em salas de computadores com paredes de vidro, um amigo nosso, visionário, previu (para grande ceticismo) que um dia haveria computadores em todos os lugares e que seriam tão pequenos e baratos que apareceriam como prêmios em caixas de cereal. Não temos certeza quanto às caixas de cereais, mas é certamente verdade que, na última vez que fomos guardar um computador antigo no armário, não tínhamos espaço por causa de todos os outros computadores antigos que já estavam lá. Em vez de deixá-los enferrujando no seu armário, você poderia achar algum uso para eles conectando todos à internet.

Com uma conexão de banda larga, acaba sendo muito fácil. Não são mais necessárias discussões sobre quem será o próximo a usar a linha telefônica! Não há mais usuários chateados por não conseguirem conectar seus modens DSL ou a cabo! Todos podem enviar e receber e-mails, conversar e navegar pela internet — ao mesmo tempo.

Para compartilhar uma conexão com a internet, você conecta seus computadores entre si em uma rede local e depois conecta a LAN (em vez de um computador individual) à internet. Uma rede local (ou LAN, de *local-area network*) é — rufem os tambores, por favor! — uma rede em uma área local, como um prédio, e é conectada por fios ou conexões sem fio, sem linhas telefônicas dentro da LAN. Ela já foi uma ferramenta exclusiva de empresas, mas hoje se tornou tão barata, que também aparece em domicílios. Contanto que você more em uma única residência, se tiver computadores conectados entre si, terá uma LAN.

A Figura 5-1 mostra uma rede caseira típica: um modem DSL ou a cabo se conecta a um *roteador de hardware*, um dispositivo que conecta sua LAN à sua conexão com a internet. Normalmente, você conectaria seu PC a um hub de rede (para uma rede com fio) ou a um ponto de acesso (para rede sem fio) — mas um roteador tem um hub e um ponto de acesso interno. Então, você conecta a LAN a todos os computadores da casa.

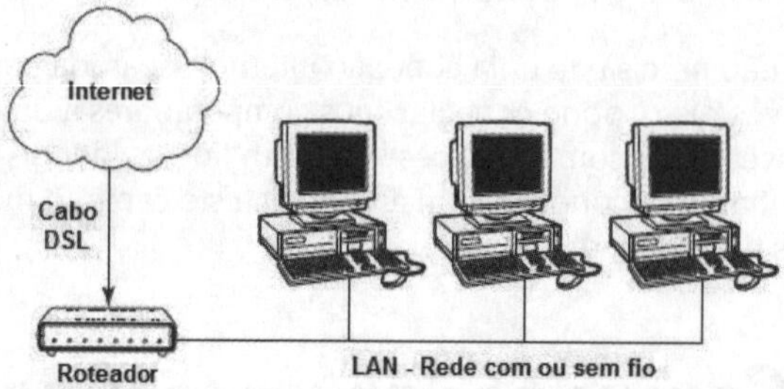

Figura 5-1: Pronto para a família inteira navegar.

DICA

Nem todos os computadores da sua LAN precisam executar a mesma versão do Windows — ou, até mesmo, executar o Windows. Você pode conectar PCs, Macs e computadores com Linux, assim como tablets e smartphones, e até outros dispositivos, como impressoras, na mesma LAN, porque todos falam o mesmo protocolo de rede, o mesmo protocolo que a própria internet usa (TCP/IP, se você estiver imaginando).

Primeiro, Crie uma LAN

As LANs vêm em duas variedades básicas: com ou sem fio. Em uma rede com fio, um cabo vai de um computador até uma caixa central, enquanto uma rede sem fio usa sinais de rádio para isso. De qualquer forma, você precisa de uma caixa central, sobre a qual falaremos em breve. Se todos os seus computadores estiverem em um mesmo cômodo e você não precise movê-los (ou se você for um bom eletricista caseiro), uma rede com fio é a ideal. Caso contrário, uma rede sem fio é muito mais fácil de configurar, embora a rede resultante seja mais lenta. Combos também são possíveis; a maioria dos equipamentos sem fio possui algumas portas para cabos de conexão com computadores que estejam suficientemente próximos.

A caixa no meio — hub, switch ou roteador

Para qualquer variedade de LAN atual, você precisa de uma caixa que conecte tudo. Estes são os principais tipos de caixas que você tem para escolher:

- Um *hub* ou switch é uma caixa do tamanho de um livro com conexões para cabos de rede. Ela serve como ponto de conexão com fio que conecta todos os seus computadores a uma LAN. O switch tem sistemas de circuitos a mais para melhorar a velocidade.
- Um *ponto de acesso* é o equivalente sem fio a um hub, com uma ou duas antenas de rádio e apenas uma conexão para uma rede com fio.
- Um *roteador* é semelhante a um hub ou ponto de acesso (ou ambos) com algumas melhorias tecnológicas, como um firewall (conforme descrito no Capítulo 4, na seção sobre deixar os bandidos do lado de fora).
- Alguns provedores oferecem uma combinação de modem e roteador. Se esse é o seu caso, está tudo pronto, você não precisa de mais nada.

Nosso conselho é um roteador, se seu provedor não lhe fornecer um; ele é barato e evita problemas porque mantém a maior parte dos worms do Windows fora da sua rede. Com um roteador, nenhum dos seus computadores precisa se preocupar em se conectar com a internet — ele cuida disso.

Existem roteadores em versões com ou sem fio. As versões com fio podem ter diversas quantidades de entradas, as sem fio têm uma entrada para o cabo do modem, uma antena para a rede sem fio, e, normalmente, algumas entradas para conectar computadores no mesmo cômodo. Por algum motivo inexplicável, os roteadores sem fio geralmente são mais baratos que os com fio, embora os sem fio incluam tudo que os com fio fazem, mais o rádio sem fio. Compre, portanto, um roteador sem fio. Se precisar de mais entradas do que as existentes no roteador, compre também um switch; passe um cabo entre uma das entradas do roteador e o switch e você poderá criar uma rede grande e feliz.

DICA

Alugar ou comprar?

Muitos provedores oferecem um modem, um roteador ou ambos para locação, normalmente por uma pequena tarifa mensal. Dificilmente, isso é um bom negócio. É possível comprar um roteador ou um modem a preços convidativos, que fazem com que os custos sejam menores em longo prazo. A tecnologia dos modens e roteadores mudam lentamente, assim, eles atenderão às suas necessidades por cinco anos ou mais.

Se você tem um serviço DSL prestado por uma companhia telefônica, provavelmente ela lhe fornecerá um modem sem custo extra, porque ele tem que se adaptar a qualquer equipamento de DSL que eles utilizem. Os modens a cabo, por outro lado, são totalmente padronizados, usam uma especificação chamada DOCSIS. A única dúvida é qual comprar, a versão 2 ou 3 — a resposta é a 3, porque é a mais rápida.

Se você tem seu próprio roteador, a instalação é igual a do roteador que você recebe de sua operadora, descrita em "Configurando um Roteador." Se você comprar seu próprio modem a cabo, a companhia de TV a cabo precisa saber seu endereço MAC, um identificador de 12 caracteres impresso em um adesivo no modem. Se comprou seu modem antes de instalar o serviço, o instalador irá plugar o modem e comunicar o endereço MAC. Se precisar substituir o modem, não é mais complicado que isso. O modem tem três conectores, um conector de rosca para o cabo, um conector multipinos RJ-45 para ligar o Ethernet ao roteador, e uma saída para o cabo de força, geralmente um fio fino para um adaptador de energia. Basta desconectar o modem antigo, e conectar o novo da mesma maneira (use o adaptador de energia que vem com o novo modem), então ligue para sua operadora de TV a cabo e informe o novo endereço MAC. O processo todo não deve levar mais do que 10 minutos.

Configurando um roteador

Geralmente, um roteador vem com um cabo Ethernet curto para conectá-lo ao modem DSL ou a cabo. Então conecte seu roteador ao seu modem, plugue os dois na tomada e ligue-os. Um *cabo Ethernet* (também conhecido como *Categoria 5* ou *Cat 5*) parece com um cabo telefônico, só que mais grosso, com pequenos conectores plásticos que se parecem com conectores telefônicos, apenas um pouco maiores. (Até seus nomes técnicos são um pouco maiores; um conector de telefone é um *RJ-11*, ao passo que um Ethernet é *RJ-45*.) Muitos ISPs fornecem um modem DSL e roteador combinados, com um RJ-11 para a linha telefônica DSL, em vez de um Ethernet.

Configurando roteadores para conexões DSL que requeiram um nome de usuário e senha

Em sua maior parte, os roteadores cuidam de si próprios, mas se você tiver o tipo de conexão DSL que requeira um nome de usuário e senha, precisará inseri-los no roteador. Se sua conexão DSL não exigir nome de usuário e senha, provavelmente você poderá pular esta seção. Embora possa lê-la posteriormente, se um programa que você venha a instalar requeira que você altere a configuração do roteador. Instruções de configuração para roteadores são conceitualmente as mesmas, mas diferem nos detalhes de um roteador para outro — sendo assim, você talvez tenha de olhar as instruções que acompanham o roteador.

Devido ao fato de o roteador não ter tela ou teclado que lhe permita configurá-lo, você usa um computador conectado a ele e um navegador da web. O roteador possui seu próprio endereço web, acessível apenas dos computadores na sua LAN através de um endereço de IP fictício; o endereço geralmente é estranho, apenas números. Mesmo se você quiser ter uma LAN inteiramente sem fio, a configuração inicial é muito mais fácil se você conectar um PC (ou Mac) ao roteador usando um cabo Ethernet, pelo menos, por enquanto, de modo que o roteador possa descobrir com qual computador deve conversar. ("Ei, lá está ele, no outro lado do cabo!"). Siga estes passos:

1. **Desligue o roteador e o computador.**

   Os computadores geralmente ficam mais felizes se você conectar e desconectar coisas enquanto eles estiverem desligados.

2. **Conecte um cabo Ethernet ao adaptador de rede do seu computador e o outro lado a uma das conexões do roteador.**

3. **Ligue o roteador e depois o computador.**

4. **Abra seu navegador da web e digite o endereço da página central do roteador — a página inicial do roteador, com as configurações.**

   Geralmente, essa página está em `192.168.0.1`, `192.168.0.254` ou `10.0.0.1` (endereços especiais da web reservados pelas autoridades da internet para que sejam usados por redes privadas como a sua). Se esses endereços da web não funcionarem, verifique as instruções do roteador.

5. **Se a página do seu roteador pedir um nome de usuário e uma senha, verifique no seu manual do roteador para descobrir quais são eles e digite-os.**

   Se você perdeu o manual, não entre em pânico: muitas vezes, o nome de usuário e a senha estão impressos na parte de baixo do roteador. Veja uma página de configuração semelhante a do seu roteador na Figura 5-2.

6. **Se você tiver uma conexão de banda larga que use um login e senha, procure a caixa de texto ou campo para digitar seu login e senha.**

   Siga as instruções do manual do roteador ou experimente clicar nas abas ou links na página até encontrar as caixas com nomes, como Username e Password. Conexões que usam senhas podem ser chamadas de *PPPoE* (Point-to-Point over Ethernet). Digite-os.

7. **Se você vir um botão ou link chamado Save, Done ou Ok, clique-o e assegure-se de que o roteador grave suas alterações.**

   Se você não vir tal botão ou link, não se preocupe.

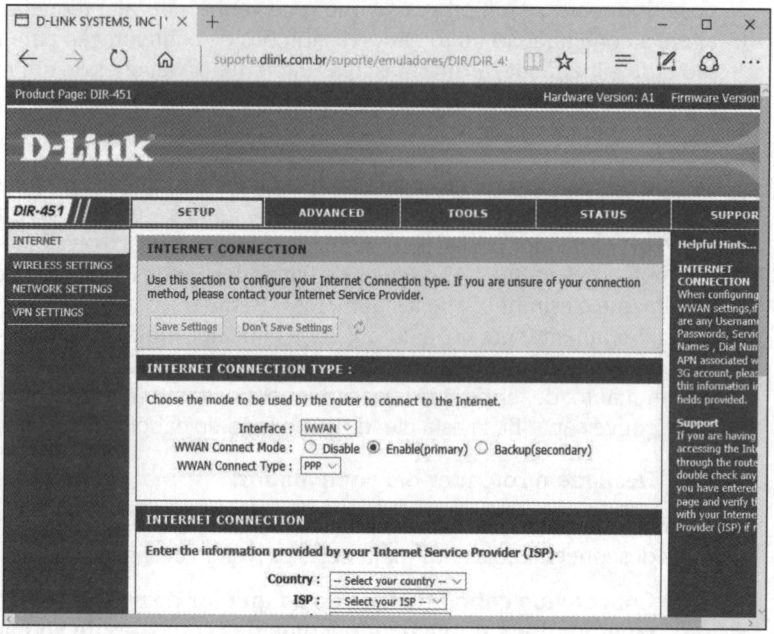

Figura 5-2: Seu roteador não possui tela, então você conversa com ele usando seu navegador da web.

Agora seu roteador sabe como entrar na sua conta DSL. Se você for usar o roteador como ponto de acesso Wi-Fi, há mais algumas configurações a executar, incluindo estabelecer uma senha. Veja a seção "Esqueça os Fios — Use Wi-Fi!", mais adiante neste capítulo.

Conectando sua LAN ao modem

Conecte seu roteador ao seu modem DSL ou a cabo, ligue o modem (se ainda não estiver ligado), reinicie o roteador (desconectando o fio da energia e conectando-o novamente) e verifique se consegue se conectar com a internet. Se tiver um modem DSL e roteador combinados, conecte a linha telefônica na conexão DSL. (Experimente visitar nossa página em `net.gurus.org` — em inglês.) Se isso não funcionar, verifique o cabo do modem e veja se o nome de usuário e a senha estão corretos, caso sua conexão com a internet precise deles. A maioria dos roteadores tem switches de reinicialização que você pode usar para retornar à sua configuração de fábrica. Pode demorar algum tempo, vários minutos, até que um modem a cabo ou DSL inicie a conexão, então você pode verificar as luzes para ver se a que diz WAN (wide-area lan) já está acesa.

PAPO DE ESPECIALISTA

Você pode ajustar algumas outras configurações com os quais não deveria se preocupar, a menos que esteja planejando fazer algo exótico. A parte do firewall do roteador examina o tráfego da internet que passa e bloqueia o que ele não gosta. Os roteadores deixam passar páginas da web, e-mails, mensagens instantâneas e outros tipos padrão de comunicação da internet, no entanto, se você estiver fazendo algo especial, como jogar certos jogos online, talvez precise fazer seu roteador permitir tipos adicionais de dados. Se um jogo online ou outro programa indicar que você precisa "abrir uma porta" no seu roteador, precisará retornar à página da web de configuração para fazer algumas alterações.

Conectando Seus Computadores à LAN com Fios

Depois de configurar o roteador, se você quiser criar uma LAN com fio, precisa de fios. (Ok, você já sabia.) Especificamente, LANs usam cabo Ethernet Cat 5 com conectores RJ-45 — parece o mesmo cabo que você usa para conectar seu roteador ao modem. O cabo Cat 5 está disponível em qualquer loja de suprimentos de escritório, eletrônicos, de computadores ou, até, em alguns supermercados, e você pode encontrá-lo em diversos comprimentos, de 3 a 15 metros ou mais. Você precisa de um cabo para ir do roteador até cada computador.

Em cada computador, plugue uma extremidade de um cabo Cat 5 na entrada do adaptador de rede do computador. (Veja a seção do Capítulo 4 sobre conectar seu computador ao modem.) Conecte a outra extremidade do cabo no roteador.

Depois que seus computadores estiverem conectados ao roteador e, indiretamente, uns aos outros, informe a todos sobre a LAN. O Windows 8, 7 e o Vista facilitam isso — assim que você conecta seu cabo de rede, o Windows contata o roteador e configura a conexão. (O problema mais comum: o cabo pode não estar bem conectado em uma das extremidades).

Se não der certo, tente estes passos no Windows 8.1:

1. **Abra a barra Charms e clique em Pesquisar;**
2. **Digite rede na caixa de diálogo de pesquisa.**
3. **Escolha Central de Rede e Compartilhamento para ver a qual rede o Windows pensa que está conectado.**
4. **Clique em Solução de Problemas.**

   Essa opção normalmente orienta você até a solução.

No Windows 7, experimente:

1. **Selecione Iniciar⇨Computador⇨Rede.**

   Você verá uma janela mostrando os computadores e as redes às quais o Windows acha que você está conectado.

2. **Clique em Central de Rede e Compartilhamento.**

   Você verá a janela mostrada na Figura 4-4, no Capítulo 4.

3. **Clique em Configurar uma Nova Conexão ou Rede, se essa for a primeira vez, ou Conectar a uma Rede para se conectar a uma rede que já exista (como a LAN de outra pessoa).**

No Windows Vista, experimente o seguinte:

1. **Selecione Iniciar⇨Rede.**
2. **Clique em Central de Rede e Compartilhamento.**
3. **Clique no link Diagnóstico e Reparo para ajudar a resolver os problemas mais comuns.**

Se você está conectando um Mac à sua LAN, provavelmente ele conseguirá "ver" a LAN e trabalhar, assim que você conectar o cabo, sem que você tenha que levantar um dedo. Se quiser (ou precisar) configurar sua conexão de rede, experimente isto:

1. **Selecione Preferências do Sistema no menu Apple e clique em Rede.**

   Você verá a janela Rede, mostrada na Figura 4-3 no Capítulo 4. Ou a entrada Ethernet ou a USB Ethernet devem aparecer com uma luz verde, indicando que o cabo correspondente está conectado.

2. **Clique na entrada Ethernet ou USB Ethernet (a que estiver com a luz verde acesa) para visualizar os detalhes da conexão.**

Esqueça os Fios — Use Wi-Fi!

Se você tiver computadores em mais de um cômodo da casa, usar Wi-Fi é mais fácil do que passar os fios pelas paredes ou pelo piso. O Wi-Fi é absolutamente necessário se você quer se conectar em um tablet ou leitor eletrônico.

Todos os laptops recentes possuem Wi-Fi embutido. Para computadores que não têm, é possível comprar dispositivos Wi-Fi com conectores USB e placas add-in Wi-Fi (com menor frequência) para desktops e computadores mais antigos. Fabricantes de Wi-Fi fazem um trabalho muito bom de compatibilidade com os padrões da indústria, de modo que você pode esperar que um equipamento Wi-Fi de 11b ou 11g ou 11n funcione com qualquer outro.

A principal diferença prática entre o equipamento Wi-Fi é o alcance. Os componentes Wi-Fi possuem uma característica padrão em comum: estimativas risivelmente otimistas de quão longe podem estar de outros equipamentos Wi-Fi e ainda assim funcionarem. Antenas maiores lhe dão um alcance maior — assim como equipamentos mais caros. Ondas de rádio Wi-Fi usam a mesma banda de telefones sem fio de 2,4 GHz, de modo que você pode esperar aproximadamente o mesmo alcance de um telefone sem fio. Sua conexão Wi-Fi provavelmente funcionará na maior parte da sua casa, mas não lá no fundo do quintal. Se sua casa tiver um tamanho médio, o Wi-Fi normal funciona bem. Se você mora em uma mansão, talvez tenha de optar por uma placa Wi-Fi mais cara.

Coloque uma senha, por favor!

Você provavelmente perceberia se um estranho qualquer entrasse na sua casa e se conectasse na sua rede com fio. (Pelo menos, gostamos de pensar que *nós* perceberíamos.) Porém, se você tiver uma rede Wi-Fi, e um estranho estiver na rua com um laptop buscando por pontos de acesso de rede sem fio desprotegidos (uma prática conhecida como *wardriving*), ele pode se conectar à sua, e você não conseguir perceber facilmente. Algumas pessoas não se importam — pelo menos, até perceberem que os wardrivers podem ver *todos* os arquivos e impressoras compartilhados na sua LAN, bem como enviar spam (e coisa pior) pela sua conexão de rede. Você também pode conseguir entrar nas redes Wi-Fi dos seus vizinhos, e eles na sua, o que pode ou não ser bom, dependendo do quanto você gosta deles.

Felizmente, todos os sistemas Wi-Fi possuem senhas opcionais. Os criptógrafos riem debochando da fraca segurança das senhas, mas elas são adequadas para fazer os wardrivers e vizinhos curiosos irem incomodar outra pessoa. (Se você tiver segredos importantes na sua rede, não se baseie em redes Wi-Fi. Alguém mal-intencionado usando um laptop e um dos programas de quebra de senha Wi-Fi amplamente disponíveis podem juntar dados suficientes da sua rede para quebrar qualquer senha em menos de uma semana. Se você precisar de uma proteção criptográfica melhor, ela está disponível, mas a configuração não é exatamente um projeto fácil de fazer.

Esses criativos engenheiros de Wi-Fi criaram diversos tipos de senha também. A maioria dos novos equipamentos Wi-Fi usa o esquema de senha segura Wireless Privacy Access (WPA). Se todos seus equipamentos Wi-Fi puderem lidar com ele, use WPA. Senhas WPA podem ser de quase qualquer comprimento, de modo que você pode escolher algo que consiga lembrar. (Não use seu sobrenome ou endereço, que provavelmente são as *únicas* informações que alguém que passe pela rua possa saber sobre você. Alguns equipamentos Wi-Fi chegam configurados com um nome de rede e uma senha aleatória, os quais você pode usar. Geralmente incluem uma placa com o nome da rede e sua senha impressos para ajudá-lo a configurar seus computadores.

Os equipamentos Wi-Fi mais antigos não podem executar WPA, e você pode ter de usar o sistema chamado *WEP*, um termo que supostamente significa Wired Equivalent Privacy (o que ele não é). Senhas WEP têm dois tamanhos: 64 e 128 bits. Use 128, a menos que tenha um equipamento antigo que só possa usar 64, e, neste caso, 64 funcionará. (Sua rede inteira tem de usar o mesmo tamanho.) A senha pode ser representada como um texto ou um número hexadecimal (base 16, também chamado *hex*) — deixamos para você escolher qual é o mais fácil de digitar e se lembrar. Se você usar WEP de 64 bits, sua senha (em formato de texto) deve conter exatamente sete caracteres. Para WEP de 128 bits, você precisa de uma senha de treze caracteres. Se quiser usar uma senha mais curta, preencha o resto com dígitos ou pontuação.

A forma mais fácil de configurar a senha é fazê-lo ao mesmo tempo que configura sua rede, conforme descrito na próxima seção.

Criando a conexão Wi-Fi

Para criar um sistema Wi-Fi, siga estes passos:

1. **Configure seu roteador e depois seus computadores para se conectar a ele.**

   Veja a seção "Configurando um roteador" anteriormente neste capítulo. Mesmo que você planeje usar uma rede Wi-Fi, para executar o processo de configuração conecte um computador com um cabo e use-o para configurar o Wi-Fi.

2. **Use seu navegador da web para exibir a página de controle do roteador (geralmente em `192.168.0.1`), de modo que possa configurá-lo.**

3. **Encontre a página onde você possa configurar o Wi-Fi do roteador.**

   O que você deve clicar depende do seu roteador. No nosso roteador D-Link, clicamos em Setup e depois em Wireless Settings para abrir a página mostrada na Figura 5-3. Procure uma página com configurações de wireless, um nome de rede e segurança wireless.

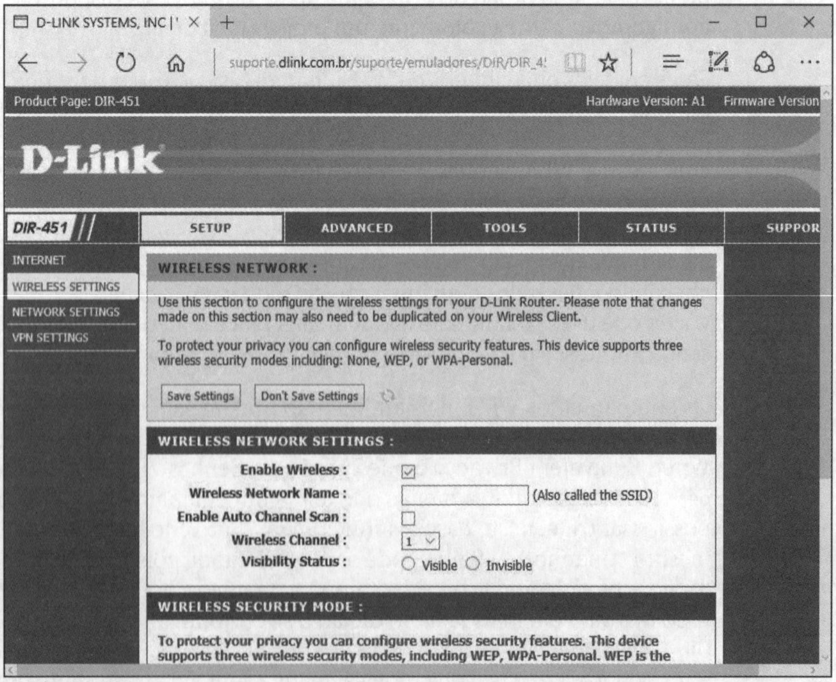

Figura 5-3: Configurando seu roteador para Wi-Fi com uma senha.

4. **Dê um nome para a rede.**

   Toda rede Wi-Fi tem um nome. Com a imaginação típica de máquina, seu roteador sugere um nome semelhante a `linksys` (um fabricante de roteadores) ou `dlink` (outro fabricante) ou `default`. Sugerimos um nome semelhante a `CasaDoFred`, de modo que qualquer vizinho que acabe nela saiba que é você.

5. **Habilite as senhas Wi-Fi e configure uma, conforme descrito na seção anterior.**

   Seu roteador provavelmente possui muitas outras opções — como clone MAC (não tem nada a ver com cosméticos ou com computadores Macintosh), todas as quais você pode ignorar.

6. **Quando seu roteador estiver sendo executado e seu computador conseguir acessar a internet (ou seja, você poderá exibir páginas da web), sua configuração de roteador está pronta para sua rede Wi-Fi.**

Agora, finalmente, você pode remover o cabo e se conectar sem fio. Você precisa informar a cada PC qual rede Wi-Fi usar e qual é a senha. A configuração é rápida:

Para computadores rodando o Windows 8.1, 7 ou Vista, experimente isso:

1. **No Windows 8.1, procure pelo ícone de conexão de rede na extremidade direita da barra de tarefas; clique para fazer a janela Rede deslizar do lado direito da tela. No Windows 7, clique no ícone de Rede no canto inferior direito do monitor, à esquerda do relógio digital. No Windows Vista, selecione Iniciar⇨Conectar-se a.**

   Você verá uma janela com uma lista de redes disponíveis, uma das quais é a sua. Se você tiver vizinhos com redes Wi-Fi, elas talvez apareçam também, mas não use as redes dos seus vizinhos, a menos que eles lhe deem permissão.

2. **Dê um clique duplo na sua rede.**

   Em instantes, você verá uma caixa de diálogo que lhe pede a chave de segurança ou frase secreta.

3. **Digite a senha da rede, exatamente como fez no roteador, e clique em Conectar.**

   O Windows recupera as configurações de rede do roteador e, em alguns segundos, você está online. Se você tiver dificuldade em digitar a senha, clique na caixa para exibir os caracteres da senha (a menos, claro, que alguém em quem você não confie o esteja observando atrás de você).

4. **Responda mais uma pergunta.**

   Se aparecer uma pergunta como "Você quer encontrar PCs, dispositivos e outros conteúdos nesta rede, e automaticamente conectar esses dispositivos, como impressoras e TVs?", siga as recomendações do Windows e clique em Sim se estiver em sua rede doméstica ou Não se estiver em uma rede pública que contém dispositivos desconhecidos.

Usuários de Mac podem clicar no ícone Wi-Fi no topo da tela à direita; ele se parece com curvas concêntricas. A mensagem "Wi-Fi: Procurando por Redes" surgirá e as redes encontradas aparecerão em uma lista. Clique em uma para se conectar. Se ela solicitar uma senha, seu Mac irá lhe pedir.

Para saber mais sobre redes sem fio, veja *Wireless Home Networking For Dummies, com conteúdo em inglês* (John Wiley & Sons, Inc.).

Configuração Rápida com WPS

A maioria dos tablets e alguns smartphones podem usar WPS ou Wi-Fi Protected Setup para se conectar a um roteador WPA sem usar uma senha. Procure na parte de trás do seu roteador por um botão sinalizado com duas setas curvas que lembram um círculo. Se tiver, ele pode usar WPS. Para conectar seu tablet ou telefone, abra o menu Wi-Fi no seu aparelho e procure pelo mesmo símbolo com duas setas. Clique no símbolo no seu tablet e pressione o bottom WPS no roteador e em alguns segundos, os dois dispositivos devem se encontrar e conectar, sem a necessidade de senha.

Em alguns casos, um dispositivo WPS solicitará que você insira um código de segurança de oito dígitos no outro dispositivo WPS. Achamos que o trabalho extra não vale a pena, neste caso, configure a rede do modo habitual, inserindo a senha do roteador no dispositivo.

Configuração em casa e no escritório

Muitas pessoas têm laptops ou tablets que carregam de casa para o escritório e vice-versa. Muitas variáveis estão envolvidas para se fazer isto com sucesso, dependendo não apenas do seu laptop ou tablet específico, mas, também, das redes que você usa em casa e no escritório. De modo geral, entretanto, é assim que as diversas configurações devem funcionar:

- **Se sua rede em casa e no escritório forem com fio**, seu computador deve funcionar quando estiver conectado a qualquer uma delas. Se seu computador não se conectar no trabalho, contate seu administrador de rede.
- **Se o seu escritório tiver arquivos locais e impressoras compartilhados e sua casa não**, ou vice-versa, o Windows reclama e fica de mau humor se não conseguir encontrá-los. Desde que você não tente imprimir em uma impressora que esteja em outro lugar, porém, você pode entrar online sem problemas.
- **Se sua rede em casa e no escritório forem wireless, ou uma for wireless e a outra com fio**, configure cada uma conforme descrito anteriormente neste capítulo, e seu PC deve reconhecer automaticamente a que estiver disponível — ou seja, a rede onde você estiver.

Na estrada com seu laptop e o tethering ou o Mifi

Uma das melhores recentes invenções para quem não sai da estrada é o ponto de acesso Wi-Fi portátil, também conhecido como MiFi, por causa do nome de um dos modelos mais populares. Basta pegar uma caixinha do tamanho de um cartão de crédito, em sua mochila, bolsa ou bolso, apertar um botão e ela se transforma em um ponto de acesso Wi-Fi com alcance de cerca de 60 metros, pronta para usar em seu computador ou smartphone, com conexão fornecida por uma operadora de celular. Se precisar ficar pagando taxas de uso de Wi-Fi a toda hora, em hotéis, aeroportos e cafeterias, um MiFi com uma taxa mensal razoável é uma boa alternativa. Já que é um ponto de Wi-Fi real, ela pode conectar vários aparelhos, e ainda pode ser uma boa técnica para fazer amigos, compartilhando sua rede com as pessoas à sua volta.

Todas as grandes operadoras de celular oferecem alguma versão desse ponto de acesso móvel, com a mesma enorme variedade de preços e planos que os celulares. Elas são vendidas nos mesmos estabelecimentos que os celulares. Algumas requerem pagamento mensal, outras você paga conforme o uso.

Alguns smartphones e os iPhones podem servir como um *ponto de acesso particular*, igual ao MiFi. Essa prática é chamada de *tethering*. Leia as instruções do seu telefone para mais detalhes e lembre-se que todos os dados que passam pela rede também passam por sua conexão de celular, então, se quiser usar o thethering, precisará de um plano de dados ilimitado.

Capítulo 6

Bem-vindo à Selvagem, Maravilhosa e Maluca Web

Neste Capítulo

- Entendendo páginas web e URLs
- Apontando, clicando, navegando e outras habilidades básicas
- Abrindo várias páginas da web ao mesmo tempo
- Descobrindo a web pelo seu telefone
- Descobrindo o Internet Explorer e o Firefox
- Instalando um navegador além do Internet Explorer

As pessoas agora falam sobre a *web* mais do que sobre a *internet*. A World Wide Web e a internet não são a mesma coisa — a World Wide Web (que chamamos de *web* porque somos digitadores preguiçosos) fica "sobre" a internet. A rede da internet está no centro da web, e a web é um parasita atraente que precisa da internet para sobreviver. Entretanto, uma boa parte do que acontece online está na web, a qual você não está realmente conectado, até que saiba navegar pela web.

Este capítulo explica o que é a web e de onde ela veio. A seguir, descreve como instalar e usar os navegadores mais populares e como usá-los para exibir as páginas da web. Se você já estiver confortável com eles, pule para o Capítulo 7.

O Que É World Wide Web?

Então o que é a web, afinal? *World Wide Web* é um conjunto de "páginas" de informações conectadas entre si ao redor do mundo através da internet. Cada página pode ser uma combinação de texto, imagens, áudio, vídeo, animações, formulários e outras coisas. (As pessoas acrescentam novos tipos de outras coisas todos os dias.)

Conectando páginas da web

O que torna as páginas da web interessantes (além do fato de que parece haver uma página da web sobre qualquer assunto que você possa imaginar) é que elas contêm links que apontam para outras páginas da web. Quando você clica em um link, seu navegador busca a página à qual o link está conectado. (Seu *navegador* é o programa que lhe mostra a web — leia mais sobre isto algumas páginas adiante.) Os links podem criar conexões que lhe permitem ir diretamente às informações relacionadas. Essas conexões invisíveis entre páginas lembram as teias de uma aranha — quando você clica de uma página da web para outra, pode imaginar a "web" (teia) criada pelos links.

A Figura 6-1 mostra uma página da web. Cada expressão sublinhada é um link para outra página. Muito dos textos não sublinhados também são — mova o cursor do mouse sobre a página e veja se ele vira uma pequena mão. Qualquer lugar em que uma mãozinha aparecer é um link, mesmo que não esteja sublinhado. Fotos também podem ser links.

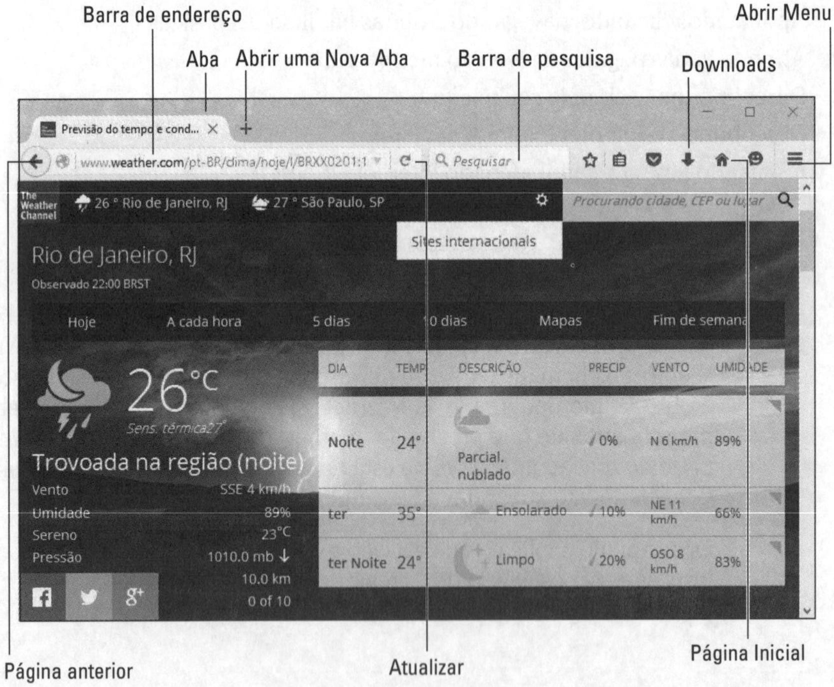

Figura 6-1: Esta página da web é exibida no navegador Firefox.

De onde surgiu a web?

A World Wide Web foi inventada em 1989 no European Particle Physics Lab (CERN), em Genebra, Suíça, um local improvável para uma revolução na computação. O inventor é um pesquisador britânico chamado Sir Tim Berners-Lee, que agora é o diretor do World Wide Web Consortium (W3C) em Cambridge, Massachusetts. Essa organização estabelece os padrões e supervisiona de longe o desenvolvimento da web. Tim é muito inteligente, trabalhador e simpático. (Margy o conheceu quando ele fazia o papel de ameba em uma apresentação na igreja.)

Tim inventou o *HTTP* (HyperText Transport Protocol), forma através da qual os navegadores se comunicam com os servidores da web; o *HTML* (Hyper Text Markup Language), linguagem na qual as páginas web são escritas; e as *URLs* (Uniform Resource Locators), endereços usados para páginas da web e a maioria das outras informações na internet. Ele imaginava a web de uma forma a qual todos publicassem e lessem informações na internet. Os primeiros navegadores da web tinham editores que permitiam criar páginas da web quase com tanta facilidade com que se podia lê-las.

Para obter mais informações sobre o desenvolvimento da web e do trabalho do World Wide Web Consortium, visite o site em `www.w3.org` — em inglês. Você também pode ler o livro de Tim, *Weaving the Web* (HarperOne, 1999). Ele foi condecorado com o título de cavaleiro honorário em 2004 e se tornou Sir Tim. Você pode tê-lo visto na TV na cerimônia de abertura das Olimpíadas de Londres, em 2012.

O que é notável na web é que ela conecta informações de todo o *planeta*, em diferentes computadores e em diferentes bancos de dados (um recurso que seria difícil de obter com um catálogo de cartões em uma biblioteca comum). As páginas podem ser conectadas a outras em qualquer lugar do mundo, de modo que, quando você está na web, pode acabar vendo páginas de Singapura a Calgary, ou de Sydney a Buenos Aires, tudo, em geral, mais depressa do que você consegue dizer "João é seu tio". Na maior parte do tempo, você está apenas há alguns segundos de algum site em qualquer lugar do mundo.

Encontrando a página que você quer

Uma característica importante da web é que você pode explorar mais de um trilhão de páginas. Por exemplo, em menos de dez segundos, você pode encontrar uma lista de páginas que contenham a expressão "galinha doméstica", ou seu próprio nome, ou o nome de um livro que você quer encontrar. Você pode seguir os links para ver cada página da lista para encontrar as informações que quiser. Veja no Capítulo 13 como usar um mecanismo de pesquisa na web.

Onde está essa página?

Antes que você seja pego na rede (tóim! — essa metáfora precisa ser trabalhada), você precisa conhecer mais um conceito básico: cada página possui um *endereço da web*, de modo que os navegadores — bem como você — possam encontrá-la. Grandes figuras do mundo da engenharia de software (uma pessoa, na verdade, chamada Sir Tim Berners-Lee) chamaram esse endereço de *Uniform Resource Locator*, ou *URL*. Cada página da web possui uma URL, uma série de caracteres que começa com `http://`. (Como você diz *URL*? Todas as pessoas que conhecemos pronunciam letra a letra, "U-R-L" — ninguém diz "url"). Muitas URLs incluem as letras `www`, mas nem todas. Agora, você sabe o suficiente para navegar. Para detalhes opcionais sobre URLs, veja o quadro "*Duque de URL*" mais adiante.

Navegando para Lugares Desconhecidos

Está na hora de você mesmo verificar a web usando um *navegador*, o programa que encontra as páginas na web e as exibe em seu monitor. Felizmente, se você tiver alguma versão de Windows, um Mac recente, um netbook ou quase qualquer outro computador com acesso à internet, até mesmo um smartphone ou um tablet, provavelmente já tem um navegador.

Estes são os navegadores mais populares:

- **Firefox** (veja a Figura 6-1) é o navegador do projeto open source Mozilla em `www.mozilla.org`. Você pode baixar o Firefox gratuitamente para Windows, Macs e Linux. O Firefox é usado por cerca de 24% dos usuários da web.
- **Internet Explorer (IE)**, mostrado na Figura 6-3, é o navegador que a Microsoft colocou em todas as versões recentes do Windows. Menos de 10% das pessoas utiliza o IE, e esse número não para de cair. Ele está disponível para download gratuito para muitas versões anteriores do Windows, em `www.microsoft.com/ie`, mas não para o Mac. O IE também é executado nos smartphones e tablets Windows Mobile. Veja o box mais adiante "Nosso conselho: Troque o Internet Explorer pelo Firefox, Safari ou Chrome".
- **Chrome**, mostrado na Figura 6-2, é do Google, a empresa responsável pelo site de pesquisa `www.google.com` e muitos serviços gratuitos na web. Cerca de 60% das pessoas usam o Chrome. Ele pode ser baixado gratuitamente para Windows, Macs e Linux em `www.google.com/chrome`. Ele já vem instalado em todos os telefones ou tablets Android. O Google parece ter um plano para que o Chrome se torne seu próprio sistema operacional, competindo com o Windows. Atualmente ele está disponível em laptops, chamados de Chromebooks.

- **Safari**, mostrado na Figura 6-4, é o navegador da Apple para o Mac, iPad, iPhone e iPod touch. O Windows possui uma versão, também, embora nunca tenhamos ouvido falar de alguém, além de nós, que a tenha usado. Você pode baixar as versões mais recentes em `www.apple.com/safari`.

Figura 6-2: O Google Chrome mostrando outra página da web.

Descrevemos o Chrome e o Firefox em detalhes neste livro, e fazemos algumas menções ao Internet Explorer e ao Safari, aqui e ali. Todos os navegadores são parecidos, permitem que você visualize páginas da web, imprima-as e salve os endereços das suas páginas favoritas para que possa voltar a elas depois. Se você quiser experimentar um navegador diferente, veja a seção "Obtendo e Instalando um Navegador", mais adiante neste capítulo.

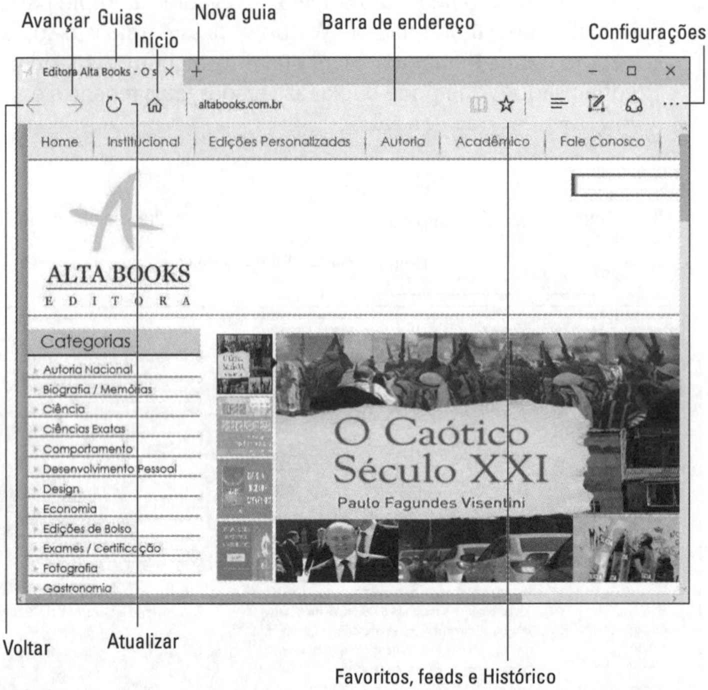

Figura 6-3: Uma página comum da web visualizada no Internet Explorer.

Nosso conselho: Troque o Internet Explorer pelo Firefox, Safari ou Chrome

Internet Explorer, Firefox, Safari e Google Chrome são todos gratuitos e podem ser baixados na internet, mas eles têm algumas diferenças importantes.

As vantagens do Firefox, Safari e Chrome:

- Eles são executados mais rapidamente. São menores e mais rápidos. O Chrome é o mais rápido, na nossa experiência.
- Eles não usam controles ActiveX, um recurso do IE que spywares usam para infectar seus computadores.
- Se você usa Mac, iPhone, iPad ou iPod touch, já tem o Safari.

As vantagens do Internet Explorer:

- Alguns sites (especialmente aqueles administrados pela própria Microsoft) requerem o Internet Explorer, porque usam controles ActiveX.
- Alguns add-ins de navegadores funcionam apenas com o IE.
- Se você usa Windows, já tem o IE, porque ele vem com o Windows.

Qualquer navegador pode exibir e imprimir páginas da web — não nos entenda mal. Entretanto, achamos que a questão da segurança — evitar spywares — deixa as outras considerações para trás, e recomendamos que os usuários do Windows instalem o Firefox ou o Chrome e o usem, exceto para os poucos sites que requeiram o Internet Explorer. Você pode ter mais de um navegador instalado ao mesmo tempo — pode até ter dois ou três sendo executados ao mesmo tempo —, de modo que alternar para o Firefox ou Chrome não significa que você nunca possa usar o Internet Explorer novamente. Usuários de Mac podem continuar com o Safari.

Veja a seção "Obtendo e Instalando um Navegador" para instruções sobre como baixá-los.

Figura 6-4: O Safari é o navegador web da Apple.

Navegando pela Web com Seu Navegador

Quando você inicia seu navegador da web — Firefox, Chrome, Internet Explorer, Safari, ou qualquer que seja —, verá uma janela que exibe uma página da web, com menus e ícones na parte superior. A Figura 6-1 (mostrada anteriormente neste capítulo) ilustra o Firefox, a Figura 6-2 mostra o Google Chrome, a Figura 6-3 mostra o Internet Explorer e a Figura 6-4 mostra o Safari da Apple. Outros navegadores têm aparência semelhante, mas com menus e ícones diferentes na parte superior.

A principal seção da janela do navegador é tirada da página da web que você está vendo. Afinal, é para *isso* que serve o navegador — exibir uma página da web. Qual página seu navegador exibe inicialmente — sua *página inicial* — depende de como ele estiver configurado. Muitos ISPs fazem com que seu navegador exiba a página inicial deles. Até que você escolha uma página inicial, o IE tende a exibir uma página da Microsoft, o Firefox e o Chrome geralmente mostram uma página de pesquisa do Google, e o Safari mostra uma página do site da Apple. O Capítulo 7 explica como configurar a página inicial para a página de sua preferência.

Os botões, barras e menus ajudam você a se localizar na web e executar tarefas como imprimir e salvar páginas. Aqui estão alguns dos botões e menus mais importantes da parte superior da janela do seu navegador:

- **Botão voltar:** Clique para exibir a última página que você viu, conforme descrito na seção "Voltando!", mais adiante. Depois de clicar em Voltar, você pode clicar em Avançar para voltar para página onde estava.
- **Botão recarregar:** Clique para recarregar a página que você está examinando no momento. Algo pode ter mudado desde o momento que você a carregou, ou, talvez, ela não tenha carregado direito na primeira vez. F5 é a tecla de atalho para o botão recarregar.
- **Botão da página inicial:** Clique para exibir sua página inicial, conforme descrito no Capítulo 7.
- **Barra de endereços:** Exibe o endereço da web (URL) da página atual. Você pode digitar a URL de uma página a ser exibida, conforme descrito na seção "Indo a lugares", mais adiante.
- **Barra de pesquisa:** O Firefox tem uma barra de pesquisa separada, à direita da barra de endereços, onde você pode digitar termos para pesquisa. Outros navegadores combinam a barra de endereços e a barra de pesquisa. Veja detalhes no Capítulo 13.

O restante deste capítulo explica como usar esses e outros recursos do seu navegador.

Navegando

Você precisa de duas habilidades simples (se pudermos descrever algo tão básico quanto clicar um mouse como sendo uma habilidade) para se movimentar pela web. Uma é passar de uma página para outra na web, e a outra é ir diretamente para uma página quando você conhece sua URL (endereço da web). Ok, sabemos que você na verdade não está se *movendo* — seu navegador da web exibe uma página após a outra —, mas navegar dá a impressão de que você está se movendo (ou surfando, dependendo de qual metáfora você prefere) pela web.

Ir de página em página é fácil: clique em qualquer link que pareça interessante. Isso é tudo. Texto azul sublinhado e imagens com bordas azuis são links, e, às vezes, outros itens também são. Qualquer item que se pareça com um botão provavelmente é um link. Você consegue perceber quando está apontando para um link porque o ponteiro do mouse se transforma em uma pequena mão. Clicar fora de um link seleciona o texto que você clicou, como na maioria dos outros programas. Às vezes, clicar em um link leva você para um lugar diferente na mesma página, em vez de outra.

Voltando!

DICA

Os navegadores da web registram as últimas páginas que você visitou, de forma que se você clicar em um link e decidir que não gostou tanto, pode facilmente voltar para a página anterior. Para voltar, clique no botão Voltar na barra de ferramentas. Seu ícone é uma seta ou um triângulo apontando para a esquerda, e é o botão na extrema esquerda da barra de ferramentas, conforme mostrado nas Figuras 6-1, 6-2, 6-3 e 6-4. Você também pode pressionar Alt + ← ou a barra de espaço para retornar para a página anterior.

Às vezes, clicar em um link abre uma nova página em uma janela ou aba no navegador — seu navegador pode exibir mais de uma página da web de uma vez, cada qual na sua própria janela ou todas em abas em uma janela. Se um link abrir uma nova janela ou aba, o botão Voltar não faz nada nessa janela, mas você ainda pode voltar para a janela antiga clicando nela.

Indo a lugares

Alguém lhe fala sobre um site interessante e você quer dar uma olhada. Veja o que se deve fazer:

1. **Clique na barra de endereços, na parte superior da janela do navegador.**

   As Figuras 6-1, 6-2, 6-3 e 6-4 mostram onde está a barra de endereços.

PAPO DE ESPECIALISTA

Duque de URL

A World Wide Web acabará conectando todas as informações do universo conhecido, começando com todo o conteúdo da internet. (Essa declaração pode ser um pouco exagerada, mas não muito.) Um segredo para o domínio global é dar um nome para tudo, de modo que, independentemente do assunto a que um link de página da web se refira, um navegador da web possa encontrá-la e saber o que fazer com ela.

Veja esta típica URL:

```
http://airinfo.travel/
  index.phtml
```

O primeiro item de uma URL, as letras que aparecem antes dos dois-pontos, é o *protocolo*, que descreve a forma pela qual o navegador pode chegar ao recurso. Embora haja dez protocolos definidos, o mais comum é, sem dúvida, o HTTP, que significa HyperText Transfer Protocol, a técnica de transferência nativa da web. HTTP é o protocolo que seu navegador usa para solicitar uma página da web do servidor no qual está armazenada; também é o protocolo que o servidor da web usa para enviar de volta à página que você quiser ver. (Uma conversa em HTTP poderia ser traduzida para o português como algo do tipo: "Eu gostaria de uma página da web, por favor." "Aqui está, aproveite!").

Embora os detalhes do resto da URL dependerem do protocolo, a maioria deles é semelhante. Após os dois pontos ficam duas barras (sempre para a frente, nunca barras invertidas) é o nome do computador hospedeiro no qual o recurso se encontra; neste caso, `airinfo.travel` (um dos muitos nomes do servidor de internet do John). A seguir, vem outra barra e um *caminho*, que apresenta o nome do recurso nesse hospedeiro; neste caso, um arquivo chamado `index.phtml`.

As URLs permitem algumas outras partes opcionais. Elas podem incluir um *número de porta*, que especifica, grosso modo, qual dos diversos programas executados nesse hospedeiro deve lidar com a solicitação. O número de porta vai após os dois-pontos seguintes ao nome do hospedeiro, desta forma:

```
http://airinfo.travel:80/
  index.phtml
```

O número de porta padrão de `http` é 80, de modo que, se essa for a porta que você quer (geralmente é), pode deixá-la de lado. Finalmente, uma URL pode ter uma *parte de consulta* no final, após um ponto de interrogação, desta forma:

```
http://airinfo.travel:80/
  index.phtml?discounts
```

Quando uma URL possui uma parte de consulta, ela informa ao computador hospedeiro mais especificamente o que você quer que a página exiba. (Você raramente digita partes de consulta — elas geralmente são criadas para você a partir de campos preenchidos em páginas da web.)

Muitas URLs começam com https: e não http:. O s significa "seguro", que a conexão entre você e o servidor é mantida confidencial através de criptografia de alta qualidade e que a identidade do servidor foi verificada. Você deve ver um pequeno cadeado perto da URL se a verificação funcionou.

Outro esquema de URL útil é `mailto`, que possui o seguinte formato:

```
mailto:internet13@gurus.org
```

Ou seja, um link `mailto` é um endereço de e-mail. Clicar nele executa seu programa de e-mail e cria uma nova mensagem endereçada para o link.

2. **Digite a URL na caixa.**

   A URL é semelhante a `http://net.gurus.org` — você pode digitar `net.gurus.org`. Assegure-se de excluir a URL que aparecia antes de começar a digitar.

3. **Pressione Enter.**

Estes são alguns atalhos:

- Se o endereço inteiro na barra de endereços estiver destacado, a nova URL substituirá a que havia antes, ao digitar. Senão, clique na barra de endereços até que o endereço antigo seja destacado.
- Você não precisa digitar o `http://` na barra de endereços. Seu navegador consegue adivinhar essa parte! Muitos endereços da web incluem um nome que termina em `.com`, mas nem todos. Veja o quadro "Por que.com?", adiante, para obter mais informações.
- Ao começar a digitar uma URL, seu navegador tenta adivinhar o endereço que você está digitando, sugerindo endereços que você já digitou e que começam com os mesmos caracteres. O navegador exibe as sugestões em uma lista logo abaixo da barra de ferramentas. Se você vir na lista o endereço que quer, clique nele e pronto! Não precisa digitar tudo!

Se você receber URLs em e-mails, mensagens instantâneas ou documentos, geralmente é possível clicá-los — muitos programas passam o endereço para seu navegador. Ou, use as técnicas padrões de recortar e colar e evite ter que digitar novamente:

1. **Destaque a URL no programa em que ela aparecer.**

   Ou seja, use seu mouse para selecionar a URL, de modo que ela toda fique destacada.

2. **Pressione Ctrl + C (Command + C no Mac) para copiar as informações na Área de Transferência.**

3. **Clique na barra de endereços para destacar o que estiver dentro.**

4. **Pressione Ctrl + V (Command + V no Mac) para colar a URL na caixa e depois pressione Enter.**

Pessoas mal-intencionadas podem facilmente criar mensagens de e-mail em que a URL que você vê no texto de uma mensagem não é a que você visita; ele esconde a verdadeira. Tenha isso em mente sempre que receber e-mails fingindo ser do seu banco — se você clicar no link e digitar o número da sua conta e senha na página web que aparece, poderá estar digitando em um site administrado por ladrões. Veja o Capítulo 2.

Por que.com?

Quando você quiser colocar informações na internet com seu próprio nome nelas, registre um nome de domínio como `yahoo.com` ou `wikipedia.org` (veja o Capítulo 17 se estiver pensando em criar seu próprio site com seu próprio nome de domínio). Um nome de domínio para um ISP nos Estados Unidos geralmente termina com um ponto e um código de duas ou três letras (que é o domínio de *nível mais alto*, ou TLD) que lhe dá uma dica de que tipo de proprietário é responsável pelo nome do domínio. A lista a seguir explica rapidamente que tipo de organização é proprietária de que domínio para cada código TLD:

- Organizações comerciais geralmente possuem nomes de domínio terminando em `.com`, como `google.com` (o site de pesquisa mais popular da web), `aa.com` (AMR Corporation, mais conhecida como American Airlines) e `taugh.com` (A Taughannock Internetworks que John acha difícil de pronunciar). Devido ao "ponto com" ter se tornado um sinônimo da própria internet, muitas outras organizações e até indivíduos têm domínios `.com`.
- Instituições de ensino geralmente possuem nomes de domínios terminando em `.edu`, como `www.ifrj.edu.br`.
- Organizações de rede geralmente terminam em `.net`. Estas incluem ISPs, e tudo relacionado à startups, empreendedorismo e negócios online, como em `empreendedoronline.net.br`.
- Organizações governamentais no Brasil geralmente possuem nomes de domínio contendo `.gov`. Por exemplo, o portal do Governo Federal está em `www.brasil.gov.br`.
- Organizações militares brasileiras usam nomes de domínio terminando em `.mil.br`.
- Grupos de interesse especiais e sem fins lucrativos geralmente possuem nomes de domínio terminando em `.org`. Por exemplo, a Unitarian Universalist Association (onde Margy trabalha) fica em `uua.org`.
- Organizações em países específicos frequentemente possuem nomes de domínio próprios terminando em códigos de países com duas letras como `.br` para o Brasil, `.pt` para Portugal, `.fr` para a França, `.zw` para o Zimbábue, e assim por diante. A lista completa de códigos TLD de países está em `www.iana.org/domains/root/db`. Empresas pequenas, governos locais e escolas K-12 nos Estados Unidos podem terminar com a abreviação de duas letras de estados seguidas por `.us` (como o site da igreja de John em `http://unitarian.ithaca.ny.us`).

Um ótimo lugar para começar a navegar

Você descobre mais sobre como encontrar coisas na web no Capítulo 13, mas, por enquanto, esta é uma boa forma de iniciar: vá até a página Yahoo! Notícias. Para ir até o Yahoo! Notícias, digite esta URL na barra de endereços do seu navegador e pressione Enter:

```
news.yahoo.com
```

PAPO DE ESPECIALISTA

Quem cria esses TLDs?

Um grupo internacional (International Corporation for Assigned Names and Numbers, ou ICANN, em `icann.org`) é responsável pelos TLDs. TLDs de duas letras são para países, como `.us` para os Estados Unidos, `.ca` para o Canadá e `.zw` para o Zimbábue. O domínio mais novo de país é `.ss`, para o Sudão do Sul.

Em 1997, a ICANN propôs a adição de alguns domínios extras, genéricos, como `.firm`, `.arts` e `.web`. Após uma jornada complexa sobre políticas de propriedade intelectual internacional, os primeiros novos domínios (`.biz` e `.info`) surgiram em 2001. O resultado é uma confusão que praticamente garante que `algumacoisa.biz` e `algumacoisa.info` sejam de propriedade do mesmo grupo que `algumacoisa.com` e, quando são de outros donos, em geral, são cópias de qualidade inferior. A ICANN já adicionou extensões incluindo estas:

- `.nome`: vaidade pessoal
- `.coop`: cooperativa
- `.museum`: museu
- `.aero`: companhias aéreas
- `.tel`: telefonia
- `.int`: organizações internacionais
- `.mobi`: para telefones celulares ou outros dispositivos móveis

Nenhuma é amplamente usada, embora `.mobi` tenha uma chance razoável de sucesso, devido ao suporte de empresas de telefonia móvel. Entretanto, muitos sites têm versões projetadas para smartphones (e outros dispositivos com telas pequenas) com nomes que começam com `m.`, como `m.yahoo.com`.

A ICANN está planejando abrir as torneiras de domínios para qualquer pessoa que preencha o formulário e o envie com um cheque de uma quantia modesta de modestos R$185.000,00 dólares de taxa. Quando você estiver lendo este quadro, talvez já existam muitos outros TLDs. Mesmo que existam, duvidamos que algum deles ganhe importância.

O site do Yahoo! inclui muitos recursos diferentes, mas seu site de notícias deve parecer familiar — é semelhante a um jornal vitaminado. Dê uma olhada, clicando nos links que parecerem interessantes e clicando no botão Voltar na barra de ferramentas quando pegar algum caminho errado. Garantimos que você encontrará algo interessante.

LEMBRE-SE

Para obter informações relacionadas a este livro, vá até `net.gurus.org` — em inglês. Lá você poderá encontrar notícias recentes e importantes, atualizações ou correções deste livro. Se encontrar erros neste livro ou tiver outros comentários, por favor, acesse a página da editora em `www.altabooks.com.br`.

Onde não clicar

CUIDADO!

A web possui alguns vizinhos ruins, e nem sempre é seguro clicar em qualquer coisa que aparecer. Por exemplo, clicar em um link em uma página da web pode baixar e instalar um programa indesejado em seu computador. Assim, use seu discernimento ao clicar.

Estes são alguns links em que você *não* deve clicar:

- Não clique em propagandas dizendo que você acabou de ganhar na loteria ou um laptop gratuito ou em qualquer coisa boa demais para ser verdade.
- Não clique em mensagens em páginas da web que dizem que seu computador estará em risco caso não clique lá.
- Não clique em OK em uma caixa de diálogo que lhe pergunte sobre baixar ou instalar um programa, a menos que você esteja deliberadamente baixando ou instalando um programa (Veja o Capítulo 7).
- Não clique em qualquer link suspeito. Sua intuição provavelmente está correta!

Se uma dessas mensagens aparecer em uma janela de navegador, o mais seguro a fazer é fechar a janela clicando no X no canto superior direito (ou, em um Mac, no botão vermelho Close no canto superior esquerdo).

Esta página parece estranha ou desatualizada

Às vezes, uma página perde sua sequência durante a transferência ou ela é interrompida (quando você clica no botão Parar na barra de ferramentas ou pressiona a tecla Esc). É possível fazer com que seu navegador recupere as informações da página. Clique no botão Recarregar (mostrado nas Figuras 6-1, 6-2, 6-3 e 6-4) ou pressione Ctrl+R.

DICA

Algumas pessoas dificilmente fecham seus navegadores, o que provavelmente não é uma boa ideia para sua estabilidade mental a longo prazo. (Naturalmente, não estamos falando de alguma pessoa que *nós* conhecemos! Definitivamente, não!) Se você for desse tipo de pessoa, entretanto, lembre-se de que seu navegador coloca páginas em *cache* — ele armazena as páginas temporariamente no seu disco rígido para uma recuperação rápida. Se você quiser se assegurar de que está vendo uma versão atualizada de uma página, recarregue-a.

Tire-me daqui

Mais cedo ou mais tarde, mesmo a pessoa mais fanática pela web precisa parar para comer ou para alguma outra necessidade pessoal. Para sair do seu navegador, basta clicar no botão Fechar (X) no canto superior direito da janela (ou, em um Mac, o botão Close vermelho no canto superior esquerdo) ou pressionar Alt + F4. Você pode também, deixar o programa executando enquanto sai um pouco da frente do computador. Se você tiver múltiplas abas abertas (descrito em "Dança das abas", mais adiante neste capítulo), ao clicar no X para fechar o navegador, o programa perguntará se você quer fechar todas as guias.

Visualizando Várias Páginas da Web ao Mesmo Tempo

Quando estamos apontando e clicando de um lugar para outro, gostamos de abrir várias janelas do navegador, de modo que possamos voltar para as páginas já visitadas apenas mudando de janela. Você também pode organizar as janelas lado a lado, o que é uma boa forma de, digamos, comparar preços do *Internet Para Leigos* em diversas livrarias online. A diferença pode ser pequena, mas quando você pensa em comprar cem exemplares para presentear todo mundo na sua lista de Natal, uns poucos reais podem se multiplicar para um valor razoável. Ah, você não tinha pensado em fazer isso? Bem, não deixa de ser uma ideia! Seu navegador também pode exibir várias páginas da web em uma janela, usando abas — ou guias (conforme explicado na seção "Dança das abas" um pouco mais adiante neste capítulo).

Mania de janelas

Para exibir uma página em uma nova janela do navegador, clique em um link com o botão direito do mouse e selecione Abrir link em nova janela nesse menu suspenso. Para fechar uma janela, clique no botão Fechar (X) no canto superior direito da janela ou pressione Alt + F4, o atalho padrão para fechar janelas. (Em um Mac, clique no botão vermelho no canto superior esquerdo da janela.)

Você também pode criar uma nova janela sem seguir um link: pressione Ctrl + N (para usuários de Mac, basta pressionar Command + N).

A dança das abas

Todos nós já ouvimos falar em como ser multitarefa não é uma boa ideia, mas, às vezes, é útil ter várias páginas abertas ao mesmo tempo. Os navegadores da web têm *abas*, também chamadas de *guias*, que são múltiplas páginas entre as quais você pode alternar em uma janela. A Figura 6-1, 6-2, 6-3 e 6-4 mostram navegadores com diversas abas na parte de cima. Os nomes ou endereços das abas são mostrados no topo da janela do navegador, como nas antigas abas de pastas de arquivos de papel. A aba correspondente à página visualizada no momento fica em uma cor mais viva.

Basta clicar na aba para exibir a página. Para criar uma nova aba vazia, clique em Nova Aba (a pequena aba vazia à direita das outras abas), pressione Ctrl + T (no Windows) ou Command + T (Mac) ou clique com o botão direito do mouse em uma aba existente e selecione Nova Aba no menu que aparecer. Você também pode abrir uma nova aba clicando com o botão direito do mouse em um link e selecionando Abrir Link em uma nova aba no menu que surgir. Clique no X da aba para fechá-la, ou clique com o botão direito do mouse na aba e selecione Fechar Aba. (Você talvez tenha de passar com o mouse sobre a aba para visualizar o X.)

DICA

O IE normalmente exibe suas abas na mesma área da barra de endereços, o que pode tornar essa barra bastante pequena. Se você preferir ver suas abas abaixo da barra de endereços, clique com o botão direito do mouse em qualquer aba e selecione Mostrar Abas em uma Linha Separada no menu que aparece. Ah, assim fica melhor!

Na maioria das vezes, achamos as abas mais convenientes do que janelas, mas múltiplas janelas são úteis se você quiser comparar duas páginas web lado a lado. Você pode usar tanto as abas quanto as janelas; cada uma pode ter múltiplas abas. Na maioria dos navegadores, você pode arrastar uma aba de uma janela para outra, ou arrastar uma aba para o desktop e transformá-la em uma nova janela. E como todas as janelas, você pode arrastar as extremidades para movê-las ou redimensioná-las.

DICA

Dicas para quem não se concentra por muito tempo

Se você tem uma conexão lenta de internet, use no máximo duas abas ou janelas do navegador ao mesmo tempo. Enquanto espera a próxima página abrir, pode ler a página que abriu há pouco na outra aba ou janela.

Enquanto seu navegador estiver baixando um arquivo grande, pode exibir uma pequena janela no canto do monitor ou um ícone na parte inferior da janela do navegador. Você pode clicar para voltar para a janela principal e continuar a navegar enquanto o download continua.

Aviso: Fazer duas ou três coisas ao mesmo tempo no seu navegador quando se tem uma conexão lenta não é diferente de espremer uma laranja — há uma quantidade máxima de sumo que pode ser retirada. Nesse caso, o sumo é a quantidade de dados que o seu computador consegue transportar através do modem. Uma única ação de download pode manter sua conexão com a internet quase 100% ocupada, e, qualquer outra coisa que você fizer compartilhará a conexão com esse processo. Quando você faz duas coisas ao mesmo tempo, entretanto, cada uma acontece mais lentamente do que o faria sozinha.

Navegando com Seu Smartphone ou Tablet

Telefones e tablets com conexão com a internet — como iPhone, iPad e telefones e tablets Windows Mobile e Android — também podem navegar na net. Alguns usam sua conexão de dados no celular para carregar páginas e outros usam o Wi-Fi. É claro que nos telefones, você visualiza as páginas bem pequenininhas em suas mini telas, mas os navegadores dos celulares podem ser incrivelmente úteis, especialmente ao procurar por boas dicas de restaurantes. O iPad e outros tablets conectados via Wi-Fi também têm navegadores e suas telas são grandes o suficiente para uma visualização razoável.

O iPhone e o iPad vêm com o Safari; o Android vem com o Google Chrome, e os telefones e tablets Windows Mobile vêm com o IE. Todos esses mini navegadores têm botões Voltar e barras de endereços e a maioria dos mesmos recursos básicos dos seus irmãos maiores.

Algumas páginas da web podem ser muito bem visualizadas em smartphones, basta que seus criadores usem um sistema chamado responsive design que automaticamente reformata a página a fim de se ajustar às telas menores, ignorando colunas e gráficos desnecessários. Outras páginas são praticamente ilegíveis. À medida que os navegadores dos telefones ficam mais populares, mais sites serão criados para serem visualizados neles. Se você encontrar um site que não pode ser lido, tente acrescentar "m." ao domínio (em vez de `www.`) ou alterar a última parte do nome para "mobi" para ver se o site possui uma versão para dispositivos móveis. Por exemplo, `m.netflix.com` é a versão do site Netflix projetada para telefones. Tente, ainda, "aumentar" a página, usando todos os dedos na tela, como se tentasse esticá-la.

Obtendo e Instalando um Navegador

É provável que já haja um navegador instalado no seu computador. Se você usa o Internet Explorer, achamos que é melhor instalar o Firefox ou o Chrome, por motivo de velocidade e segurança. Por sorte, os navegadores não são difíceis de encontrar e instalar, e o Firefox, o Chrome e o Safari são gratuitos.

Mesmo que você já tenha um navegador, novas versões surgem mais ou menos a cada 20 minutos. Seu navegador provavelmente está configurado para se atualizar automaticamente, verificando periodicamente seu site. Se seu navegador sugerir que precisa ser atualizado, vá em frente, seguindo suas instruções, porque, ocasionalmente, as novas versões consertam falhas ou resolvem problemas de segurança.

Ei, e nós, usuários de Mac?

Os Macs são famosos pelo seu software ágil e fácil de usar, e o software de internet não é exceção. Os Macs vêm com um belo navegador chamado Safari (veja a Figura 6-4). Você usa a tecla Command, em vez de Ctrl, para os atalhos do teclado, e quase todas as outras teclas funcionam da mesma forma que nos outros navegadores que descrevemos.

Ou você pode fazer como nós, e usar o Firefox ou o Chrome, que funcionam muito bem em um Mac, da mesma forma que no Windows, com Command em vez de Ctrl. Você pode usar o Safari para visitar `www.mozilla.com` ou `www.google.com/chrome` para baixar e instalar o Firefox ou o Chrome e depois usá-los, em vez do Safari, ou junto com ele.

Obtendo o programa

Para obter o Firefox (para Windows ou Mac ou qualquer das outras dezenas de computadores nos quais ele é executado), visite `www.mozilla.com`. Para obter o Chrome, visite `www.google.com/chrome`. Para obter ou atualizar o Internet Explorer, vá para `www.microsoft.com/ie`. O Safari está disponível em `www.apple.com/safari`. Use seu navegador atual para ir até a página e então siga as instruções para encontrar e baixar o programa. (Dê uma olhada no Capítulo 7 para obter conselhos sobre downloads de arquivos.) Se está usando um smartphone ou tablet, acesse sua loja de aplicativos (App Store para Apple e Play Store para Androids).

Executando um novo navegador pela primeira vez

Para executar um novo navegador, clique no ícone de atalho. Se você usa o Windows, o navegador padrão também aparece no topo da coluna esquerda do menu Iniciar.

Seu novo navegador provavelmente perguntará se você quer importar suas configurações — incluindo seus marcadores e favoritos — do navegador que você está usando. Se você já estiver usando a web há algum tempo e tiver uma lista dos seus sites favoritos (conforme descrito no Capítulo 7), aproveite essa oportunidade para copiar sua lista para o novo navegador, para que não precise procurar seus sites favoritos novamente.

O navegador também perguntará se você deseja torná-lo o navegador padrão, isto é, aquele que deve ser usado quando outro programa abre o navegador. Por ser muito ciumento, caso você não diga sim, ele continuará perguntando toda vez que for executado. Se disser sim, toda vez que executar *outro* navegador, ele, sentindo-se rejeitado, perguntará se você quer fazer dele o navegador padrão. Nosso conselho: depois de encontrar um navegador de que goste, faça dele seu navegador padrão e use só ele.

Os aparelhos iOS da Apple não permitem que você substitua o Safari como navegador padrão. Caso utilize um aparelho Android, é possível mudar o padrão; abra Configurações, selecione Mais, escolha Gerenciador de Aplicativos e role a tela até encontrar Todos. Depois, escolha o navegador padrão atual e Limpar Padrão. A próxima vez que você clicar em um link em um e-mail ou outra mensagem, o Android perguntará qual programa deve usar; escolha seu navegador favorito.

Capítulo 7

Levando Seu Navegador para Dar uma Volta

Neste Capítulo

- Salvando e imprimindo páginas da web
- Navegando com diversas janelas e abas (ou com ambas!)
- Marcando suas páginas favoritas
- Fazendo seu navegador lembrar nomes de usuário e senhas de sites
- Controlando cookies armazenados no seu computador
- Cobrindo seus rastros de navegação
- Impedindo que pop-ups infestem sua tela
- Adicionando plug-ins ao seu navegador

Se você leu o Capítulo 6, está pronto para navegar pela web. Entretanto, para ser um internauta eficiente e esperto, você precisa conhecer outros recursos do navegador, como impressão de páginas, exibição de mais de uma página ao mesmo tempo e armazenamento de endereços de páginas que você visita com frequência. Também precisa saber como lidar com spyware, uma ameaça da internet que descrevemos no Capítulo 2. Este capítulo é seu guia para esses recursos extras e sobre como aproveitá-los ao máximo.

Salvando Coisas da Web

Frequentemente, você vê algo em uma página da web que vale a pena salvar. Às vezes, são informações interessantes, uma imagem ou outro tipo de arquivo. Não há motivo para salvar a página inteira: ela geralmente é constituída de diversos arquivos — um para o texto, um para cada imagem e, às vezes, outros arquivos —, assim, seu navegador não pode salvar a página em um único arquivo. Porém, você pode salvar imagens e textos de uma página.

DICA

Se você quiser salvar uma página e poder retornar a ela, marque-a no seu navegador, conforme explicaremos posteriormente neste capítulo.

Salvando o texto de uma página

Você pode copiar e colar o texto de uma página da web para um documento em um editor de texto ou outro tipo de arquivo. Selecione o texto com o mouse (clique e arraste o mouse pelo texto) e pressione Ctrl + C (Command + C no Mac) para salvar o texto na Área de Transferência do seu computador. A seguir, alterne para o editor de texto ou outro tipo de programa, posicione o cursor onde quer que o texto apareça e pressione Ctrl + V (Command + V no Mac) para colá-lo. Você provavelmente precisará executar alguma formatação assim que o texto estiver no seu documento.

Salvando uma imagem

Para salvar uma imagem de uma página da web, siga estes passos:

1. **Clique na imagem com o botão direito do mouse.**
2. **Selecione Salvar Imagem Como (no Firefox, Chrome, Safari ou Internet Explorer) no menu que aparece.**
3. **Na caixa de diálogo Salvar Imagem Como, vá até a pasta ou diretório no qual quer gravar o arquivo, ou digite um nome de arquivo na caixa de texto Nome do Arquivo, e clique no botão Salvar.**

Uma observação sobre direitos autorais: quase todas as páginas da web, assim como quase tudo o mais na internet, têm direitos autorais. (Uma exceção são os sites do governo federal norte-americano, que são todos livres de direitos autorais.) Se você salvar uma página da web ou uma imagem de uma página, você não tem permissão para usá-la de forma alguma. Antes de reutilizar o texto ou imagens, envie um e-mail para o proprietário do site. Se não aparecer um endereço na página, escreva para `webmaster@domínio.com` pedindo permissão, substituindo `domínio.com` pelo nome de domínio do endereço web da página.

Imprimindo páginas

Para imprimir uma página, pressione Ctrl + P (Windows) ou Command + P (Mac). Dependendo do seu navegador, você também pode clicar:

- **Firefox:** Clique no botão do Firefox no canto superior esquerdo da janela e selecione Imprimir no menu que aparecer.

- **Chrome:** Clique no botão Personalizar e Controlar (a figura com três traços horizontais) no canto superior direito da barra de endereços e selecione Imprimir.

- **IE:** Clique no botão Ferramentas (o ícone da engrenagem à direita da barra de endereços e abas) e selecione Imprimir.
- **Safari:** Se você costuma imprimir muita coisa, pode usar Visualizar⇨Personalizar Barra de Ferramentas para adicionar o botão Imprimir.

O navegador tem de reformatar a página para imprimir, o que pode demorar alguns minutos, então, lembre-se de que a paciência é uma virtude. Felizmente, todo navegador exibe uma janela de progresso para lhe informar o que está fazendo. Você verá a caixa de diálogo de Impressão do seu computador, onde pode escolher que impressora usar.

O Chrome, o Firefox e o Safari podem imprimir uma página na forma de arquivo PDF, que você pode gravar e abrir posteriormente (assim como qualquer outro PDF) com o Adobe Acrobat Reader. Essa pode ser uma maneira útil para salvar a página inteira, inclusive com imagens e tudo o mais.

Algumas das Suas Coisas Favoritas

Você encontrará algumas páginas da web que irá querer visitar novamente. (Nós dois já visitamos o site do Google milhares de vezes.) Os criadores dos bons navegadores, felizmente, inventaram uma forma útil de você lembrar essas URLs, de modo que não tenha de escrevê-las na parede ou digitá-las a todo momento.

A ideia é simples: seu navegador permite que você adicione as páginas a uma lista no seu computador. Posteriormente, quando quiser voltar, simplesmente vá até sua lista e selecione a página desejada. O Firefox, o Chrome, o Safari e o Internet Explorer chamam esses endereços da web que ficam registrados de *bookmarks* ou *favoritos*.

Criando favoritos com o Firefox

Ao visitar uma página que queira salvar como favorita, clique no ícone Adicionar aos Favoritos (uma pequena estrela) à direita da barra de Endereços. A estrela fica dourada — a página está marcada.

Para ver a lista de favoritos, clique no botão Exibir Favoritos que aparece próximo ao canto superior direito da janela do Firefox. Aparecerá um menu com seus itens, incluindo seus favoritos, conforme mostrado na Figura 7-1.

Figura 7-1: Sua lista de favoritos no Firefox pode sair do controle rapidamente.

Para ir para uma das páginas em sua lista de favoritos, basta selecionar o nome no menu.

Se você for como a maioria dos usuários, seu menu de favoritos crescerá e ficará maior do que sua tela, chegando até o chão, o que não é atrativo e nem higiênico. Felizmente, você pode colapsar (termo técnico) seu menu para um formato mais gerenciável. Clique no botão Exibir Favoritos e selecione Mostrar Todos os Favoritos (ou pressione Ctrl+Shift+B no Windows ou Command+Shift+B no Mac) para exibir a janela Biblioteca, que mostra diversos tipos de itens que você pode salvar.

Quando você cria um favorito, ele aparece na pasta Não Organizados. Você pode clicar nela e dar um clique duplo em qualquer favorito para visualizar a página. (Você pode deixar essa janela aberta enquanto navega pela web, ou fechá-la clicando no X no canto superior direito.) Você também pode organizar seus favoritos em pastas, e renomeá-los com nomes significativos — os títulos de páginas da web podem ser longos e não muito informativos.

Se você quiser organizar sua lista em pastas, clique com o botão direito do mouse na pasta Menu Favoritos, selecione Nova Pasta, nomeie a pasta e clique em Adicionar. Agora você pode colocar seus favoritos nessa pasta, que aparece como um submenu no menu Favoritos. Arraste um item para uma pasta para colocá-la nesse submenu da pasta e clique em uma pasta para exibir ou esconder o submenu. Como qualquer alteração que você faça na barra Favoritos é imediatamente refletida no menu Favoritos, você pode mexer nos favoritos até que fiquem do jeito que você quer. O Firefox começa seus favoritos com páginas que os desenvolvedores Firefox querem que você veja, mas fique à vontade para excluir essas páginas se seu gosto for diferente do deles.

Outra forma de criar um favorito e colocá-lo onde quiser no menu Favoritos, é encontrar o pequeno ícone à esquerda da barra de endereços. (O ícone muda, dependendo da página.) Arraste o ícone para o botão Favoritos, que responderá exibindo sua lista de favoritos. Continue arrastando o ícone pela lista até onde quiser que o favorito apareça.

Criando favoritos de um clique no Firefox

Certo, você tem o menu Favoritos, que pode visualizar quando clica no botão Favoritos. Você tem a janela Biblioteca, descrita na seção anterior. Espere — tem mais! A barra de ferramentas Favoritos é uma linha de botões que aparece logo abaixo da barra de endereços (se não aparecer, clique com o botão direito do mouse logo acima dela e selecione a barra de ferramentas Favoritos no menu que aparecer). Essa fileira de botões lhe dá acesso com um único botão a alguns dos sites favoritos dos desenvolvedores do Firefox. Não seria bom se os *seus* sites favoritos aparecessem, ao invés dos deles?

Sem problemas! Ao organizar seus Favoritos na janela Biblioteca, arraste seus sites favoritos para a pasta barra dos Favoritos — os sites dessa pasta aparecem automaticamente na barra de ferramentas Favoritos. Sinta-se à vontade para excluir os favoritos que vêm com o Firefox — o único de que gostamos é o Últimas Notícias.

Armazenando favoritos no Internet Explorer

O Internet Explorer usa um sistema de gravação de URLs semelhante ao do Firefox: você pode adicionar a página atual à sua pasta de Favoritos e depois ver e organizar sua pasta Favoritos. Se estiver usando o Windows, essa pasta é compartilhada com outros programas do seu computador. Outros programas também podem adicionar à sua pasta Favoritos, o que é uma mistura de páginas web e outros elementos. (Para evitar uma bagunça completa, a maioria das pessoas usa os favoritos apenas para páginas da web.)

O IE9 mostra o ícone Favoritos — uma estrela — logo acima do canto superior direito da página da web. Para adicionar a página atual às suas favoritas, clique no ícone Favoritos (ou pressione Alt + C) e selecione Adicionar aos Favoritos no menu que aparecer (ou pressione Ctrl + D). A caixa de diálogo Adicionar um Favorito, mostrada na Figura 7-2, exibe o nome da página (que você pode editar) e a pasta na qual o favorito será salvo. Clique na caixa Criar em para selecionar uma pasta, ou clique no botão Nova Pasta para criar uma nova pasta na qual quiser colocar o endereço da página. Clique em Adicionar quando estiver pronto para gravar o favorito.

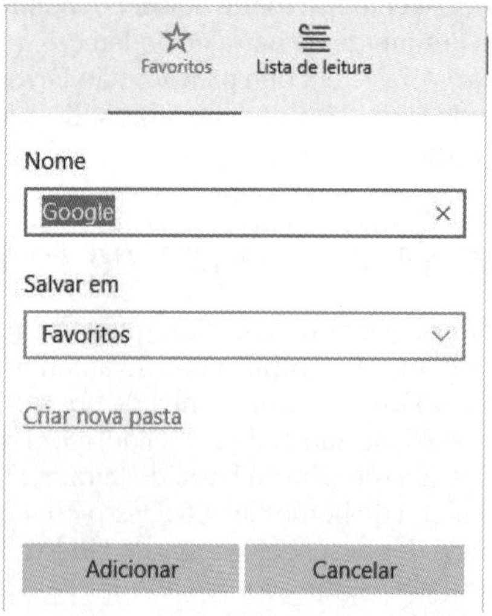

Figura 7-2: Adicionando uma página da web aos seus Favoritos no Internet Explorer.

Para retornar a uma das suas páginas favoritas, clique no ícone Favoritos para ver um menu com seus favoritos, mostrado na Figura 7-3. Clique em um item para visualizar essa página. Seu menu Favoritos pode conter pastas também, você pode organizá-las em grupos; clique em uma pasta para abri-la e ver seu conteúdo.

Figura 7-3: O menu Favoritos do Internet Explorer.

Criando favoritos de um clique no Internet Explorer

Para um acesso mais rápido às suas páginas favoritas da web, o IE possui uma barra de Favoritos que pode ser exibida logo abaixo da linha de abas. (Se você não a vir, clique com o botão direito do mouse acima da barra de Endereços e selecione a barra de Favoritos no menu que aparecer.) Clique em um ícone da barra Favoritos para mostrar essa página. Esse recurso é muito útil para acessar os sites que você visita com frequência.

Se você quiser organizar seu menu Favoritos, clique no ícone Favoritos, clique na seta para baixo à direita do botão Adicionar aos Favoritos e selecione Organizar Favoritos. Nessa janela, você pode mover os favoritos, editá-los ou excluí-los. Para ver o que há em uma pasta, clique nela. Quando tiver terminado de organizar seus itens favoritos, clique em Fechar.

Na janela Organizar Favoritos, a pasta barra de Favoritos contém o que você tiver adicionado a ela para acesso instantâneo. Arraste seus sites e pastas favoritos para essa pasta — os sites dessa pasta aparecerão automaticamente na barra de Favoritos. Exclua os sites da pasta que não sejam seus Favoritos. Você também pode excluir os ícones diretamente na barra; clique com o botão direito do mouse e selecione Excluir no menu que aparecer.

Adicionando páginas da web à sua barra de tarefas Windows

O IE permite que você adicione um ícone de uma página da web à barra de tarefas Windows (os ícones que aparecem na parte inferior da sua tela, com um para cada programa em execução e documento aberto). Para criar um ícone, clique e arraste uma aba no IE à barra de tarefas do Windows.

Favoritando uma página (incluindo um clique) com o Chrome

O Google Chrome tem uma aparência limpa e simples, sem menus e com poucos ícones para poluir sua janela. No entanto, todos os recursos que adoramos estão lá, incluindo o Favoritos. Para adicionar a página atual à sua lista de favoritos, clique no ícone de estrela Adicionar esta Página aos Favoritos, à direita da barra de Endereços. Uma caixa Adicionado como favorito aparece, agora você pode editar o nome do favorito e selecionar em qual pasta de favoritos colocar a página web. (Clique em Remover se você tiver clicado nesse ícone acidentalmente!) Quando a página estiver na sua lista, a estrela ficará dourada.

Para editar seus favoritos, clique no item Personalizar e Controlar (o ícone com três linhas horizontais), à direita da barra de Endereços, e selecione Gerenciador de Favoritos no menu que aparecer. O Gerenciador de Favoritos, mostrado na Figura 7-4, abre em uma nova aba. Clique em Organizar para adicionar pastas para as quais possa arrastar seus favoritos.

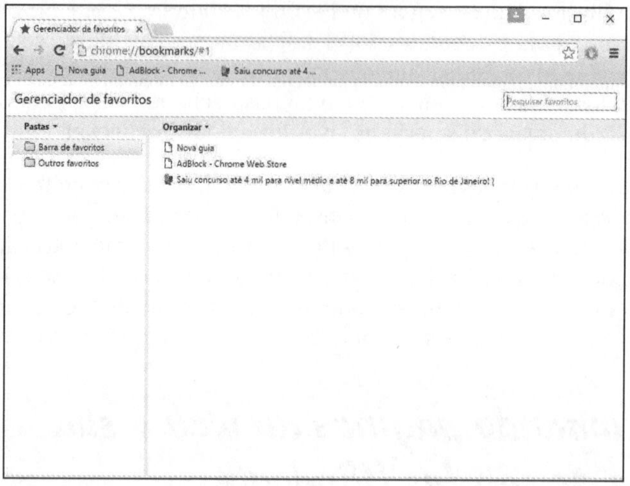

Figura 7-4: No Chrome, você pode organizar seus favoritos na aba Gerenciador de Favoritos.

Quando você arrasta um favorito para a pasta da barra de Favoritos, ela aparece (onde mais?) na barra de Favoritos, entre a barra de Endereços e o limite superior da página da web na janela do Chrome. (Se você não vir os favoritos abaixo da barra de Endereços, clique no ícone Personalizar e Controlar, selecione Ferramentas e selecione Sempre Mostrar a Barra de Favoritos, de modo que ela fique marcada.)

Criando favoritos arrastando e clicando com o Safari

O Safari é da Apple, e a Apple sempre faz as coisas de um jeito um pouco diferente. Ao contrário dos outros três navegadores, as novas versões do Safari têm um ícone que em um clique mostra seus bookmarks, onde você pode, então, adicionar novos favoritos. Ctrl+Command+1 também mostra ou esconde a barra lateral Bookmarks (veja a Figura 7-5).

A tela Bookmarks tem três abas:

- Os bookmarks, indicados por um pequeno livro, incluindo os Favoritos.
- A Lista de Leitura, indicada por um par de óculos, é uma lista de páginas que você pretende ler em breve.
- Bookmarks sociais, indicados pelo sinal @, que conectam você às suas contas de mídia social.

Figura 7-5: O Safari mostra seus bookmarks na parte superior do navegador.

A seção Favoritos na barra bookmarks é mostrada na barra de Favoritos, e ela contém as pastas que aparecem ao criar uma nova aba, assim, esse é o melhor lugar para criar um novo bookmark.

Para criar um bookmark, clique na barra de Endereços e arraste o endereço para o local dentro da tela de bookmarks, onde você quer que ele fique. (Aposto que pensou que seria mais complicado.) É possível também, arrastá-los para cima e para baixo na barra de bookmarks para reorganizá-los.

Depois de organizar tudo, clique novamente no ícone bookmarks no topo da janela para que a tela desapareça.

O histórico da página fica no menu Histórico (History) no topo da tela. Selecione Histórico, depois a página desejada ou Histórico⇨Mostrar Histórico para visualizar seu histórico em formato de página com links que podem ser clicados.

Preenchendo Formulários

A web não é apenas para leitura — é para fazer compras, registrar e expressar suas opiniões. Para dar sua pequena contribuição em uma página da web, você geralmente preenche um formulário que possui caixas para digitação, caixas de seleção, e, talvez, outras coisas clicáveis. Depois, basta clicar no botão Submeter (Submit) ou um botão com nome parecido para enviar as informações digitadas. A Figura 7-6 mostra um formulário normal.

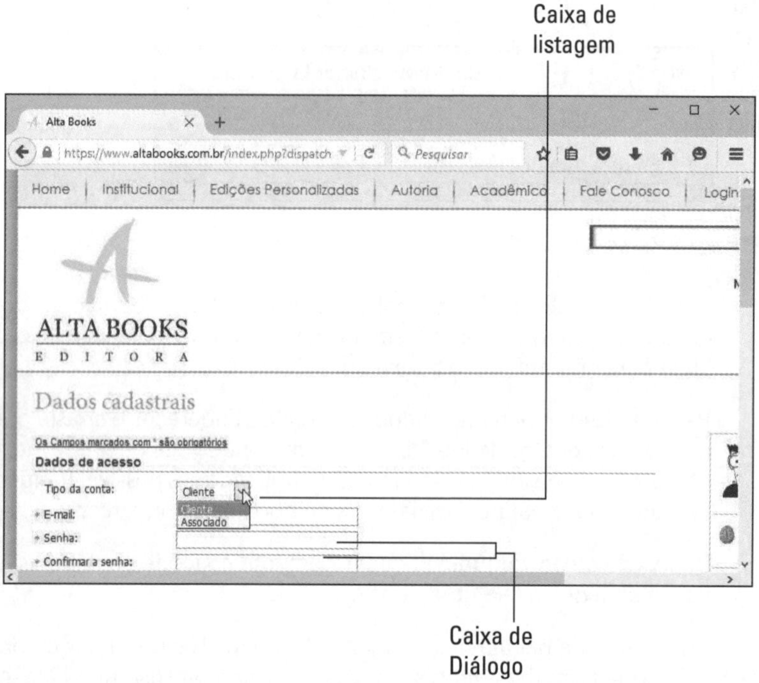

Figura 7-6: Basta preencher alguns poucos formulários.

As *caixas de diálogo* em um formulário aparecem em branco. São caixas de texto onde você deve digitar a informação, nesse caso, seu nome e endereço de e-mail. As *caixas de seleção* são pequenos quadrados que você deve selecionar conforme o caso (no nosso exemplo, esperamos que todas elas). *Botões de seleção*, os pequenos botões redondos, parecidos com as caixas de seleção, só que, nesse caso, você deve escolher apenas uma das opções em cada conjunto. Na Figura 7-6, há ainda a *caixa de listagem*, onde você pode escolher uma possibilidade. Na maioria dos casos, há mais opções do que é possível visualizar, então é preciso rolar a mini tela para cima ou para baixo. Normalmente, você pode escolher apenas uma opção, mas há listas que permitem mais de uma.

Os formulários também incluem botões que determinam o que ocorrerá com a informação que você digitou. A maioria deles tem dois botões: um que apaga todas as informações digitadas e não as envia e outro, geralmente chamado *Submeter* (Submit), que envia os dados digitados para o servidor para processamento.

Algumas páginas têm *Barras de Pesquisa*, que são formulários de uma linha que permitem digitar um texto para ser pesquisado. Dependendo do navegador, um botão de Submeter pode ser exibido à direita da área de texto, ou você pode simplesmente pressionar Enter para enviar as palavras da pesquisa para o servidor. Por exemplo, a página de pesquisa do Google em `www.google.com.br` tem uma caixa na qual você digita uma palavra ou expressão; ao pressionar Enter ou clicar no botão de Pesquisa Google, a pesquisa começa. (Veja no Capítulo 13 o que acontece!)

DICA

Seu navegador consegue guardar segredo

Ao preencher um formulário em uma página da web, talvez você precise fornecer informações que preferiria manter privadas — o número do seu cartão de crédito, por exemplo. Não se preocupe! Os navegadores podem *criptografar* as informações enviadas e recebidas por meio de um servidor *seguro da web*. Dá para saber se a página foi recebida criptografada do servidor, pelo pequeno cadeado no canto da barra de endereços ou no canto inferior direito da janela do navegador. Se o cadeado não aparecer, a página não estava criptografada.

Dados digitados em formulários em páginas seguras são quase sempre enviados criptografados, tornando impossível alguém bisbilhotar seus segredos enquanto eles são transmitidos pela internet. Páginas criptografadas são ótimas, mas, na prática, é improvável que alguém esteja bisbilhotando sua sessão na web, criptografada ou não. Os verdadeiros problemas de segurança estão em outros lugares (veja o Capítulo 2).

Alguns navegadores têm o hábito de mostrar pequenas caixas para avisá-lo sobre os perigos que você está correndo. Eles exibem uma caixa quando você estiver para alternar de transmissões criptografadas para não criptografadas (ou vice-versa). A maioria dessas caixas de aviso incluem uma caixa de seleção que pode ser assinalada para informar ao programa que você não quer que o aviso seja exibido novamente. Depois de ler o aviso, marque a caixa de seleção, de modo que seu navegador pare de importuná-lo.

Seu navegador pode registrar informações, como seu nome e endereço, que você frequentemente é obrigado a digitar em formulários de páginas web. Enquanto você digita, ele tenta encontrar informações digitadas anteriormente e sugerir o restante do nome ou frase, de modo que você não precise preencher tudo mais uma vez. Se uma sugestão aparecer no seu navegador enquanto você estiver preenchendo um formulário, clique na sugestão para aceitá-la. Se não gostar da sugestão, basta continuar digitando.

Sabendo Onde Iniciar

Quando você executa seu navegador, ele exibe uma *página inicial*. Infelizmente, as pessoas que criam os navegadores geralmente não escolhem páginas de que gostamos. Por que não informar ao seu navegador onde *você* quer iniciar? Você talvez queira iniciar na página do Yahoo! (`www.yahoo.com.br`), descrita no Capítulo 6; ou na do Google (`www.google.com.br`); ou da Wikipédia (`pt.wikipedia.org`); ou na página inicial do seu jornal preferido. Você pode até iniciar com mais de uma página configurando múltiplas páginas iniciais, e seu navegador vai abrir cada uma em uma aba separada.

Você também pode especificar uma *página inicial* separada, que é a página que aparece ao clicar no ícone com a figura de uma casa no seu navegador. Onde fica esse ícone? O Firefox, Chrome e o IE exibem o ícone automaticamente. Mais adiante mostramos a você onde ele fica no Safari.

As próximas seções mostram como configurar sua página inicial e página de abertura. A maioria das pessoas as configuram com a(s) mesma(s) página(s).

Especificando onde o Firefox deve iniciar

Exiba a página que você quer usar como página inicial e siga estes passos:

1. **Clique no botão Firefox no canto superior esquerdo e selecione Opções ou Preferências.**

   Você verá a caixa de diálogo Opções, mostrada na Figura 7-7.

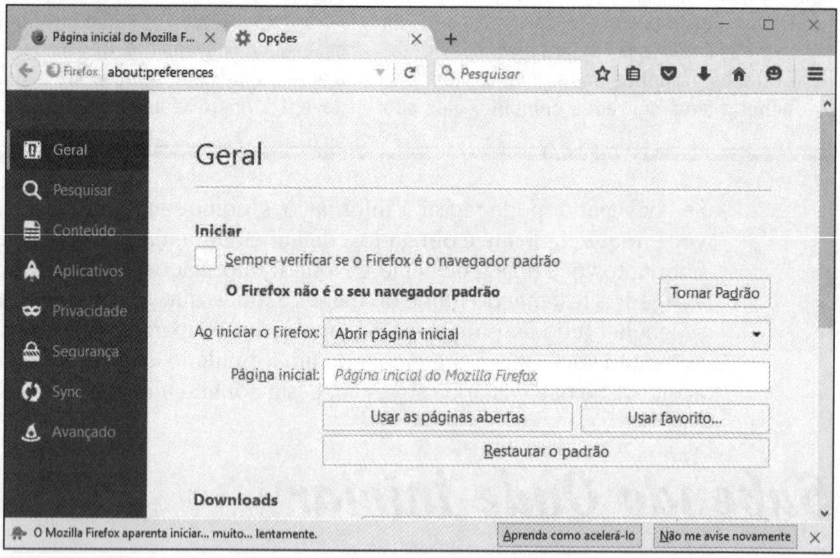

Figura 7-7: Clique no botão Firefox no canto superior esquerdo e selecione Opções ou Preferências.

2. **Clique no ícone Geral, se ele já não estiver selecionado.**

   Esse ícone pode já estar selecionado e suas configurações aparecerem no resto da caixa de diálogo Opções. As configurações nas quais você está interessado estão na seção Iniciar.

3. **Configure a opção Ao Iniciar o Firefox.**

   Você pode selecionar Abrir Minha Página Inicial (você configura a sua página inicial no próximo passo), Abrir Página em Branco (faz com que o Firefox abra mais rapidamente) ou Restaurar Janelas e Abas da Sessão Anterior.

4. **Configure sua(s) página(s) inicial(is) clicando (adivinhou!) no botão Usar as Páginas Abertas.**

5. **Clique em OK.**

DICA

Você pode configurar o Firefox e o Chrome para que exibam várias páginas ao iniciar, cada uma em sua própria aba. Por exemplo, você pode querer fazer o Firefox abrir uma página sobre a previsão do tempo, como a Climatempo em `www.climatempo.com.br`, um site de notícias, o G1 em `www.g1.com.br`, ou até mesmo uma página engraçada como `kibeloco.com`, toda vez que iniciar. Primeiro, exiba as páginas da web com as quais você quer começar. Depois siga as instruções anteriores para fazer o conjunto inteiro de abas abrir ao iniciar o Firefox.

Configurando a página inicial e a página de abertura no Internet Explorer

Exiba a página que você quer usar como página inicial e de abertura e siga estes passos:

1. **Clique no ícone Ferramentas acima do canto superior direito da página da web e selecione Opções da Internet no menu.**

   Você verá a caixa de diálogo Opções da Internet.

2. **Clique na aba Geral, no topo da caixa de diálogo.**

   Ela provavelmente já estará selecionada, mas digamos que, nesse caso, você já tenha examinado o que há nas outras abas.

3. **Na seção Home Page, clique no botão Usar Atual.**

   A URL da página atual aparece na caixa de texto Endereço. Para iniciar sem página alguma, clique no botão Usar em Branco.

4. **Clique em OK.**

Informando ao Chrome o que exibir na inicialização

Exiba a página, ou páginas, que você quer usar como página inicial e siga estes passos:

1. **Clique no ícone do Menu, que mostra três linhas horizontais acima do canto superior direito da página e escolha Configurações no menu.**

   Você verá a página Configurações na nova aba (não é uma página da web, mas se parece com uma).

2. **Na seção Inicialização, selecione Abrir a Página Nova Guia, Continuar de onde você parou ou Abrir uma página específica ou um conjunto de páginas.**

   Se você escolher a última opção, clique em Configurar Páginas para configurar a página atual como página inicial (ou uma de várias páginas iniciais, usando diferentes abas).

3. **Configure a página atual como a página inicial clicando em Configurar Páginas (na seção Inicialização), depois clique em Usar Páginas Atuais.**

   Se você estiver com mais de uma página aberta, todas elas serão adicionadas. Se não quiser nenhuma delas, coloque o cursor do mouse sobre ela e aparecerá um X do lado direito da URL, clique no X para eliminar a página.

4. **Na seção Aparência, selecione Mostrar Botão Página Inicial, caso ele ainda não esteja selecionado.**

5. **Clique em Fechar.**

Você pode considerar configurar sua página inicial de modo que seja uma página em Nova Aba (como o Chrome a chama), mostrada na Figura 7-8. Essa página é muito interessante, na verdade — o Chrome exibe algumas páginas pequenas, como miniaturas das páginas, cada uma com um título, mostrando as que você visita com maior frequência. Também mostra os favoritos e as páginas recentemente fechadas. Muito útil! É a página inicial que usamos.

Figura 7-8: A página Nova Aba no Chrome informa o que você visita com maior frequência e o que viu recentemente.

Configurando a página inicial no Safari

Exiba a página que você quer usar como sua página inicial e siga estes passos:

1. **Clique no ícone Configurações acima do canto superior direito da página web e selecione Preferências. Em um Mac, selecione Safari ➪Preferências.**

   Você verá a caixa de diálogo Geral. Se ela não aparecer, clique na aba Geral.

2. **Configure a opção Janelas Novas Abrir com para Home Page.**

   No Mac, insira a URL da sua página inicial na caixa Página Inicial, ou, se a página estiver aberta, clique em Configurar como a Página Atual.

3. **Clique no botão Fechar no canto superior direito da janela.**

Você pode fazer o Safari exibir o ícone Página Inicial clicando no ícone de Configurações acima do canto superior direito da página da web, selecionando Personalizar Barra de Ferramentas e arrastando o ícone Página Inicial para a barra de ferramentas do Safari. Por exemplo, você pode arrastá-lo para uma posição entre a Barra de Endereços e o ícone Ferramentas.

DICA

O Safari possui uma página Top Picks, que mostra as páginas da web que você visita com mais frequência. Você pode fazer o Safari exibi-la sempre que abrir uma nova aba ou janela configurando Novas Janelas Abrir com ou Novas Abas Abrir com Top Sites. Essa opção é parecida com a Abrir a Página Nova Guia do Chrome (veja a Figura 7-9).

Quem Consegue Lembrar Todas Essas Senhas?

Certamente, não conseguimos memorizar todas as nossas senhas. Muitos sites pedem para você digitar seu nome de usuário e senha. Se você estiver comprando um item de uma loja online, como a Amazon (`www.amazon.com`), pode criar uma conta com um nome de usuário e senha que terá que digitar todas as vezes que quiser fazer uma compra. A Amazon lembra seu nome, endereço e informações de cartão de crédito como parte da sua conta, para que você não precise informar todas as vezes. Se quiser ler o Jornal *O Globo* online em `www.oglobo.com.br`, você cria uma conta com uma senha também. A conta lembra que tipos de notícia você tem interesse em ler. Depois de usar a web por um certo tempo, você acaba com uma pilha de nomes de usuário e senhas.

Veja no Capítulo 2 conselhos sobre seleção de senhas e como guardá-las com segurança.

Os navegadores se oferecem para lembrar nomes de usuário e senhas para você. Usar esse recurso pode ser perigoso se outras pessoas compartilham seu computador ou se você usa um computador em um lugar público, como uma biblioteca ou um cyber café. Mas se você for a única pessoa que usa seu computador, pode ser útil deixar seu navegador fazer o trabalho de lembrar alguns, se não todos, seus nomes de usuário e senhas.

Quando uma página da web pede um nome de usuário ou senha, seu navegador talvez mostre uma pequena janela que se oferece para lembrar o nome de usuário e senha que você digitar, ou a pergunta pode aparecer logo acima do limite superior da página da web. Se você clicar em Sim, na próxima vez que você for para essa página, seu navegador preencherá seu nome de usuário e senha por você.

Dependendo de quem mais tenha acesso ao seu computador, você pode permitir que seu navegador lembre apenas de senhas de contas que não envolvam dinheiro ou a revelação de informações pessoais. Por exemplo, se tivermos uma conta em um site de fãs de Harry Potter que nos permite participar de discussões online, o perigo de outra pessoa entrar na nossa conta é muito menor do que se alguém entrasse em uma conta bancária online. A menos que seu computador esteja em um lugar fisicamente seguro, não deixe seu navegador lembrar senhas importantes.

Armazenando senhas no Firefox

Você pode controlar se e como seu navegador armazena essas senhas. No Firefox, siga estes passos:

1. **Clique no ícone Menu, depois selecione Opções.**

   Você verá a caixa de diálogo Opções, com uma lista das categorias de opções na parte superior (veja a Figura 7-7, anteriormente neste capítulo). Em um Mac, escolha Firefox⇨Preferências.

2. **Clique no ícone Segurança e veja a seção Senhas.**

3. **Marque a caixa Memorizar senhas de sites.**

   Clique na caixa para apagá-la se quiser desligar este recurso (ou clique na caixa novamente para habilitá-la).

4. **Se você quiser ver a lista de nomes de usuário que o Firefox gravou, clique no botão Senhas Salvas.**

   Você pode rever ou apagar nomes de usuários gravados pelo Firefox. Pode até ver as senhas clicando no botão Mostrar Senhas. (Assim como qualquer outra pessoa com acesso ao seu computador pode fazê-lo!) Clique em Fechar depois de terminar.

5. **Marque a caixa de seleção Usar Senha Mestra para configurar uma senha mestra que você precise digitar apenas uma vez, no início de cada sessão do Firefox.**

   Essa opção reduz o número de senhas que você precisa lembrar, ao mesmo tempo que oferece segurança. Não se esqueça dessa senha.

6. **Clique em OK para fechar a caixa de diálogo Opções.**

Armazenando senhas no IE

No Internet Explorer, lembrar nomes de usuários e senhas é função do recurso Preenchimento Automático, que você configura seguindo estes simples passos:

1. **Clique no ícone Ferramentas, selecione Opções da Internet e clique na aba Conteúdo.**

   Você vê a aba Conteúdo na caixa de diálogo Opções da Internet.

2. **Na seção Preenchimento Automático, clique no botão Configurações.**

   Você verá a caixa de diálogo Configurações do Preenchimento Automático.

3. **Selecione as caixas de verificação para controlar os tipos de entradas que o IE armazenará.**

   O IE não lhe mostra uma lista das senhas salvas, mas você pode ligar e desligar o recurso selecionando a caixa de seleção Perguntar Antes de Salvar Senhas. A caixa de seleção Nomes de Usuários e Senhas em Formulários controla se o IE preenche suas senhas armazenadas em formulários.

4. **Clique em OK para fechar a caixa de diálogo Configurações de Preenchimento Automático e clique em OK novamente para fechar a caixa de diálogo de Opções da Internet.**

Armazenando senhas no Chrome

As configurações do Chrome para lembrar senhas são mais parecidas com as do Firefox. Siga estes passos:

1. **Clique no ícone do Menu com a figura de três linhas horizontais e selecione Configurações.**

   Você verá a página de Configurações em uma nova aba.

2. **Clique Mostrar configurações avançadas no fim da página, depois role a página até Senhas e Formulários.**

3. **Na seção Senhas, marque ou desmarque a opção Oferecer para Salvar suas Senhas da web.**

   A escolha é sua, depende do seu grau de confiança nas outras pessoas que usam seu computador.

4. **Se quiser rever as senhas que o Chrome já salvou, clique em Gerenciar Senhas.**

   Você verá os endereços da web e os usuários e poderá remover qualquer um deles que você não queira que sejam salvas, clicando no X do lado direito do nome da página. Para exibir a senha, clique nos pontos que representam a senha e depois clique em Mostrar. Clique Fechar depois de terminar.

5. **Clique em Fechar.**

Armazenando senhas no Safari

É a mesma coisa — o Safari trabalha de modo semelhante aos outros navegadores. Siga estes passos:

1. **Clique no ícone Configurações e selecione Preferências ou Safari⇨Preferências.**
2. **Clique no ícone Preenchimento Automático.**

   Essas configurações controlam quais informações pessoais o Safari deve armazenar e, então, as fornece em formulários em páginas da web.

3. **Clique na caixa de seleção Nomes de Usuários e Senhas se quiser que o Safari grave essas informações.**
4. **Para ver e editar os nomes de usuário e senhas armazenadas, clique no botão Editar à direita da caixa de seleção Nomes de Usuários e Senhas.**
5. **Clique no botão Fechar no canto superior direito da janela.**

Cookies (Geralmente) São Seus Amigos

Para melhorar sua experiência online, os criadores de navegadores inventaram um tipo de mensagem especial, conhecida como *cookie*. Ele permite que um site o reconheça sempre que você voltar a visitá-lo. Essas informações são armazenadas na sua própria máquina. Veja no Capítulo 2 uma descrição completa de cookies e de como eles podem ser comparados com ameaças mais sérias à segurança. Você pode controlar quais sites podem armazenar cookies no seu computador.

Geralmente, o site que configura um cookie é o único que o lê. Entretanto, cookies *de terceiros* podem ser configurados por um site e lidos por outro. Eles são usados por servidores que enviam propaganda e aqueles anúncios irritantes em forma de pop-ups e pop-unders. Recomendamos que você aceite a maioria dos cookies, mas bloqueie os de terceiros.

Armazenando cookies no Firefox

Selecione Firefox⇨Opções (em um Mac Firefox⇨Preferências), clique no ícone de Privacidade e veja a seção Histórico. Se Lembrar Histórico estiver marcado, o Firefox armazena cookies. Caso precise de mais controle sobre quais cookies ele armazena, altere para Usar Configurações Personalizadas no Histórico. Essa configuração exibe essas caixas de configuração:

- **Aceitar Cookies de Sites**: recomendamos que você deixe selecionada.
- **Aceitar Cookies de Terceiros**: recomendamos que deixe essa opção configurada para "De sites visitados".

Você pode especificar quais sites podem e quais não podem armazenar cookies clicando no botão Exceções. Você pode digitar os endereços web em que realmente confia nos cookies (como os sites de compras que frequenta) ou não confia (como os de propaganda).

Você pode examinar os cookies no seu computador também. Clique no botão Mostrar Cookies e role a lista de sites. Se você vir um que não reconhece ou que pareça suspeito, clique nele e clique no botão Remover Cookie.

Explorando os cookies no Internet Explorer

Clique no ícone Ferramentas, selecione Opções da Internet e clique na aba Privacidade. O IE exibe uma barra que você pode arrastar para aumentar ou diminuir seu nível de privacidade. Por padrão, o Internet Explorer configura seu nível de privacidade em Médio, permitindo cookies, exceto de terceiros. Se você quiser especificar exatamente como os cookies são salvos, clique no botão Avançado para ver a caixa de diálogo Configurações Avançadas de Privacidade e, então, selecione a caixa de seleção Ignorar Manipulação Automática de Cookies. As opções são:

- **Cookies Internos:** você pode selecionar para aceitar ou bloquear ou ser avisado para escolher, embora essa opção se torne cansativa se você encontrar muitos deles. Alguns sites podem armazenar três ou mais cookies *por página*. Selecione Aceitar.
- **Cookies de Terceiros:** apenas diga não (ou seja, selecione Bloquear) para os cookies de terceiros.
- **Sempre Permitir Cookies de Sessão:** Essa caixa de seleção permite todos os cookies *de sessão*, um tipo que é usado para registrar uma única instância da sua visita a um site. Esses cookies são comumente usados por sites de compras, como a Amazon, e são inofensivos. Deixe essa opção marcada.

Cookies e o Chrome

Clique no ícone Menu, a figura com três linhas horizontais, e escolha Configurações. Na seção Privacidade, clique em Configurações de Conteúdo para exibir a caixa de diálogo. Na seção Cookies, selecione a opção Permitir a Configuração de dados locais. Em nossa humilde opinião, essa é a melhor escolha. Selecione Bloquear Cookies de Terceiros, se já não estiver selecionado. Depois, clique em Concluído.

Safari com cookies

No Safari, clique no ícone Configurações, selecione Preferências ou Safari⇨Preferências. Depois clique em Privacidade na janela que surgir. Configure a opção Bloquear Cookies e Outros Dados de Sites para De Terceiros e Propagandas ou para Permitir Apenas de Websites.

Por Onde Você Andou?

Os navegadores mantêm um *histórico* dos sites que você visitou. Não, o seu navegador não está espionando você; o histórico lembra das páginas já visitadas, até mesmo há vários dias, de modo que você possa encontrá-las novamente.

Histórico de navegação

Você pode ver seu histórico e pode retornar para qualquer página clicando nela. Veja como a seguir:

- **Firefox:** clique no botão Menu, depois Histórico para mostrar a janela Biblioteca com a lista do Histórico selecionada. Você também pode pressionar Ctrl + H para exibir a lista no lado esquerdo da janela do seu navegador, organizada por dia. Feche a lista do Histórico clicando no X, no canto superior direito.

- **Internet Explorer:** clique no ícone Favoritos, em seguida na aba Histórico e clique em um dia (por exemplo, Hoje).
- **Chrome:** clique e mantenha pressionado o botão Voltar (ou clique nele com o botão direito do mouse) para ver uma lista das páginas visitadas recentemente. Ou clique e mantenha pressionado o botão Voltar e depois escolha Mostrar Histórico Completo na parte de baixo do menu. Você verá uma nova aba com uma lista de páginas da web por dia, com o horário em que você visualizou cada uma delas.

- **Safari:** Selecione Histórico➪Mostrar Histórico para visualizar a aba do histórico.

Ah, na verdade, em lugar nenhum

Alguns dos nossos leitores nos perguntaram como limpar os dados de navegação, possivelmente, porque queriam digitar `www.disney.com`, mas seus dedos escorregaram e saiu `www.super-xxx-gatonas.com` (pode acontecer com qualquer um).

Se você estiver usando o computador de outra pessoa, e, principalmente, se estiver usando um computador público em uma biblioteca ou cyber café, deve excluir seu histórico de navegação e quaisquer outras informações sobre sua sessão que possam ficar armazenadas no computador. Caso contrário, a próxima pessoa a usar o computador pode achar seu histórico de navegação bastante interessante, especialmente se o navegador tiver armazenado nomes de usuário e senhas que você tenha digitado.

Se você... hum... tiver digitado equivocadamente endereços da web ou não quiser deixar informações pessoais no computador de outra pessoa, siga estes procedimentos:

- **Firefox:** clique no botão Menu, depois em Histórico, e depois clique no link Limpar seu Histórico Recente. Escolha o período que você quer apagar e depois clique em Limpar Agora.

- **Internet Explorer:** clique no ícone Ferramentas, Segurança e selecione Excluir Histórico de Navegação. (É a primeira opção da lista. Deve ter muita gente precisando apagar os dados de navegação por aí.) Na caixa de diálogo Histórico de Navegação, decida qual informação quer excluir (marcando as caixas de seleção) e depois clique em Excluir.
- **Chrome:** Pressione Ctrl + H (ou Função + Y em um Mac) para exibir a aba Histórico e clique no link Limpar Dados de Navegação. Escolha até que dia pretende excluir os dados e se quer que um determinado tipo de histórico seja apagado, depois clique no botão Limpar Dados de Navegação. Ou, na página do histórico, clique nas caixas de seleção perto das páginas individuais que quer excluir e depois clique em Remover Itens Selecionados.

- **Safari:** Pressione Option+Command+2 (em um Mac, porque ninguém usa Safari no Windows) ou escolha Histórico⇨Exibir Histórico para ver a aba histórico. As páginas que você visitou estão organizadas por dia; clique em um dia para ver as páginas visitadas. Para excluir uma página da lista, clique com o botão direito do mouse e selecione Excluir.

Alguns navegadores permitem que você navegue em um tipo de “modo invisível”, que não deixa rastros:

- **Firefox:** Selecione Arquivo⇨Nova Janela Privada ou clique no botão Menu e selecione Nova Janela Privada.
- **IE:** Clique no ícone Ferramentas, selecione Segurança e Navegação InPrivate.

- **Chrome:** Você pode navegar anônimo (não se esqueça da capa e capuz!). Clique no botão Menu e selecione Nova Janela Anônima.

- **Safari:** Clique no ícone Configurações, selecione Navegação Privada e clique em OK. Em um Mac, escolha Safari⇨Navegação Privada ou Arquivo⇨Nova Janela Privada.

Bloqueando Janelas Pop-Up

Janelas *pop-up*, descritas no Capítulo 2, são janelas do navegador que aparecem sem você pedir, geralmente ao comando do site o qual você esteja visitando. Alguns sites exibem tantas pop-ups, que é impossível usar o computador até que você consiga fechar todas (e algumas são bem teimosas, não fecham de jeito nenhum, e você tem de reiniciar o computador). Se você já tiver encontrado tais sites, ficará feliz em saber que o seu navegador pode bloquear a maioria (embora não todas) das janelas pop-up.

Sem pop-ups no Firefox

Clique no botão Menu e escolha Opções ou Preferências, clique no ícone Conteúdo e verá a caixa de seleção Bloquear Janelas Pop-Up. Nós deixamos essa opção selecionada.

Bloquear todos os pop-ups faz com que alguns sites parem de funcionar. Em especial, alguns sites de compras que mostram pequenas janelas nas quais você tem que digitar informação de verificação de cartão de crédito. Às vezes, a ajuda online aparece em pop-ups também. O Firefox inclui um botão Exceções que permite a você especificar os sites cujas pop-ups você quer permitir.

Quando um site tenta exibir uma pop-up, você vê no topo da página da web a seguinte mensagem: “O Firefox impediu este site de abrir uma janela pop-up”. Clique no botão Opções e selecione do menu que aparecer:

- **Permitir pop-ups de (*nome do site*)** coloca esse site na sua lista de Permitidos.
- **Habilitar Opções do Bloqueador de Pop-ups** exibe a caixa de diálogo Sites Permitidos, de modo que você possa editar sua lista de sites.
- **Não Mostrar Esta Mensagem Quando Pop-ups Forem Bloqueados** continua a bloquear pop-ups, sem perguntar a cada vez que bloqueia um.

Clique no X vermelho no canto direito da mensagem para fechá-la.

Bloqueando pop-ups no Internet Explorer

A Microsoft finalmente adicionou um bloqueador de pop-ups em resposta à crescente popularidade do Firefox. Clique no ícone Ferramentas, selecione Opções da Internet para exibir a caixa de diálogo Opções da Internet, clique na aba Privacidade e clique na caixa de seleção Ativar Bloqueador de Pop-ups para ativar ou desativar essa opção (deixamos a caixa de verificação selecionada). Você pode fazer com que o IE permita pop-ups de determinados sites clicando no botão Configurações e adicionando endereços da web a uma lista.

O bloqueador de pop-ups do IE exibe uma mensagem "Pop-up bloqueado" no topo da página da web sempre que bloquear uma janela pop-up, e clicar na mensagem exibe um conjunto semelhante de opções.

O Chrome e os pop-ups

O Chrome também inclui um bloqueador de pop-ups. Quando o Chrome bloqueia um pop-up, você vê uma mensagem no canto inferior direito da janela do navegador. Você pode clicar na mensagem e selecionar a primeira opção (o endereço exato do pop-up) para exibi-la ou selecionar Sempre Permitir Pop-ups para permitir pop-ups daquele site. Para configurar o Chrome para bloquear todos os pop-ups, siga estes passos:

1. **Clique no ícone Menu e selecione Opções ou Configurações.**
2. **Clique em Mostrar Configurações Avançadas.**

   Provavelmente, você terá que ir para o final da página.
3. **Clique no botão Configurações de Conteúdo na seção Privacidade no topo da página e role para a seção Pop-ups.**
4. **Selecione a caixa de seleção Não Permitir que Nenhum Site Mostre Pop-ups. Clique no botão Gerenciar Exceções para permitir que sites específicos exibam pop-ups.**

O Safari bloqueia pop-ups

No Safari, clique no ícone Configurações, ou selecione Safari⇨Preferências, e selecione a aba de Segurança na janela de configurações e escolha Bloquear Janelas Pop-up no menu que aparece para habilitar ou desabilitar o bloqueador de pop-ups.

Quando os Navegadores Param de Funcionar

Se seu navegador parecer estranho, experimente estas dicas:

- **Se a página da web estiver ilegível,** clique no ícone Recarregar ou Atualizar (a seta circular) para carregar a página novamente. Talvez ela tenha sido danificada durante a transmissão pela internet.
- **Se toda a parte superior da janela tiver sumido** — não aparece a barra de título de janela ou barra de menu —, você está no modo de Tela Cheia. Pressione F11 para retornar ao normal. No Mac, passe o mouse no centro da parte de cima da tela até que apareça um ícone no canto superior direito da tela, clique nele para que a tela volte ao normal.
- **Se o navegador reiniciar e começar a informar sobre seus novos e fantásticos recursos,** provavelmente ele acabou de baixar uma versão atualizada do programa e teve que reiniciar para completar a instalação. Leia a mensagem e feche a aba ou janela.
- **Se seu navegador estiver agindo de modo estranho**, feche todas as janelas de navegação, respire fundo e execute-o novamente. Se a situação ficar difícil, experimente reiniciar o computador (Lembre-se de salvar os arquivos de trabalho primeiro).
- **Se seu navegador, particularmente o IE, ainda estiver estranho**, mostrando propagandas que você não solicitou, é provável que seu computador esteja infectado com spyware. Veja no Capítulo 2 uma definição de spyware, e veja no Capítulo 4, a seção sobre detecção de spyware para obter dicas sobre como se livrar deles.

Conectando-se com Plug-Ins

As páginas da web com texto e imagens são coisas do passado. Agora, elas têm imagens que cantam e dançam, ou calendários que permitem que você crie eventos ou jogos, como xadrez, que jogam com você. A cada mês aparecem novos tipos de informação na web, e os navegadores têm de estar atualizados. Você pode estender as capacidades do seu navegador com *plug-ins* — programas add-on que se anexam ao navegador e adicionam ainda mais recursos. O Internet Explorer também pode estender a si mesmo usando controles *ActiveX*, que é outro tipo (menos seguro) de programa add-on.

O que fazer quando seu navegador encontra novos tipos de informação em uma página da web? Obtenha um plug-in que lida com esse tipo de informação e o anexe ao navegador. Os fãs de *Jornada nas Estrelas* podem pensar em plug-ins como parasitas que se anexam ao seu navegador e aumentam sua inteligência.

Quando você reiniciar seu navegador, por ele ter se atualizado, ele pode exibir mensagens sobre add-ons instalados ou que precisam ser atualizados. Você pode exibir uma lista dos seus plug-ins sempre que quiser:

- **Firefox:** Clique no botão Menu e selecione Add-ons para visualizar uma página sobre todos os tipos de complementos e extensões. Clique na aba Plug-ins para ver uma lista de quais estão instalados. Você pode clicar no link Mais para obter mais informações e clicar no botão Desabilitar se não quiser manter o plug-in.
- **IE:** Selecione Ferramentas⇨Opções da Internet, clique na aba Programas e em Gerenciar Complementos. Para desabilitar um plug-in, selecione-o e clique no botão Desabilitar na parte inferior da caixa de diálogo Gerenciar Complementos.
- **Chrome:** Digite **about:plug-ins** na janela de endereços e pressione Enter. Se não gostar da aparência de um plug-in, clique no botão Desativar, logo abaixo do nome do plug-in.
- **Safari:** Clique em Configurações ou escolha Safari⇨Preferências e depois selecione Extensões.

Quatro plug-ins essenciais

DICA

Aqui estão quatro plug-ins úteis que você talvez queira adicionar ao seu navegador:

- **Flash Player:** Toca arquivos de áudio e vídeo, além de outros tipos de animação. Amplamente usado em páginas da web, está disponível em `www.adobe.com/products/flashplayer`. Usando o Flash, você pode visualizar vídeos no YouTube (veja o Capítulo 14). O Flash também pode tocar *streaming* de som e arquivos de vídeo enquanto você os baixa. Nosso site favorito com streaming de áudio é o site da National Public Radio (`www.npr.org`), onde você pode escutar histórias recentes da rádio NPR. Outro favorito é a BBC em `www.bbc.co.uk`, com notícias em 43 línguas (verdade) e outros programas da BBC 24 horas por dia. Por uma combinação de motivos de ordem política e técnica, o Flash não está disponível em tablets ou na maioria dos smartphones, mas muitos sites têm aplicativos onde você pode obter streaming.
- **QuickTime:** Toca vídeos em uma diversidade de formatos. Baixe-o de `www.apple.com/quicktime/download`. Usuários de Mac já têm esse plug-in instalado.
- **Java:** Todos os tipos de extensões são escritas em Java, desde jogos de animação baseados em navegador até consoles de controle remoto. O Java não está disponível em tablets ou smartphones, também, pelos mesmo motivos que o Flash.

- **Adobe Reader:** Exibe arquivos PDF (Portable Document Format) formatados exatamente da forma que o autor pretendia. Muitos arquivos PDF úteis estão por aí. Você pode encontrar o Acrobat em `get.adobe.com/reader`.

Lá vem!

Baixar ou fazer download significa copiar arquivos de um computador lá de cima na internet "aqui para baixo", no computador da sua mesa. De longe, a forma mais fácil de baixar qualquer tipo de arquivo é usando seu navegador. Siga estes passos:

1. **Encontre o arquivo na web.**

   Pesquise por ele na web, conforme descrito no Capítulo 13.

2. **Siga as instruções na página da web para baixar o arquivo.**

   Este passo geralmente significa apenas clicar em um botão Baixar.

3. **Se seu navegador exibir uma caixa de diálogo Salvar ou Salvar Como, selecione onde quer guardar o arquivo.**

   Coloque-o na sua área de trabalho, onde é mais fácil de encontrar depois. Ou coloque-o na pasta de sua preferência (caso contrário, seu navegador provavelmente colocará o aquivo na pasta Downloads). Seu navegador pode exibir uma janela de downloads onde o arquivo aparece, ou o arquivo baixado pode aparecer como um ícone na parte inferior da janela de seu navegador.

4. **Abra o arquivo com o programa apropriado, geralmente dando um clique duplo no nome ou no ícone do programa.**

   Se você tiver baixado um documento do Word, ele abrirá no Word ou no WordPad (ou talvez no LibreOffice, um bom conjunto office freeware que você pode baixar em `pt-br.libreoffice.org`).

5. **Se for um nome de programa, ele é executado.**

   O arquivo deve se abrir e lhe guiar através de um conjunto de janelas para obter as informações necessárias de configuração — e então será instalado. Uma caixa pode aparecer perguntando se você é um administrador para completar a instalação. Se você tiver certeza de que confia na fonte do programa, clique em OK. (Se não tiver certeza, pense, nesse momento, se vai conseguir viver sem esse programa potencialmente maligno.) O programa de instalação provavelmente criará um ícone para o programa em sua área de trabalho. No Windows, ele também pode adicionar o programa no Menu Iniciar.

Vários dos programas que este livro recomenda podem ser baixados na web, muitas vezes gratuitamente. Mas cuidado! Qualquer programa pode conter vírus e spyware, então não use um arquivo executável a menos que tenha certeza do que há nele! Fique com as bibliotecas de software que recomendamos neste livro, porque elas examinam seus arquivos procurando vírus e spyware. E assegure-se de estar sempre executando um antivírus, conforme descrito no Capítulo 4.

Como usar plug-ins

Depois de baixar um plug-in da web, execute-o (dê um clique duplo no seu ícone ou nome de arquivo) para instalá-lo. Dependendo do que o plug-in fizer, você segue passos diferentes para experimentá-lo — geralmente, você encontra um arquivo que o plug-in possa tocar e o assiste (ou ouve) enquanto o plug-in o executa.

Depois de instalar o plug-in, você não precisa fazer nada para executá-lo. Ele é acionado automaticamente sempre que você visualizar uma página da web que contenha informações que requeiram o plug-in.

CUIDADO!

Plug-ins, especialmente o Flash e o Adobe Reader, estão sujeitos a problemas de segurança e muitas vezes não são atualizados automaticamente pelo Windows Update ou pelo Software Update da Apple. Passe pelos sites do Flash e do Acrobat de vez em quando para ver se eles têm novas versões. Visite `get.adobe.com/flashplayer` e `www.adobe.com/products/reader`.

Parte III

Passando Tempo com Amigos Online

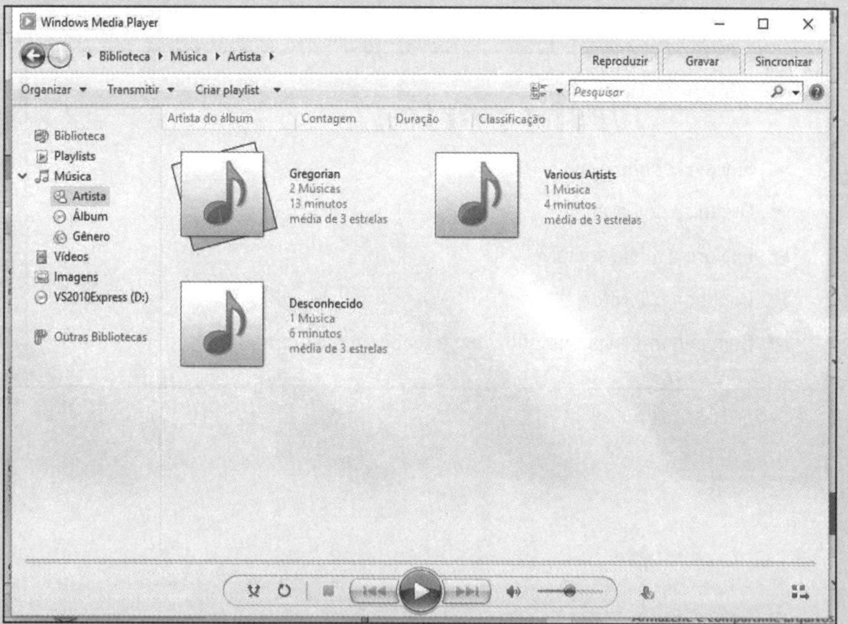

Nesta parte...

- Envie e receba e-mail
- Organize seu e-mail
- Explore a mídia social
- Conheça o Twitter
- Comunique-se via telefone, chat e webcam na internet.

Capítulo 8

Mensagem Para Você: Enviando e Recebendo E-mails

Neste Capítulo

- Dissecando a anatomia de um endereço de e-mail
- Configurando o e-mail no seu smartphone
- Dominando a complexidade dos servidores de e-mail
- Escolhendo um programa de e-mail
- Enviando e recebendo e-mails
- Encontrando endereços de e-mail
- Práticas seguras com e-mails

O *e-mail* ou correio eletrônico é, sem sombra de dúvida, o serviço mais popular da internet, embora seja um dos mais antigos e menos glamourosos. Embora os e-mails não tenham o brilho e a efervescência da World Wide Web, mais pessoas os usam. Todo sistema na internet oferece algum tipo de serviço de correspondência, o que significa que, não importa o tipo de computador que você esteja usando, se estiver na internet, pode enviar e receber e-mails. Mesmo alguns sistemas que não estão tecnicamente na internet — como telefones celulares — podem lidar com e-mails.

Independentemente do tipo de correspondência que você esteja usando, as tarefas básicas de leitura, envio, endereçamento e arquivamento de correspondência funcionam da mesma forma, então ler este capítulo vale a pena, mesmo que você não esteja usando algum dos programas de correio eletrônico que descrevemos aqui.

DICA

Diz-se que jovens sabichões acham que e-mails é para velhos, e que a melhor forma de enviar mensagens é usando mensagens de texto nos seus telefones, mensagens instantâneas (examinadas no Capítulo 12) ou mensagens no Facebook ou outra rede social. Entretanto, os e-mails ainda são *a* forma de as empresas se comunicarem entre si e com seus clientes, e a maioria das pessoas envia mensagens pela internet. Nem todos estão no Facebook,

WhatsApp ou qualquer outro novo sistema, mas quase todas as pessoas que já usaram a internet, possuem um endereço de e-mail e todo sistema de e-mail automagicamente (um termo técnico) pode se conectar com qualquer outro. Não se preocupe! Os e-mails ainda são descolados! E, de qualquer forma, quase todos esses sites lhe enviam e-mails quando alguém lhe envia uma mensagem, de modo que você só precisa verificar seu e-mail, e não esse monte de sites, para saber o que há de novo.

Qual É o Meu Endereço?

O seu *endereço de e-mail* é o equivalente no cyber espaço a um endereço postal ou número de telefone. Quando você envia uma mensagem de e-mail, digita o endereço do destinatário, de modo que o computador saiba para onde enviá-la. Todo endereço de e-mail tem uma caixa de mensagens, onde os e-mail são armazenados.

Antes de começar a enviar e-mails, você precisa ter um endereço de e-mail, de modo que possa passá-lo às pessoas com quem deseja entrar em contato. Você também precisa ter os endereços de e-mail dessas pessoas, para poder escrever para elas. (Se você não tiver amigos ou estiver planejando enviar apenas e-mails anônimos de ódio, pode pular esta seção.)

Os endereços de e-mail possuem duas partes, separadas por @ (o sinal de arroba). A parte antes da @ é o *nome de usuário* ou da *caixa de correspondência*, que é, grosso modo, o seu nome. A segunda parte é o *domínio*. Letras maiúsculas não são importantes nos nomes de domínio e raramente são nos nomes de usuário. Para facilitar a leitura, entretanto, muitos nomes de domínios e de caixas de entrada são mostrados usando letras maiúsculas nas primeiras letras das palavras.

A parte do domínio

O domínio (a parte após a @) indica onde sua caixa de correspondência está armazenada. Caixas de correspondência geralmente ficam em um destes quatro lugares:

- **No seu provedor de serviço de internet (ISP):** seu ISP normalmente lhe fornece uma caixa de correspondência usando o domínio deles. Se você se registrar em uma conta DSL na UOL, será uol.com.br, e assim por diante.
- **Sua escola, empregador ou outra organização:** se você frequentar a Universidade de Columbia (Vamos lá, Lions!), seu e-mail de estudante será `columbia.edu`. Se você trabalhar para a Microsoft, será `microsoft.com`.
- **Seu próprio domínio**, como `gurus.org`**:** (este é um dos nossos.) você pode possuir seu nome de domínio, conforme descrito no Capítulo 17. Precisará fazer com que ele se hospede em algum lugar, o qual provavelmente será onde suas caixas de correspondência também serão armazenadas.

- **Um serviço de e-mail baseado na web, ou *webmail*:** há 20 anos, duas pessoas tiveram simultaneamente a mesma ideia de criar um website onde você pudesse registrar uma conta de e-mail e então fazer o login para ler e enviar mensagens. Muitos sites agora fornecem caixas de e-mails grátis, como o Gmail (em `gmail.com`). Veja a seção mais adiante neste capítulo "Obtendo sua Própria Caixa de Mensagens" para descobrir como se inscrever em uma conta de webmail. Os dois sistemas de webmail originais ainda estão em funcionamento, um é o Hotmail da Microsoft, que foi recentemente rebatizado de Outlook.com, o outro é o webmail do Yahoo.

DICA

Mesmo que seu ISP ou empresa em que trabalha ofereça caixas de correspondência, você talvez queira se registrar para obter uma conta em um webmail. Algumas pessoas preferem separar os e-mails relacionados ao trabalho daqueles de uso pessoal. Outra vantagem do webmail é que, se você mudar de ISP ou de emprego, seu endereço de e-mail não muda.

A parte do nome de usuário

O *nome de usuário* é atribuído à sua caixa de correspondência particular. Por exemplo, você pode escrever para o presidente dos Estados Unidos em `president@whitehouse.gov`. O nome de usuário do presidente é "`president`", e o domínio que armazena sua caixa de correspondência é "`whitehouse.gov`" — bem razoável.

Se você tiver sorte, poderá escolher seu nome de usuário; em outros casos, os ISPs padronizam nomes de usuário e você terá o que lhe for dado. Você pode escolher (ou receber) seu primeiro nome como nome de usuário — ou seu último nome, suas iniciais, seu primeiro nome e a última inicial, sua primeira inicial e seu último nome, ou um nome completamente inventado. Nos principais sites de webmail, os melhores 50 milhões de nomes de usuário já foram usados, de modo que você precisará ser criativo, adicionando números ou outras informações para criar um nome de usuário que já não esteja em uso.

Muitas organizações atribuem nomes de usuário em um formato consistente para todos os usuários, mais frequentemente usando seu primeiro e último nomes com um ponto (.) entre eles ou a primeira inicial seguida pelas primeiras sete letras do sobrenome. Nesses esquemas, seu endereço de e-mail pode lembrar algo como `elvis.presley@bluesuede.org` ou `epresley@bluesuede.org`. Se seu nome não for Elvis Presley, adapte este exemplo de acordo. Por outro lado, se seu nome *for* Elvis Presley, por favor entre em contato conosco imediatamente. Conhecemos algumas pessoas que estão procurando por você.

Quando você se registra com um ISP, o fornecedor cria uma caixa de correspondência para cada um dos seus nomes de usuário. Embora alguns ISPs ofereçam apenas um nome de usuário por conta de internet, muitos oferecem até cinco caixas de correspondência com cinco nomes de usuário diferentes para uma única conta, de modo que todas as pessoas na sua família possam ter uma caixa de correspondência separada.

Obtendo sua Própria Caixa de Mensagens

CUIDADO!

Não compartilhe uma conta de e-mail com outra pessoa — você merece uma só sua. Muitos serviços da internet usam endereços de e-mail como identificador de conta e enviam uma mensagem para seu endereço para confirmar sua identidade, presumindo que qualquer pessoa com acesso a sua conta é você.

DICA

Uma vantagem dos sistemas de webmails como o Gmail do Google e o Outlook (também conhecido como Hotmail) da Microsoft é que você pode ler e enviar mensagens de qualquer computador na internet. Sua caixa de mensagem é armazenada no servidor do webmail, e qualquer computador com um navegador pode acessá-lo — você pode checar seus e-mails no computador de um amigo, em um cyber café ou de um computador em uma biblioteca pública. É claro que ninguém deveria ser capaz de ler suas mensagens, ou enviar mensagens por você, sem digitar sua senha. Um lado negativo é que ler e enviar mensagens de um webmail costuma ser mais lento do que em um programa, pois você precisa esperar que uma nova página abra toda vez que clicar em uma nova mensagem.

Algumas contas de webmail oferecem acesso a outros serviços usando o mesmo nome de usuário e senha. Se você assinar o Gmail, pode usar a mesma conta para o Google Calendar, Google Drive (um editor de texto, de planilhas, de apresentação de slides e de armazenamento online) e outros recursos. Sua conta no Outlook inclui acesso ao armazenamento e versões online de outros programas do Microsoft Office.

Os endereços de webmail são gratuitos, então se você ainda não tem um endereço de e-mail, obtenha um seguindo estes passos:

1. **Usando seu navegador, vá até o site do serviço de webmail.**

   Tente o Gmail, em `www.gmail.com`, Outlook, em `www.hotmail.com` ou `www.outlook.com` ou outro serviço de webmail. Veja o Capítulo 6 para saber como começar a usar o navegador. Poderíamos lhe mostrar uma foto de como eram esses sites na época que este livro foi impresso, mas eles mudam praticamente todo mês, então isso só serviria para criar mais confusão.

2. **Procure um link chamado Criar uma Conta ou Registre-se Agora ou qualquer nome similar e siga as instruções para criar sua conta.**

   Eles não perguntam nada muito indiscreto, sinta-se à vontade para mentir sobre seu sexo ou data de nascimento. (Eles não têm nada a ver com isso!) A Microsoft permite que você escolha entre `@outlook.com` e `@hotmail.com` para a segunda parte do seu endereço de e-mail.

   Certifique-se de clicar e ler os links de *termos de serviço* (as regras do jogo) e *política de privacidade* (o que eles planejam fazer com a informação que você lhes fornece).

3. Na Tabela 8-1, escreva seu endereço de e-mail e sua senha.

Seu endereço de e-mail terminará com `@outlook.com`, `@hotmail.com` ou `@gmail.com`, dependendo de qual serviço você escolheu. Lembre-se de criar uma senha difícil de adivinhar para sua conta de e-mail, pois malfeitores podem acessar sua conta e provavelmente poderão alterar sua senha em suas outras contas.

Você terá um nome de usuário e uma senha para usar em outros serviços fornecidos por esses sites. Está tudo pronto!

DICA

Como assim, você não sabe o seu próprio endereço?

Acontece com frequência: você sabe o endereço de e-mail que solicitou para sua nova conta, mas não tem certeza se ele foi aprovado. Antes de passar seu endereço para todas as pessoas que conhece, teste-o enviando uma mensagem para um ou dois amigos. Diga a eles para responder à sua mensagem quando a receberem e informar a você de qual endereço a mensagem veio. Ou, então, envie para você mesmo uma mensagem e use seu nome de login de e-mail como nome da caixa de correspondência. A seguir, examine o endereço de retorno na mensagem.

Melhor ainda, envie uma mensagem para a Central de Correspondência de *Internet For Dummies*, em `internet13@gurus.org`, e um amigável robô lhe enviará uma mensagem de volta com seu endereço. (Enquanto estiver fazendo isso, nos conte se gosta deste livro, porque nós, autores, lemos as correspondências e respondemos, quando o tempo permite.)

Juntando tudo

Se tiver que configurar um programa de e-mail, precisa inserir informações sobre sua caixa de mensagens de e-mails. Escreva na Tabela 8-1 seu endereço de e-mail e outras informações que seu ISP, empregador, escola ou outro provedor tenha lhe fornecido (e dobre a orelha desta página para que possa encontrá-la depois). Não se preocupe sobre as partes da tabela que não entender de imediato — explicamos o que são servidores mais adiante neste capítulo.

Tabela 8-1 Informação sobre Sua Caixa de Mensagens

O que você deve informar	*Descrição*	*Exemplo*
Seu endereço de e-mail ________________	Seu nome de usuário seguido de @ e o nome de domínio	`internet14@gurus.org`

(continua)

Tabela 8-1 *(continuação)*

O que você deve informar	*Descrição*	*Exemplo*
A senha do seu e-mail ______	A senha para sua caixa de mensagens (normalmente a mesma senha de sua conta)	`dum3myBook`
A URL do Webmail ______	O endereço na web onde você pode checar seus e-mails	`https://mail.google.com`
Não é necessário para um Webmail:		
Servidor POP/IMAP ______	O computador onde seu programa de e-mail recebe seu e-mail	`pop.gurus.org`
Conta POP/IMAP ______	O login para receber seu e-mail, em geral, mas nem sempre é o seu nome de usuário	`Internet14` ou `internet14@gurus.org`
Servidor SMTP ______	O computador onde seu programa de e-mail envia os e-mails	`smtp.gurus.org`

E Como Leio Meus E-mails?

Você pode ler seu e-mail de diversas maneiras Como você lê e envia e-mails depende do tipo de conta de e-mail que você tem:

- **Programa de e-mail:** você pode usar um programa de e-mail para ler seus e-mails — um programa que mostra as mensagens recebidas e permite que você envie mensagens. Você pode usar quaisquer dos diversos programas disponíveis, incluindo o Microsoft Outlook e o Apple Mail. Aparelhos Android, iPads e iPhones vêm com programas de e-mail, também. Falamos sobe os mais populares mais adiante neste capítulo.
- **Webmail:** a principal vantagem de um webmail é poder lê-lo em qualquer lugar com acesso a internet. Qualquer navegador serve, conforme descrito na próxima seção.

Se você usa um e-mail no trabalho, a empresa pode usar um servidor de e-mail chamado Microsoft Exchange. Além de lidar com os e-mails, o Exchange ainda fornece calendários, listas de afazeres e outros recursos interessantes. Se a empresa onde você trabalha comprou o Exchange, eles devem ter comprado também as licenças para o Microsoft Outlook, e em geral exige que você os utilize. O Exchange fornece webmail, também. Verifique com o departamento de suporte em tecnologia de informação de sua empresa se tiver algum problema para configurar seu e-mail.

A Web É um Ótimo Local para Ler Seus E-mails

Não importa o tipo de conta de e-mail que você tenha, mesmo que você use um programa de e-mail como o Outlook ou seu smartphone ou tablet para ler suas mensagens, seu provedor de e-mail muito provavelmente tem um sistema de webmail onde você pode ler e enviar mensagens. Para descobrir se seu ISP possui serviço de webmail, vá até o site do provedor e procure algum link relacionado ou envie um e-mail para o serviço de suporte. A maioria dos IPS tem um link chamado Mail ou algo parecido em suas páginas na web. Você deve fazer o login com o mesmo nome da conta e senha que você deve ter informado na Tabela 8-1. Por exemplo, se você tiver uma conta da Globo.com, pode usar seu site para ler e enviar mensagens em qualquer computador na internet; vá até `www.globo.com` e clique no link de E-mail.

CUIDADO!

Se você usa um computador com conexão sem fio, especialmente uma que não tenha senha (veja Capítulo 5), pessoas desconhecidas podem bisbilhotar sua navegação. Felizmente, a maioria dos sistemas de webmail oferecem sessões *https*, que são encriptadas para que os bisbilhoteiros só consigam ver ruídos indecifráveis. Escreva o endereço começando com *https://,* como `https://gmail.com` e observe o ícone do cadeado ao lado do endereço antes de fazer o login.

Lendo no webmail

Você pode ler no webmail — onde mais? — na web, esteja sua caixa de mensagens em um site de webmail listado na seção anterior ou hospedado pelo seu ISP.

Para acessar sua caixa de mensagens no webmail, vá até o site e se conecte:

1. **Acesse o mesmo site onde criou a conta.**

   Se você tiver criado uma conta no Gmail (`www.gmail.com`) ou no Outlook (`www.hotmail.com` ou `www.outlook.com`), faça seu login no site. Se sua caixa de mensagens for fornecida pelo seu provedor ISP, empregador, escola ou outra organização, vá até o site deles.

2. **Registre-se com seu novo nome de usuário e senha.**

   Você verá uma página da web que pode conter anúncios, notícias e todos os tipos de outras informações. Se não aparecer uma lista com suas mensagens de e-mail, procure por um link Caixa de Entrada ou E-mail para clicar.

3. **Clique em qualquer mensagem para lê-la.**

   Então clique no botão ou link Responder, Encaminhar ou Excluir para lidar com a mensagem.

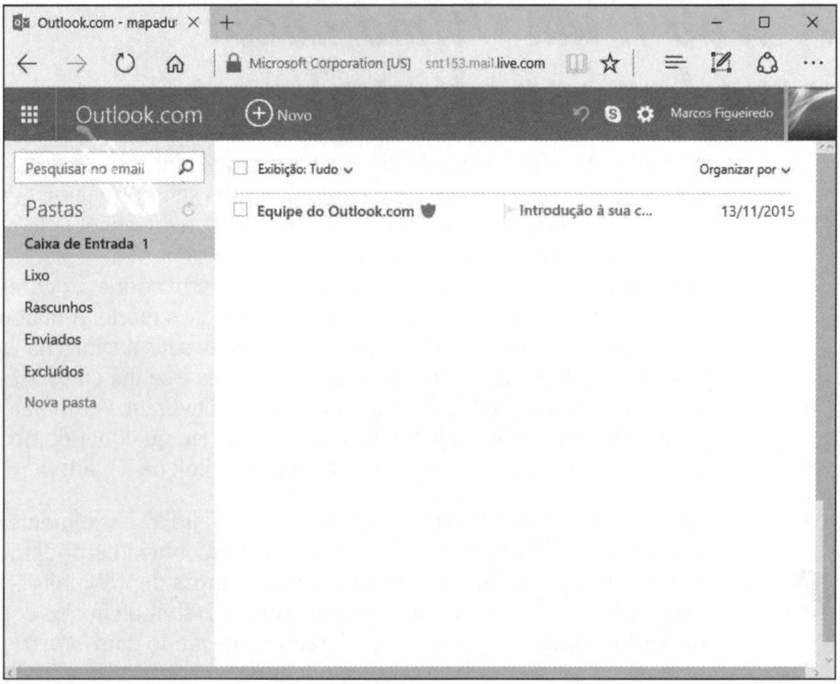

Figura 8-1: Lendo e-mails no Outlook (também conhecido como Hotmail ou Windows Live Mail).

Mais do que um webmail

Se você se cadastrar no Gmail, você terá mais do que caixa de mensagens na internet. Você receberá uma Google ID que permite que você use uma porção de programas online, incluindo:

- Google Drive, onde você pode salvar arquivos e acessá-los de qualquer lugar.
- Google Docs, um editor de texto baseado na web
- Google Sheets, um programa de planilhas online
- Google Calendar, um programa para montar sua agenda

Da forma similar, ao se cadastrar no Outlook você receberá uma conta Microsoft e diversos aplicativos, incluindo:

- One Drive, onde você salva seus arquivos e pode acessá-los de qualquer lugar.
- Word Online, um editor de texto baseado na web
- Excel Online, um programa de planilhas online
- Calendar, um programa para montar sua agenda

Somos apenas nós, ou esses dois sistemas são assustadoramente parecidos? Ambos são descritos no Capítulo 17, "Dando um Mergulho Online"

Enviando e-mails pelo webmail

Para enviar um e-mail com o webmail, siga estes passos:

1. **Registre-se.**

   Veja os Passos 1 e 2 na seção anterior.

2. **Clique no botão Escrever, ou Nova Mensagem, ou algum link relacionado à escrita e envio de uma mensagem.**

   O seu navegador exibe um formulário com campos Para (endereço eletrônico do destinatário), Assunto, e uma caixa grande e sem rótulo para o texto da mensagem, conforme mostra a Figura 8-2.

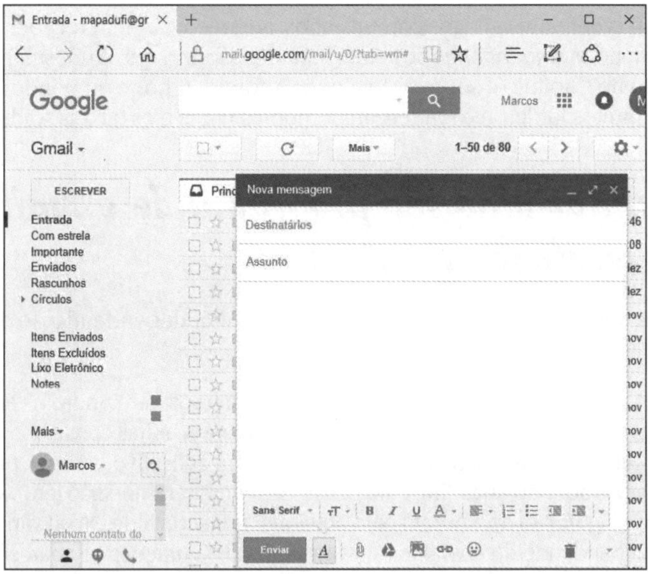

Figura 8-2: Enviando e-mails pelo Gmail do Google.

3. **Digite um ou mais endereços na caixa Para.**

   Se você quiser enviar sua mensagem para mais de um endereço, separe cada um deles com uma vírgula.

4. **Se você vir uma caixa Cc, pode digitar endereços lá também.**

   O Cc (cópia carbono, para vocês, historiadores) é destinado às pessoas para as quais a mensagem não é endereçada diretamente, mas que talvez devessem tomar conhecimento dela. Veja o box "Cc e Cco" mais adiante neste capítulo"

5. **Digite uma linha com o assunto na caixa Assunto.**

6. **Digite sua mensagem na caixa grande.**
7. **Clique no botão Enviar.**

Isso é tudo!

Se você não estiver em casa, não se esqueça de se desconectar do site de webmail ao terminar de ler e enviar e-mails, especialmente se estiver usando o computador de um amigo ou em um local público. Caso contrário, outra pessoa pode chegar e ler ou enviar mensagens usando sua conta.

Lendo Seus E-mails no Smartphone ou Tablet

Telefones celulares antigos comuns não podem enviar nem receber e-mails, mas os chamados *smartphones* podem. (Para descobrir o que é um smartphone, veja a seção no Capítulo 4 sobre os telefones Android, iPhone ou Windows.) Assim como muitos tablets e e-readers, incluindo os iPads e os tablets Android.

Configurando seu programa de e-mails em um telefone ou tablet

Veja agora algumas dicas para ler e enviar e-mail dependendo de qual aparelho você tem:

- **Android:** telefones e tablets que executam o software Android vêm com um programa de e-mail para o Gmail e um para outras contas. Para outros webmails, a maioria dos provedores tem um aplicativo, ou você pode usar o navegador do aparelho. Para caixas de mensagens que não têm webmail, a configuração do Android para adicionar uma conta de e-mail varia um pouco dependendo do aparelho. Abra o menu Configurações, se aparecer a opção Contas, role a página até Adicionar Conta, e depois até o programa de e-mail (às vezes listado como IMAP), e adicione os detalhes da conta. Ou selecione a opção Contas e Sincronização, se houver, e então insira os detalhes de sua conta. No Android 5.0 ("Lollipop"), o Google combinou todos os programas de e-mail no aplicativo Gmail, mas ele também pode checar contas de e-mails de qualquer provedor, não apenas do Gmail. Configure o Android para ler e enviar e-mails selecionando Menu, e depois Contas e depois Menu a Adicionar Conta. Digite seu endereço de e-mail e a senha.
- **iPhones e iPads:** selecione Configurações⇨Contatos de E-mail e Calendário⇨Adicionar Conta. Você verá uma lista dos provedores de e-mail mais populares, incluindo AOL, Gmail, Microsoft Exchange (usado por muitas empresas e outras organizações) e Outlook. Se seu e-mail não é de algum desses provedores, selecione Outros⇨Adicionar Conta de E-mail, e digite seu nome, endereço de e-mail, senha do e-mail e um nome para a conta. Clique em Salvar. Selecione IMAP ou POP,

preencha os nomes dos servidores de e-mail de entrada (IMAP ou POP) e saída (SMTP) mostrados na Tabela 8-1, e clique em Salvar.

- **Telefones e Tablets Windows:** para configurar uma nova conta, exiba a lista de aplicativos, selecione Configurações⇨E-mail + Contas⇨Adicionar uma Conta, e siga as instruções na tela. Se você tem uma conta Outlook ou Hotmail, selecione Windows Live3 como o tipo de conta. Se você usa o Gmail, selecione Google.

Se você está configurando uma conta que não é webmail e vir uma opção semelhante a Deixar Mensagens no Servidor, recomendamos que a selecione. Se você tiver que escolher entre POP e IMAP como tipo de conta, selecione IMAP. (Esses dois tipos de servidores de e-mail são descritos na próxima seção deste capítulo.) Embora verificar e-mails em um telefone seja interessante, você *também* quer poder verificá-los no seu computador!

Lendo seus e-mails em um telefone ou tablet

Depois de configurar sua conta de e-mail em seu telefone ou tablet, é fácil ler seu e-mail; na verdade, checar seus e-mails 25 vezes por dia pode se tornar um vício. O processo é o mesmo na maioria dos telefones e tablets:

1. **Selecione o ícone E-mail ou Mail.**

   Nos aparelhos que executam Windows, o ícone tem o nome de sua conta de e-mail.

2. **Selecione Caixa de Entrada, caso ainda não esteja selecionada, para que você possa visualizar as mensagens recebidas.**

   As mensagens não lidas normalmente são sinalizadas por um ponto azul ou aparecem em negrito.

3. **Selecione a mensagem que quer ler.**

Depois de ler o e-mail, você pode responder, encaminhar ou salvar a mensagem.

Enviando e-mails em um telefone ou tablet

No programa E-mail ou Mail, siga estes passos para enviar uma mensagem:

1. **Clique em Nova Mensagem, Escrever ou qualquer outro botão que sugira a opção de escrever uma mensagem.**

   Nos iPhones e iPads, é o ícone com um pequeno lápis e pedaço de papel.

2. **Digite um ou mais endereços na caixa Para.**

   Se você quiser enviar uma mensagem para mais do que um endereço, separe cada endereço com um vírgula.

3. **Se houver uma caixa Cc ou Cc/Cco, você pode digitar endereços nela também.**

4. **Digite uma linha de assunto na caixa Assunto.**

   Seja específico e pessoal para que os destinatários possam distinguir seu e-mail de um spam.

5. **Digite sua mensagem na caixa grande.**

   Usuários do iPhone e do iPad podem tocar o ícone com um microfone e ditar a mensagem. Fale uma sentença de cada vez, e fique preparado para corrigir o que o reconhecimento de voz entendeu errado.

6. **Clique no botão Enviar.**

A Figura 8-3 mostra a tela para escrever um e-mail em um iPhone.

Figura 8-3: Enviando um e-mail de um iPhone.

Lendo Seus E-mails em um Programa de E-mail

Embora ler seus e-mails online seja conveniente, geralmente é mais lento do que usar um programa *real* de e-mail. Programas de e-mail têm também mais recursos do que muitos sites de webmail. Existem vários programas de e-mail disponíveis. Muitas empresas e outras organizações usam o Outlook, que vem com o Microsoft Office. Computadores Macintosh vêm com Apple Mail.

IMAP: e-mails em qualquer lugar e de todas as maneiras

Quando você usa POP para pegar seus e-mails, as mensagens são baixadas para o seu PC, armazenadas lá e apagadas da sua caixa de correspondência no servidor de e-mail. Se, como a maioria das pessoas, você criar grandes arquivos de mensagens salvas, essas mensagens ficarão no seu PC e serão acessíveis apenas a partir do seu programa de e-mail naquele PC. Muitas vezes isso é suficiente, mas se você costuma ler seu e-mail em mais de um local (digamos, em casa e no trabalho; ou em casa e em seu celular), pode ser um problema se você estiver em um lugar e a mensagem salva com um item crucial relacionado ao trabalho (uma receita de Killer Tequila Nachos, por exemplo) estiver no outro. O IMAP resolve esse problema armazenando todos seus e-mails em um servidor de e-mail, de modo que você possa acessá-los a partir de qualquer programa de e-mail, e disponibilizando a mesma estrutura de caixa de mensagens não importa de qual computador você esteja acessando. Muitos sistemas de e-mail oferecem tanto o IMAP como o webmail, e, nesse caso, você verá o mesmo e-mail em seu programa de e-mail e em seu webmail. IMAP pode ser um tanto complicado de configurar com seus programas de e-mail; certifique-se de configurar o programa para deixar as mensagens no servidor IMAP, para que elas possam ser lidas em outros dispositivos.

Para usar o IMAP, você precisa de uma conexão de banda larga em todos os lugares em que lê seus e-mails, pois o IMAP é muito lento em conexões discadas. Já que todos os seus e-mails são armazenados nos computadores do seu ISP, verifique qual o espaço permitido para armazenamento, pois essas pastas podem ficar muito grandes. Um ou dois megabytes é pouco, enquanto que 100 megabytes deve ser mais que suficiente, a menos que você envie muitos arquivos de vídeo. A maioria dos provedores de webmail agora disponibilizam milhares de megabytes de espaço, então isso não deve ser um problema.

Se você quiser usar um programa de e-mail (nós usamos!), precisará descobrir quais servidores de e-mail ele usa para enviar e receber e-mails, escolher um programa (baixá-lo, se você já não o tiver) e configurá-lo. Esta seção lhe orienta ao longo desse processo.

Abundância de servidores de e-mail

Se você usa um programa de e-mail para ler seus e-mails, precisa saber esses fatos sobre seus servidores de e-mail:

- Seu *servidor de mensagens recebidas* guarda seus e-mails até que seu programa de e-mail os colete. A forma mais usual de recolher e-mails é conhecida como POP (Post Office Protocol, ou Protocolo de Correio, às vezes também grafado como *POP3*, pois é a versão 3). Todos os provedores ISP oferecem o POP como uma das maneiras de receber seu e-mail. A maioria também oferece IMAP, descrito no box "IMAP: e-mail em qualquer lugar e de todas as maneiras".
- Seu *servidor de e-mails enviados* (ou servidor SMTP, que significa Simple Mail Transfer Protocol ou Protocolo Simples de Transferência de E-mail) é onde seu programa de e-mails envia suas mensagens.

Escreva os nomes dos seus servidores de entrada (POP ou IMAP) e de saída (SMTP) na Tabela 8-1. Se você não souber o que escrever, pergunte ao seu ISP ou à organização que hospeda sua caixa de e-mails. Com sorte, seu programa de e-mail terá os nomes dos servidores configurados automaticamente, mas quando a configuração se perder, você ficará feliz por saber como restaurá-la.

Estes são os servidores que o Gmail e o Outlook utilizam:

- Servidor POP do Gmail: pop.gmail.com, porta 995
- Servidor SMTP do Gmail: smtp.gmail.com, porta 587
- Servidor POP do Outlook.com: pop3.live.com, porta 995
- Servidor SMTP do Outllok.com: smtp.live.com, porta 587

Alguns programas de e-mail populares

É muito fácil fazer com que um programa de e-mail específico faça o que você quer — afinal, é para lidar com e-mails que esses programas existem. Programas populares de e-mail incluem:

- **Outlook:** organizações em geral usam o Outlook, que vem com a maioria das edições do Microsoft Office (diferente do serviço de webmail da Outlook e do Outlook Express, o programa de e-mail que costumava vir com o Windows). É útil em organizações, pois ele se conecta aos servidores Microsoft Exchange e oferece e-mails, agendas compartilhadas e outros recursos úteis em escritórios. Veja *Outlook 2013 For Dummies* (em inglês), de Bill Dyszel (John Wiley & Sons, Inc.).
- **Apple Mail:** o Mac vem com o criativamente chamado de Apple Mail. Não é ruim e tem a vantagem de já estar lá no seu Mac. Se o seu sistema de e-mail usa o Microsoft Exchange, ele é uma das poucas alternativas ao Outlook.
- **Aplicativo de e-mail em seu telefone ou tablet:** sim, os aplicativos E-mail ou Mail em seu dispositivo portátil também são programas de e-mail.
- **Thunderbird:** é o nosso favorito, mas não é tão popular com o resto do mundo. O Thunderbird foi criado pelas mesmas pessoas que desenvolveram o Firefox, um excelente navegador gratuito, descrito no Capítulo 7. Ele funciona com contas normais de internet, assim como com algumas contas de webmail. Você pode baixar o Thunderbird em `www.mozillamessaging.com/thunderbird`.

Siga as instruções das seções a seguir para instalar e executar seu programa de e-mail. Seções posteriores descreverão como enviar e receber e-mails com o Outlook e o Apple Mail (descrevemos os programas de e-mails de tablets e telefones anteriormente neste capítulo).

Configurando o Outlook

O Outlook vem com a maioria das edições do Microsoft Office ou pode ser adquirido separadamente. Se você estiver usando o Outlook no seu escritório, verifique com o pessoal de suporte de tecnologia da informação para configurar o Outlook.

Se você utiliza o Windows, configure seu Outlook seguindo os seguintes passos:

1. **Selecione Arquivo⇨Informações⇨Configurações de Conta⇨Configurações de Conta.**

   Você verá a caixa de diálogo das Configurações de Conta.

2. **Na aba E-mail clique em Novo.**

   Você verá a caixa de diálogo Adicionar Nova Conta.

3. **Selecione Conta de E-mail e clique em Próximo**

   Você verá outra caixa de diálogo Adicionar Nova Conta.

4. **Digite seu nome, endereço e senha do seu e-mail. Clique em Próximo.**

   O Outlook tenta adivinhar, com base no seu endereço de e-mail, quais são seus servidores de entrada e saída. Se ele conseguir, passe para o Passo 6.

5. **Se o Outlook não puder adivinhar seus servidores, você terá que informar. Clique em Próximo para tentar novamente e se ainda não tiver sorte, marque a caixa de seleção Configurar Servidores Manualmente e clique em Próximo, novamente. Insira os nomes dos servidores, constantes na Tabela 8-1, e responda às perguntas, se houver.**

   Escolha E-mail da Internet para serviço e POP3 para tipo de conta. Veja a Tabela 8-1 para as informações que você coletou sobre sua conta.

6. **Clique em Próximo e Concluir.**

O Outlook agora recupera quaisquer mensagens e as exibe em sua caixa de entrada. Se tiver problemas para configurar uma conta, contate seu provedor ISP, empregador ou quem quer que hospede sua conta de e-mail e peça que lhe oriente durante o processo; elas podem ser configurações específicas para sua organização.

Em um Mac, selecione Ferramentas⇨Contas para exibir a caixa de diálogo Contas. Clique no botão + no canto inferior esquerdo e escolha E-mail para adicionar uma conta. Primeiro insira seu endereço de e-mail e senha, e se o Outlook não reconhecer o servidor de e-mail, ele pedirá que você informe aqueles que constam da Tabela 8-1.

Configurando o Apple Mail

O Apple Mail já vem instalado em seu Mac e pode aparecer como Mail ou Mail.app. Para configurá-lo, siga estes passos:

1. **Inicie o Apple Mail clicando no ícone Aplicações na Plataforma e clicando em Mail ou Mail.app.**

   Ou clique no ícone do aplicativo na Plataforma — com uma figura de um selo postal. A primeira vez que você executar o Mail, ele pedirá as informações sobre sua conta de e-mail.

2. **Escolha seu servidor de e-mail.**

   Se você usa o Gmail, selecione Google. Se não vir o seu provedor de e-mail, selecione Adicionar Outra Conta de E-mail.

3. **Digite as informações que você escreveu na Tabela 8-1, clique em Continuar ou Criar para passar para a próxima etapa.**

   Se você selecionou Adicionar Outra Conta de E-mail, precisará inserir os nomes de seus servidores de entrada e saída, conforme o informado na Tabela 8-1. Quando terminar, você verá sua nova conta na janela E-mail.

Se precisar alterar as informações de sua conta de e-mail depois ou configurar seu Apple Mail para funcionar com uma outra conta de e-mail, selecione E-mail⇨Preferências e clique na aba Contas.

A janela Mail parece com a figura mostrada na Figura 8-4. À esquerda, está a lista das mensagens em sua Caixa de Entrada e o texto da mensagem selecionada está à direita. Você pode adicionar uma lista de suas contas de e-mails, selecionando em Visualizar⇨Exibir Lista de Caixas de E-mail ou pressionando Command + Shift + M.

Figura 8-4: O Apple Mail exibe suas mensagens à esquerda e a mensagem selecionada à direita da tela.

Enviar E-mail É Fácil

Se você usa um programa de e-mail ou webmail, enviar mensagens é bastante fácil, tanto que mostraremos a você alguns exemplos, em vez de desperdiçar tempo explicando a teoria. Funciona de modo muito semelhante em todos os programas de e-mail.

Siga estes passos para escrever e enviar uma mensagem de e-mail:

1. **Clique no ícone ou botão Escrever, Nova, ou Nova Mensagem.**

   Uma janela (Escrever ou Nova Mensagem) se abre. No webmail, a área para escrever a mensagem aparece no navegador da web.

2. **Digite o endereço do destinatário (ou endereços dos destinatários) na caixa Para.**

   Você pode enviar essa mensagem para mais de uma pessoa por vez digitando mais de um endereço. Esse recurso funciona de modo um pouco diferente em cada programa. No Apple Mail, digite uma vírgula entre os endereços de e-mail. No Outlook, digite uma vírgula ou ponto e vírgula entre os endereços.

   Lembrar de todos os endereços de e-mail dos nossos contatos é inconveniente (para os mais perto de chegar a "melhor idade", simplesmente impossível). Veja a seção do Capítulo 9 sobre como adicionar contatos ao seu caderno de endereços e usá-los para enviar mensagens.

3. **Adicione algum endereço Cc ou Cco para o qual você queira enviar a mensagem.**

   Veja adiante no box "Cc e Cco", se não souber do que estamos falando. No Outlook, digite endereços na caixa apropriada — Para ou Cc. No Apple Mail, use a caixa Cc.

4. **Digite o assunto na caixa Assunto.**

   Seja específico. Se você quiser ajuda para alguma coisa, não digite "`Socorro`!" como assunto. Digite: **preciso de ajuda para meu gato não cuspir o remédio**, por exemplo.

   Pressione Tab para ir para a caixa de mensagens.

5. **Digite a mensagem na caixa grande.**

   O cursor deve estar piscando na área de mensagens, a caixa grande vazia onde você digita a mensagem.

6. **Clique no ícone ou botão Enviar para enviar a mensagem.**

DICA

Verificar a ortografia de sua mensagem é sempre bom; evita o constrangimento de ver seus erros tarde demais para poder corrigi-los. Você pode pedir que seu programa de e-mail verifique a ortografia da mensagem antes de enviá-la. Clique no ícone corretor ortográfico para checar os erros que seu programa encontrou. No Outlook, pressione F7 ou selecione Ferramentas➪Gramática e Ortografia; no Apple Mail, selecione Editar➪Ortografia e Gramática➪Verificar Ortografia.

Cc e Cco

O termo *cópia carbono* deve ser familiar àqueles que nasceram antes de 1965 e se lembram do antigo hábito de colocar folhas de papel carbono entre folhas de papel comum para fazer cópias extras ao usar a máquina de escrever. (Por favor, não nos pergunte o que é uma máquina de escrever.) Em e-mails, uma *cópia carbono* é apenas uma cópia da mensagem que você envia. Todos os destinatários, tanto na linha Para quanto na Cc, veem quem está recebendo a mensagem — a menos que o endereço de e-mail do destinatário seja digitado no campo Cco. *Cópias carbonos ocultas* são cópias enviadas para pessoas cujos nomes não aparecem na mensagem, de modo que os outros destinatários não saibam. Você é capaz de imaginar algumas situações em que vai precisar enviar uma cópia de uma mensagem para uma pessoa sem que os outros destinatários saibam que você a enviou.

Se quiser enviar uma mensagem para diversas pessoas sem dizer a nenhuma delas que outra pessoa também a recebeu, mande-a para si mesmo, e coloque todos os destinatários no campo Cco. Na verdade, essa é a melhor opção ao enviar mensagens para muitos destinatários, pois evita revelar os endereços de e-mails dos seus contatos, uns para os outros.

CUIDADO!

Depois que seu programa de e-mail enviar uma mensagem para o servidor de saída, não é mais possível cancelá-la! Verifique a ortografia e procure equívocos de seu corretor automático.

E-mails Chegando

Se você envia e-mails, e na maioria dos casos, mesmo que não envie, provavelmente você os receberá. A chegada de um e-mail é sempre emocionante, mesmo quando você recebe duzentas mensagens por dia. (É emocionante de uma forma triste, às vezes.)

Um recurso útil de programas de e-mail (não do tipo webmail) é que você pode escrever mensagens mesmo quando está offline. Por outro lado, quando você quiser verificar sua caixa de correspondência para ver as mensagens mais recentes, terá que se conectar à internet. Usuários de webmail têm que estar online para fazer qualquer coisa. (Não é bem verdade: o Gmail pode executar algumas tarefas no seu navegador mesmo offline.)

Lendo suas mensagens

Para verificar seus e-mails em quase qualquer programa de e-mail, siga estes passos:

1. **Inicie seu programa de e-mail, se ele já não estiver sendo executado.**

   Se você usa webmail, inicie seu navegador e vá até o site do seu webmail.

2. **Se seu programa não recupera e-mails automaticamente, clique no botão Verificar E-mails, Sincronizar ou Enviar/Receber na barra de ferramentas para receber seus e-mails.**

   Se você tem uma conexão com a internet em tempo integral, seu programa de e-mail pode recuperar seus e-mails automaticamente, neste caso você só precisa iniciar o programa para acessá-los. Além disso, se você deixar o seu programa de e-mail sendo executado, mesmo escondido na parte de baixo da tela como um ícone, ele pode verificar automaticamente novos e-mails, regularmente. A maioria dos programas de e-mail pode receber seus e-mails mesmo enquanto você está lendo ou enviando outras mensagens.

   O programa pode executar um sinal sonoro ou exibir uma mensagem quando você receber novos e-mails. O e-mail aparece na sua caixa de entrada (geralmente em uma janela ou pasta chamada Entrada ou Caixa de Entrada), mostrando uma linha por mensagem. Se você não a vir, dê um clique duplo na caixa de correspondência Entrada ou Caixa de Entrada na lista de caixas de mensagens que geralmente aparece à esquerda da janela.

3. **Para ver uma mensagem, dê um clique duplo na linha ou clique na linha e pressione Enter.**

   Você verá o texto da mensagem, e também os botões para responder, encaminhar e apagar a mensagem. A Figura 8-5 mostra uma mensagem de e-mail como ela aparece no iPhone.

4. **Para parar de ler a mensagem, clique no botão Fechar (X) no canto superior direito da janela da mensagem (a forma padrão de fechar uma janela) ou pressione Ctrl + W ou Ctrl + F4.**

   Em um Mac, clique no botão vermelho Fechar no canto superior esquerdo.

Figura 8-5: O iPhone exibindo um e-mail.

Navegando com um clique

A maioria dos programas de e-mail exibe endereços da web na forma de links, ou seja, se o texto de uma mensagem incluir um endereço da web (como `http://net.gurus.org`), o endereço aparecerá sublinhado e talvez em azul. Apenas clique no link para exibir a página no seu navegador.

Quando você envia mensagens, não tem que fazer nada especial para exibir um endereço da web como um link — o programa de e-mail do destinatário deve fazer isso automaticamente.

Apagando mensagens de forma rápida e fácil

Você não precisa ler todas as mensagens antes de apagá-la; às vezes, dá para adivinhar pelo nome do remetente ou pela linha de assunto que ler a mensagem é perda de tempo. Se você se inscrever em listas de discussão ou boletins informativos, alguns assuntos podem não lhe interessar. E, é claro, você pode receber mensagens que obviamente se tratam de spam.

Os botões na barra de ferramentas do programa de e-mail na parte superior da janela permitem que você exclua seus e-mails. Em primeiro lugar, clique uma vez para destacar a mensagem. A seguir (na maioria dos programas de e-mail), clique no botão Lixeira ou Excluir na barra de ferramentas para descartar a mensagem.

No webmail, na página da web que exibe mensagens, é um botão Excluir. Alguns sistemas de webmail têm uma caixa de seleção para cada mensagem na sua pasta de entrada e um botão Excluir na parte de baixo da lista. Para excluir algumas mensagens, selecione as caixas de seleção e depois clique em Excluir.

Quando você exclui uma mensagem, a maioria dos programas de e-mail não a joga fora imediatamente. Em vez disso, eles a arquivam na pasta Mensagens Excluídas ou Lixeira na sua caixa de mensagens ou pasta de e-mails ou apenas a marcam como excluída. De vez em quando (geralmente sempre que você fecha seu programa de e-mail), o programa esvazia sua lixeira, realmente excluindo a mensagem. Até então, você pode recuperá-la, se a tiver excluído por engano.

Para Quem Eu Escrevo?

Como você provavelmente já imaginou, um pequeno detalhe está lhe impedindo de enviar e-mail para todos seus amigos: você não sabe os endereços deles. Neste capítulo, você encontra muitas formas diferentes de procurar endereços. Inicie com a forma mais fácil e confiável de encontrar os endereços de e-mail das pessoas:

Ligue para elas e pergunte.

Muito pouco tecnológico, não é? Por algum motivo, essa técnica parece ser a última coisa que as pessoas querem fazer. (Veja o quadro a seguir: "Os dez principais motivos para *não* ligar para alguém e perguntar seu endereço de e-mail".) Tente isto primeiro. Se você souber ou puder descobrir o número do telefone, este método é muito mais fácil do que qualquer um dos outros.

Outra abordagem é ir a um mecanismo de pesquisa, como o Google (`www.google.com`) ou o Bing (`www.bing.com`) e digitar o nome completo da pessoa entre aspas. Você verá uma lista de páginas que incluem o nome — é claro que poderá encontrar outras pessoas com o mesmo nome, se seu amigo se chamar João da Silva ou José de Souza. Ou, então, tente o Yahoo! People Search em `people.yahoo.com`, que permite pesquisas por nome e estado. Tente pesquisar seu próprio nome e ver o que encontra.

Se você estiver em contato com alguém através do Facebook ou outra rede social (descritos no Capítulo 10), pode enviar uma mensagem através desse site e pedir o endereço de e-mail.

Os dez principais motivos para *não* ligar para alguém e perguntar um endereço de e-mail

10. Você quer surpreender um amigo que não vê há muito tempo.

9. Você quer surpreender um *ex*-amigo perdido há muito tempo que lhe deve muito dinheiro e achava que havia escapado de você.

8. Seu amigo não fala sua língua. (Isto acontece — muitos internautas estão em outros países.)

7. Você — ou seu amigo — nem mesmo fala. (Isto acontece também — as redes oferecem um lugar singularmente amigável para a maior parte das pessoas com algum tipo de necessidade especial; ninguém precisa saber se alguém tem alguma.)

6. São 3 horas da manhã e você precisa enviar uma mensagem imediatamente ou então não conseguirá dormir.

5. Você não sabe o número do telefone e, por causa de uma experiência infeliz na sua infância, você tem um medo mortal de ligar para o auxílio telefônico.

4. Você está sem cartão para usar o telefone público.

3. Sua empresa instalou um novo sistema telefônico, ninguém ainda descobriu como usá-lo e, não importa o que você disque, sempre acaba ligando para outro lugar.

2. Você derramou sem querer uma lata inteira de refrigerante no telefone e não pode esperar que ele seque para fazer a ligação.

1. Você ligou ontem, não anotou a resposta e a esqueceu. Opa!

Evitando Vírus, Malware e Outros Incômodos por E-mail

Um vírus ou outro tipo de malware chega ao seu computador como um anexo de uma mensagem de e-mail. (Veja na seção do Capítulo 2 sobre vírus e malware que chegam por e-mail, uma descrição de como os vírus funcionam.) Na maioria dos programas de e-mail, os programas contidos em anexos não são executados até que você clique neles — portanto, *não* abra programas que cheguem de pessoas que você não conheça. Não abra nem mesmo anexos de pessoas que você *conhece* se não estiver esperando recebê-los. Muitos vírus conseguem se replicar enviando cópias de si mesmos para as primeiras cinquenta pessoas em um endereço de e-mail, de modo que uma mensagem que parece ser de um amigo seu pode ser de um vírus no computador desse amigo.

No início, era apenas aquele único anexo que parecia um programa (por exemplo, um arquivo com a extensão .com ou .exe) que podia conter um vírus. Depois pessoas mal-intencionadas (ajudadas por softwares criados sem o cuidado com a segurança) inventaram formas de esconder vírus em documentos de processadores de texto, arquivos PDF (documentos formatados apenas para impressão) e até mesmo imagens. Pessoas mal-intencionadas também escondem malwares em páginas da web (um problema maior se você usar o Internet Explorer do que se usar outros navegadores), de modo que, se você receber uma mensagem inesperada com um link, pense duas vezes antes de clicar nele.

Navegando com um clique, mas sem phishing

A maioria dos programas de e-mail converte URLs (endereços de sites) nas suas mensagens de e-mail em links para os sites reais. Você não precisa digitar esses endereços no seu navegador. Tudo o que precisa fazer é clicar no link destacado na mensagem de e-mail e — pronto — seu navegador abre e você está no site. Se seu programa de e-mail tem esse recurso (todos os programas mencionados nesse capítulo têm), as URLs em mensagens de e-mail aparecem sublinhadas e em azul — um belo recurso.

Infelizmente, esse recurso é usado de maneira inapropriada para phishing. *Phishing* é envio de e-mails falsos, que alegam ser do seu banco ou de outra organização oficial para iludir você e induzi-lo a revelar informações pessoais, o descrevemos no Capítulo 2. Se você clicar em um desses links e abrir um site que solicite uma senha, número de cartão de crédito ou algo semelhante, não dê nenhuma informação!

A maioria dos programas de e-mail e webmail tem recursos de detecção de phishing. Os recursos não são perfeitos, mas se algum disser que um link pode ser phishing, é melhor não clicá-lo.

Capítulo 9

Colocando Seus E-mails no Lugar

Neste Capítulo

- Seguindo as regras de etiqueta de e-mails
- Jogando fora os spams automaticamente
- Respondendo aos e-mails, ou não
- Mantendo uma lista de endereços de e-mail
- Repassando e arquivando e-mails
- Enviando e recebendo anexos e e-mails exóticos
- Ordenando e filtrando suas mensagens

Depois que você se acostuma a usar o e-mail, começa a enviar e receber cada vez mais mensagens, até que chega uma hora em que sente necessidade de organizá-las. Este capítulo descreve como excluir, responder, encaminhar e arquivar mensagens em sistemas de webmail como o Gmail e o Outlook, em smartphones e tablets, no Outlook (aquele que vem com o Microsoft Office) e no Apple Mail (que vem com o Mac OS X). Veja o Capítulo 8 para descobrir como começar a usar esses programas.

Depois de ler (ou decidir não ler) uma mensagem de e-mail, você tem várias opções, praticamente como acontece com a correspondência de papel. Aqui estão suas escolhas habituais:

- Jogar fora (conforme descrito no Capítulo 8).
- Marcar como spam, de modo que seu programa e, às vezes, seu provedor possa saber como identificá-los antes que você tenha que lê-lo.
- Responder.
- Encaminhar para outras pessoas.
- Arquivar.

Você pode adotar qualquer um desses procedimentos com qualquer mensagem. Se você não disser ao seu programa de e-mail o que fazer com uma mensagem, ela geralmente fica na sua caixa de entrada para leitura posterior.

Algumas Palavras das Damas da Etiqueta

Infelizmente, as Grandes Damas da Etiqueta, como Emily Post e Amy Vanderbilt, morreram antes da invenção do e-mail. Estas são algumas sugestões que elas poderiam ter feito sobre o que dizer e, mais importante, o que *não* dizer em um e-mail.

O e-mail é uma mistura divertida, algo entre uma ligação telefônica (ou mensagem de voz na caixa postal) e uma carta. Por um lado, é rápido e geralmente informal; por outro, devido ao fato de ser escrito, em vez de falado, você não vê as expressões faciais da pessoa nem ouve o tom de voz.

Alguns conselhos:

- Ao enviar uma mensagem, preste atenção no tom da sua linguagem.
- Não use só letras maiúsculas — parece que você está GRITANDO.
- Se alguém lhe enviar uma mensagem desagradável ou ofensiva, existe uma probabilidade de ser um engano, ou uma brincadeira de mau gosto. Fique atento, especialmente, para tentativas fracassadas de ser sarcástico. Mesmo que não seja uma dessas opções, responder raramente é uma boa ideia como você verá a seguir.

Fique frio!

Insultos excessivos e sem motivo em e-mails é tão comum que tem seu próprio nome: *flaming*, que nada mais é do que enviar e-mails ofensivos ou ameaçadores. Não perca o controle. *Isso* faz você parecer um idiota.

Quando você recebe uma mensagem tão ofensiva que simplesmente precisa ser respondida, guarde-a na sua caixa de entrada por algum tempo e espere até depois do almoço. E depois ... não responda no mesmo tom. O remetente provavelmente não percebeu quão ofensiva a mensagem ficou. Nesses últimos 30 anos usando, podemos atestar que nunca, nunca mesmo, nos arrependemos de *não* ter enviado uma mensagem ofensiva (embora *tenhamos* nos arrependido de ter enviado algumas).

Quando você estiver enviando um e-mail, tenha em mente que a pessoa que o lerá não terá ideia do que você *queria* dizer — apenas do que você *disse*. Sarcasmo e ironia sutis são quase impossíveis de usar em e-mails e geralmente parecem chatos ou sem graça. (Se você for um escritor muito bom, pode desconsiderar este conselho — mas não diga que não avisamos.)

Outra possibilidade que não deve ser esquecida é o fato de ser tecnicamente fácil forjar endereços de retorno de e-mails. Se você receber uma mensagem totalmente anormal, que pareça não ser do estilo da pessoa que o enviou, outra pessoa pode tê-la forjado para lhe pregar uma peça. (Não, não ensinaremos como forjar e-mails. Acha que somos tolos?)

OMG, o que significa FLW?

Muitas vezes, os usuários de e-mail são digitadores preguiçosos, e é muito comum usar abreviações. Aqui estão apenas algumas das mais usadas:

Abreviação	***O que Significa***
ABS	Abraços
OBG	Obrigado, obrigada
BLZ	Beleza
CMG	Comigo
CTZ	Certeza
D+	Demais
DSC	Desculpa
FDS	Fim de semana
FLW	Falou! Ok, tudo bem
FMZ	Firmeza
HJ	Hoje
IMG	Imagem
KD?	Cadê, onde está?
LOL	Rindo alto, rindo muito
MSM	Mesmo
MSG	Mensagem
MT	Muito
NET	Internet
NG	Ninguém
NIVER	Aniversário
NOVIS	Novidade
OMG	Oh, meu Deus! (Oh, my God!)
PBLM	Problema
PQ	Por que, porque
QND	Quando
QQ	Qualquer
TBM	Também
TD	Tudo
VC/VCS	Você/Vocês
VDD	Verdade

Sorria!

Um *sorriso* ou um *emoticon* como `:-)` significa “Estou brincando”. Incline a cabeça para a esquerda, até encostar no ombro, se não percebeu que o símbolo é um sorriso. Há outros símbolos, como `:-(`, que significa “Triste”, `S2`, que, dependendo da configuração do computador se transforma em um coração, e assim por diante. Este é um exemplo típico:

```
People who don't believe that we are all part of a warm,
caring community who love and support each other are no
better than rabid dogs and should be hunted down and shot.
:-)
```

Pela nossa experiência, qualquer piada que precise de um sorriso provavelmente não vale a pena ser feita, mas os gostos são diferentes. Para obter mais informações sobre etiqueta online, veja nossa página na web `net.gurus.org/netiquette` — em inglês.

Spam: Eliminar, Eliminar, Eliminar!

O spam — mensagens não solicitadas e indesejadas — é uma desgraça da internet. De acordo com a maioria das medições, até 90% de todos os e-mails são spams, o que significa que seu provedor de e-mails tem que filtrar dez mensagens de spam para cada mensagem que entrega. Os filtros de spam funcionam bem, mas não são perfeitos. Estas são algumas sugestões para melhorar sua filtragem de e-mails.

Filtragem de spam no webmail

Os sistemas de webmail tentam identificar spams e movê-los para uma pasta Lixo ou Spam.

- O **Gmail** separa seus e-mails em Principal (e-mails que são realmente para você), Social (notificações de sites, como o Facebook) e Promoções (anúncios, como mostra a Figura 9-1). Verifique todas as abas ou pastas regularmente para ver se não há mensagens reais acidentalmente marcadas como spam. O Gmail tem ainda uma pasta de Spam para os e-mails que ele acha que são spams.
- O **Outlook.com** tem uma pasta Lixeira na lista de pastas no lado esquerdo da página.

Se você vir mensagens de spam em sua caixa de entrada, você pode marcá-las como spam, o que ajuda o serviço de webmail a identificar esse tipo de mensagem no futuro. Na lista de mensagens, selecione a mensagem e clique em Spam, Denunciar Spam ou no ícone ou link Lixeira. Se encontrar e-mails reais classificados como spam em sua pasta Lixeira ou spam, normalmente é possível clicar em um ícone Não é Spam ou algo semelhante para desmarcá-lo como spam.

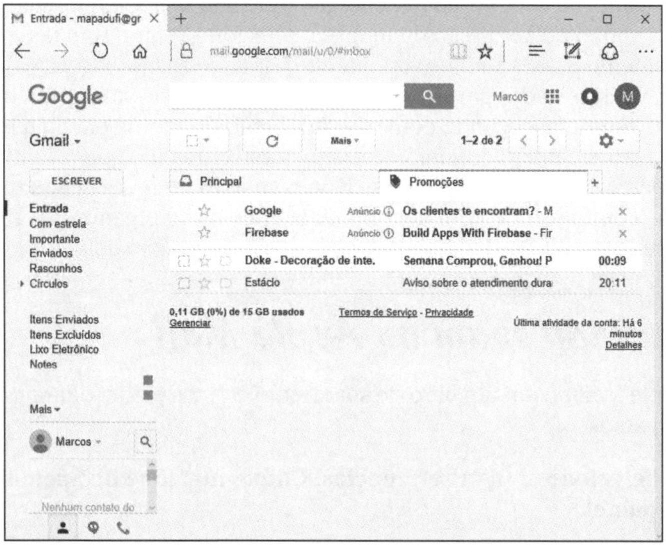

Figura 9-1: O Gmail separa seus e-mails recebidos em Principal, Social e Promoções (anúncios).

O Outlook tem a opção Limpar, que apaga todos as mensagens em sua caixa de entrada enviadas e bloqueia todas as futuras mensagens de um determinado endereço de e-mail.

Filtrando spam no seu telefone ou tablet

O aplicativo Mail do iPhone e do Ipad tem um jeito fácil de mover uma mensagem para sua pasta de Lixeira. Clique no ícone com uma bandeirinha e selecione Mover para a Lixeira. Seu servidor de e-mail (Gmail, Outlook, etc.) pode filtrar spams antes que as mensagens sequer cheguem em sua caixa de entrada.

Os aplicativos do Android para os principais sistemas de e-mail, como o Gmail e o Outlook têm uma opção de marcar uma mensagem como Spam ou Lixo, através de um botão ou na opção menu. O aplicativo geral de e-mail permite que você mova as mensagens para pastas diferentes. Se seu sistema de e-mail fornecer uma pasta Spam ou Lixeira, mova o lixo eletrônico para lá.

Filtrando spam no Outlook

O Outlook possui uma pasta Spam em que ele coloca tudo que acha que é spam. É possível verificar tudo que há nessa pasta, da mesma forma das outras, clicando na lista de pastas no lado esquerdo da janela do Outlook.

Ao receber uma mensagem de spam, clique nela com o botão direito do mouse e selecione Spam⇨Bloquear Usuário. Futuras mensagens desse remetente irão automaticamente para a pasta Spam.

Não se esqueça de verificar sua pasta Spam regularmente (a cada dois ou três dias, por exemplo), para o caso de uma mensagem válida ter sido arquivada lá por engano. Se você vir uma mensagem que não seja spam na sua pasta Spam, clique com o botão direito do mouse e selecione Spam➪Nunca Bloquear Rementente para "validar" o remetente, para que as mensagens dele não sejam mais enviadas para a pasta de spam. Você pode validar um domínio inteiro, também, clicando com o botão direito do mouse em uma mensagem de um remetente do domínio desejado, e selecionando Spam➪Nunca Bloquear Domínio do Remetente. Esse comando pode ser útil quando você está se comunicando com determinada empresa ou organização e quer receber o e-mail de qualquer pessoa que use o domínio dela.

Filtrando spam no Apple Mail

O Apple Mail possui um filtro de spam simples, mas prático. Para usá-lo, siga estes passos:

1. **Selecione Mail➪Preferências. Clique no ícone de Spam no topo do painel.**

   Você deve ver a aba Spam na caixa de diálogo Preferências de E-mail.

2. **Marque Habilitar a Filtragem de Spam, se já não estiver marcada.**

   Você tem a opção de deixar o spam na sua caixa de entrada marcado como lixo ou movê-lo para a caixa Spam. Sugerimos que você use a opção Mover Para Spam.

3. **Selecione os tipos de mensagem para liberar da filtragem.**

   Selecione a caixa para liberar remetentes na sua lista de endereços. Desmarque as outras duas caixas, Recipientes Anteriores e Mensagens Endereçadas Usando Seu Nome Completo — deixar essas duas caixas selecionadas pode resultar em uma grande quantidade de lixo eletrônico.

4. **Selecione Confiar em Cabeçalhos de Spam Configurados pelos Meus Provedores de Serviço de Internet.**

   Alguns provedores marcam o lixo, mas o deixam na sua caixa de entrada. Essa opção faz com que o Mail use as marcações para reconhecê-los.

5. **Feche o painel de Preferências.**

De Volta para Você, Sam: Respondendo ao E-mail

Para responder a um e-mail, procure o link Responder ou um ícone com uma seta curva para a esquerda o que significa a mesma coisa. Pressionar Ctrl+R (Command+R no Mac) funciona na maioria dos programas, também. Alguns programas mostram uma lista de opções que incluem Responder (que responde para o remetente da mensagem), Responder a Todos (que responde para todos que foram incluídos na mensagem original) e Encaminhar (descrito na próxima seção). Responder e Responder a Todos criam uma nova mensagem de e-mail, pré-endereçada ao(s) remetente(s) e com a linha de assunto preenchida com o mesmo assunto da mensagem original mais algo como “Re:” no início. O texto da mensagem original também é incluído na resposta.

Re: Aquilo

Por que a linha de assunto de uma resposta de e-mail normalmente começa com “Re:”? Prepare-se para algo que transborda cultura: a abreviação vem do latim “in re”, que significa “sobre aquela questão” ou “com respeito à”. Você não estava curioso?

Depois de abrir a mensagem de resposta, pergunte-se duas coisas importantes:

- **Para quem vai esta resposta?** Observe cuidadosamente a linha “Para”, que seu programa preencheu para você. É para essa pessoa ou grupo que você quer mesmo responder? Se a resposta estiver endereçada para uma lista de correspondência, você realmente tinha a intenção de enviar uma mensagem para a lista toda ou a resposta é de natureza pessoal, apenas para a pessoa que lhe enviou a mensagem? Você queria responder para o grupo todo? Todos os endereços para os quais você quer enviar a mensagem estão no campo “Para”? Se o campo Para não estiver correto, clique nele e edite os endereços conforme necessário.

  Ocasionalmente, você talvez receba uma mensagem que tenha sido enviada para muitas pessoas e seus endereços apareçam em várias linhas na seção “Para” da mensagem. Se você responder a uma mensagem como essa, assegure-se de que sua resposta não seja endereçada para a lista inteira de destinatários, a menos que você realmente queira que todos recebam.

  Alguns programas de e-mail têm um comando ou botão separado “Responder a Todos”, que endereça a resposta para as pessoas das quais a mensagem veio *e* para as pessoas que receberam cópias (as pessoas “Para” e as pessoas “Cc”). O Outlook e o Apple Mail têm botões Responder a Todos em suas barras de ferramentas.

- **Você quer incluir o conteúdo da mensagem à qual está respondendo?** A maioria dos programas de e-mail inclui o conteúdo da mensagem à qual você está respondendo geralmente formatado para mostrar que é uma *citação* ou *texto citado*. Edite o texto citado para incluir apenas a parte que interessa, de modo que não entedie ou confunda o destinatário com coisas não relacionadas. Se você não fornecer algum contexto para as pessoas que recebem muitos e-mails, sua resposta não fará sentido, de modo que incluir parte da mensagem original pode ser útil. Se você estiver respondendo a uma pergunta, inclua a pergunta na resposta. Você não precisa incluir o texto inteiro, mas dê ao seu leitor uma dica. Ele pode ter lido cinquenta mensagens desde que lhe enviou o e-mail e pode não ter ideia do que você está falando, a menos que você o lembre.

Quando tiver definido os cabeçalhos da mensagem, digite sua mensagem acima do texto citado da mensagem original e clique em Enviar.

Cadastrando Seus Amigos

Após começar a usar o e-mail, você rapidamente descobrirá que tem muitos correspondentes regulares e que manter um cadastro dos seus endereços de e-mail é trabalhoso. Felizmente, todo programa popular de e-mail fornece uma *lista de endereços* ou *de contatos* na qual você pode guardar os endereços dos seus amigos, de modo que possa enviar e-mail para "`Mamãe`", por exemplo, e endereçá-lo automaticamente para `presidente@exec.megacorporação.com`. Você também pode criar listas de endereços, de forma que possa enviar e-mails para "`família`", por exemplo, e eles irão para Mamãe, Papai, seu irmão, irmãs e seu cachorro, se todos eles tiverem endereço de e-mail.

Todas as listas de endereços permitem fazer as mesmas coisas:

- Salvar na sua lista de contatos o endereço do remetente de uma mensagem que você acabou de ler.
- Usar endereços salvos para enviar mensagens.
- Editar sua lista de endereços, incluindo excluir pessoas que você não tem mais contato e atualizar endereços.

Algumas listas de endereços também contêm um espaço para armazenar outras informações sobre seus amigos e colegas de trabalho.

Quem é quem

Clique no ícone Lista de Endereços, Pessoas ou Contatos para ver sua lista de endereços. Muitos programas abrem uma nova janela para as suas listas de contatos. Na maioria das listas de endereços, basta clicar no nome de um contato para editar as informações da pessoa e clicar no link ou ícone Novo ou Adicionar para criar um novo contato.

Veja como adicionar nomes à sua lista de contatos:

- **Gmail:** há uma página Contatos separada que pode ser visualizada clicando no link Gmail no canto superior esquerdo da página (abaixo do logo do Google) e selecionando Contatos. Pelo menos era assim que funcionava em 2014; o Google pode modificar a página do Gmail a qualquer momento. Clique no nome da pessoa para adicionar informação sobre ela. Ao ler uma mensagem de alguém no Gmail, passe o mouse sobre o nome da pessoa (não clique!) para que surja uma caixinha que inclui um link Informações de Contato; clique na caixa para adicionar a pessoa aos seus contatos.

- **Outlook.com:** clique na pequena seta para baixo perto do logo do Outlook no canto superior esquerdo da página para visualizar uma janela de ícones em negrito para os outros aplicativos que você pode usar com sua conta Outlook. (Essas instruções são aproximadas, pois os sites de webmail mudam o tempo todo.) Clique em Pessoas para configurar sua lista de endereços. O site People, mostrado na Figura 9-2, oferece para lhe registrar no Skype, um serviço de mensagem por vídeo e telefone da Microsoft, mas se não quiser é só clicar em Não Obrigado. Clique em Novo no topo da página e adicione o novo contato. Ao ler uma mensagem no Outlook, surge um link Adicionar aos Contatos do lado direito do nome, também.
- **Apple Mail:** ele usa o programa Contatos que vem com o Mac OS X. Abra-o clicando no ícone com um livro em sua plataforma (ou na sua pasta Aplicativos). Clique o ícone + na parte de baixo da janela de Contatos e selecione Novo Contato, insira todas as informações que tiver sobre a pessoa (pelo menos o nome e o endereço de e-mail), e depois clique em Concluir. Ao ler uma mensagem no Apple Mail, basta clicar com o botão direito do mouse no nome da pessoa e selecione Adicionar aos Contatos.
- **Android**: o catálogo de endereços do sistema Android é a sua lista de Contatos de sua conta no Google, a mesma que você usa se tiver uma conta no Gmail. Na maioria dos lugares em que você pode digitar um nome ou endereço, o aplicativo procura em seus contatos e sugere um que se encaixe no que você está digitando. O aplicativo Pessoas permite que você edite seus contatos, mas o John, que tem dedos grossos, acha mais fácil editá-los no Gmail em seu laptop, onde eles serão "automagicamente" sincronizados em seu tablet e telefone Android.
- **Outlook**: clique no botão Contatos no painel à esquerda da janela do Outlook, ou clique em Catálogo de Endereços na aba Home na barra de ferramentas. Você verá a lista de contatos do Outlook, mostrando os nomes em ordem alfabética pelo sobrenome. Clique no botão Novo para exibir uma caixa de diálogo com espaços para todas as informações que você pode querer armazenar sobre alguém. A seguir, clique em Salvar e Fechar.
- **iPhone e iPad**: esses dispositivos vêm com um aplicativo separado chamado Contatos que armazena informações sobre pessoas, incluindo seus endereços de e-mail. Ao endereçar um e-mail no aplicativo Mail, comece a digitar um nome e se ele estiver em seus Contatos, o nome aparecerá. Uma caixa de pesquisa no topo da página permite que você busque pessoas pelo nome ou endereço de e-mail. Ao ler um e-mail, basta tocar no nome da pessoa na linha Para para visualizar seu nome e seu endereço e adicioná-los aos seus contatos.

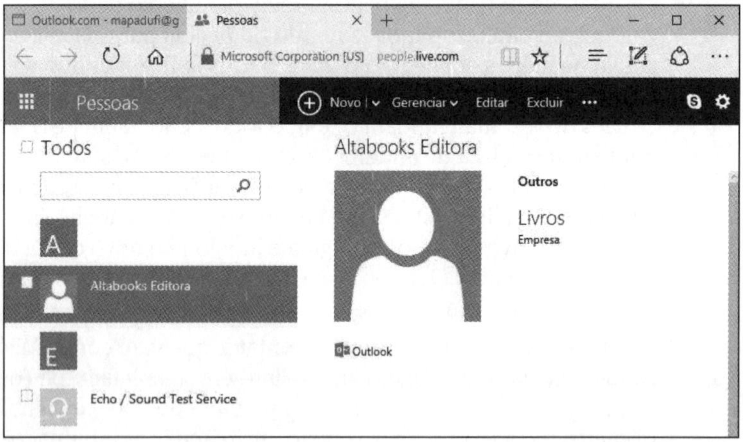

Figura 9-2: O Outlook vem com o site People, um catálogo de endereços online.

DICA

O Apple Mail e o aplicativo Mail iOS tem um recurso VIP que permite que você identifique pessoas cujas mensagens de e-mails você têm especial interesse. No Apple Mail, marque alguém como VIP passando o mouse à esquerda do nome da pessoa e clicando no ícone de estrela que aparece. Em seu iPhone ou iPad, abra a mensagem de uma pessoa, toque o nome para exibir suas informações, e depois toque em Adicionar como Vip. Agora, as mensagens de seus contatos VIP aparecerão em uma pasta especial chamada VIP.

Endereçando mensagens no modo fácil

Escrever uma mensagem é um bom momento para usar sua lista de endereços, porque, quem consegue lembrar todos esses endereços esquisitos de e-mail que seus amigos escolhem? Quando você estiver escrevendo uma nova mensagem (ou respondendo ou encaminhando, conforme descrito mais adiante neste capítulo), veja o que é preciso fazer em todos estes sistemas:

1. Clique no ícone ou botão Escrever, Nova, ou Nova Mensagem para criar uma nova mensagem.

2. Comece a digitar o nome da pessoa ou o endereço de e-mail. Se eles estiverem em seu catálogo de endereços, o sistema encontrará e mostrará o nome ou endereço. Se mais de uma entrada for viável, você verá uma lista na qual poderá escolher o que quer.

Ou, abra o catálogo de endereços ou lista de contatos, clique na pessoa para quem quer escrever e procure pelo ícone com um envelope ou algo que sugira o envio de correspondência. Clicar uma ou duas vezes no nome da pessoa pode funcionar, também. (Desculpe-nos pela inexatidão, mas esses serviços mudam de aparência tão rápido que mesmo os usuários mais experientes têm que redescobrir onde estão os comandos de vez em quando.)

Batatas Quentes: Encaminhando E-mails

Você pode encaminhar e-mails para outras pessoas. É fácil e barato. Encaminhar é uma das melhores coisas do e-mail e, ao mesmo tempo, uma das piores. É bom porque você pode passar adiante mensagens para pessoas que precisam estar cientes delas. É ruim porque você (não *você* especificamente, mas... bem... pessoas ao seu redor — é isso) pode facilmente enviar uma avalanche de mensagens para destinatários que poderiam perder outra notícia do Ministério da Verdade ou *outra* piada que não para de circular pela internet. Pense se você irá melhorar a qualidade de vida de alguém encaminhando uma mensagem para essa pessoa. Se uma mensagem disser "Encaminhe para todas as pessoas que você conhece", faça um favor a todas as pessoas que você conhece e apague-a imediatamente.

Encaminhar uma mensagem significa reenviar a mensagem como se fosse sua, mais ou menos como fazer anotações em um documento e enviá-lo para outras pessoas.

Encaminhar e-mails é quase tão fácil quanto responder: selecione a mensagem e clique no botão ou ícone Encaminhar ou na seta para direita. O programa de e-mail cria uma mensagem contendo o texto da mensagem que você quer encaminhar; tudo que você tem que fazer é digitar o remetente, acrescentar um comentário sucinto e clicar em Enviar.

O texto da mensagem original aparece na parte superior ou inferior da mensagem, geralmente formatado como texto citado e precedido por uma linha que especifica de quem a mensagem veio originalmente, e quando. Você então pode editar a mensagem e acrescentar seus próprios comentários.

Batatas Frias: Salvando E-mails

Salvar e-mails para consultar depois é semelhante a colocar batatas na geladeira para comer depois. (Não critique isto se ainda não experimentou — batatas assadas ontem ainda são gostosas com manteiga ou *sour cream.*) Muitos dos seus e-mails valem a pena ser salvos, assim como vale a pena guardar algumas de suas correspondências de papel. Muitos *não valem a pena*, é claro, mas é para isso que serve o ícone Excluir.

Você pode salvar os e-mails de diferentes maneiras:

- Salve-os em uma pasta cheia de mensagens.
- Imprima-os e coloque-os em um fichário com correspondências de papel. (Poupe uma árvore; não use esse método.)

Geralmente, o método mais fácil é colocar as mensagens em uma pasta. Os programas de e-mail vêm com pastas nomeadas como Entrada, Enviados e Lixo, além de outras, talvez. Mas você também pode criar as suas próprias.

As pessoas usam duas abordagens gerais para arquivar e-mails: por remetente e por assunto. Se você vai usar uma ou outra, ou ambas, é mais uma questão de preferência pessoal. Para arquivar por tópico, depende só de você criar os nomes das pastas. A parte mais difícil é inventar nomes fáceis de lembrar. Se você não for cuidadoso, acabará com quatro pastas com nomes ligeiramente diferentes, cada uma das quais com um quarto das mensagens sobre um determinado assunto.

DICA

Você pode salvar a mensagem inteira, ou parte dela, copiando-a para um arquivo de texto ou documento de editor de texto. Selecione o texto da mensagem usando o mouse. Pressione Ctrl + C (Command + C no Mac) ou selecione Editar⇨Copiar para copiar o texto para a área de transferência. Vá até seu editor de texto (ou qualquer que seja o programa para o qual você queira copiar o texto e pressione Ctrl + V (ou Command + V no Mac), ou selecione Editar⇨Colar para fazer com que a mensagem apareça onde o cursor estiver.

Armazenando mensagens em sistemas de webmail

Os sistemas de webmail mudam toda vez que a empresa decide reformar o site, mas era assim que os sistemas de webmail populares funcionavam na última vez que verificamos.

Suas pastas aparecem na lista de pastas no lado esquerdo da sua janela de navegador (a Figura 9-1 mostra a lista do Gmail). Elas incluem nomes como Entrada, Importante, Enviados, Rascunhos, Spam (ou Lixo), Arquivos e Lixeira (ou Deletados. Clique no nome de uma pasta para ver as mensagens armazenadas nela. Para salvar uma mensagem, arraste a mensagem da lista de mensagens para a pasta.

Para criar uma nova pasta no Outlook, clique com o botão direito do mouse (Command-Clique ou clique com o botão direito do mouse no Mac) na palavra Pastas no topo da lista de pastas, e depois selecione Adicionar uma Nova Pasta.

No Gmail, em vez de colocar seus e-mails em pastas, você os rotula. Todos os e-mails com o mesmo rótulo agem como um tipo de pasta. Clique no botão Marcadores e escolha da lista. Para criar um novo marcador, clique no botão Marcadores, clique no ícone selecione Gerenciar Marcadores e clique no botão Criar Novo Marcador, digite um nome e clique no botão Criar.

Arquivando mensagens em um smartphone ou tablet

Em um iPhone ou iPad, ao ler uma mensagem, aparece um ícone Pasta na parte inferior (iPhone) ou superior (iPad) da tela. Clique nele para ver uma lista de pastas para as quais você pode mover sua mensagem. No e-mail do Android, há um ícone com uma pasta de arquivo na parte superior ou inferior da tela onde você deve tocar para ver a lista de pastas. Se você quiser criar uma pasta, crie em seu computador.

Arquivando mensagens no Outlook

O Outlook começa com algumas pastas, incluindo Entrada, Itens Excluídos, Rascunhos (mensagens que você escreveu mas ainda não enviou), Lixeira e Itens Enviados. Elas aparecem endentadas sob o nome da sua caixa de correspondência (o nome que você deu à sua conta de e-mail ao configurou o Outlook; por exemplo, Mailbox — Margy Levine Young). Você pode criar uma nova pasta clicando com o botão direito do mouse no nome da caixa de mensagens e selecionando Nova Pasta no menu que aparecer. Você também pode criar pastas dentro de pastas: clique com o botão direito do mouse em *qualquer* pasta para criar uma dentro.

Para mover uma mensagem de uma pasta para outra, apenas arraste-a da sua localização atual para onde você quer armazená-la.

Arquivando mensagens no Apple Mail

O que outras pessoas chamam de pastas, a Apple chama de *mailboxes*. Para criar uma nova, selecione Mailbox⇨Novo Mailbox. Você pode selecionar a localização do mailbox (no seu Mac ou com o resto dos e-mails na sua conta de e-mails). Digite o nome do novo mailbox e clique em OK.

Para mover uma mensagem, clique na mensagem na lista de mensagens e arraste-a para o mailbox onde você quer que ela vá.

Enviando Arquivos por E-mail

Antigamente, quando dinossauros vagavam pela Terra, os e-mails continham apenas texto, sem formatação alguma. A boa e velha fonte Courier era o suficiente para nós! Mas, hoje em dia, os e-mails podem ser tão dançantes e cantantes quanto as páginas da web, com formatação, imagens e até vídeos. Mais cedo ou mais tarde, alguém vai lhe enviar uma imagem que você não pode perder, ou você vai querer enviar um vídeo do Fluffy para seu amigo que mora em Paris. Para enviar algo além de texto via e-mail, você pode *anexar* um arquivo à sua mensagem ou incluir um link para alguma página da web.

Anexar é fácil

Quando você recebe um e-mail com imagens, seu programa de e-mail normalmente as exibe diretamente na mensagem. Ao receber um arquivo anexado, seu programa de e-mail mostra o nome do arquivo, e basta clicar nele para abri-lo. Isso acontece com imagens, também, se o formato da imagem for muito diferente para que seja exibida.

Você pode salvar uma imagem ou arquivo anexado para usar depois; na maioria dos programas você pode clicar na imagem e selecionar Salvar Imagem Como para guardá-la na pasta que quiser. Depois, você pode usá-la como qualquer outro arquivo.

Estes tipos de arquivos são frequentemente enviados como anexos:

- Fotos em arquivos de imagem
- Arquivos PDF (documentos formatados visualizáveis e imprimíveis)
- Programas em arquivos executáveis (não recomendado, pois malwares também podem ser enviados como anexos).
- Filmes em arquivos de vídeos.
- Sons em arquivos de áudio.
- Arquivos compactados do tipo .zip.
- Imagens em arquivos de imagem.
- Documentos de editor de texto.

CUIDADO!

Os vírus de e-mail muitas vezes aparecem como anexos. Se você receber uma mensagem com um anexo inesperado, ou estranho, mesmo que seja de alguém que você conheça, **NÃO O ABRA** até confirmar com o remetente se foi ele mesmo quem o enviou. Os vírus frequentemente pegam todos os endereços da lista de contatos de uma vítima, de modo que possam enviar e-mail de si próprios para outras pessoas. Alguns tipos de anexo não podem carregar vírus — especialmente imagens GIF e JPG.

DICA

Quando você recebe uma imagem como anexo, ela, às vezes, é tão grande que tudo o que você vê na sua janela de mensagens é um canto de uma imagem que mediria em torno de 120 x 180 centímetros se fosse visualizada integralmente. Se isso acontecer, clique com o botão direito do mouse e grave como um arquivo separado e depois visualize-a usando outro programa.

Se você receber um anexo no seu smartphone, pode querer esperar para abri-lo quando estiver lendo a mensagem no seu computador, onde, provavelmente, terá o programa necessário para abrir o arquivo anexado.

Criando anexos

Antes de enviar um arquivo para outra pessoa, analise se ela vai conseguir abri-lo. Quase todo mundo pode abrir um arquivo em PDF ou uma foto, mas nem todos têm o Microsoft Word ou outros programas necessários para abrir arquivos de documentos.

Para anexar um arquivo, basta arrastar o arquivo do Windows Explorer ou da janela de Pesquisa e soltá-lo na mensagem. Ou, clique em Anexo, Inserir ou no link com a figura de um clipe de papel e escolha o arquivo que quer anexar.

Em um iPhone ou iPad, você envia um arquivo a partir do programa que lida com aquele tipo de arquivo. Por exemplo, para enviar uma foto, abra o aplicativo Fotos e abra a foto que quer enviar. Toque no ícone Enviar no canto inferior esquerdo da tela. Você terá algumas opções para enviar a foto, como mostra a Figura 9-3; escolha Mail para criar uma mensagem de e-mail com a foto anexada. Depois enderece e envie a mensagem como de costume. Em geral, o programa pergunta em qual tamanho você quer enviá-la (pequena, média ou grande). Escolha de acordo com a importância da qualidade para aquela foto. Prefira o tamanho pequeno se você estiver pagando pela transferência de dados em seu aparelho.

Figura 9-3: Em um iPhone ou iPad você pode enviar uma foto por e-mail a partir do aplicativo Fotos.

Recebendo Anexos

Se você receber uma mensagem com arquivos anexados, verá os nomes dos arquivos na parte superior ou inferior da mensagem. Um clipe de papel pode estar indicando que um arquivo veio anexado ao e-mail. Clique duas vezes ou toque no nome do arquivo para abri-lo e então salve-o onde quiser.

Capítulo 10

Socializando com o Facebook e o Google+

Neste Capítulo

- Iniciando-se no Facebook
- Personalizando sua página no Facebook
- Fazendo muitos amigos no Facebook
- Mantendo contato com todos seus amigos do Facebook
- Iniciando-se no Google+

Uma *rede social* permite que você crie um perfil online e navegue pelos perfis de outras pessoas. Você pode adicionar suas informações básicas, fotos e comentários em seu perfil pessoal. Também pode usar os sites de redes sociais para se comunicar com os amigos, organizar eventos, criar grupos e conhecer novas pessoas.

O Facebook Não É a Única Rede Social

Os sites de rede social se tornaram muito populares e agregam todos os tipos de pessoas. O Facebook, em `www.facebook.com`, foi criado por estudantes universitários e se expandiu entre o público de modo geral. No entanto, hoje o Facebook atrai uma base grande e variada de mais de 700 milhões de usuários. E a porcentagem de pessoas mais velhas que usam as redes sociais tem aumentado significativamente. O Facebook é usado por todos, desde avós procurando se conectar com seus netos até colegas de trabalho, que compartilham experiências fora do trabalho, e políticos buscando manter seus simpatizantes atualizados e tentando conquistar novos.

Antes da ascensão do Facebook, o MySpace, em `www.myspace.com`, talvez fosse considerado a principal rede social. Além de facilitar o contato com amigos e familiares, o MySpace criou um nicho para que bandas de rock e outros grupos musicais pudessem se promover para os fãs. O MySpace ainda está ativo, mas o Facebook o deixou na poeira.

No início de 2011, o Google trouxe o Google+, que em termos de popularidade não chega nem perto do Facebook, mas está crescendo. Acesse `plus.google.com` para experimentá-lo. O Ello, uma nova iniciativa, não comercial, ou seja, sem anúncios, também vem ganhando adeptos.

Embora o Facebook, o Google+ e o MySpace tenham a finalidade de conectar os usuários ao maior número de pessoas possível e para todos os tipos de propósito, outras redes sociais servem para um público e propósito específicos.

Por exemplo, o LinkedIn, em `www.likedin.com`, é projetado para redes profissionais e pode ser especialmente útil para pesquisas de emprego. Depois de se conectar com seus contatos de negócio no LinkedIn, você pode postar notícias sobre seu trabalho, escrever recomendações para colegas e ver quem seus contatos conhecem em outras organizações. Muitas pessoas usam o LinkedIn para fazer conexões pessoais nos lugares em que estão se candidatando a um emprego. Essa rede social permite que você poste e responda à perguntas. A ideia é escrever respostas úteis, para que pessoas que estejam procurando funcionários ou contratantes vejam seu perfil e decidam entrar em contato através de uma conexão mútua.

Desde suas criações, esses sites têm sido uma forma de as pessoas manterem contato e fazerem novas amizades, gratuitamente. (Em alguns casos, incluindo o LinkedIn, os sites fornecem os serviços básicos gratuitamente e serviços mais avançados pagos.)

O Facebook é a rede social mais popular no mundo, por isso ele é tratado com mais detalhes neste capítulo. Como decidir em qual rede social você deve entrar? Pergunte aos seus amigos e colegas de qual eles fazem parte.

Como as redes sociais são uma tendência, você pode encontrar um grande número de sites e a maioria dos quais nunca chegará a nada. Alguns sites são populares em áreas ou países específicos, mas se você nunca ouviu falar em um site, ninguém em quem você esteja interessado terá ouvido falar também.

Antes de entrar em uma rede social, pense nas pessoas que espera encontrar lá e tente procurá-las. Se não encontrar pelo menos algumas, ele provavelmente não será interessante para você. Alguns sites sem popularidade recolhem todos os endereços da lista de contatos dos membros e enviam convites como se fossem eles. Então, se você receber um convite inesperado, primeiro escreva para o suposto remetente para saber se o convite é legítimo.

Todo site tem restrições de idade diferentes para usuários, bem como regras que se aplicam a todos os usuários, independentemente da idade. O Facebook, como a maioria dos sites de redes sociais, requer que os usuários tenham 13 anos ou mais, embora existam entre seus membros crianças mais novas que mentem a idade.

DICA

É possível entrar em diversas redes sociais — e, às vezes, é até uma atitude sensata. Conhecemos muitas pessoas que usam o LinkedIn para contatos profissionais e o Facebook para os amigos. Lembre-se de que o principal motivo para usar uma rede social é manter o contato com as pessoas, de modo que não há muito sentido em entrar em uma rede, a menos que você já conheça as pessoas de lá.

Iniciando-se no Facebook

A melhor maneira de explorar o Facebook é criando uma conta. Os sites de redes sociais querem ter o maior número de usuários possível, e é muito simples fazer um cadastro.

O Facebook em seu navegador

Comece abrindo seu navegador e acessando `www.facebook.com`. Você verá um formulário solicitando informações básicas — incluindo nome e endereço de e-mail —, necessárias para configurar uma conta.

Quando você termina de se registrar no Facebook, ele lhe envia um e-mail pedindo para confirmar seu registro clicando em um link na mensagem. Se você não clicar no link, após alguns dias não poderá mais usar essa conta.

A Figura 10-1 mostra uma página comum do Facebook (bem, é a página de um dos autores deste livro), também conhecida como *perfil*. Sua página pode incluir fotos, vídeos, comentários e outros elementos para apresentar o Verdadeiro Você (ou, se preferir, o Falso Você).

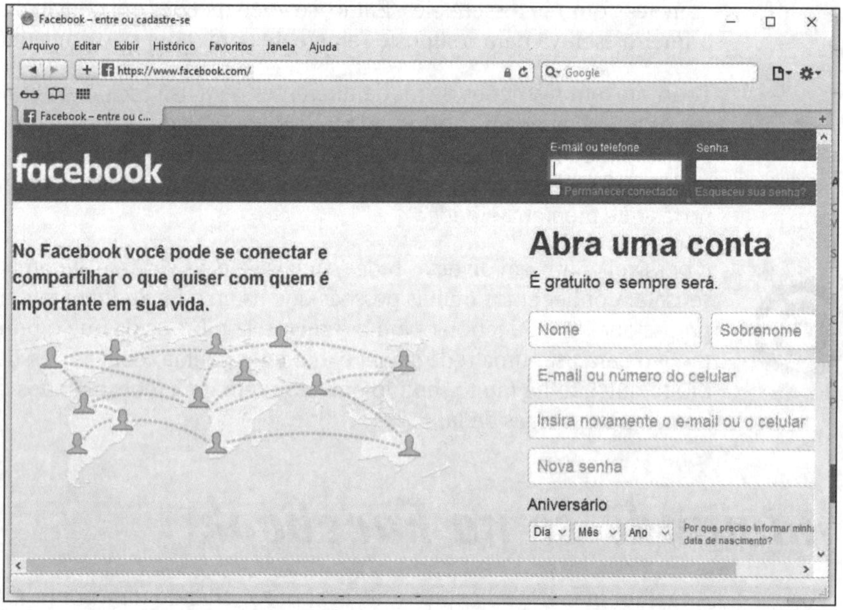

Figura 10-1: Sites de redes sociais, como o Facebook, exibem informações sobre você e lhe conecta aos seus amigos.

Se você estiver criando um perfil para uma organização e não para uma pessoa, você pode criar uma fanpage, uma página no Facebook, que tem fãs e não amigos.

O Facebook no seu bolso

Como disse nossa sobrinha, "O Facebook não é para usar no computador, é para usar no telefone." Instale o aplicativo do Facebook, mostrado na Figura 10-2, na Apple Store ou Play Store em seu dispositivo iOS ou Android. Faça seu login com o mesmo nome de usuário e senha usados ao criar sua conta.

Ao abrir seu aplicativo Facebook no seu smartphone ou tablet, o Feed de Notícias é mostrado, com as novidades sobre seus amigos. Ícones na parte inferior da tela dão acesso às solicitações de seus amigos, mensagens e outras notificações. O ícone Mais no canto inferior direito mostra um menu com outras opções.

Figura 10-2: O Facebook é mais divertido em um smartphone ou tablet, pois você pode postar novidades em qualquer lugar.

Expandindo Seu Perfil

Depois de configurar sua conta, o Facebook o convida a acrescentar informações ao seu perfil. Você também tem a oportunidade de carregar suas fotos. As fotos são opcionais, mas elas ajudam seus amigos a reconhecê-lo no Facebook e a distinguir seu perfil dos de outros com o mesmo nome.

Conectando-se com seus amigos

O objetivo principal das redes sociais, acredite ou não, é o contato social. Seu site não está completo até que inclua conexões com muitos amigos e, de preferência, pessoas que você realmente conhece. (Não tentamos explicar a diferença entre um amigo de Facebook e um amigo real.)

O Facebook oferece diversas formas para você encontrar pessoas que conhece.

Após o registro, ele pede para que você permita o acesso à sua lista de endereços de e-mail. O Facebook pode então identificar as pessoas que você conhece e que também estejam no Facebook e que você talvez queira adicionar aos seus amigos. Esse recurso é inteiramente opcional; se sua lista de endereços for como a nossa, com muitos endereços de pessoas que mal conhece, pode ser uma forma de irritar quase-estranhos *muito rapidamente*.

Baseado nas outras informações que você adiciona ao criar seu perfil, o Facebook gera uma lista de outros usuários que você talvez conheça na vida real e o convida a adicioná-lo como amigo. Na nossa experiência, ele faz um trabalho assustadoramente bom encontrando possíveis amigos.

Você também pode usar a barra Pesquisar no topo de qualquer página do Facebook para procurar um amigo, pelo nome ou endereço de e-mail. Se uma das pessoas listadas parecer a correta, clique no nome para visualizar o perfil. Você ficará surpreso com a quantidade de pessoas com nomes iguais, mas, normalmente, é possível identificar a pessoa correta através da foto ou da localização.

Depois de encontrar o perfil que procurava, basta clicar no botão Adicionar aos Amigos, à direita do nome. Antes de enviar um pedido de amizade, você pode adicionar uma mensagem pessoal. Embora isso não seja uma regra social, talvez seja útil, caso você tenha mudado seu nome ou por algum motivo a pessoa possa não reconhecer você.

Depois de clicar no botão Adicionar aos amigos, é só esperar que seu amigo (se ele realmente for seu amigo) aceite sua solicitação.

Algumas pessoas têm configurações de privacidade que não permitem que o botão de Adicionar aos amigos apareça; em vez disso, aparece um botão Mensagem para que você entre em contato e diga de onde se conhecem.

Grupos de amigos

Quando você tiver mais de algumas dezenas de amigos no Facebook, pode ser interessante organizá-los em grupos. Por exemplo, você pode ter amigos que morem na sua cidade, amigos de colégio ou faculdade e colegas de trabalho. Pode haver ocasiões em que você quer compartilhar – ou não – informação com tipos específicos de amigos.

Quando você está visualizando o perfil de um amigo, aparece o botão Amigos (para mostrar que vocês já são amigos). Clique nele para adicionar a pessoa ao seu grupo de Melhores Amigos ou de Conhecidos, já criados pelo Facebook, ou clique em adicionar à outra lista, para criar um novo grupo.

Você quer que o mundo inteiro veja isso?

Para editar suas configurações de privacidade, clique no link Privacidade, um pequeno cadeado no canto superior direito da página e depois selecione Preferências de Privacidade. A todo momento, o Facebook muda a aparência de sua página, assim o site pode ter sido alterado desde que escrevemos este livro. No aplicativo Facebook em seu smartphone ou tablet, clique no menu Mais (no canto inferior esquerdo da tela, desde o início de 2015), vá até Configurações e toque em Privacidade.

Na janela Configurações e Ferramentas de Privacidade, mostrada na Figura 10-3, você pode ver as opções dos grupos de pessoas que podem ver sua lista de amigos, lhe enviar mensagens ou visualizar suas informações e interagir com você. Todas as ações listadas nesta página podem ser ajustadas.

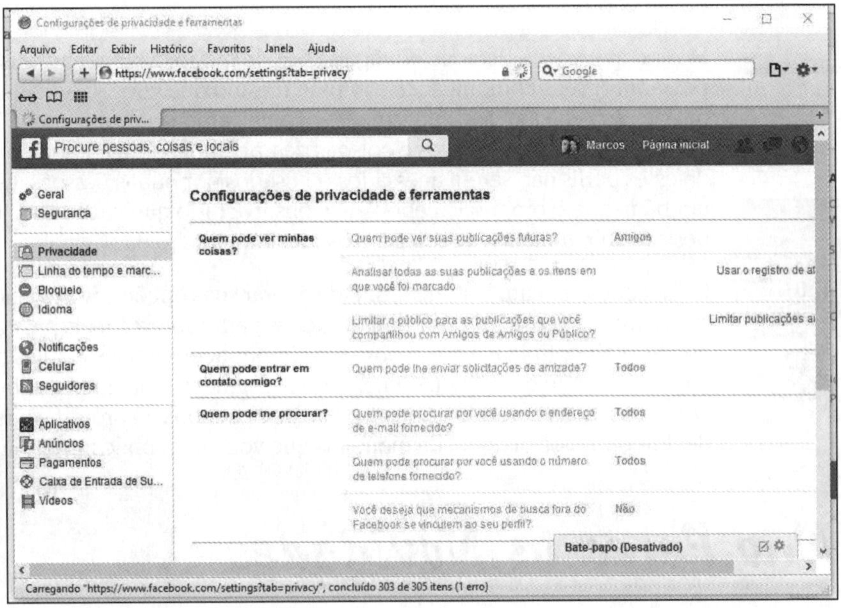

Figura 10-3: Especificando quem pode lhe ver e se conectar com você.

Diversas configurações estão disponíveis. Você pode:

- Escolher subgrupos específicos de amigos, ou de determinadas pessoas, que poderão visualizar certos tipos de informação.
- Escolher pessoas específicas das quais quer esconder diferentes tipos de informação.
- Tornar algumas de suas informações visíveis apenas para você.

Por exemplo, se você selecionar a configuração Público para Quem Pode Visualizar Suas Publicações Futuras, suas atualizações e determinadas informações associadas ao seu perfil ficarão visíveis para o público em geral, e qualquer pessoa no Facebook poderá comentar suas postagens. Se você selecionar Apenas Amigos, somente as pessoas com as quais você estiver conectado diretamente no Facebook poderão ver suas informações. Também é possível selecionar Apenas eu (então para que postar?), Amigos Exceto Conhecidos, ou quaisquer grupos criados.

Para alterar suas preferências de configuração de privacidade, clique no botão Editar, do lado direito de cada elemento, as opções aparecem em uma pequena janela; faça as alterações e depois clique em Fechar para salvá-las.

Um pouco de precaução

Se você gastar um pouco mais de tempo familiarizando-se com as configurações de privacidade do Facebook, pode exercer muito controle sobre como suas postagens, fotos e outras informações são vistas (ou não vistas) pelo mundo. Mas, tenha em mente, que nada é totalmente privado na internet, especialmente no Facebook.

Mesmo que você selecione configurações de modo que apenas seus amigos possam ver seus comunicados e fotos, e mesmo que você só adicione familiares próximos como amigos, infelizmente não há garantias de que eles não os compartilharão com amigos e colegas de trabalho. Assim como não há garantias de esses perfis não serem acessados ou usados por outras pessoas. Lembre-se, também, que o próprio Facebook lê e observa tudo que você posta, para que possa exibir anúncios de seu interesse do lado direito da página.

CUIDADO!

O Facebook tem um histórico ruim de alterar suas opções de privacidade para mostrar cada vez mais as suas informações para cada vez mais pessoas. A opção que lhe dá controle máximo sobre suas informações é pensar antes de postar. Se você tiver medo que algum comentário desagradável ou que fotos bobas sejam compartilhadas por todos, não as poste no Facebook. O próprio Facebook pode decidir usar esse material de maneiras que você nem pode imaginar.

Não Perca as Novidades

Compartilhar informações pertinentes é o que torna o Facebook divertido e o faz valer a pena para milhões de pessoas. Toda vez que você se conecta em sua conta, o Feed de Notícias surge em sua tela com as novidades postadas por seus amigos, a mais recente é a que aparece na parte de cima.

Algumas pessoas se conectam ao Facebook uma vez por semana para ver se há comentários ou mensagens novas online. Outras sentem a necessidade de verificá-lo várias vezes ao dia. (Talvez essas pessoas verifiquem sua caixa de mensagens a cada hora também.) Depende de cada um. É possível, inclusive, configurar o aplicativo do Facebook em seu celular para que ele lhe notifique a cada nova publicação das pessoas em seus contatos.

Você também pode receber atualizações do Facebook por meio de e-mails, de modo que não precise se conectar para ver se outras pessoas lhe enviaram alguma mensagem, escreveram um comentário no seu perfil ou interagiram com você no Facebook. Para alterar as configurações de notificação por e-mail, clique no ícone Privacidade novamente, escolha Veja Mais Configurações e clique na aba Notificações do lado esquerdo da página. Você pode escolher como quer receber notificações (apenas pelo aplicativo, via e-mail ou por mensagem de texto) e sobre o que você quer ser notificado (atualizações, aniversários e outros eventos).

Você também pode receber notificações em seu smartphone ou tablet. No aplicativo, toque em Mais no canto inferior esquerdo, role a tela e toque em Configurações. Toque em Notificações de Celular para escolher o que vai pipocar na tela do seu telefone ou tablet.

Atualizando seu status

Postar atualizações de status, fotografias e links são as três formas mais populares de compartilhar informação no Facebook. Seu status é simplesmente uma atualização escrita que é exibida para seus amigos e no seu perfil. Você pode escrever uma atualização de status ao visualizar o seu perfil, clicando no seu nome na parte superior esquerda da página. Também é possível escrever uma mensagem na página do Feed de Notícias, que pode ser acessado clicando no link Feed de Notícias do lado esquerdo da página. De qualquer forma, clique na caixa Gostaria de Compartilhar Algo? (abaixo das opções de compartilhamento). A pergunta desaparece e você pode escrever o que quiser. Nessa caixa, você talvez escreva coisas como: Fazendo cookies de chocolate para o aniversário de um amigo ou Dei um passeio à beira da praia hoje, pois o dia estava lindo!

Se você está usando o aplicativo em seu smartphone ou tablet, clique no ícone Status perto do topo da tela para visualizar a caixa "Gostaria de Compartilhar Algo?".

Depois de clicar na caixa de texto, você pode adicionar muito mais do que apenas texto, como:

- **Um link para uma página:** digite ou cole um link para uma página da internet que queira compartilhar, bem como seus comentários. Não poste apenas o link; as pessoas querem saber *por quê* que você está postando aquilo.

  Quando o Facebook identifica que você inseriu um link, aparece um resumo da página e, normalmente, uma pequena foto.

- **Uma fotografia ou outra imagem:** clique no ícone com uma pequena câmera na parte de baixo da caixa em que está digitando. O Facebook mostrará uma caixa de diálogo onde você pode escolher uma foto para fazer upload. Ou clique no link Adicionar Foto/ Video no topo da página.

  O aplicativo pede permissão para acessar as fotos armazenadas em seu celular e permite compartilhar uma ou mais. Outra forma de postar uma imagem em seu telefone é compartilha-la diretamente do aplicativo de fotos.

Depois de escrever sua atualização, colar seu link ou carregar uma foto, o próximo passo é decidir com quem você quer compartilhar essa informação. A opção padrão é Público, que provavelmente não é a opção que você quer. Normalmente, configuramos a nossa para Amigos, assim apenas nossos "Amigos" do Facebook podem ver nossas atualizações.

O último passo é clicar em Publicar. A sua atualização aparecerá no seu perfil e poderá aparecer no Feed de Notícias dos seus amigos.

Lembre-se que não é porque você postou uma atualização para seus amigos verem, que, necessariamente, todos eles vão ver e ler a sua publicação. Não fique surpreso ao encontrar um amigo em uma festa e ele não souber que você tem um cachorro novo ou que caminhou no parque naquele dia. Um usuário do Facebook com muitos amigos não consegue acompanhar todas as publicações (a menos que tenham uma quantidade extraordinária de tempo livre). E o Facebook nem sempre exibe todas as publicações dos seus amigos para que possa inserir seus próprios anúncios publicitários. O Facebook é gratuito mas alguém tem que pagar por ele. Esse alguém é você, compartilhando suas informações pessoais com os anunciantes e vendo suas propagandas.

Você pode postar na página de outra pessoa também. Ao visualizar a página de um amigo, digite na caixa Escreva algo, ou poste fotos ou vídeos usando o link Adicionar Fotos/ Vídeos .

Respondendo e Dialogando com Seus Amigos

Depois de ter centenas de amigos no Facebook, você terá muitas formas de saber o que eles andam fazendo e de compartilhar tudo que você está fazendo e pensando.

De olho no Feed de Notícias

O Feed de Notícias é exibido quando você se conecta ao Facebook. Ao rolar a página, verá as publicações dos seus amigos e o que eles andam fazendo no site. Você pode Curtir as atualizações e comentários deles. Por exemplo, se uma amiga anunciar que conseguiu um novo emprego, você pode clicar em Curtir logo abaixo do post como uma forma de cumprimentá-la. Ou, pode clicar em Comentar e escrever um recado para ela.

Para saber o que mais está se passando na vida de um amigo, clique no nome dele para acessar seu perfil. Lá, você pode ler as publicações anteriores, ver fotos e a lista de amigos e, dependendo das configurações de privacidade, ver as páginas dos amigos dele.

No perfil de um amigo, há uma caixa Escreva algo, parecida com a Gostaria de Comentar Algo? que aparece na sua página. Tudo que você publicar nesta caixa aparecerá no perfil do seu amigo como um recado em um mural.

Enviando mensagens

Se você quiser escrever um recado que só possa ser visto pelo seu amigo, envie uma mensagem. Comece visitando o perfil dele e clicando no botão Mensagem no canto superior direito. As mensagens são mais parecidas com as mensagens de texto ou instantâneas de seu celular do que com um e-mail. Também é possível adicionar uma foto na mensagem, clicando no ícone da câmera na parte de baixo da mensagem.

Para ler suas mensagens enviadas e recebidas, clique no link Mensagens na lista do lado esquerdo na sua página Feed de Notícias.

Deixando de seguir e desfazendo amizades

Todos têm um amigo com quem é divertido passar o tempo na vida real, mas que continuamente posta atualizações aleatórias e desinteressantes. Depois da quarta vez em uma mesma tarde que a atualização dessa pessoa aparecer no seu Feed de Notícias, você pode ficar tentado a desfazer a amizade com o coitado, independentemente das consequências no seu relacionamento no mundo real. Mas há uma forma melhor.

Clique na seta apontando para baixo na última postagens da pessoa. Você verá algumas opções, incluindo:

- Ocultar Publicação, omite essa publicação específica e outras do mesmo tipo.
- Deixar de Seguir, desliga todas as publicações daquela pessoa, mas vocês ainda continuam amigos. Seu amigo jamais saberá disso. Esconder as publicações de um amigo não limita o acesso dele às suas informações, mas evita que as informações dele apareçam no seu Feed de Notícias.
- Denunciar publicação ou foto, envia um relatório para a administração do Facebook reclamando sobre uma publicação inapropriada. O Facebook, então, perguntará qual o problema.

Todavia, relacionamentos terminam na vida real, e às vezes quando isso acontece, a amizade online também acaba. A forma mais fácil de *desfazer a amizade* com alguém (de modo que ele não seja mais seu amigo no Facebook) é ir até o perfil da pessoa, clicar no botão Amigos e selecionar Desfazer Amizade. Seu ex-amigo não receberá qualquer notificação. Entretanto, ele poderá perceber se tentar acessar o seu perfil (nesse caso, ele verá um botão Adicionar aos Amigos ao lado do seu nome) ou procurar o seus nome na lista de amigos dele (onde você não estará mais).

Excesso de Facebook

O Facebook pode assumir o controle da sua vida, mas com moderação, ele pode ser uma maneira maravilhosa de manter contatos com seus amigos, mesmo à distância.

O Google Socializa com o Google+

O Google+ é a resposta do Google ao Facebook. Ele tem muitos dos mesmos recursos do Facebook (amigos, mensagens, compartilhamento de fotos e conversas), mas facilita seu controle sobre quem pode ver o quê do seu material online. Registre-se em `plus.google.com`. Se você já usa o Gmail, já está cadastrado. Veja como é o Google na Figura 10-4, ele não é muito diferente do Facebook.

No Google+, você organiza seus amigos em *círculos*. Quando você posta um comentário, foto ou outra informação, pode escolher quais círculos poderão vê-la, como mostra a Figura 10-5. Esse recurso é útil quando você posta uma mensagem dizendo o quanto está entediado no trabalho, e não quer que seus colegas a vejam.

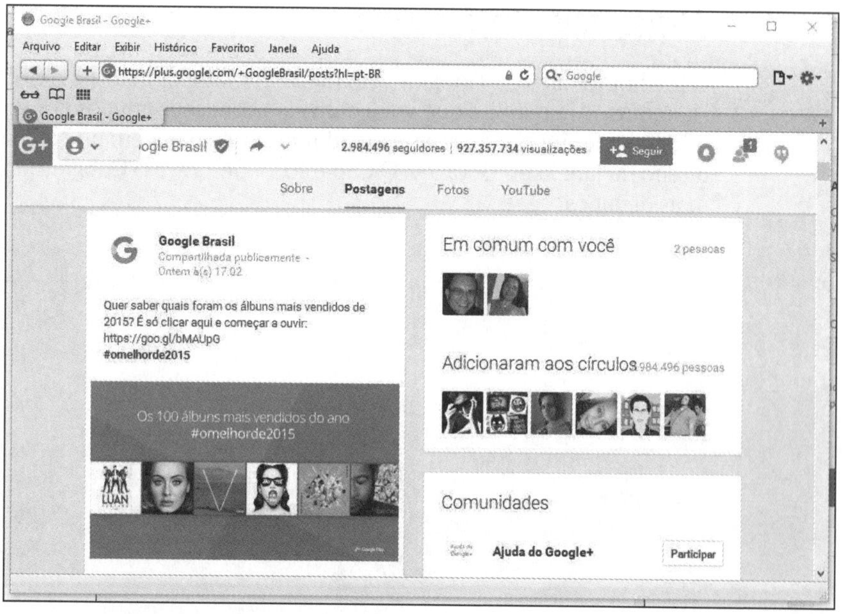

Figura 10-4: O Google+ mostra um feed de notícias não muito diferente do que o Facebook.

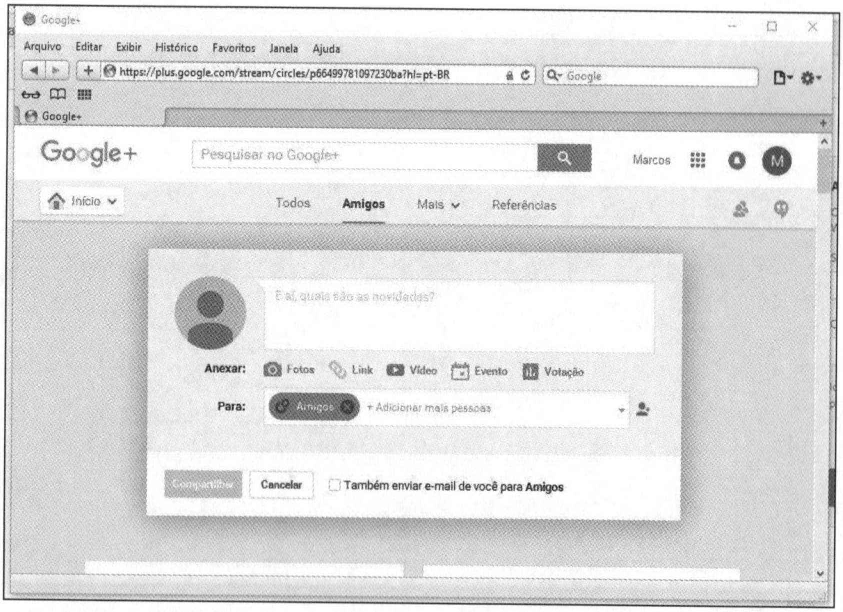

Figura 10-5: O Google+ permite que você organize seus incontáveis amigos em círculos.

Hangout do Google

O melhor recurso do Google+ (em nossa humilde opinião) é o Google Hangouts, que permite que você converse com seus amigos por voz ou vídeo. Clique no ícone Hangout, as aspas duplas que aparecem no canto superior direito da janela do Google+. O Capítulo 12 descreve o Google Hangouts em mais detalhes.

Capítulo 11

Tweetando sobre a Sua Vida

Neste Capítulo

- Conhecendo o Twitter
- Lendo tweets de outras pessoas
- Organizando o fluxo de tweets
- Enviando seus próprios tweets quando estiver pronto para dizer alguma coisa
- Twitter no seu telefone

A internet pode contar ao mundo os detalhes da sua vida quando eles acontecem. Mas, como você conta para os seus amigos na mesma hora em que fez uma ótima compra no shopping? Ou que tem alguma coisa presa nos dentes? E como receber essas mensagens importantes dos seus amigos, mesmo quando não estiver em casa? O Twitter (`www.twitter.com.br`) é a resposta. O serviço permite que você poste atualizações com a frequência que quiser, não importa aonde você esteja. Esse nível de detalhe pode, é claro, ter um lado bom e um ruim. Um amigo nosso compara o Twitter a um cartão de Natal que está sempre sendo atualizado.

Quando você cria uma conta gratuita no Twitter, cria um blog que permite apenas entradas bem curtas, não mais de 140 caracteres, conhecidas como *tweets*. Você pode enviar quantos tweets quiser, e, algumas pessoas, enviam um monte. A forma mais simples é se conectar ao Twitter e digitar uma linha na caixa na parte de cima da página, mas você também pode tweetar a partir de uma ampla gama de programas compatíveis com o Twitter, plug-ins em sites como o Facebook, e também do seu telefone celular. (Veja a seção "Tweetando em seu celular ou tablet", mais adiante neste capítulo.)

Os tweets de cada usuário ficam publicados em uma página da web; por exemplo, os tweets do presidente americano Barack Obama estão publicados em `twitter.com/barackobama`. Como é um pouco entediante ter que verificar cada página de cada pessoa que você está interessada, você pode *seguir* outros usuários do Twitter. Então, na sua página, você verá, em uma lista caótica, todos os tweets de todas as pessoas que você está seguindo. O Twitter grava e indexa os tweets e você pode pesquisar palavras e expressões para encontrar tweets recentes que lhe interessem.

Iniciando

Para entrar no Twitter, acesse `www.twitter.com.br`. O site o convida a fornecer seu nome (o que ajuda seus amigos a encontrá-lo), assim como seu nome de usuário, senha e endereço de e-mail. Seu nome de usuário é seu apelido no Twitter, e os outros usuários se referem a você por meio dele. Você pode escolher um nome divertido e diferente do seu. Na verdade, a menos que seu nome seja incomum, você *terá* que escolher um diferente, porque seu nome de usuário tem que ser diferente de cada um dos 175 milhões de contas que existem.

DICA

Não se esqueça de verificar o endereço de e-mail que você forneceu durante o registro; o Twitter envia um e-mail para esse endereço com um link de confirmação.

O Twitter em seu navegador

A Figura 11-1 mostra a página do Twitter depois que você faz o login, que inclui suas informações e sugestões de outros usuários que podem lhe interessar, e uma série de tweets recentes, os mais recentes primeiro. Lembre-se que como qualquer outro site, o Twitter pode alterar seu layout a qualquer momento. Então, ele pode não estar mais exatamente como descrito neste capítulo.

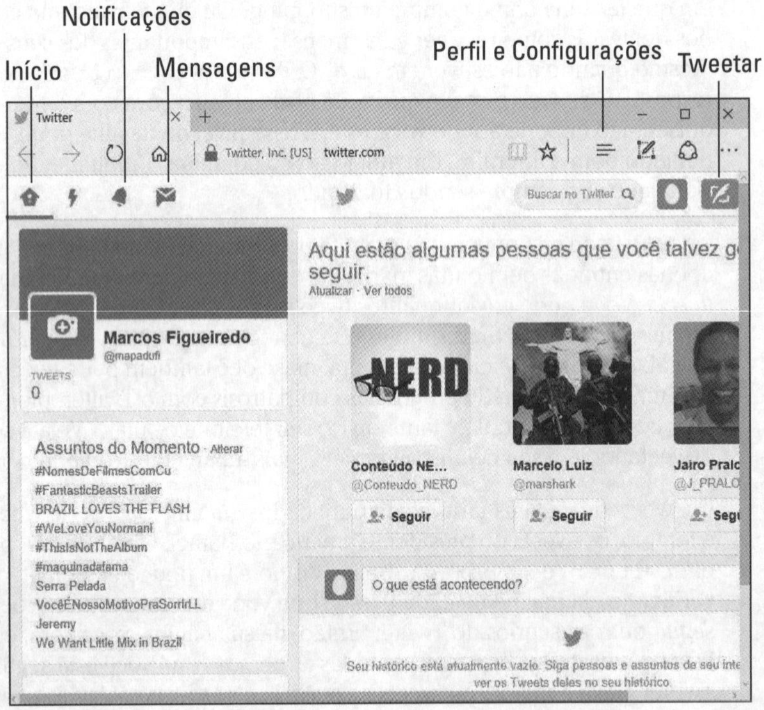

Figura 11-1: O Twitter mostra os tweets das pessoas que você segue.

O Twitter em seu celular ou tablet

Navegadores são tão século passado — antiquados demais para os modernos tweeteiros de hoje. Os aplicativos móveis têm o objetivo de facilitar o uso do Twitter em smartphones e tablets. Normalmente, eles não exigem o uso de mensagens de texto (SMS), permitindo que você acesse o site usando layouts simplificados projetados para telas menores.

Os aplicativos oficiais do Twitter estão disponíveis para iPhone (mostrado na Figura 11-2), Android e outros tipos de dispositivos. Outros aplicativos e programas também permitem monitorar as publicações e programar o envio de tweets; veja a seção "Levando o Twitter a Sério" no final deste capítulo.

Figura 11-2: Lendo tweets no aplicativo do Twitter para iPhone.

Lendo Tweets e Seguindo Twitters

Para começar, leia o Twitter um pouco para ter uma ideia de como ele funciona. A maioria das pessoas usa o Twitter para descobrir o que está acontecendo no momento. Espere para tweetar até que tenha uma ideia geral e algo interessante a dizer (costumamos ler muito e tweetar muito pouco).

O Twitter pode sugerir o que você pode ler. *Os assuntos do momento* são as *hashtags* mais populares naquele momento, clicar nelas é uma boa maneira de descobrir o que está acontecendo. Em um smartphone ou tablet, deslize a tela da direita para a esquerda para ver a tela Descubra.

Pesquisando o universo dos tweets

Você pode procurar pessoas conhecidas digitando seus nomes na caixa de Pesquisa (em celulares e tablets, talvez precise clicar no ícone Pesquisar, com a figura de uma lupa). Um número surpreendente de pessoas e organizações usa o Twitter para publicar anúncios e atualizações. Elas vão de estrelas populares (experimente o nome de usuário *LadyGaga*) a políticos (BarackObama). Até mesmo o personagem de ficção Lorde Voldemort (*Lord_Voldemort7*) está nele.

Você também pode digitar uma palavra-chave (como *futebol* ou tricô) na caixa de Pesquisa para encontrar pessoas que tweetam sobre esses assuntos. Ou pode clicar na lista de possíveis interesses sugeridos pelo Twitter depois de configurar sua conta. Por exemplo, logo após o terremoto e o tsunami no Japão, você podia ler tweets atualizados a cada minuto pesquisando por *Japão*, *terremoto* ou *tsunami*.

Clique no ícone Início no canto superior esquerdo da página (ou o ícone Linha do Tempo na parte inferior da tela de seu tablet ou celular) para voltar à sua página (semelhante à mostrada na Figura 11-1).

E toda essa pontuação esquisita?

Ao ler no Twitter, você percebe uma quantidade de sinais de pontuação aparentemente aleatórias. Acredite ou não, elas significam algo.

- **Um sinal de arroba (@)** aparece na frente do nome de usuário. Por exemplo, as menções ao presidente dos Estados Unidos aparecem como @BarackObama.
- **Um sinal de jogo da velha (#)** (ou o que ainda chamamos de tralha) aparece no início da palavra para indicar que é uma *hashtag*, um assunto ou uma palavra-chave que as pessoas podem pesquisar. Quando você lê os tweets, repare nas suas hashtags. Se elas aparecerem em tweets que lhe interessem, você pode pesquisar por essa hashtag específica para encontrar outros tweets relacionados.

Ei, eu gosto dos tweets desta pessoa

Enquanto você navega pelas listas de twitters, talvez veja uma pessoa ou empresa cujos tweets você queira receber. Visualize a página do perfil do usuário clicando no nome de usuário. Ou acesse `twitter.com\nomedousuário` em seu navegador. Se achar interessante e quiser ver os tweets futuros daquele perfil, clique no botão Seguir ao lado do nome.

Se você decidir seguir um tweeteiro cujo perfil seja privado, ele deve aprovar sua solicitação antes que você possa ver seus tweets. Caso contrário, sua solicitação é aprovada imediatamente. Tenha em mente que, só porque você está seguindo alguém, não significa necessariamente que essa pessoa também o segue.

Outra forma de encontrar seus amigos no Twitter é usando o recurso Encontrar Amigos: Clique em Quem Seguir e depois em Encontrar Amigos. O Twitter exibe botões para as contas de mídia social e webmail mais usadas, como Gmail, LinkedIn e Facebook. Você pode clicar neles para dar ao Twitter acesso à sua lista de endereços nessa conta e, então, identificar as pessoas que você conhece.

O Twitter tem uma cultura própria, por isso é mais simples observar os tweets rolarem para se familiarizar do que tentarmos explicá-los a você.

Como Não Ficar Soterrado por Todos Esses Tweets

Depois de ler o Twitter por mais ou menos quinze minutos, você verá que o volume de "tweetagem" é imenso e que uma parte ou outra é mais interessante que o resto.

Listas

Quando você se conecta ao Twitter e visualiza sua página inicial, a aba da linha do tempo mostra uma lista de todos os tweets de cada pessoa que você segue, em ordem cronológica inversa, com os mais recentes primeiro. Você pode acabar seguindo tantas pessoas e ficar difícil de acompanhar. Nesse momento, é útil agrupar as contas do Twitter em listas.

Por exemplo, você pode decidir ter uma lista para seus amigos mais próximos, outra para colegas de trabalho e uma terceira para organizações de notícias. O bom de se ter listas é que elas permitem que você veja todos os tweets de um grupo de pessoas em um lugar.

Para criar uma lista, clique no ícone Perfil e Configurações (a figura de um ovo) em sua página inicial, depois em Listas. Você verá as listas que já criou seguidas de um botão Criar uma Lista Nova. Escolha um nome e uma descrição para a lista e se ela será pública ou privada. Selecione Privada para tornar sua lista completamente invisível para o mundo exterior. Por exemplo, se você estiver criando uma lista com o nome Meus Amigos Verdadeiros, pode tornar essa lista privada para que ninguém mais possa ver quem está nela, ou se ela existe mesmo. Depois, clique em Salvar.

Muitas pessoas gostam de criar listas públicas para ajudar outras com os mesmos interesses. Se você tornar pública a sua lista Autores de Mistério Favoritos, outros leitores de livros de mistério poderão encontrar a lista e decidir segui-la. Se alguém seguir sua lista, ela é adicionada à coleção de listas dessa pessoa e ela pode visitá-la quando quiser.

Para adicionar um tweeteiro à sua lista, visite o perfil da pessoa e clique no pequeno botão com uma pequena engrenagem (Mais Ações) e depois em Adicionar ou Remover das listas. Selecione a lista em que quer adicioná-lo.

Salvando suas pesquisas

As pesquisas salvas são outra maneira de ordenar a avalanche de tweets e encontrar as notícias que você realmente queira. Para criar uma pesquisa, digite um ou mais termos de pesquisa na caixa de Buscar no topo da página do Twitter. Ao visualizar os resultados, clique no botão Mais Opções e depois em Salvar esta Busca para criar uma pesquisa salva. A partir da página inicial do Twitter, você pode clicar na aba Buscar no Twitter (ao lado do ícone Perfil e Configurações) a qualquer momento e selecionar a pesquisa gravada para ver seus resultados mais recentes.

Preparando-se para Tweetar

Ler tweets não revela muitas informações sobre você para o mundo. Todavia, antes de começar a tweetar, assegure-se de ajustar sua privacidade, e outras configurações, para controlar quem pode ver o quê.

Seu perfil no Twitter

Quando você se registra em uma conta do Twitter, você já tem um perfil básico pronto. Mas há muito mais para adicionar. Para fornecer informações adicionais sobre si mesmo e escolher uma aparência para seu perfil, siga estes passos:

1. **Clique na aba Ver Perfil no menu do ícone Perfil e Configurações (a menos que o Twitter tenha redesenhado suas páginas desde que escrevemos este capítulo).**

   Você verá uma página com seu nome de usuário do Twitter e tweets recentes (e retweets).

2. **Clique no link Editar Perfil do lado direito da página.**

   Você verá uma página de configurações de perfil parecida com a Figura 11-3. Você pode enviar uma nova foto sua, adicionar uma foto grande como cabeçalho da página, inserir sua localização, escrever uma breve biografia e adicionar a URL do seu site, como o seu blog ou perfil do Facebook. Você pode ainda mudar a cor de fundo do seu perfil. Essas informações estarão disponíveis para qualquer usuário do Twitter, por isso não coloque nada que não queira que seja público.

3. **Faça suas alterações e clique em Salvar.**

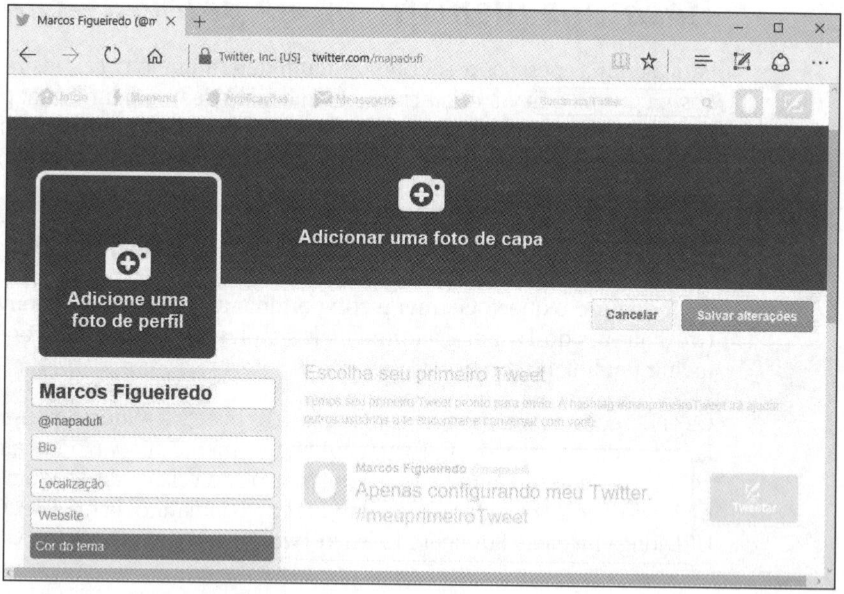

Figura 11-3: Preencha seu perfil do Twitter antes de começar a tweetar.

Tweetando em particular

Normalmente, sua conta no Twitter é pública, portanto, qualquer pessoa pode visualizar e seguir seus tweets. Se você for uma das raras pessoas que preferem não ter desconhecidos lendo o que posta, clique no link Segurança e Privacidade na página de Configurações, role para baixo e selecione a caixa de verificação Proteger Meus Tweets para limitar a visibilidade dos seus tweets às pessoas que você aprovar.

LEMBRE-SE

Se você aprovar ou não que alguém leia seus tweets, essa pessoa ainda poderá ver que sua conta existe. Por exemplo, se você seguir alguém, essa pessoa poderá vê-lo(a) na sua lista de seguidores, junto com seu nome de usuário, nome completo, foto e biografia.

Como Tweetar

A forma mais simples de enviar um tweet é visitar a página inicial do Twitter ou clicar no ícone com a figura de uma caneta de pena escrito Tweetar, no canto superior direito do aplicativo do Twitter no seu celular. Digite uma mensagem de até 140 caracteres na caixa O que Está Acontecendo. Clique no botão Tweetar para publicar seu tweet. Pronto!

DICA

Não esqueça de verificar seu tweet antes de publicá-lo. E nunca publique um tweet com raiva. Após um tweet ser enviado, não tem como voltar atrás.

Hashtags identificam as palavras-chave

Para ajudar as pessoas a encontrarem um determinado tweet, insira uma *hashtag* (uma palavra começando com o sinal de #) em um tweet para especificar que ele está relacionado a outros tweets com a mesma hashtag. Por exemplo, inclua "*#verde*" nos seus tweets sobre salvar o planeta.

Incluindo um endereço da web no seu tweet

Quando tudo o que você quer é compartilhar algumas palavras, enviar um tweet através do Twitter é a forma mais simples. Mas, e quando você quiser incluir um link no seu tweet?

Os endereços da web podem ser longos, e os tweets têm que ser curtos. O que fazer? Nada, na verdade. O Twitter automaticamente abrevia praticamente todas as URLs usando seu abreviador `t.co`, para que a versão abreviada nunca seja maior do que 20 caracteres, não importando o tamanho da original. Cole uma URL longa na caixa Publicar um Novo Tweet e veja o que acontece.

Respondendo e retweetando

A Figura 11-4 mostra uma série de tweets. Abaixo de cada um, há uma série de ícones:

- **Responder** (seta apontando para a esquerda): quando quiser responder à mensagem de outro usuário. Se iniciar uma mensagem com o sinal @ e o nome do usuário, a mensagem será uma resposta àquele usuário. Clicando no ícone Responder você cria uma nova mensagem com o nome do usuário já preenchido. Ou então, você pode inserir *@nomedousuário* no meio de um tweet, como uma menção. Em ambos os casos, o usuário ao qual você respondeu ou mencionou, verá sua mensagem sempre que selecionar Notificações e depois clicar no link Menções na página inicial do Twitter.
- **Retweetar** (duas setas formando um quadrado): ao ver um tweet de um amigo que queira compartilhar com seus seguidores, vá em frente! Mas lembre-se de dar crédito ao autor do tweet, iniciando seu tweet com `RT @`nomedousuário e depois reproduzindo a mensagem. Ou clique no botão Retweetar para fazer o mesmo. Não tenha vergonha de retweetar — as pessoas gostam desse tipo de divulgação.
- **Curtir** (coração): se gostar de um determinado tweet, clique no botão de coração Curtir para marcá-lo como favorito. Um coração dourado aparece no tweet e a pessoa que postou o tweet poderá ver quantas pessoas o curtiram.

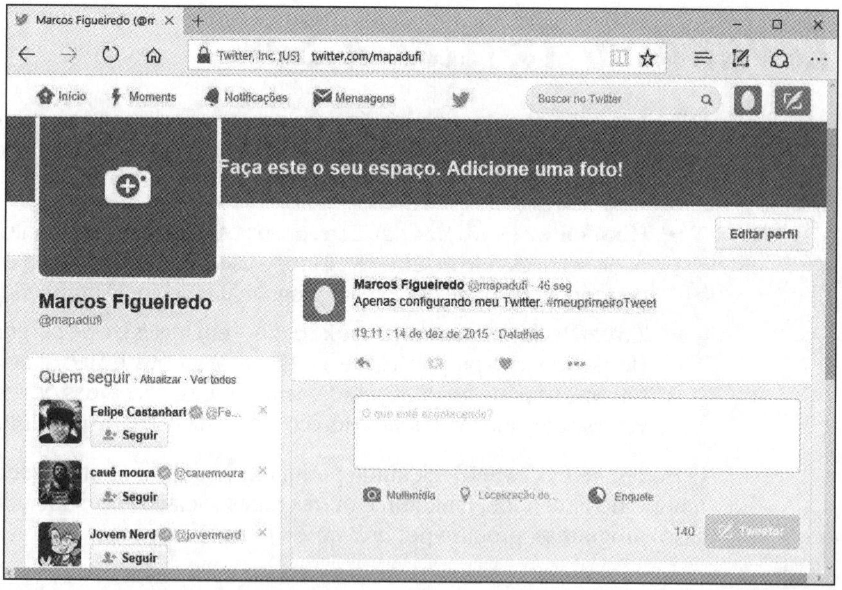

Figura 11-4: Lendo, respondendo e retweetando seus tweets.

DICA

Se quiser que as pessoas retweetem seu tweet digite menos do que 140 caracteres para dar espaço para que a pessoa insira RT e seu nome de usuário.

Estou falando com você: mensagens diretas

Também é possível enviar *mensagens diretas* para outras pessoas, porém, é necessário que a pessoa esteja lhe seguindo. Clique no ícone Mensagens (um pequeno envelope) na parte de cima da tela para ver as mensagens diretas que recebeu e depois clique em Nova Mensagem. Digite o nome do usuário da pessoa, clique em próximo e escreva a sua mensagem. Depois clique em Enviar Mensagem. Uma mensagem direta não pode ser vista por mais ninguém — somente pelo destinatário.

Vamos todos tweetar ao mesmo tempo

Um *tweetchat* é um evento onde várias pessoas tweetam ao mesmo tempo sobre o mesmo assunto e usando a mesma hashtag. É uma excelente maneira de criar um fórum de discussão online sobre determinado assunto. Se você ouvir falar de um tweetchat, tudo que precisará saber para participar é a data e o horário de se conectar e a hashtag que deve ser usada e, então, começar a tweetar. Se quiser participar da conversa, responda a um tweet ou escreva o seu usando a mesma hashtag.

Levando o Twitter a Sério

O Twitter é tão popular que há diversos programas disponíveis com o objetivo de simplificar a forma como você envia tweets, segue pessoas e encontra tweets sobre assuntos específicos. Veja dois deles:

- **HootSuite** (`www.hootsuite.com`): esse aplicativo bastante popular pode ser acessado de um navegador e usado como aplicativo em um desktop. Você pode usá-lo para programar o envio de uma série de tweets.
- **TweetDeck** (`www.tweetdeck.com` — em inglês): esse programa (fornecido pelo próprio Twitter) roda em Windows e Mac (e no Google Chrome) e pode ser configurado para exibir os tweets das pessoas que você segue, que mencionem tópicos específicos, os de uma lista, e mais.

O HootSuite e o TweetDeck ainda permitem visualizar as atualizações de seus amigos no Facebook, LinkedIn e outras redes sociais. Para saber mais sobre esses programas, procure por *aplicativos para Twitter*.

Os tweets nem sempre são o que parecem

Uma das melhores coisas sobre o Twitter é que as pessoas conseguem tweetar de forma muito rápida e fácil. Geralmente isso é bom, mas, às vezes, não.

Criar uma conta no Twitter é muito fácil, e não é necessário fornecer nada além de um nome e um endereço de e-mail (que, é claro, pode ter sido criado dois minutos antes). Então, caso você leia tweets de celebridades ou de alguém que conhece que pareçam estranhos ou muito diferentes de suas personalidades, pode ser que eles tenham sido publicados por alguém com um péssimo senso de humor.

Ou pode nem ser outra pessoa, e sim, outra coisa. O Twitter facilita muito tweetar automaticamente usando outros programas. No geral, isto não causa problemas, o John envia tweets toda vez que há uma nova publicação em seu blog. No entanto, há casos em que os tweets além de estranhos, não foram criados por mãos humanas.

A maioria dos tweets é do bem, mas, como sempre, lembre-se de usar o bom senso antes de responder.

Capítulo 12

Digitando e Conversando na Internet

Neste Capítulo

- Digitando mensagens instantâneas para um amigo de cada vez
- Conversando com amigos novos e antigos com uma webcam
- Conversando no telefone pela internet
- Digitando para vários amigos ao mesmo tempo com salas de bate-papo e listas de e-mails

Os e-mails são muito rápidos, geralmente chegam ao destinatário em menos de um minuto. No entanto, esse tempo pode não ser rápido o bastante. Os sistemas de mensagens instantâneas (IM) permitem enviar uma mensagem diretamente para a tela de um amigo em questão de segundos. Você também pode informar ao seu programa de mensagens instantâneas os nomes de usuário dos seus amigos e colegas, de modo que ele possa alertá-lo quando algum deles estiver online. (Desculpe-nos — este tópico nos dá dor de cabeça. Espere só um momento enquanto pegamos um café instantâneo... Ah, agora está melhor.)

A vantagem das mensagens instantâneas é que você pode entrar em contato imediato com as pessoas, tão rápido quanto pelo telefone. A desvantagem é que elas também oferecem uma variedade, sem limites, de formas de incomodar as pessoas. Use-as com bom senso! As pessoas com personalidade mais sociável conseguem conversar com várias outras ao mesmo tempo, como uma festa, ou trocando mensagens, por e-mail ou fórum na net. O Facebook Messenger é o sistema de chat de mensagens de texto mais popular.

É claro que, melhor ainda do que digitar, é conversar diretamente. Se seu computador tiver um microfone e alto-falantes, você pode usar as mensagens instantâneas ou outros sistemas para conversar online com outras pessoas — ou até grupos de pessoas — de graça. Se você conectar uma câmera (ou uma webcam) ao seu computador, seus amigos podem até ver você enquanto vocês conversam ou digitam. Não é difícil! O Google Hangouts, o Viber e o Skype são as opções mais populares.

Se você usa um smartphone, não confunda o Facebook Messenger e outros programas de bate-papo via texto com mensagens de texto; veja o box "Mensagens de texto versus mensagens via internet".

Mensagens de texto versus mensagens via internet (apenas para usuários de celular)

Se você usa um telefone celular, pode enviar mensagens de texto, que são mensagens curtas (de até 140 caracteres) enviadas para um número de celular. As mensagens de texto, também chamadas de *mensagens SMS* (abreviação de Short Message Service, ou serviço de mensagem curta, em inglês), é enviada de celular para celular e não são disponíveis para telefones fixos. Dependendo do seu contrato com a operadora de celular, você pode pagar por mensagem, estabelecer uma quantidade de mensagens gratuitas por mês, ou ter um plano de mensagens ilimitado. (Se você tem um adolescente em casa, e não quiser ir à falência, escolha a última opção; os custos por mensagem recebida ou enviada variam muito.)

As mensagens de texto não exigem que seu celular tenha um *plano de dados*, um recurso dos contratos de smartphones que cobre os dados trocados entre seu telefone e a internet. Um plano de dados inclui todas as informações *exceto* chamadas e mensagens de texto — ou seja, e-mails, acessos ao Facebook e assistir vídeos em seu telefone.

Os programas de *bate-papo por mensagens de texto* descritos neste capítulo são serviços de internet, portanto, usam seu plano de dados. Eles não enviam ou recebem SMS, logo, sua operadora não cobra pelo envio de mensagens com eles. Eles não possuem o limite de 140 caracteres, mas você precisa de um plano de dados para trocar mensagens pela internet. Os aplicativos para smartphones e tablets, como o Google Hangouts, enviam mensagens SMS e mensagens via internet, o que torna a vida mais fácil, mas, ao mesmo tempo, mais confusa.

Observação: algumas operadoras de celular permitem que você envie uma mensagem de texto para um celular via e-mail. Certo, isso é um pouco confuso, então vamos repetir devagar: você pode enviar uma mensagem de e-mail que chega no celular de outra pessoa como mensagem de texto. Esse recurso é excelente para enviar mensagens para pessoas que não têm smartphones, mas é necessário saber a operadora do celular do destinatário. Geralmente, você usa o número do celular da outra pessoa como nome de usuário e a porta de comunicação do servidor como o domínio.

Conversando com uma pessoa por mensagem instantânea

Este capítulo descreve como usar o sistema de bate-papo mais popular: o Facebook Messenger, que faz parte do Facebook, descrito no Capítulo 10. O iChat (que vem com os Macs) e o Yahoo! Messenger funcionam de maneira semelhante, com recursos parecidos. Já o Skype, o Viber e o Google Hangouts, os programas de voz e vídeo via internet, descritos na seção "Acrescentando Vozes e Rostos" mais adiante neste capítulo, também têm bate-bapo por texto. O Mensagens Diretas do Twitter é outro sistema de mensagens instantâneas, descrito no Capítulo 11. O box "Qual sistema de mensagens instantâneas eu devo usar?", ajuda você a se decidir.

Batendo papo via Facebook

Originalmente, o bate-papo fazia parte do site e do aplicativo do Facebook. Agora, o Facebook criou um aplicativo separado chamado Facebook Messenger. No momento da instalação, o aplicativo pede autorização para acessar as listas de contatos de seu telefone ou tablet e para lhe enviar notificações sobre mensagens recebidas. A Figura 12-1 mostra o Facebook Messenger na tela de um iPhone.

Figura 12-1: O Facebook Messenger em seu smartphone.

O Facebook também tem bate-papo no próprio site (`www.facebook.com`), que permite conversar com qualquer usuário do Facebook que esteja online. Já que os usuários do Facebook normalmente estão conectados o tempo inteiro mexendo em seus perfis e acompanhando as publicações dos amigos, as chances de encontrar alguém online para conversar são muito altas.

No canto inferior direito de todas as páginas do Facebook há um pequeno ícone de bate-papo mostrando quais dos seus amigos estão online. Clique no ícone para ver uma lista de potenciais parceiros de prosa, escolha um amigo e comece a digitar. Se alguém lhe enviar uma mensagem, sua página do Facebook abre uma pequena janela de bate-papo.

Mensagens instantâneas via Google

O Google, o criador do Gmail (veja o Capítulo 8), do Google+ (discutido no Capítulo 10) e do mecanismo de busca Google (descrito no Capítulo 13), incluiu o sistema de bate-papo em seus diversos sites. Se você usa quaisquer desses produtos do Google, poderá ver um pequeno balão de diálogo perto do nome de um outro usuário do Google. Clique no balão para abrir uma janela de bate-papo, como mostra a Figura 12-2. Digite sua mensagem e tecle Enter para enviá-la. As respostas dos seus amigos aparecem na mesma janela.

DICA

Qual sistema de mensagens instantâneas eu devo usar?

Infelizmente, nem todos os sistemas de mensagens instantâneas se comunicam entre si. Como o objetivo de todos esses sistemas é ajudá-lo a ficar em contato com seus amigos, use o mesmo que eles usarem. Se você não tiver certeza em quais seus amigos estão, o Facebook Messenger é uma boa aposta, pois ele conecta todo mundo via Facebook. O Google Chat, Skype e o Yahoo! Messenger têm recursos semelhantes, pois toda vez que um deles acrescenta um recurso, os outros fazem o mesmo. Todos são gratuitos; suportam texto, voz e vídeo; e permitem que mais de uma pessoa converse ao mesmo tempo (já fizemos reuniões no Yahoo! Messenger com seis pessoas com voz e duas com vídeo, todas digitando comentários ao mesmo tempo). Novos sistemas de mensagens aparecem a todo instante, até enquanto atualizamos este livro. Pense em usar o WhatsApp (`www.whatsapp.com`, para smartphones apenas); o Line (`www.line.me`), que surgiu no Japão; o Viber (`www.viber.com`, descrito mais adiante neste capítulo); e o Telegram (`www.tlegram.org`), um sistema de mensagens de código aberto com encriptação.

O Google Chat é baseado em um padrão aberto conhecido como XMPP (para quem gosta de acrônimos) ou Jabber (para quem gosta de nomes pronunciáveis).

Todos os sistemas Jabber conversam entre si, portanto, se você conhecer uma pessoa com uma conta Jabber em uma escola, empresa ou outra conta, poderá conversar com ela via Google Chat. Por exemplo, no trabalho de Margy eles usam um sistema de mensagem privado (HipChat) baseado em Jabber, e ela pode visualizar as mensagens de trabalho em qualquer programa de bate-papo que suporte Jabber.

Resumindo: use o sistema que seus amigos usarem. Se você for do tipo que adora trocar mensagens ou tiver amigos em mais de um sistema, pode executar mais de um programa de mensagens ao mesmo tempo. Melhor ainda, use um programa que fale todas as linguagens de IM. Nós conhecemos e usamos três (todos gratuitos): Pidgin (`www.pidgin.im`), Adium (`www.adium.im`, a versão para Mac do Pidgin) e o Trillian (`www.trillian.im`), que simultaneamente conseguem lidar com qualquer sistema de IM que conhecemos. O Trillian requer a configuração de uma conta (separadas das contas nos sistemas de IM que você usa) e tenta instalar uma porção de aplicativos e ferramentas no momento da instalação; basta dizer NÃO. A versão *Pro* tem mais recursos e custa cerca de $20 dólares. O Pidgin e o Adium são sistemas gratuitos padrão — sem anúncios, sem cadastro e sem solicitações.

Figura 12-2: Se surgir um balão de diálogo ao lado do nome de um nome no Gmail, clique nele para abrir a janela de bate-papo.

Abreviações e Emoticons para Bate-Papo

Digitar é muito mais demorado do que falar, por isso quando as pessoas conversam online, tendem a abreviar tudo loucamente. Muitas abreviações são as mesmas usadas nos e-mails. Mas, como as mensagens instantâneas são ao vivo, algumas delas são exclusivas. Listamos ainda alguns *emoticons* (também chamados de *smileys*) mais comuns — aquelas combinações de letras e sinais de pontuação usadas para representar as emoções do remetente. Se não conseguir entender o significado de algumas de imediato, tente inclinar sua cabeça para a esquerda. A Tabela 12-1 traz uma pequena lista de abreviações e emoticons usados em bate-papos.

Tabela 12-1 Abreviações e Sinais em IM e bate-papo

Abreviação	*Significado*	*Abreviação*	*Significado*
IM	Mensagem Instantânea (do inglês, Instant Message)	Bjs	Beijos
LOL	Rindo muito, rindo alto (do inglês, Laughing out loud)	OMG	Meu Deus (do inglês, Oh my God)
NP	Sem problema (do inglês, No Problem)	Aff	Ave Maria, Espanto
Vdd	Verdade	Pq	Porque, por que

(continua)

Tabela 12-1 ***(continuação)***

Vc	você	Ops	Engano, falha, erro
Tbm	também	Ctz	Certeza
S2	Formato de coração	Qrdo(a)	Querido, querida
Blz	Beleza, tudo certo, tudo bem	Msg	Mensagem
Sdds	Saudades	U.U	Olhos fechados, ser melhor que, se achar melhor que
Bff	Melhores amigas para sempre (do inglês, Best Friends Forever)	:) ou :-)	Sorrindo
Vlw	Valeu, obrigado	;) ou ;-)	Piscando
Flw	Falou, ok, está certo	:(ou :-(	Triste
Add	Adicionar	:/ ou :-/	Indeciso
Kd	Cadê, onde está	;'(ou ;'-(	Chorando
Obg	Obrigado	:P ou :-P	Mostrar a língua
Sqn	Só que não	:x ou :-x	Segredo
Mto(a)	Muito, muita	:O ou :-O	Surpreso
Abs	Abraços	xD	Riso tímido
Brb	Volto logo (do inglês, Be right back)	Ò_Ó	Bravo
WTF?	Como assim? (do inglês, What the heck?)	:9 ou :-9	Gostoso
Fail	Falha, deu errado	O:)	Anjo
		}:>	Diabo

Alguns programas de bate-papo convertem essas séries de caracteres em pequenas figuras, enquanto outros mostram o texto, mas, de qualquer forma, o significado deve ser claro. Existem muitas outras abreviações e a todo momento surgem novas. Não se esqueça da etiqueta online, descrita no box "Algumas regras óbvias de conduta ao enviar mensagens".

LEMBRE-SE

Algumas regras óbvias de conduta de conversas

Enviar uma mensagem instantânea para alguém é o equivalente online de caminhar até alguém na rua e começar uma conversa. Se for alguém que você conhece, é uma coisa; se não for, geralmente isso é invasivo.

A menos que você tenha um bom motivo para esperar que a outra pessoa dê as boas-vindas à sua mensagem, não envie mensagens instantâneas para pessoas que não conhece e que não o convidaram a fazê-lo. Não diga nada que você não diria em uma situação análoga na rua.

A maioria dos programas de mensagens instantâneas permite enviar e receber arquivos. Arquivos não solicitados de pessoas que você não conhece são sempre spam ou vírus, ou ambos. A maioria dos antivírus não monitora a transferência de arquivos através de programas de IM.

As mensagens que você envia usando os programas de bate-papo podem parecer efêmeras, mas qualquer pessoa na conversa pode facilmente armazená-las. A maioria dos programas tem um recurso de registro que salva as séries de mensagens em um arquivo de texto, o que pode ser vergonhoso mais tarde.

Por fim, se alguém lhe disser para executar uma série de comandos ou baixar e instalar um programa, não o faça. E nunca revele sua senha. Alguns sistemas de bate-papo, incluindo o Facebook Messenger, permite denunciar qualquer pessoa que envie mensagens abusivas ou criminosas.

Adicionando Vozes e Rostos

Se você não quiser conversar ou ver as pessoas enquanto bate-papo — ou seja, se você não se importa de limitar-se apenas a digitar com seus amigos —, pule esta seção. Se você quiser usar os recursos audiovisuais, continue lendo.

O Google Hangouts é o sistema de bate-papo com áudio e vídeo do Google+. Também descrevemos o Viber, um aplicativo promissor para smartphones, e o Skype. A qualidade da voz na maioria das conexões de internet é muito boa, bem melhor do que um telefone normal. O vídeo varia de ruim a bom, dependendo da velocidade do computador de ambos os lados e, da velocidade da conexão de internet entre eles.

O que você falou? Conectando o som

Quase todos os computadores vêm com alto-falantes, que reproduzem uma variedade de sons dos programas. Todos os laptops Macs e muitos Windows têm microfones embutidos e muitos desktops têm entradas para microfones, ou um embutido direto no monitor. (Consulte o manual do seu computador ou peça a um adolescente que lhe ajude nesta tarefa.)

DICA

Se você não tiver um microfone, pode comprar um que funcione em quase qualquer computador. Um microfone deve custar menos de R$30 em uma loja de computadores ou de material de escritório. Na loja, consulte preços de fones que já vêm com microfone; com eles, a sua voz e a do seu parceiro de conversa ficará muito melhor do que nas caixas de sons. Se está pensando em comprar uma webcam (veja a próxima seção), muitas delas possuem microfones.

Para testar seu microfone e alto-falantes em uma máquina Windows, execute o programa Gravador de Som; experimente gravar a si mesmo e executar essa gravação:

1. **Selecione Iniciar⇨Todos os Programas⇨Acessórios⇨ Entretenimento⇨Gravador de Som ou Iniciar⇨Todos os Programas⇨Acessórios⇨Gravador de Som.**

2. **Clique no botão vermelho Gravar para iniciar a gravação e clique no botão quadrado Parar quando quiser interromper a gravação.**

   Fale, cante ou faça algum som entre os cliques de Iniciar e Parar.

3. **Clique no botão triangular Executar para ouvir o que você acabou de gravar.**

   Clique novamente em Gravar para continuar do ponto onde parou a gravação. Selecione Arquivo⇨Novo para começar novamente e descartar o som que gravou.

4. **Selecione Arquivo⇨Salvar para salvar como um arquivo WAV (áudio).**

   Gostamos de fazer gravações WAV dos nossos filhos falando bobagens e depois as enviamos (as gravações, não as crianças) para os avós.

Você pode ajustar o volume do seu microfone (para o som que chega ao seu computador) e seus alto-falantes ou fones de ouvido (para o som que sai) selecionando Iniciar⇨Todos os programas⇨Acessórios⇨Entretenimento⇨ Controle de Volume, ou clicando no ícone de Controle de Volume no lado direito da Barra de Tarefas do Windows. Se o controle de volume do seu microfone não aparecer, selecione Opções⇨Propriedades. Selecione a caixa de seleção Microsoft, para que fique marcada, e clique em OK. Ou então, o sistema de áudio do seu computador pode vir com seus próprios controles.

Se você conseguir gravar sua voz e escutar a gravação, está pronto para chamadas telefônicas ou conversas pela internet!

Se você quiser testar como as vozes dos autores soam no seu computador, digite a URL `net.gurus.org/ngc.wav` no seu navegador e veja o que acontece. Talvez você precise clicar em um botão Abrir ou Abrir com o Aplicativo Padrão após baixar o som (você ouvirá a voz grave do John).

Estou vendo você!

Se você quiser que outras pessoas possam vê-lo durante conversas online, considere a instalação de uma *webcam*. Essa pequena câmera de vídeo digital pode se conectar a um computador. Alguns laptops, como o MacBook, têm webcams internas acima de seus monitores; senão, você precisa comprar uma. Existem webcams de vários tamanhos e formatos, e os preços variam entre R$90 e R$600. As mais caras enviam imagens de maior qualidade e velocidade, e possuem melhores softwares. Por outro lado, tivemos muita sorte com uma webcam de R$120 para conversar com os amigos e participar de videoconferências.

A maioria das webcams se conecta a uma entrada USB no seu computador, um pequeno conector retangular na parte de trás da CPU. Algumas câmeras se conectam às placas especiais de captura de vídeo, e, para instalá-las, você tem que abrir o computador.

DICA

Se você tiver uma câmera de vídeo digital para gravar vídeos de sua família e amigos, talvez possa conectá-la ao seu computador para usar como webcam. Verifique o manual que vem com a câmera.

CUIDADO!

Muitos sites que usam webcams são... bem... não muito... digamos... familiares. Se você quiser testar sua webcam com uma pessoa desconhecida, não fique surpreso se vir partes dessa pessoa que você normalmente não veria.

Conversando pelo Google Hangouts

Se você tem Google ID (ou usa o Gmail), pode usar o Google + (o site de mídia social do Google, descrito no Capítulo 10) para abrir a janela do Google Hangouts. Acesse `plus.google.com`, conecte-se (usando seu Google ID ou endereço do Gmail) e clique no pequeno ícone com aspas no canto superior direito da página do Google+. (Lembre-se que é possível que o Google tenha alterado sua página desde que escrevemos este livro, então, se isso acontecer procure por ícones ou links.) Você verá um convite para iniciar um novo Hangout, algo como Iniciar um Hangout. Clique nesse botão.

Se seu computador perguntar se você confia no Google Talk Plugin, tudo bem; é assim que o Google Hangouts executa o recurso de voz. Depois de um segundo, você verá seu rosto e uma janela como mostra a Figura 12-3.

Clique no botão Entrar para iniciar o Hangout e depois clique em Convidar Pessoas para convidar outras pessoas à conversa. Você pode digitar o endereço de e-mails delas, os Google IDs ou mesmo os números de telefones.

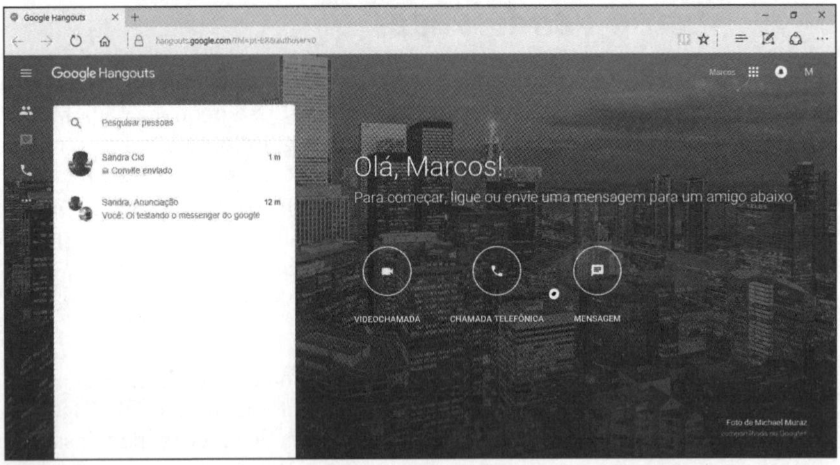

Figura 12-3: Quer se conectar com Google Hangouts?

Quando você estiver conversando, aparecerão diversos ícones do lado esquerdo da janela do Google Hangouts (mova o mouse para o lado esquerdo da janela se eles não aparecerem). Passe o mouse sobre um ícone para ver o que ele faz. Clique no ícone Bate-papo para iniciar uma conversa por texto com alguém em seu hangout — muito útil para passar endereços de sites ou material escrito. Você pode usar o ícone Compartilhar Tela para mostrar o que está em sua tela para alguém em seu hangout.

DICA

Quando estiver em uma conversa por vídeo, em um lugar barulhento ou usando um microfone que capte o som ambiente, desative o som exceto quando for falar. Procure pelo ícone com um microfone (na parte de cima da tela) e clique-o para ativar e desativar o som.

Boas Viber-ações

O Viber é o mais novo programa de voz para rodar em smartphones, Windows e Macs. Ele começou apenas como voz e depois adicionaram o vídeo. Para usá-lo, é preciso ter um número de celular.

Para baixar e instalar o Viber em seu computador, acesse `www.viber.com`, clique em Baixe o Viber e siga as instruções. Veja o Capítulo 7 para saber mais sobre como baixar e instalar programas. Para instalá-lo em seu iPhone, procure "Viber" na Apple Store.

Ao executar o Viber pela primeira vez, veja como configurá-lo:

1. **Primeiro, o Viber pergunta se você também tem o aplicativo em seu telefone; caso não tenha, você não pode usar o sistema. Insira o número do seu celular.**

2. **O Viber envia uma mensagem de texto para o seu celular com um número.**

3. **Digite o número no Viber em seu computador, para comprovar que o número de telefone é mesmo seu.**

4. **Você verá uma janela do Viber como amostra a Figura 12-4.**

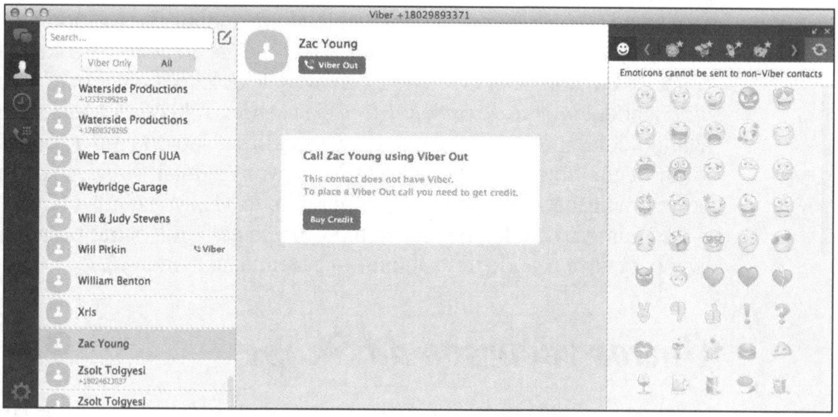

Figura 12-4: O Viber exibe os contatos do seu computador e telefone, incluindo as pessoas que não usam Viber.

Na primeira vez que você executar o Viber, pode ser que ele já tenha identificado seus amigos e colegas de trabalho, provavelmente, porque acessou sua lista de contatos no telefone. Em sua lista de contatos, você pode ver quem mais usa o Viber pelo ícone roxo. Um número de telefone pode aparecer embaixo do nome de não-usuários.

Clique no nome da pessoa com quem quer falar e depois em Chamada Gratuita (para uma chamada de Viber para Viber), Viber Out (para ligar para o número de telefone, o que é pago), ou Vídeo. Se escolher a opção Viber Out, terá que comprar créditos. Essas chamadas não são gratuitas, mas, especialmente para ligações internacionais, elas são um bom negócio.

Bate-papo com voz e vídeo usando o Skype

Baixe e instale o Skype em seu computador em `www.skype.com`. No site, clique no botão Baixe o Skype para baixar e instalar o programa como de costume. Você pode instalá-lo também em seu smartphone ou tablet, baixando o aplicativo grátis na Apple Store ou no Google Play Store. Na primeira vez que executar o programa, configure uma conta gratuita com um nome de usuário e senha. Depois é só começar a usar o programa para conversar com outros usuários do Skype. Agora que a Microsoft comprou o Skype, é possível se conectar com seu endereço e senha do Hotmail ou Outlook.com, também.

Assim como o Viber, o Skype não se limita a conversas apenas com outros usuários. Você pode configurar uma conta onde pode adicionar crédito — usando um cartão de crédito ou um cupom de bônus fornecido junto com alguns fones — e assim poderá ligar para qualquer telefone do mundo pagando por minuto. As tarifas são bem pequenas, geralmente com ligação grátis para os Estados Unidos e Canadá e por cerca de 2 centavos de dólar o minuto para a Europa, independentemente de onde você esteja usando o Skype — apenas para onde está ligando. John uma vez ligou para casa usando seu laptop com a conexão Wi-Fi do lobby de um hotel na Argentina por 2 centavos de dólar, se ligasse de um telefone normal, a ligação custaria um dólar por minuto. O Skype ainda oferece o SkypeIn — um número de telefone real para seu Skype para que outras pessoas possam ligar para você usando um telefone — por uma tarifa mensal.

Outros recursos do Skype

O Skype permite conferência de chamadas de até cinco pessoas (usando telefones) e qualquer número de usuários de Skype e de chamadas SkypeOut para telefones normais. Ele inclui um recurso de mensagens instantâneas para digitar com seus amigos durante a conversa (ou mesmo quando não está conversando com eles). E, também, tem um recurso de bate-papo, o SkypeMe, onde você configura um perfil, seleciona seu status online e convida os usuários do Skype conectados em todo o mundo para conversar, com um pouco de sorte você poderá fazer alguns novos amigos à distância.

Cadê a Mensagem que Estava Aqui? O SnapChat

Uma abordagem totalmente diferente para bater papo é enviar fotos para seus amigos — sem vídeo ou texto. E, caso a mensagem seja, digamos, incriminadora ou embaraçosa, você pode usar o SnapChat (`www.snapchat.com`), um aplicativo para smartphones que permite tirar fotos com seu telefone, enviá-la a um amigo e exibi-la por apenas dez segundos, antes que ela seja apagada. É claro, o destinatário pode tirar uma foto da tela do celular se for rápido o bastante (em um iPhone ou iPad, pressione o botão liga/desliga e o botão redondo ao mesmo tempo para capturar a imagem na tela). O SnapChat nos deixa malucos; se quiser nos mandar uma foto, use o e-mail ou mensagem instantânea!

Uma Volta pela Cidade Virtual

Digitar ou conversar com algumas pessoas é divertido e interessante, mas para uma boa fofoca, você precisa de um grupo. Felizmente, a internet oferece oportunidades ilimitadas para encontrar pessoas de perfil semelhante e falar sobre qualquer assunto que você possa imaginar. Clubes, igrejas e outros grupos usam a internet para reuniões. As pessoas que têm um hobby em comum, ou que são fãs de algum artista, cantor ou banda conversam sobre uma variedade impressionante de tópicos, desde tricô até The Voice Brasil e tudo que existe entre os dois. Pessoas com problemas de saúde se apoiam e trocam dicas e experiências. Enfim, qualquer assunto sobre o qual as pessoas possam querer conversar está agora em intensa discussão em algum lugar da internet.

Você pode conversar com grupos de pessoas na internet de muitas formas, incluindo:

- **Redes sociais,** como o Google+ e o Facebook, descritos no Capítulo 10.
- **Reddit,** um site para compartilhamento, que descreveremos mais adiante neste capítulo.
- **Listas de e-mail,** nas quais você troca mensagens por e-mail.
- **Quadros de mensagens baseados na web,** onde as mensagens aparecem em uma página da web.
- **Grupos de notícias Usenet** (o grupo de discussão original da internet), que você lê com um programa de leitura de notícias. Para obter uma descrição dos grupos de notícias da Usenet e de como lê-los, veja o nosso site em `net.gurus.org/usenet` — conteúdo em inglês, ou vá até `groups.google.com` e pesquise por tópicos que lhe interessem.

Esta seção mostra como participar de discussões na internet usando grupos no Facebook, o Reddit, listas de e-mails e quadros de mensagens na web. Esses sistemas não são tão instantâneos, como as mensagens instantâneas: você publica uma mensagem e, horas ou dias depois, recebe uma resposta.

Participando de grupos no Facebook

Pode ser que você já utilize o Facebook para manter contato com seus amigos, "curtir" pessoas famosas e marcas e postar informações sobre você. Mas o Facebook também serve para conversar sobre tópicos específicos de seu interesse. Os grupos do Facebook são páginas onde pessoas postam textos, links e fotos sobre o assunto do grupo. Alguns são abertos para todos, alguns requerem aprovação da pessoa que o criou, e outros são privados.

Use a caixa de pesquisa no topo da página do Facebook para buscar por assuntos que gostaria de discutir. Você verá uma enorme confusão de pessoas, organizações e grupos, clique no link Grupos para reduzir a lista. Clique em

Participar quando encontrar um de que goste. Se for um grupo fechado, você verá o aviso Solicitação Enviada. Você receberá uma notificação quando (e se) o administrador do grupo aceitar sua solicitação. A Figura 12-5 mostra uma página de um grupo no Facebook.

Figura 12-5: Os grupos do Facebook discutem todo e qualquer assunto, de cultura popular a assuntos médicos.

Você pode, ainda, criar seu próprio grupo. Talvez sua turma do colégio precise de uma página? Ou seu grupo de leitura ou bordado? Para criar um grupo, vá até `www.facebook/browsegroups` (ou clique no link Mais perto da lista de grupos em que você está) e clique no botão Criar Grupo.

Lendo o Reddit

No Reddit, você posta um link sobre algo interessante que viu ou leu na internet, e outras pessoas podem fazer comentários, dando um voto positivo ou negativo para sua publicação. Os comentários também podem ser votados, positiva ou negativamente, assim, os itens mais interessantes, controversos e engraçados tendem a ir ao topo — literalmente para o topo da página.

O Reddit está em `www.reddit.com` e sua página de abertura (como mostra a Figura 12-6) exibe as publicações com melhor classificação no momento. Mas o Reddit não é uma enorme discussão, são milhares de subreddits, cada um com um tema específico. Junto com os assuntos mais óbvios, como animais, programas de televisão e esportes, os subreddits incluem:

- **Today I Learned (TIL),** ou hoje eu aprendi, você pode postar algo interessante que você aprendeu hoje.

- **I Am A (IAMA),** ou eu sou..., onde você se identifica como uma pessoa famosa ou alguém com um talento ou trabalho interessante, e se oferece para responder qualquer pergunta (Ask Me Anything – AMA, ou pergunte-me qualquer coisa), às vezes, por um determinado período.
- **WTF,** onde a maioria das pessoas publica coisas impressionantes que encontraram na net.

Figura 12-6: A página inicial do Reddits que se intitula a página de abertura da internet.

Cada subreddit tem sua própria comunidade e regras, que normalmente são publicadas na coluna do lado direito da página.

Começando no Reddit

Você não precisa de uma conta para ler o Reddit, mas uma conta permite que se registre em subreddits e comente as publicações. Clique no link Sign in or Create an Account no canto superior direito da página e digite um nome de usuário e uma senha. Inclua seu endereço de e-mail para que possa pedir uma nova senha caso esqueça a sua. Isso é tudo.

A página inicial do Reddit mostra as publicações com melhor classificação dentre todos os subreddits para os quais você se inscreveu. Clique no título ou no ícone para ver a publicação original, que pode ser uma notícia, qualquer página da internet ou (o mais comum) uma imagem. Clique no botão Voltar do seu navegador para voltar ao Reddit. Abaixo do título, você pode ver quantos comentários sua publicação recebeu; clique no número para lê-los. Quando você gostar ou não gostar de uma publicação ou um comentário em particular, clique na seta para cima ou para baixo à esquerda para upvote (dar um voto positivo) ou downvote (dar um voto negativo) numa publicação ou comentário. O Reddit pode não aceitar seu voto se você for novo no pedaço; você deve receber karma lendo, postando e comentando.

O site automaticamente lhe inscreve em alguns subreddits, só para que você comece a se familiarizar, mas você pode cancelar a inscrição e encontrar novos subreddits que lhe interessem.

Use a caixa de pesquisa no canto superior direito da página para buscar tópicos de seu interesse. Você verá uma lista dos subreddits que contém publicações com aquele tópico, e, então, uma lista das publicações. Experimente clicar em uma mensagem que pareça promissora; leia e comente a publicação e se gostar clique no link em cima dela para o subreddit em que ela foi feita. Se o subrredit parecer bom, clique no botão Subscribe na coluna do lado direito.

Postando no Reddit

Para fazer uma publicação, clique em um dos links no topo da coluna do lado direito do subreddit:

- **Submit a new link:** a maioria das publicações são apenas links para outras páginas ou imagens na net. Dê um nome para sua publicação para descrever do que se trata e escolha em quais subreddits quer publicar.
- **Submit a new text post:** alguns subreddits permitem publicações de texto, que são comentários ou perguntas que você cria. Digite um título e o texto da sua publicação.

Não tente publicar no Reddit imediatamente. Observe o subreddit em que quer postar e leia as regras. As publicações que quebram as regras são removidas pelos moderadores do subreddit. Embora a maioria do conteúdo do Reddit seja bastante razoável, algumas partes definitivamente não são adequadas para o ambiente de trabalho e, em geral, são rotuladas como NSFW (Not Safe For Work, ou não seguras para o trabalho), para que você não se surpreenda (muito) na hora de visualizá-la.

Listas de e-mails: Tem certeza de que não é lixo eletrônico?

Uma lista de e-mail é bastante diferente de uma lista de correspondência postal. Sim, ambas distribuem mensagem para as pessoas da lista, mas as mensagens na maioria das listas de e-mail contêm discussões entre os assinantes, em vez de apenas lixo ou catálogos.

Aqui vemos como uma lista de correspondência por e-mail funciona. A lista tem seu próprio endereço especial de e-mail, e qualquer coisa que alguém envie para esse endereço é repassada para todas as pessoas da lista. Devido ao fato de essas pessoas, por sua vez, muitas vezes responderem às mensagens, o resultado é uma conversa. Por exemplo, se os autores deste livro organizassem uma discussão com *amantes de chocolate* sobre o uso e abuso de chocolate, e se o programa servidor de listas fosse executado em `lists.guru.net`, a lista do endereço seria `chocolate-lovers@lists.gurus.org`. (Administramos algumas listas, mas nenhuma sobre chocolate. Ainda.)

Listas diferentes têm estilos diferentes. Algumas são relativamente formais, mantendo-se próximas ao tópico oficial da lista. Outras tendem a se afastar muito do tópico. Você precisa lê-las para saber como cada lista funciona e de que maneira.

Listas de correspondência se dividem em três categorias:

- **Discussão:** Todo assinante pode postar uma mensagem. Essas listas levam a discussões livres e podem incluir um determinado número de mensagens fora do tópico.
- **Moderada:** Um moderador revisa cada mensagem antes que seja distribuída. O moderador pode impedir que postagens irrelevantes, redundantes ou sem sentido desperdicem o tempo de todos.
- **Apenas de anúncios:** Apenas o moderador posta mensagens. Listas de correspondência de anúncios são basicamente boletins de notícias online.

Quem lida com todos esses e-mails?

Alguém tem que assumir o trabalho de registrar quem está na lista de correspondência e distribuir as mensagens para todos os seus assinantes. Esse trabalho é muito tedioso para um ser humano, logo, existem programas que fazem isso. (Algumas listas ainda são administradas por seres humanos, e temos pena deles!) A maioria das listas é administrada por servidores de listas ou administradores de listas de correspondência. Programas populares de gerenciamento de listas incluem o LISTSERV, MailMan, Majordomo e muitos outros, assim como sistemas baseados na web, como o Yahoo! Groups e o Google Groups.

Conversando com o ser humano responsável

Alguém é o responsável por cada lista de e-mails: o administrador da lista. Ele fica incumbido de ajudar as pessoas a entrar e sair da lista, responder a perguntas sobre a lista e mediar a discussão. Se você tiver algum problema com uma lista, escreva uma mensagem educada para o administrador. Lembre-se de que a maioria deles é voluntária, e que, às vezes, come, dorme e trabalha em um cargo normal, além de manter as listas de e-mails. Se a resposta demorar mais tempo do que você imaginar, seja paciente. Não envie outro e-mail irritado — ele apenas incomodará mais ainda o administrador da lista.

O endereço do administrador geralmente é o mesmo da lista, com a adição de *owner-* no início ou *-request* antes do caractere @. Por exemplo, o administrador da lista

```
chocolate-lovers@lists.gurus.org
```

seria

```
chocolate-lovers-request@lists.gurus.org
```

Entrando e saindo de listas

Para saber como assinar uma lista, ou como cancelar sua assinatura, dê uma olhada nas instruções que (com sorte) acompanharam quaisquer informações que você tenha recebido sobre a lista. Na maioria delas, você pode assinar, cancelar a assinatura e alterar suas configurações de assinatura a partir da web — você vai até uma página da web e preenche um formulário. Geralmente, você digita seu endereço de e-mail em uma caixa em uma página da web, clica no botão Enviar ou Assinar, e, pronto, está na lista. Muitas vezes, essa estratégia é mais conveniente do que enviar um comando por e-mail.

LEMBRE-SE

Antes de assinar, assegure-se de que exista uma forma de cancelar a assinatura da lista (uma opção que algumas delas, orientadas para marketing, negligenciam).

Você deve receber uma mensagem de boas-vindas, gerada por um computador, informando que entrou para a lista, junto com uma descrição de alguns comandos que pode usar para lidar com sua inscrição. Geralmente, essa mensagem inclui uma solicitação de confirmação de que você recebeu a mensagem e que foi realmente você quem quis assiná-la. Siga as instruções clicando em um link, ou respondendo à mensagem, ou seguindo as outras instruções. A confirmação ajuda a lista a garantir que estão de fato enviando a mensagem para uma pessoa, e impede que outras coloquem você na lista sem seu conhecimento. Enquanto você não fizer essa confirmação, não estará adicionado à lista.

DICA

Salve a mensagem de boas-vindas, ela informa todos os comandos que você pode usar quando estiver lidando com a lista. Em primeiro lugar, a mensagem lhe diz como sair da lista de correspondência se ela não for do seu agrado. Nós temos no nosso programa de e-mail uma pasta chamada Listas de Correspondência, na qual armazenamos as mensagens de boas-vindas de todas as listas de e-mails em que entramos, para que sejamos poupados de constrangimento ao pedir ajuda para cancelar a assinatura posteriormente.

Para ser excluído de uma lista, visite novamente a página e siga as instruções de cancelamento de assinatura. Não envie uma mensagem "Por favor, cancele minha assinatura", pois isso só desperdiça o tempo dos outros assinantes.

Truques de listas de mensagens

A maioria dos servidores de listas conhece muitos outros comandos não essenciais, incluindo comandos para guardar seus e-mails por algum tempo, para lhe enviar uma mensagem diária que inclua todas as postagens do dia e para ver uma lista de assinantes. Para ver os comandos exatos, que variam, dependendo do software servidor de listas, confira as instruções que recebeu quando assinou a lista. (Você salvou a mensagem de boas-vindas, não?)

DICA

Burp! Os computadores digerem mensagens!

Algumas listas de correspondência são *digeridas*. Não, não ficam em suco gástrico — são digeridas mais no sentido do *Reader's Digest*. Todas as mensagens em um determinado período (geralmente 24 ou 48 horas) são agrupadas na forma de uma grande mensagem com uma lista de conteúdo no início. Muitas pessoas acham esse método mais conveniente, do que receber as mensagens separadamente. Você pode examinar facilmente todas as mensagens sobre o tópico ao mesmo tempo.

Preferimos receber nossas mensagens individualmente e fazer com que nosso programa de e-mail organize as mensagens que chegam em pastas separadas, uma para cada lista de correspondência que assinamos. O Apple Mail, o Window Live Mail e muitos outros programas conseguem organizar suas mensagens.

Enviando mensagens para listas de correspondência

Ok, você se registrou em uma lista de correspondência. E agora? Em primeiro lugar, espere cerca de uma semana para ver que tipo de mensagem chega da lista — dessa forma, você pode ter uma ideia do que deve ou não enviar. Quando achar que já viu o suficiente para evitar constrangimentos, experimente enviar algo. É muito fácil: envie uma mensagem para o endereço da lista, que é o mesmo nome da lista — `chocolate-lovers@lists.gurus.org`, ou `dandruff-l@bluesuede.org`, ou seja lá o que for. Tenha em mente que, devido às centenas ou milhares de pessoas que podem estar lendo suas pérolas de sabedoria, você não deve enviar nada até que tenha algo a dizer, e tente não cometer erros de ortografia. (Você pode achar que esse conselho é óbvio, mas, infelizmente, você se surpreenderia se soubesse que não é, não.) Em listas populares, você pode começar a receber respostas alguns minutos depois de enviar uma mensagem.

Algumas listas de correspondência têm regras sobre quem pode enviar mensagens, assim, só porque você está na lista, não significa que, qualquer mensagem que você enviar, irá aparecer na lista automaticamente. Algumas listas são *moderadas*: qualquer mensagem que você envie vai para um *moderador* humano, que decide o que vai para a lista e o que não vai. Embora esse processo possa parecer um pouco autoritário, a moderação pode tornar uma lista cinquenta vezes mais interessante do que seria de outra forma, porque um bom moderador filtra as mensagens tediosas e irrelevantes e mantém a lista em ordem. Na verdade, as pessoas que mais reclamam da censura do moderador geralmente são aquelas cujas mensagens precisam ser filtradas com mais urgência.

Outra regra que às vezes causa problema é que muitas listas permitem que mensagens sejam enviadas apenas para pessoas cujos endereços aparecem na lista, para evitar que ela seja soterrada por spams. Se seu endereço mudar, tem de assinar novamente ou não poderá postar nada.

CUIDADO!

Boing!

Contas em computadores são criadas e excluídas com grande frequência, e endereços de e-mail também, assim, uma lista sempre contém, em determinados momentos, endereços que já não são válidos. Se você enviar uma mensagem para a lista, e ela for encaminhada para esses endereços inválidos — uma mensagem de retorno (informando sobre eles) é gerada para cada um. Os administradores de listas de correspondência (tanto humanos quanto computadores) normalmente tentam desviar mensagens de erro para o proprietário da lista, que pode fazer algo a respeito, em vez de você. Com a mesma frequência, entretanto, um sistema de e-mail não muito inteligente envia uma dessas mensagens de erro diretamente para você. Apenas ignore-a, porque não há nada que você possa fazer.

Às vezes, você pode ver a mensagem "Estou fora do escritório, em férias, até o dia..." ou, algo como "Digite os caracteres abaixo para liberar a mensagem" em resposta às mensagens da lista que você envia. *Não responda a essas mensagens também* — respostas automáticas e programas de antispam não deveriam nem mesmo responder às listas de correspondência. Mas encaminhe a mensagem para o administrador da lista, para que ele possa suspender as assinaturas desses destinatários até que reassumam o comando dos seus e-mails.

Os detalhes ao se responder as mensagens da lista

Na maioria das vezes, você recebe uma mensagem interessante de uma lista e quer respondê-la. Quando você envia uma resposta, ela vai *apenas* para a pessoa que enviou a mensagem original ou vai para a *lista inteira*? Depende de como o administrador da lista a gerencia. Em uma metade, os administradores a configuram de modo que as respostas sejam enviadas automaticamente para quem enviou a mensagem original, supondo que sua resposta provavelmente seja de interesse somente do autor original. A outra, configura a lista de modo que as respostas sejam enviadas para a lista inteira, considerando que a lista é uma discussão pública. Para mensagens que chegam da lista, o software de correspondência automaticamente configura a linha do cabeçalho Responder Para com o endereço para o qual a resposta deve ser enviada. (Qual a melhor forma de configurar é um tópico que pode provocar discussões intermináveis e exaltadas, então nunca sugira que eles a mudem.)

Felizmente, você é responsável por esse recurso. Quando começa a criar uma resposta, seu programa de e-mail deve mostrar a você o endereço para o qual responderá. Se você não gostar do endereço que ele estiver usando, altere-o. Verifique os campos Para e Cc para se assegurar de que está enviando sua mensagem para onde quer. Não corra o risco de enviar para a lista inteira uma mensagem do tipo "Concordo com você, os outros são muito burros".

Ao corrigir o endereço do destinatário, talvez seja o caso de alterar a linha do Assunto. Após algumas rodadas de respostas, o tópico em discussão muitas vezes muda do original. Altere o assunto para descrever melhor o que está realmente em discussão, como um favor para as outras pessoas que estão tentando segui-la.

Como evitar parecer pouco inteligente

CUIDADO!

Depois de assinar uma lista de correspondência, não envie nada antes de lê-la durante uma semana. Confie em nós — a lista tem vivido sem suas observações inteligentes desde que começou, e pode seguir sem elas por mais uma semana.

Esse tempo permite que você entenda os tópicos discutidos e o tom da lista, por exemplo. Esse tempo de espera também lhe dá uma ideia razoável de quais tópicos as pessoas já estão cansadas. A gafe clássica do novato é assinar uma lista e enviar imediatamente uma mensagem com uma pergunta boba que não se relaciona ao tópico e que já foi exaustivamente discutida no dia anterior.

A gafe número dois do novato é enviar uma mensagem diretamente para a lista pedindo para assiná-la ou cancelá-la. Esse tipo de mensagem deve ser enviada para o administrador da lista ou o programa servidor da lista, *não* para a própria lista, onde todos os outros assinantes podem ver que você se equivocou.

DICA

Mais uma coisa que não se deve fazer ao assinar uma lista de e-mails: se você não gostar do que outra pessoa estiver postando (por exemplo, um novato está postando mensagens em branco, tentando cancelar a assinatura ou falando demais sobre um tópico), não perca o tempo de todos postando uma resposta na lista. A única coisa menos inteligente do que uma postagem pouco inteligente é uma resposta queixando-se dela. Em vez disso, envie um e-mail *privado* para a pessoa e peça-lhe para parar, ou envie um e-mail para o administrador da lista e peça para que ele intervenha.

Postando em quadros de mensagens

As listas de correspondência são úteis se você quiser receber mensagens por e-mail, mas algumas pessoas preferem ler mensagens na web. Elas estão com sorte: um *quadro de mensagens* é um grupo de discussões baseado na net que posta mensagens em um site, também conhecido como *mural de discussões*, *fórum* ou *comunidade*. Assim como as listas de correspondência, alguns quadros de mensagens só podem ser lidos por assinantes, alguns permitem que só assinantes postem e alguns são *moderados* (ou seja, um moderador aprova as mensagens antes que elas apareçam no quadro de mensagens). Outros quadros de mensagens são mais parecidos com quadros de boletins: qualquer um pode postar a qualquer momento, e não há continuidade nas mensagens ou sentido de comunidade entre as pessoas que postam.

Muitos sites possuem quadros de mensagens. Alguns são dedicados a hospedar muitos tópicos diferentes. Alguns sites hospedam quadros de mensagens que também enviam mensagens para você por e-mail, portanto funcionam como quadros de mensagens e listas de correspondência juntos.

Estes são alguns dos nossos sites de discussão favoritos na web:

- **Google Groups**, em `groups.google.com`: o Google Groups começou como uma forma das pessoas participarem nos grupos de notícias Usenet pela web. Depois, o Google forneceu uma maneira de criar novos grupos também. Você pode pesquisar por tópicos, por grupos ou por mensagens que lhe interessem.
- **Yahoo! Groups**, em `groups.yahoo.com`: o Yahoo! Groups inclui quadros de mensagens e bibliotecas de arquivos, e você pode ler as mensagens no site ou por e-mail — você escolhe quando entra para o grupo. O Yahoo! Groups também possui agendas para eventos do grupo e bate-papo em tempo real direto no site. Para entrar, você deve se registrar primeiro em um Yahoo! ID gratuito, que também lhe dá um endereço de e-mail yahoo.com. Você também pode criar seu próprio grupo Yahoo! clicando em links — um grupo público em que todos podem participar ou um grupo privado para seu clube ou família.

Assinando e participando

A maioria dos quadros de mensagens requer que você se cadastre antes de assinar, o que significa que você deve escolher um nome de usuário e uma senha e, às vezes, é preciso fornecer seu endereço de e-mail e responder uma mensagem de confirmação enviada para ele. O cadastro dificulta que robôs que publicam spam consigam postar no quadro de mensagens.

Para assinar uma comunidade nesse tipo de site, simplesmente siga as instruções do site. Alguns sites de comunidades possibilitam que você leia mensagens postadas nas listas sem assiná-las — você pode clicar nos links para exibir as mensagens no seu navegador da web.

Encontrando comunidades online interessantes

Existem dezenas de milhares de comunidades — na forma de listas, ou quadros de mensagens, ou uma mistura dos dois — na internet, mas não há um diretório central para elas. Isso acontece, em parte, porque muitas listas são criadas para grupos específicos de pessoas, como membros da diretoria da First Parish Church of Podunck ou alunos da disciplina Economia Básica do Colégio Técnico.

Você pode encontrar algumas comunidades pesquisando na web (conforme descrevemos no Capítulo 13) e incluindo a palavra ou expressão "lista de correspondência", "fórum" ou "quadro de mensagens". Ou então, comece em `groups.google.com` ou `groups.yahoo.com` e pesquise pelo tópico no qual você está interessado.

Você pode criar suas próprias listas ou quadros de mensagens também. É gratuito, porque os sites exibem anúncios nas suas página da web e podem até colocar anúncios nas postagens da lista. Se você tem um hobby, um trabalho, um interesse ou até uma doença incomum, talvez queira criar uma lista para discutir a respeito. Ou crie uma lista para um comitê ou grupo familiar usar em discussões online.

Veja Quem Está Batendo Papo

Se as listas de correspondência e quadros de mensagens forem lentos demais — e você quiser conversar com estranhos imediatamente —, talvez queira experimentar o bate-papo online, que é semelhante ao Serviço Rádio do Cidadão. Bate-papos online diferem das IM porque são públicos e você geralmente não conhece as outras pessoas que estão participando.

Você começa entrando em uma área da internet conhecida como *sala de bate-papo eletrônico* (ou *canal*). Depois de entrar em uma sala, você pode ler na tela o que as pessoas estão dizendo e depois adicionar seus próprios comentários simplesmente digitando-os e clicando em Enviar. Embora diversas pessoas que estejam participando no bate-papo possam digitar ao mesmo tempo, a contribuição de cada uma é mostrada na tela na ordem em que é recebida. Qualquer coisa que as pessoas digitem aparece na janela geral da conversa e é identificada pelo apelido. Em alguns sistemas de bate-papo, os participantes podem selecionar tipos e cores de letras personalizados para seus comentários.

Se você achar que vale a pena conhecer melhor alguma das pessoas em uma sala de bate-papo, pode solicitar uma *sala privada* ou *conexão direta*, que é uma conversa particular entre você e a outra pessoa, e não é muito diferente de mensagens instantâneas. E, é claro, você pode receber esse tipo de convite de alguém. Não é incomum uma pessoa estar em uma sala de bate-papo geral e, ao mesmo tempo, em uma conversa privada com um dos participantes, embora seja considerado indelicado (para não dizer confuso!) exagerar no número de conversas paralelas.

Você também pode ser convidado a se juntar a uma sala de bate-papo privada com diversas outras pessoas. Não sabemos ao certo o que acontece nessas salas porque nunca fomos convidados.

Onde todos estão conversando?

Os grupos de pessoas os quais você pode conversar, vão depender de qual sistema de bate-papo você se conecta.

Muitos outros sites possuem salas de bate-papo usando um programa plug-in que permite as pessoas trocarem mensagens entre si. Pesquise pela palavra *bate-papo* e um tópico sobre o qual você queira conversar para obter uma variedade de locais de bate-papo.

Toda sala de bate-papo tem um nome; em geral, o nome é uma indicação sobre o que as pessoas estão conversando, ou do que têm em comum. Alguns canais têm nomes como *lobby*, neste caso, geralmente, o objetivo é apenas bater papo.

Quem sou eu?

Não importa qual dispositivo de bate-papo você use, todo participante tem um *nome de exibição*, ou *apelido*, muitas vezes escolhido para ser único, feliz, inteligente e usado como uma máscara. Os frequentadores às vezes trocam seu nome de *exibição*. Esse anonimato torna as salas de bate-papo um lugar onde você precisa ser cuidadoso. Por outro lado, um dos atrativos do bate-papo é conhecer pessoas novas e interessantes. Muitas amizades boas começaram em um encontro ao acaso em uma sala de bate-papo.

Quando você entra em um grupo e começa a conversar, vê os apelidos das pessoas que já estão lá e uma janela na qual a conversa atual muitas vezes voa pela tela. Se o grupo for amigável, alguém pode até lhe enviar uma mensagem de boas-vindas.

Assim como na vida real, em uma sala de bate-papo cheia de estranhos, você provavelmente encontrará pessoas com as quais não simpatize. Pelo fato de ser possível ficar razoavelmente anônimo na internet, algumas pessoas agem de modo grosseiro, vulgar ou até cruel. Se você for novato em conversas em salas de bate-papo, mais cedo ou mais tarde visitará alguns lugares desagradáveis, embora, com o tempo, descobrirá como evitá-los e como encontrar salas que tenham conversas úteis, amigáveis e com conteúdo. Seja extremamente cauteloso ao permitir que crianças batam papo sem supervisão (veja o Capítulo 3). Mesmo em salas de bate-papo projetadas para jovens e que fornecem supervisão, situações impróprias e nocivas podem acontecer.

Digitar ou falar?

As salas de bate-papo originais consistiam inteiramente de pessoas digitando mensagens entre si. Sistemas de bate-papo mais novos incluem *bate-papo com voz* (o que requer que você tenha um microfone e alto-falantes no seu computador) e até vídeo (o que requer uma webcam, se quiser que as outras pessoas possam vê-lo).

Acostumando-se à cultura do bate-papo

Na primeira vez que você entrar em uma sala de bate-papo, talvez ache meio bobo ou assustador, ou ambos. Estes são algumas coisas que você pode fazer para sobreviver às primeiras pessoas que encontrar:

- Lembre-se de que, ao entrar em uma sala de bate-papo, uma conversa provavelmente já estará em andamento. Você não sabe o que aconteceu antes de entrar.
- Espere um ou dois minutos para ver uma página cheia de mensagens, a fim de entender um pouco do contexto antes de começar a escrever.
- Leia as mensagens por algum tempo para descobrir o que está acontecendo antes de enviar uma mensagem para um grupo de bate-papo. (Quando você apenas lê, sem dizer nada, diz-se que você está *espiando*.) Espiar não é necessariamente uma coisa ruim, mas esteja ciente de que você pode nem sempre ter a privacidade que pensa que tem.
- Alguns sistemas de bate-papo permitem que você indique pessoas que quer ignorar. As mensagens de bate-papo dessas pessoas não aparecerão mais na sua tela, embora as respostas dos outros membros sim. Essa estratégia geralmente é a melhor forma de lidar com pessoas agressivas. Talvez, você também possa configurar seu programa de bate-papo para não exibir as muitas mensagens do sistema, que anunciam quando as pessoas entram ou saem ou são expulsas da sala de bate-papo.
- Role a tela para cima para ver mensagens mais antigas, se precisar, mas lembre-se de que, na maioria dos sistemas, depois de rolar para cima, nenhuma mensagem nova aparece até que você role a tela para baixo novamente.

DICA

A etiqueta do bate-papo não é muito diferente da dos e-mails, e o bom senso é o seu melhor guia. Aqui estão algumas dicas extras de bate-papo:

- A primeira regra do bate-papo é não magoar ninguém. Uma pessoa real com sentimentos reais está do outro lado do computador. Não insulte as pessoas e não use linguagem vulgar, e não responda às pessoas que o fizerem.
- A segunda regra é ser cauteloso. Você realmente não tem ideia de quem são as outras pessoas. Lembre-se, também, de que elas podem ser pessoas que ficam na sala de bate-papo coletando informações, e você talvez não as perceba porque nunca dizem nada (veja o Capítulo 2).
- Escreva mensagens curtas e diretas.
- Crie um perfil com informações selecionadas sobre si mesmo. A maioria dos sistemas de bate-papo tem a possibilidade de criação de *perfis* (informações pessoais) que outros membros podem acessar.

  CUIDADO!

  Não informe seu sobrenome, telefone ou endereço. É necessário ter cuidados adicionais com as crianças: uma criança nunca deve informar sua idade, cidade, escola, sobrenome, telefone ou endereço. Embora você não precise contar tudo a seu respeito no seu perfil, por outro lado, o que você diz deve ser verdadeiro. A única exceção é o bate-papo de papéis de personagens, onde todos estão interpretando um personagem de fantasia.

- Se você quiser conversar com alguém em particular, envie uma mensagem dizendo olá, quem você é e o que quer.
- Se o tom da conversa em uma sala de bate-papo o ofender ou entediar, tente outra. Assim como na vida real, você se depara com muitas pessoas em salas de bate-papo que não faz questão nenhuma de conhecer — e não precisa ficar lá.

CUIDADO!

Assim como a sociedade em geral, o bate-papo online envolve um certo contato com pessoas desconhecidas. A maioria dos encontros é com pessoas normais. Para o resto, o bom senso dita que você mantenha a privacidade de suas informações pessoais. Veja no Capítulo 2 algumas diretrizes para ficar em segurança enquanto conversa com estranhos.

Parte IV

A Web Está Cheia de Coisas Interessantes

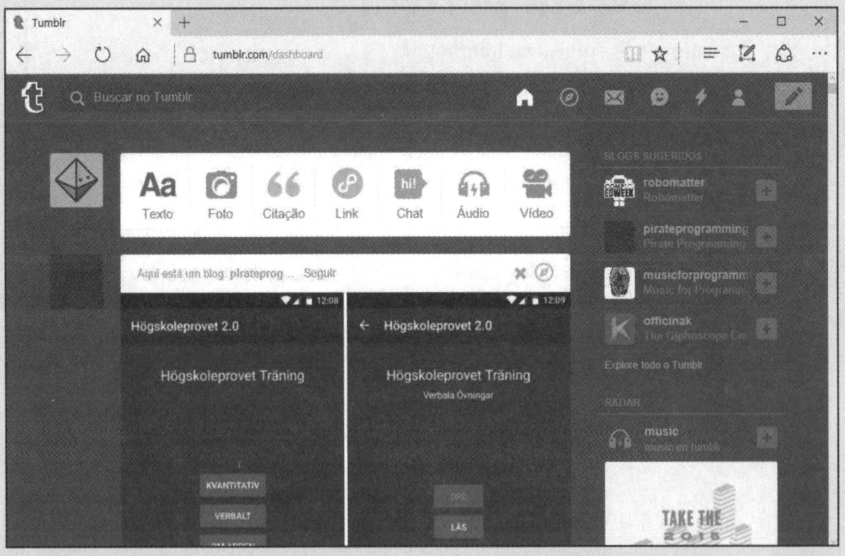

Nesta parte...

- Encontre o que precisa na Internet
- Toque música e vídeos na web
- Vá às compras online
- Administre suas finanças

Capítulo 13

Agulhas e Palheiros: Encontrando Quase Tudo na Internet

Neste Capítulo

- Iniciando com estratégias básicas de pesquisa
- Encontrando o que está procurando na web
- Usando pesquisas internas no seu navegador
- Encontrando pessoas na web
- Criando sua própria página inicial

"Está certo, existe tudo isso na internet. Mas como faço para encontrar?" É uma excelente questão — obrigado por perguntar. Questões como essa são o que movem a humanidade. Nós o saudamos e dizemos "Continue fazendo perguntas!". Próxima pergunta, por favor.

Ah, você quer uma *resposta* para sua pergunta. Felizmente, existem muitas coisas para encontrar coisas na web (esses são os termos técnicos). Mais especificamente, serviços gratuitos conhecidos como *mecanismos de busca* e *diretórios* cobrindo a maior parte do material interessante da web. Há até uma enciclopédia gratuita, escrita por usuários da internet como você.

Você pode pesquisar de dezenas ou centenas formas diferentes, dependendo do que está procurando e de como preferir fazer a busca. Pesquisar pode exigir um pouco de prática, porque bilhões de páginas da web estão à sua espera na internet, e a maioria delas não tem nada a ver com o tópico que você está procurando. (John observou que seu restaurante ideal só tem um único item no menu, e é exatamente o que ele quer. A internet está tão longe disso que você não consegue nem imaginar.)

Para fornecer um pouco de estrutura a essa discussão, descrevemos diversos tipos diferentes de pesquisa:

- **Pesquisas internas:** Buscas por tópicos que um navegador faz automaticamente, das quais nem sempre gostamos.
- **Mercadorias e serviços:** Coisas para comprar ou descobrir, desde seguros até enxaguantes bucais.
- **Pessoas:** Pessoas reais que você quer contatar, descobrir mais a respeito e "espionar".
- **Tópicos:** Lugares, coisas, ideias, empresas — qualquer coisa sobre a qual você queira saber mais a respeito.

Para encontrar tópicos, usamos os diversos mecanismos de pesquisa online e os diretórios, como o Google e o Yahoo!. Para encontrar pessoas, entretanto, usamos diretórios de pessoas — estes são (felizmente) diferentes dos diretórios das páginas da web. Se você estiver curioso sobre o que estamos falando, continue lendo!

DICA

Mecanismo de busca, diretório — qual a diferença?

Quando falamos em diretório, nos referimos a uma lista semelhante em uma enciclopédia ou a um catálogo com cartões de biblioteca (ou melhor, semelhante ao sistema computacional que *substituiu* este catálogo). Um diretório possui categorias com nomes e entradas atribuídas a elas, em parte ou inteiramente, por catalogadores humanos. Você procura categorias encontrando uma que queira e vendo seu conteúdo.

Um *mecanismo de* busca, por outro lado, examina periodicamente cada página que conseguir encontrar na web, extrai palavras-chave delas (todas as palavras, menos *e, o, a, os, as* e semelhantes) e cria uma grande lista. (Sim, são necessários muitos computadores. O Google possui diversas centenas de milhares deles.) O mecanismo de busca tenta então descobrir quais páginas são mais importantes, baseando-se por exemplo, em quantos outros sites contêm links para ela, e dá a cada página uma nota. Você usa o mecanismo de busca especificando algumas palavras que pareçam mais prováveis, e ele encontra todas as entradas que contenham essa palavra, classificando-as pelas notas que ele as atribuiu.

Podemos comparar o índice remissivo de um livro a um mecanismo de busca; ele tem suas vantagens e desvantagens, assim como os diretórios, que são mais como o sumário deste livro. Os diretórios são mais bem organizados, mas os mecanismos de busca são mais fáceis de usar e mais abrangentes. Os diretórios usam terminologia consistente, e os mecanismos de busca usam os mesmos termos que as páginas da web correspondentes usam. Os diretórios contêm menos páginas inúteis, mas os mecanismos de busca são atualizados com mais frequência.

Existe um pouco em comum entre mecanismos de busca e diretórios — o Yahoo! inclui um diretório e um mecanismo de busca; o Google, que é principalmente um mecanismo de busca, inclui uma versão do diretório Open Directory Project (ODP).

Sua Estratégia Básica de Pesquisa

Quando procuramos tópicos na internet, sempre começamos com um mecanismo de pesquisa, geralmente o Google. (A palavra *google* agora virou "verbo", para o desespero dos advogados da marca registrada Google.)

Você usa todos os mecanismos de pesquisa mais ou menos da mesma forma:

1. **Inicie seu navegador da web, como o Chrome, Firefox, Internet Explorer e Safari.**

   Vá até o Capítulo 6, se não souber o que é um navegador.

2. **Vá até a página inicial do seu mecanismo de busca favorito.**

   Você pode experimentar uma destas URLs (endereços da web): `www.bing.com`, `www.google.com` ou `www.yahoo.com.br`. Listamos as URLs de outros sites de pesquisa mais adiante nesta seção.

   Ou, então, simplesmente clique na barra Pesquisar no canto superior direito da janela do seu navegador, à direita da Barra de Endereços. (No Chrome, use a mesma caixa para as duas funções.)

3. **Digite algumas palavras-chave prováveis na Barra de Pesquisa (na Barra de Pesquisa do seu navegador ou na que aparece na página inicial do mecanismo de busca) e pressione Enter.**

   Após uma espera (geralmente rápida, mas, afinal, a web *é* grande), o mecanismo de busca exibe uma página com alguns links para sites que ele acha que satisfazem o que pediu — digamos, 300 mil sites —, mas o mecanismo de busca tenta colocá-los em uma ordem razoável e permite que você os examine em diferentes telas, uma de cada vez.

4. **Ajuste e repita sua pesquisa até encontrar algo de que goste.**

   Um truque é pegar palavras-chave que se relacionem ao tópico que você procura a partir de duas ou três direções, como *restaurantes etíopes dubuque* ou *música guerra mulheres*. Pense em palavras que estariam em uma página contendo as informações que você deseja. Após alguns cliques para pegar o jeito, você encontrará todo tipo de boas opções.

5. **Se o mecanismo de busca estiver produzindo resultados muito amplos para serem úteis e você não conseguir pensar em palavras-chave melhores, experimente o Diretório do Yahoo! em dir.yahoo.com.**

   Ao ver uma lista de links para diferentes tópicos, clique em um assunto de seu interesse. Na abordagem de diretórios, você começa com um tópico geral e se torna cada vez mais específico. Toda página contém links para sites que se tornam cada vez mais específicos, até direcionarem você para sites que provavelmente sejam do seu interesse.

A página de pesquisa do pesquisador preguiçoso

Você pode estar se sentindo um pouco espantado com todos esses diretórios de pesquisa e mecanismos de busca que discutimos neste capítulo. Se isto lhe servir de consolo, nós também.

Para fazer com que tudo isso seja mais fácil de entender, nós mesmos criamos uma página de pesquisa que se conecta a todos os diretórios e mecanismos de busca que usamos — chame-a de pesquisa de uma parada só. Você pode usá-la também. Experimente-a em **`net.gurus.org/search`** (em inglês).

No caso um tanto provável de que novos sistemas de pesquisa sejam criados ou alguns existentes tenham mudado de endereço ou fechado, essa página lhe dá a nossa lista mais recente e permite que você se cadastre para atualizações por e-mail sempre que a alterarmos.

Vamos à Procura!

Era uma vez, em uma internet muito distante, uma porção de mecanismos de busca e diretórios que lutavam entre si para ver qual seria o favorito. Os participantes eram o AltaVista e o Dogpile e muitos outros sites que você pode encontrar em edições anteriores deste livro. Bem, parece que a primeira guerra de pesquisa pan-galáctica acabou faz tempo, e com o Google vencendo — pelo menos por enquanto. Todavia, a Microsoft está respondendo com seu mecanismo de pesquisa Bing. Visite `net.gurus.org/search` (em inglês) para ver todos os desenvolvimentos interessantes.

Google, o nosso mecanismo de busca favorito

Nosso mecanismo de busca favorito é o Google. Ele possui pequenos robôs (softwares) que passam seu tempo visitando páginas da web e reportando tudo que veem. Ele cria um índice muito grande de quais palavras apareceram em quais páginas; quando você pesquisa por um tópico, ele pega páginas do índice que contenham as palavras que você pediu. O Google usa um sistema de classificação sofisticado, baseado em quantos *outros* sites se referem a cada página do índice. Geralmente, a classificação do Google coloca as páginas melhores em primeiro lugar.

Refinando sua pesquisa

Usar o Google ou outro mecanismo de busca é um exercício de leitura da mente à distância. Você tem que adivinhar palavras que aparecerão nas páginas que está procurando. Às vezes, é fácil — se você estiver procurando receitas de bolo de fubá; é um bom conjunto de palavras de busca, porque você sabe o nome do que está procurando. Por outro lado, se você tiver esquecido que a capital da França é Paris, pode ser difícil achar uma página útil em um mecanismo de busca, porque você não sabe por quais palavras procurar. (Se você experimentar *capital da França*, alguns mecanismos de pesquisa mostram informações sobre a taxa de ganhos de capital na França, ou sobre o Fort de France, que é a capital do departamento ultramarino francês da Martinica. Muitas pessoas devem fazer essa pergunta, porque o Google fica com pena de você, e lhe informa no topo: "Você quis dizer Paris?".)

Agora que já o desencorajamos, experimente fazer algumas pesquisas no Google. Direcione seu navegador para `www.google.com.br`. Você verá uma tela como a da Figura 13-1.

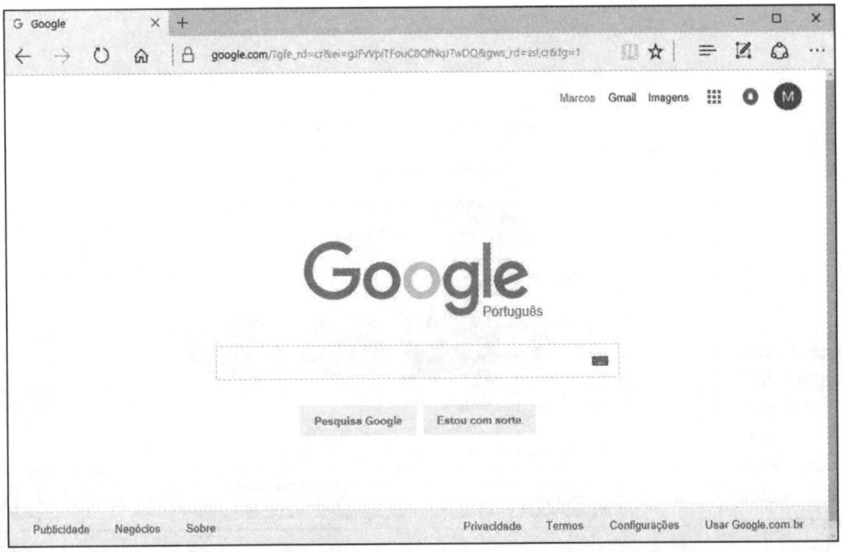

Figura 13-1: O Google, estilo clássico da página.

O motivo número um para uma pesquisa não encontrar nada

Bem, pode não ser o *seu* motivo número um, mas é o *nosso* motivo número um: uma palavra de pesquisa pode estar escrita ou digitada de forma errada. John observa que seus dedos insistem em digitar *interent*, o que não leva a muita coisa além de páginas da web de outras pessoas que tenham escrito ou digitado errado. O Google muitas vezes captura erros de digitação e sugere alternativas úteis. Às vezes, usamos uma pesquisa Google para verificar a ortografia preferida de palavras que ainda não estão no dicionário. (Obrigado ao nosso amigo Jean Armour Polly por nos lembrar desse problema.)

Experimente alguns termos de pesquisa e o Google encontrará as páginas que melhor correspondam aos seus termos. É a "melhor correspondência", não "a exata correspondência" — se ele não conseguir encontrar todos os termos, encontrará algo que se aproxime o máximo possível. O Google ignora palavras que ocorram com frequência demais para serem usadas como termos de índice, tanto as óbvias (como artigos e preposições) e as de rotina (termos como *internet* e *mail*). Essas regras podem parecer um pouco desanimadoras, mas, na verdade, ainda assim, não é difícil obter resultados úteis no Google. Você só precisa pensar em termos que sejam significativos para fazer sua pesquisa. Tente o exemplo da receita digitando *bolo fubá* e clicando no botão Pesquisar. Você verá uma resposta como mostra a Figura 13-2.

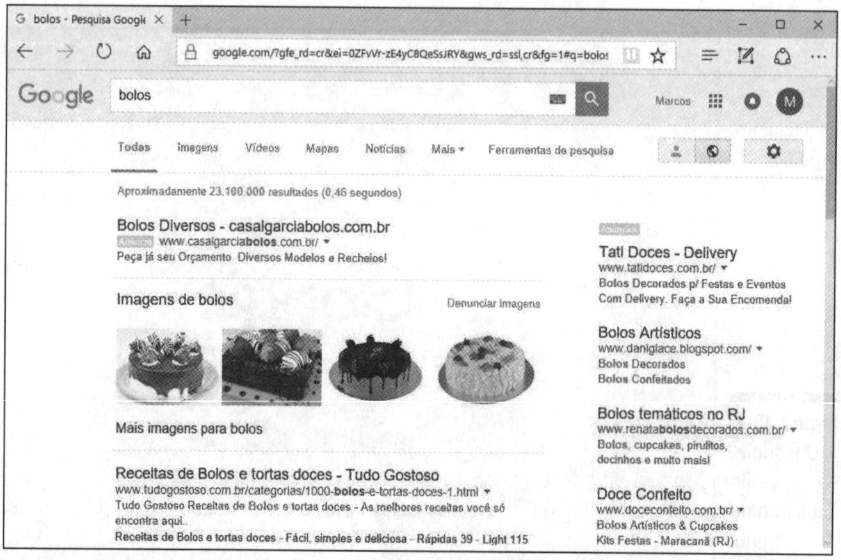

Figura 13-2: Páginas com receitas de bolos.

Os Doodles do Google

Você já se perguntou por que o logo do Google no topo da página inicial (`www.google.com.br`) muda com tanta frequência? Um time de ilustradores e pesquisadores cria um novo doodle (rabisco) todo dia para homenagear um acontecimento histórico ou o aniversário de personalidades. Passe o mouse sobre a imagem sem clicar e aparecerá uma pequena caixa explicando do que se trata. Alguns doodles são animados e ao clicá-los a imagem se move. Outros são jogos. Os Google doodles são como pequenas aulas de história sobre aquele dia. Para mais informações acesse `www.google.com/doodles`.

Dicas úteis para os mecanismos de busca

O Google permite refinar ainda mais sua busca para que você encontre o que procura. Após cada pesquisa, seus termos de pesquisa aparecem em uma caixa no topo da página, de modo que você pode alterá-los e tentar de novo. Estas são algumas dicas sobre como você pode alterar seus termos:

- Se duas ou mais palavras tiverem que aparecer juntas, coloque entre aspas, como em "`Elvis Presley`". Dependendo do assunto, o Google é suficientemente esperto para perceber que é uma expressão comum e considera que você não digitou as aspas de qualquer maneira.
- Use + e - para indicar palavras que devem aparecer ou não, como `+Elvis +Costello -Presley` se você estiver procurando pelo marido de Diana Krall.
- As letras maiúsculas e minúsculas não importam. Escrevemos tudo em letras minúsculas em nossos termos de pesquisa.

Seus resultados não serão exatamente como a Figura 13-2, porque o Google terá atualizado seu banco de dados depois da publicação deste livro. Esses resultados melhoraram muito desde que começamos a usar esse exemplo em edições anteriores. Agora, ele entende que você provavelmente está procurando uma receita. A maioria das páginas que o Google encontrou tem, de fato, algo a ver com o bolo de fubá — muitas têm boas receitas. O Google diz que encontrou aproximadamente 248 mil resultados (uau!), mas a princípio lhe mostra apenas cem deles, dez de cada vez. Embora, provavelmente, ainda seja mais do que você queira examinar, veja pelo menos as primeiras telas de resultados, se a primeira não mostrar o que você quer. Como a lista também inclui restaurantes e até, possivelmente, um salão de cabeleireiro com um nome parecido ao que você está buscando, você pode simplesmente estreitar a pesquisa a apenas receitas adicionando a palavra-chave *receita*. Os mecanismos de busca não são inteligentes; é você quem tem que adicionar a inteligência. Na parte de baixo da tela do Google estão os números das páginas; clique em Próxima para ver a próxima página.

Os links na coluna à direita e às vezes no topo dos resultados são links *patrocinados* — ou seja, anúncios pagos, classificados por quanto o anunciante estava disposto a pagar. Muitas vezes vale a pena clicar neles, mas lembre-se de que são anúncios. O Google identifica esses anúncios pagos com um pequeno ícone ou etiqueta escrito Anúncio.

O botão Estou com Sorte pesquisa e leva você diretamente para o primeiro link, o que geralmente funciona... bem, quando você está com sorte.

Ainda mais opções do Google

Embora o Google pareça muito simples, ele tem várias outras opções que podem ser úteis. Você pode:

- **Ir daqui para lá.** Digite um endereço, e o Google oferece um link para um mapa. Digite o nome de uma pessoa e um endereço inteiro ou parcial, pelo menos a abreviação do estado, e o Google lhe mostra endereços e números de telefone. Digite um número de telefone e ele, muitas vezes, lhe dá o nome e o endereço. (Experimente digitar *202-456-1414.*) As informações são todas trazidas de fontes públicas, mas se você achar esse processo um pouco assustador, procure por você mesmo e, se se encontrar, verá um link para uma página onde você pode remover suas informações.
- **Voar de lá para cá.** Digite algo como `voos são paulo nova iorque` e os primeiros resultados do Google serão os horários de voos de companhias aéreas e preços, calculados por um sistema de busca de voos subsidiário. Clique em qualquer dos resultados na tabela e verá mais páginas de resultados que pode usar para comprar passagens por sites de viagens ou de companhias aéreas. Para saber mais sobre compras de passagens online, veja o Capítulo 15).
- **Buscar por imagens e vídeos, bem como textos.** Frequentemente, o Google exibe imagens ou vídeos relativos aos resultados da busca. Você pode clicar em qualquer um deles, ou para ver mais imagens ou vídeos, basta clicar nos links imagens ou vídeos em qualquer página de resultados. O Google não tem a menor ideia do que se trata a imagem ou o vídeo, mas ele pesquisa nos textos ao redor e no nome dos arquivos de imagens e vídeos e faz um excelente trabalho de adivinhação. Se você pesquisar por bolo de fubá em imagens, verá dezenas de fotos de delicioses bolos e vídeos com o preparo de receitas. O recurso SafeSearch omite fotos com nudez e coisas do tipo. Se o desativar, poderá se deparar com algumas imagens bem desagradáveis.
- **Ler notícias.** O Google News (clique no link Notícias ou inicie em `news.google.com`) mostra um resumo de notícias atuais online trazidas automaticamente de milhares de fontes de todo o mundo. Aviso: Se você estiver interessado em eventos atuais, pode facilmente passar 12 horas por dia seguindo links a partir desse site.
- **Limitar sua pesquisa a documentos a um site específico.** Se você sabe em que site está a informação que procura, inclua *site:* e o endereço do site na pesquisa. Por exemplo, se quiser saber o que o N*ew York Times* publicou sobre determinado assunto, inclua *site:nytimes.com*.
- **Fazer cálculos sem sufoco.** O Google tem até uma calculadora. Digite 2 + 2 e o Google dirá `2 + 2 = 4`. Ele mostra unidades, de modo que, se você digitar *4 pés 8,5 polegadas*, o Google informa "`4 pés 8,5 polegadas = 1,4351 metro`" e lhe informa, por que esse é um comprimento interessante. Ele também converte moedas e medidas.

O Google faz mais do que busca

Existe uma porção de outros serviços oferecidos pelo Google. Pelo que sabemos, faz parte do Grande Plano do Google para Domínio Global, mas os serviços são bons e gratuitos e por isso usamos.

É possível ver um mapa de quase qualquer lugar. No Google Maps, digite um endereço e veja o mapa da área, uma foto de satélite da mesma região ou uma sobreposição de ambas. Experimente em `maps.google.com`. Ou se está cansado de só ouvir falar do Google, experimente o MapQuest, em `www.mapquest.com`, outro excelente site de mapas, ou o Yahoo! Local Maps em `maps.yahoo.com`. Ainda mais bacana é o Google Earth (em `earth.google.com`), que mostra mapas e imagens em 3D.

Você pode criar e armazenar documentos de texto e planilhas. Por que comprar o Microsoft Word, Excel ou WordPerfect quando o Google Apps faz tudo isso? O Goggle Docs (`docs.google.com`) é um editor de texto online e o Google Sheets (`sheets.google.com`) é um programa de planilhas baseado em navegador. Se ainda não tem uma conta no Gmail, que funciona com todos esses serviços, visite `docs.google.com`, crie uma conta gratuita no Google, e experimente. Tudo que você precisa é seu navegador ou os aplicativos Google Docs e Google Sheets em seu telefone ou tablet. Nem o editor de texto, nem o programa de planilhas é tão poderoso quanto os programas baseados em PC, como o Word e o Excel, mas para documentos básicos, eles funcionam bem e estão cada vez melhores. Um dos recursos mais bacanas é poder compartilhar seus documentos e planilhas com seus colegas de trabalho e amigos, para que possam ver e editar os documentos, também. Veja a seção no Capítulo 17 sobre o compartilhamento de documentos e agendas para mais informações.

Você pode armazenar arquivos online. O Google Drive (`drive.google.com`) oferece armazenamento gratuito para seus arquivos, via navegador ou aplicativo Google Drive em seu telefone ou tablet. Se instalar o programa opcional do Google Drive em seu computador, ele pode sincronizar os arquivos em uma pasta em seu disco rígido com os arquivos no site do Google Drive, automaticamente carregando e baixando arquivos quando necessário.

Você pode receber e enviar e-mail. Falamos sobre o Google Mail (Gmail) no Capítulo 8.

Você pode organizar e exibir suas fotos digitais. O Google e o programa Picasa (em `picasa.google.com`), que ajuda você a organizar suas fotos, oferece um editor de fotos e permite carregá-las em seu site de fotos. Ainda é possível baixar o programa Picasa gratuitamente para organizar e identificar suas fotos em seu computador.

O Google acrescenta novos recursos quase toda semana. Para ver mais o que eles oferecem, comece em `www.google.com`, clique na figura de nove pontinhos e depois em Mais, e depois em Ainda Mais no menu que surgir.

Bing!

A Microsoft nunca cede parte alguma do mercado de informática sem lutar até a morte, e a pesquisa na web não é exceção. Depois de muitos alarmes falsos ao longo de anos, seu mecanismo de busca Bing, mostrado na Figura

13-3, parece ser promissor (as imagens de fundo do Bing mudam todo dia). Seu modo de operação básica é bem parecido com o do Google: você digita termos de pesquisa e ele encontra as páginas da web relacionadas. Se você preferir ver imagens ou vídeos, clique nos links Imagens e Vídeos no topo da página (a menos que a Microsoft os mova), da mesma forma que no Google. Se você quiser mapas e imagens de satélite, use o link Mapas, da mesma forma que no Google. Se estiver procurando notícias, enfim, você já entendeu, embora o Bing tenha a reputação de significar "Bing Is Not Google" (Bing Não É Google). Se imitação for a forma mais sincera de elogio, o Google deve estar se sentido extremamente lisonjeado.

Figura 13-3: O Bing, pronto para iniciar, com uma lição de geografia como bônus.

O Bing não é exatamente igual ao Google. Na maioria dos casos, nos seus resultados, ele sugere pesquisas relacionadas que você talvez queira experimentar. A pesquisa de vídeos mostra pré-visualizações dos vídeos que você encontrou, basta passar o mouse sobre eles, o que é interessante. Suas imagens de satélite são diferentes das do Google, de modo que você pode ter uma visão mais clara em um ou no outro. De modo geral, não achamos nenhum motivo fantástico para preferir o Bing, mas vale a pena examinar.

Uma diferença significativa no Bing é que a Microsoft facilitou inserir pesquisas no Bing em outros sites. Há uma divisão do dinheiro dos anúncios nos resultados de pesquisas com o dono do site, de forma que você pode esperar que o Bing cresça em muitos outros lugares na web.

Navegando com Diretórios

Às vezes, uma pesquisa na web não encontra aquilo que você está procurando. Pensar nos termos certos para a pesquisa pode ser complicado se nenhuma palavra ou expressão específica for suficiente para o que você quer saber. Esse é o momento para tentar um diretório da web. Se você souber de modo geral, mas não em detalhes, o que está procurando, explorar as páginas de um diretório é uma boa maneira de filtrar sua pesquisa e encontrar páginas de interesse.

Diretórios Yahoo!

O Yahoo! (não, não estamos gritando, ele normalmente tem esse ponto de exclamação) é um dos diretórios mais antigos — e ainda é bom. Você pode pesquisar entradas ou clicar de categoria em categoria até encontrar algo que goste. Inicie em `dir.yahoo.com` (pelo menos o nome da página não tem ponto de exclamação). Assim como com todas as páginas da web, o layout já pode ter mudado quando você ler esta seção. Muitas categorias e subcategorias são listadas à esquerda; clique em alguma delas para ver outra página que tenha ainda mais subcategorias e links para páginas da web. Você pode clicar em um link para uma página se vir uma que goste, ou clicar em uma subcategoria, e assim por diante. A Figura 13-4 mostra uma página do Diretório Yahoo!.

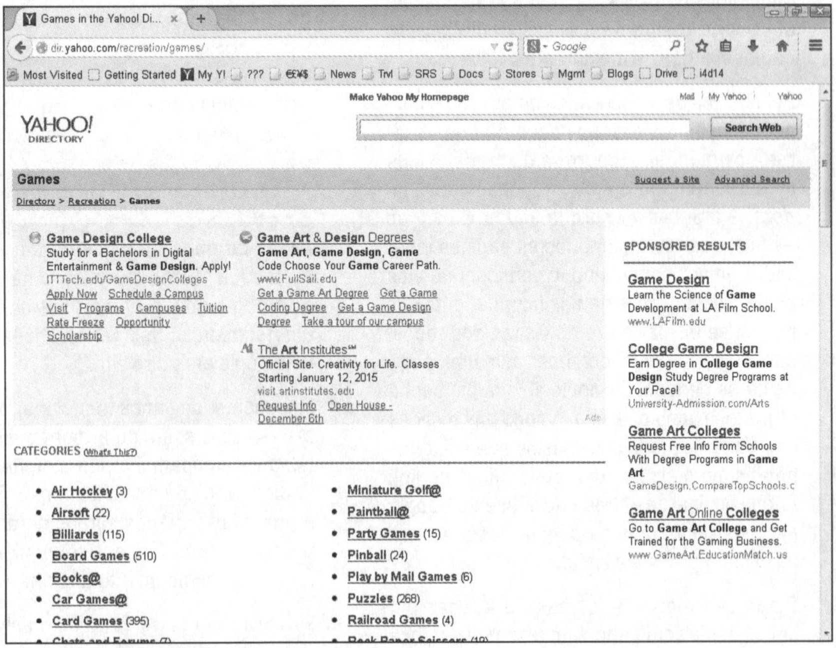

Figura 13-4: Uma página do diretório Yahoo!.

DICA

Antes, você podia facilmente submeter uma página da web ao Yahoo! simplesmente digitando uma descrição da página e seu endereço da web na página de Submissões e esperar em torno de uma semana para que os editores analisassem a nova página. Submeter páginas agora é tão popular que submissões normais demoram *muito* tempo (meses) antes que alguém da equipe as veja, a menos que você pague uma certa quantia por ano pelo serviço "expresso". Você pode chegar às suas próprias conclusões sobre como a taxa afeta quais informações vão para o Yahoo! (e quais não).

O Yahoo! também tem um mecanismo de busca, que, na verdade, usa o Bing.

A tristeza do 404

Com maior frequência do que gostaríamos de admitir, ao clicar em um link de uma página de resultados de pesquisa, nos deparamos com — em vez da página prometida — uma mensagem "`404 Página Não Encontrada`". O que você fez de errado? Nada. As páginas da web vêm e vão e mudam com grande velocidade, e os diversos mecanismos de pesquisa na web foram projetados como veículos de entrega (não caminhões de lixo), de modo que não fazem um bom trabalho na limpeza de links para páginas antigas e inexistentes.

Pelo menos os mecanismos de busca são um pouco melhores nesse sentido do que os diretórios manuais. É porque os mecanismos de busca têm robôs software (chamados *spiders* — aranhas — porque andam pela *web* — teia) que revisitam todas as páginas indexadas de vez em quando, e verificam se elas ainda existem. Mesmo assim, muitos meses podem se passar entre as visitas dos robôs, e muita coisa pode acontecer com uma página nesse período. O Google coloca em cache (armazena) uma cópia da maioria das páginas que visita, de modo que, mesmo que a original não esteja mais lá, você pode clicar no link Cache no final da entrada do índice do Google para ver uma cópia da página como ela era na última vez que ele a viu.

Estas são algumas formas de buscar um link desaparecido que sumiu sem dizer para onde foi:

- O Internet Archive opera um serviço elegante, o Wayback Machine, que consegue recuperar versões mais antigas de sites. Digite seu link quebrado na barra de Pesquisa em `www.archive.org`. (Sim, esse site tem muitos computadores também.)
- Às vezes, os sites tendem a se organizar um pouco e movem seus arquivos nesse processo. Se um link quebrado for longo — digamos, `www.frobliedoop.org/gompty-dompty/snrok/dicafantastica.html` — tente a versão mais curta: `www.frobliedoop.org/gompty-dompty/snrok` ou `www.frobliedoop.org/gompty-dompty` ou mesmo `www.frobliedoop.org` para encontrar pistas de onde eles colocaram a tal dica fantástica. Tente também, uma pesquisa no Google com o nome do arquivo, como dicafantastica.html. Talvez você descubra uma cópia em outro site.
- Finalmente, devemos mencionar que os sites às vezes saem do ar por causa de uma falha de equipamento, ou manutenção periódica (tarde da noite, domingos de manhã e principais feriados são os horários favoritos para manutenção). Seu link 404 pode funcionar magicamente amanhã.

Links ruins fazem parte da vida no universo online — o equivalente high-tech a cavalgar por uma trilha no Velho Oeste e se deparar com diversas caveiras de gado pelo caminho.

Para fatos, experimente primeiro a Wikipédia

A Wikipédia, em `pt.wikipedia.org`, é uma enciclopédia que você pode usar gratuitamente na internet. O site é mostrado na Figura 13-5. *Wiki* significa rápido em havaiano (na verdade é *wikiwiki*, mais conhecido antes da internet como o nome do ônibus interterminais no aeroporto de Honolulu), e a Wikipédia ganhou esse nome. O projeto Wikipédia, que começou em 2001, cresceu para mais de 3 milhões de artigos em inglês, cobrindo quase qualquer tópico imaginável, desde a Batalha de Dunquerque até os livros *Para Leigos*.

Figura 13-5: Qualquer pessoa pode editar a enciclopédia online Wikipédia.

Se você estiver procurando o básico de cada tópico, a Wikipédia é um bom lugar para começar. Você pode pesquisar por títulos ou textos de artigos. As palavras e expressões no corpo do artigo destacadas em azul direcionam para outros artigos da Wikipédia. Muitos artigos também têm links para sites externos que podem conter mais informações sobre o tópico. Os artigos são criados e editados por uma equipe de voluntários de mais de 300 mil contribuintes ativos. Existem Wikipédias em dezenas de outras línguas também. A lista dos idiomas em que o artigo está disponível aparece em uma coluna à esquerda do artigo. Ou acesse a Wikipédia adicionando, por exemplo, "`en.`" antes do endereço da web para ver em inglês — `en.wikipedia.org` —, ou `is.wikipedia.org`, se tiver curiosidade de saber como é a língua da Islândia, e assim por diante.

Qualquer pessoa pode editar a maioria dos artigos da Wikipédia sempre que quiser. Esse conceito pode parecer uma receita para o caos, mas a maioria dos artigos é supervisionada pelos voluntários interessados, e edições inapropriadas são rapidamente revertidas, fazendo com que a qualidade geral permaneça notavelmente alta.

CUIDADO!

Se a ideia de editar artigos de enciclopédias sobre seus assuntos favoritos lhe parecer interessante, converse com sua família primeiro. A Wikipédia pode ser bastante viciante.

Os artigos devem refletir um ponto de vista neutro (NPOV — neutral point of view, na linguagem da Wikipédia), mas alguns tópicos — como aborto, criacionismo e política do Oriente Médio — são debatidos continuamente. A Wikipédia não é confiável como as obras convencionais, como a *Enciclopédia Barsa*, por exemplo, mas seus artigos geralmente são atualizados e precisos, com links para outros artigos sobre assuntos relacionados. Um recurso particularmente interessante na Wikipédia é o conjunto de listas abrangentes, `pt.wikipedia.org/wiki/Categoria:Listas`, com todos os tipos de assuntos desconhecidos.

DICA

Quando você faz uma pesquisa sobre um tópico no Google, normalmente aparece um artigo da Wikipédia como um dos links encontrados. Esse link pode ser um bom lugar para começar a ler.

Quem paga por tudo isso?

Você pode estar se perguntando quem arca com as despesas de todos esses fabulosos mecanismos de pesquisa. As propagandas patrocinam tudo, exceto dois deles. Em cada página da maioria dos sistemas de pesquisa, você vê várias propagandas. Antigamente, a receita dos anúncios era pequena — devido à explosão das empresas ponto com no ano 2000 —, mas depois os sites de pesquisa descobriram um segredo importante: quando você digita palavras-chave, está informando ao site de pesquisa seus interesses no momento. Essa informação acaba sendo *extremamente* valiosa para os anunciantes. Uma empresa automotiva poderia ter de pagar uma fortuna para publicar um anúncio no topo da página de resultados quando você pesquisasse por *concessionárias de automóveis no Rio de Janeiro*. Alguns sites (especialmente o Goggle) leiloam os melhores locais de anúncios. O Google marca esses anúncios como links patrocinados. Geralmente, eles ficam no lado direito da página de resultados, mas, às vezes, ficam no topo, com fundo colorido (surpresa — esse tipo custa mais). Outros sites de pesquisa podem não ter tantos escrúpulos. Os anunciantes pagam o Google quando você acessa o link por ele.

A Wikipédia funciona no mesmo modelo de código aberto (open source). A grande maioria dos contribuintes é de voluntários não pagos, mas as contas substanciais para administrar o site são pagas por ajudas e doações. Se você usa a Wikipédia com frequência, talvez seja bom doar algum valor.

Os Suspeitos Comuns: Outros Sites Úteis de Pesquisa

Depois de navegar pelo Yahoo!, Google e Bing por algum tempo, talvez você queira verificar os concorrentes. Aqui estão alguns sites que oferecem tipos especializados de pesquisa:

- **DuckDuckGo:** Esse peculiar mecanismo de busca (em `duckduckgo.com`) promete não coletar informações pessoais, como todos os outros normalmente fazem, mas realiza um respeitável trabalho de pesquisa. Ele traz resultados de uma ampla gama de outras fontes (com permissão), desde o Bing até a Pokemon Encyclopedia.
- **About.com:** Este diretório (em `www.about.com` — em inglês) possui centenas de guias semiprofissionais que gerenciam as áreas de tópicos. Os guias variam de razoáveis a muito bons (Margy conhece alguns dos muito bons), de modo que, se você estiver procurando informações detalhadas sobre um assunto, verifique no `About.com` para ver o que o guia tem a dizer. O site foi comprado pelo *The New York Times* em 2005.
- **Ask.com:** Originalmente chamado de Ask Jeeves, o sentido original deste site (em `www.ask.com` — em inglês) era que você podia fazer uma pergunta em inglês e ele tentaria respondê-la. Quando você digita um texto em uma pequena caixa, acaba sendo mais fácil digitar algumas palavras-chave do que uma longa sentença educada, mas o mecanismo de pesquisa relacionado vale a pena. Ele foi comprado pelo conglomerado de mídia IAC Interactive Corp.) em 2005.

O desafio dos dez minutos

Nosso amigo Doug Hacker (é o nome dele mesmo) alega ser capaz de encontrar a resposta de qualquer consulta real na internet em menos de dez minutos. Nós o desafiamos a encontrar uma citação que conhecemos vagamente das notas de um álbum de Duke Ellington cujo título não conseguíamos lembrar. Ele obteve a citação completa em torno de uma hora, mas gastou cerca de cinco minutos realmente pesquisando. Como? Ele encontrou a lista de discussão sobre Duke Ellington, assinou e fez a pergunta. Vários membros responderam rapidamente. Quanto mais tempo você passar pesquisando na internet, mais saberá aonde ir para obter as informações de que precisa.

Encontrando Pessoas

Encontrar pessoas na internet é surpreendentemente fácil. É tão fácil que, de fato, chega a ser assustador. Duas categorias superpostas de pesquisadores de pessoas estão disponíveis: aquelas que procuram os e-mails e endereços eletrônicos das pessoas e as que procuram os números telefônicos e endereços físicos delas.

Procurando endereços de e-mail

O processo de pesquisa de endereços de e-mail e web é impreciso. Como não existe um equivalente ao guia telefônico oficial, o melhor é digitar o nome de uma pessoa no Google e algumas outras palavras de identificação (como a cidade onde ela mora e a empresa onde trabalha) para ver se alguma das entradas que ele encontra inclui um endereço. Encontrar endereços era bem mais fácil antes, mas atualmente, à medida que os spammers saem procurando todos os endereços que puderem pela web, muitos sites ocultam ou deletam endereços de e-mail.

LEMBRE-SE

Você pode pesquisar online tudo o que você quiser, mas não há substituto para ligar para alguém e perguntar "Qual é o seu e-mail?".

Procurando pessoas no Google

Digite o nome e endereço de alguém no Google (para achar o endereço, digite pelo menos a sigla do estado, mas quanto mais informações você tiver, melhor) e ele mostrará correspondências de listas telefônicas.

DICA

Se você quiser saber se determinada pessoa tem um site, use o Bing ou o Google para pesquisar apenas pelo nome da pessoa. Se você quiser saber se é famoso, use o Bing ou o Google para pesquisar seu próprio nome para ver quantas pessoas mencionam você ou têm links para as suas páginas da web (quando alguém faz isso mais de uma vez, diz-se que a pessoa está *egosurfando*). Se você receber e-mails de alguém que não conhece, pesquise pelo endereço de e-mail — a menos que a mensagem seja spam, o endereço provavelmente aparecerá em algum lugar em alguma página da web.

Usando outros sites de busca por pessoas

Aqui estão alguns outros sites que pesquisam pessoas:

- **Canada 411:** O Canada 411 (`canada411.ca` — em inglês) é uma lista telefônica canadense completa patrocinada pelas principais empresas de telefonia.
- **Páginas Amarelas:** Algumas "páginas amarelas", nacionais e locais, estão na web em `www.brasilpaginasamarelas.com.br`. A maioria das operadoras de telefonia também disponibiliza listas dos assinantes em seus sites.

Você também pode entrar no seu site de busca favorito e digitar "procurar pessoas" ou "encontrar pessoas", e uma lista de páginas aparecerá para você fazer sua pesquisa.

Somos do Seu Navegador e Estamos Aqui para Ajudá-lo

Todo mecanismo de pesquisa quer ser seu melhor amigo, o que, sem dúvida por coincidência, aumentará sua fatia de mercado (Quem? Nós? Opiniáticos?). Para oficializar essa amizade, os criadores dos navegadores se esforçam muito para organizar as coisas de modo que, quando você digitar algumas palavras de pesquisa, a pesquisa ocorra no seu próprio mecanismo de busca, e não em outros.

O Internet Explorer, o Firefox e o Safari possuem uma barra de Pesquisa à direita da barra de Endereços, conforme mostra a Figura 13-6.

Internet Explorer

Firefox

Safari

Figura 13-6: Atalho de barras de Pesquisa no Internet Explorer, Firefox e Safari.

Se você digitar uma palavra ou expressão na barra de pesquisa, seu navegador abrirá seu mecanismo de busca favorito e exibirá os resultados para o que você digitou. Ou, se você digitar na barra de Endereços uma entrada que não se pareça com um endereço, ele faz de conta que você o digitou na barra de Pesquisa e pesquisa do mesmo jeito (o Google Chrome possui apenas uma caixa onde você digita alguma coisa, e ele decide o que você quer). Como isso é conveniente! Você pode especificar qual mecanismo de busca você quer que o recurso use:

- **Firefox:** Selecione um mecanismo de busca da sua lista clicando no ícone Mecanismo de Busca à direita da barra de Endereços (e à esquerda da barra de Pesquisa). Clique no ícone e selecione um site diferente. Ou selecione Gerenciar Mecanismos de Busca para exibir uma lista de mecanismos de busca que o Firefox conhece e adicione aos seus favoritos.
- **Google Chrome:** Clique no ícone Configurações (três linhas horizontais) à direita da barra de Endereços, selecione Configurações, role a página até Pesquisar e escolha seu mecanismo de pesquisa favorito na omnibox. Clique no botão Gerenciar mecanismos de pesquisa se quiser escolher um site que não esteja na lista.
- **Internet Explorer:** Selecione Ferramentas, Opções da Internet, clique na aba Geral, se ela já não estiver selecionada, e clique no botão Configurações na seção Pesquisa.
- **Safari:** Clique na pequena lupa na barra de Pesquisa, onde o menu oferece uma escolha entre o Google e o Yahoo!.

Muitas Barras de Ferramentas

Todo vendedor de mecanismo de busca oferece uma *barra de ferramentas* que você pode adicionar ao seu navegador. A *barra de ferramentas* é uma barra acima da janela principal do seu navegador com a barra de Pesquisa e algo a mais, como links para sites relevantes e, às vezes, ferramentas do navegador, como bloqueadores de pop-ups. Quando os navegadores eram jovens e não tinham barras de Pesquisa ou bloqueadores internos de pop-ups, as barras de ferramentas eram razoavelmente úteis. Atualmente, elas são mais uma forma de empurrar uma outra barra de ferramentas de um mecanismo específico de Pesquisa no seu navegador, tomando espaço na sua tela que, de outra maneira, ficaria disponível para olhar as páginas na web (veja a Figura 13-7).

Geralmente, recomendamos que você recuse convites para instalar barras de ferramentas no navegador, porque seu valor é insignificante. Se uma barra de ferramentas específica tiver algum recurso que você queira e que não esteja disponível no seu navegador, como a exibição do ranking de páginas na barra de ferramentas do Google, não custa instalá-la, mas você vai perder 1,5 cm de tela.

Figura 13-7: A mania de barras de ferramentas: não deixe isso acontecer com você.

Para se livrar de barras de ferramentas indesejadas no Internet Explorer, clique com o botão direito do mouse em uma parte em branco de qualquer menu ou barra de ferramentas para abrir um menu onde você pode desmarcar as que não quiser. Para se livrar das barras de ferramentas no Firefox, selecione Ferramentas a Add-ons (que mostra todos os add-ons, incluindo as barras de ferramentas), clique na que não quiser e depois no botão Desinstalar que aparece.

Trombando com algo interessante

John não gosta disso, mas Margy gosta de usar o StumbleUpon (`www.stumbleupon.com`, em inglês) para encontrar sites. Em vez de esperar que você especifique o que está procurando, o StumbleUpon tenta adivinhar quais páginas da web você pode achar interessantes e mostra uma para você. Você pode clicar em um botão para dizer se gosta do site e depois clicar no botão Stumble para ver outra. O StumbleUpon ajusta suas sugestões baseado no que você indica que gosta.

Capítulo 14

Música e Vídeo na Web

Neste Capítulo

- Ouvindo música em seu computador, MP3 player ou telefone
- Adquirindo música legalmente
- Organizando suas músicas com o iTunes, Windows Media Player ou RealPlayer
- Obtendo transmissões de áudio (podcasts)
- Assistindo a vídeos no seu navegador da web
- Por que assistir a TV ou filmes em uma tela de 47 polegadas quando você pode assisti-los em uma tela de 3 polegadas?
- Idem para filmes de longa-metragem!

Mil anos atrás, quando escrevemos a primeira edição do *Internet Para Leigos*, o conteúdo da internet consistia em quase exclusivamente texto. (Era 1993, mas *parece* que foi há mil anos.) Você podia baixar alguns arquivos de imagens e havia essa coisa estranha, a World Wide Web, que podia misturar imagens e textos na mesma página, mas, na sua maior parte, consistia de textos. As conexões eram muito lentas, baixar imagens demorava demais e as telas dos computadores tinham resoluções tão baixas que permanecíamos apenas com textos. As imagens que você podia baixar eram imagens únicas, como tiras de quadrinhos e fotos. O áudio era quase inaudível (por assim dizer), e os arquivos de vídeo eram tão grandes que, mesmo que você conseguisse encontrar um clipe e esperasse uma semana para ele baixar, não caberia no disco rígido do seu computador. No final da década de 1990, as conexões de internet tinham aumentado de velocidade e as telas haviam evoluído tanto que as imagens ficaram melhores — e, o áudio também estava se tornando mais razoável, tanto que colocamos uma mensagem de voz como exemplo em nosso site, caso alguns de nossos leitores tivessem placas de som. (Ainda está lá, em `net.gurus.org/ngc.wav`.)

As coisas melhoraram um pouco desde então. Usuários comuns agora têm conexões de internet que executam vários milhões de bits por segundo — mais rápido que os principais servidores da década de 1990 — e a capacidade das unidades de disco é muito maior do que se poderia imaginar. Transferir áudio e vídeo pela internet se tornou prático e comum. Na verdade, a quantidade de áudio e vídeo disponível é tão grande que você poderia passar a sua vida inteira assistindo a comerciais online sem nunca encontrar algo que valesse a pena assistir. Este capítulo tenta trazer um pouco de ordem ao vasto campo da mídia online.

Para evitar escrever *áudio e/ou vídeo* mais cem vezes neste capítulo, a partir desse momento usaremos o termo conciso (embora impreciso) *mídia* como referência.

Sete Formas de Obter Mídia e Uma Forma de Não Obter

Você pode obter sua mídia em aproximadamente dez zilhões de programas e formatos diferentes. Felizmente, eles se classificam em um número pequeno de categorias: gratuitos, *streaming*, comprados, compartilhados, alugados e roubados.

Recebendo de presente

A abordagem mais simples é baixar mídia oferecida gratuitamente e depois ouvi-la. Visite `www.nasa.gov/multimedia`, em inglês, onde a NASA possui vários filmes curtos gratuitos sobre tópicos que variam de tempestades de areia em Marte a como uma volta em uma montanha russa parece uma decolagem de ônibus espacial. Você também pode encontrar filmes e vídeos independentes de produtores mais interessados em mostrar seu trabalho do que em cobrar por ele. Visite `epitonic.com`, em inglês, para ver uma coleção eclética de música de artistas, alguns bem conhecidos e outros nem tanto, lançados para que as pessoas possam ouvir e fazer suas próprias mixagens.

Pegando emprestado por streaming

Mesmo com uma conexão de banda larga, baixar um clipe inteiro de mídia pode demorar um pouco. Em vez de baixá-lo primeiro e executá-lo depois, o *streaming* de mídia *permite* baixar e escutar ao mesmo tempo, recriando assim (de um complexo modo digital) o funcionamento do rádio e da TV desde a década de 1920. Assim como a TV e o rádio, após o *streaming*, ele some — e, se você quiser executá-lo novamente, tem que fazer o *streaming de novo*. O streaming de áudio pode funcionar em conexões discadas, mas o de vídeo precisa de uma conexão de banda larga.

A maior parte do streaming de mídia é fornecida *por demanda*: você clica em um link e eles enviam para você o que quer que seja, como um tipo de jukebox. Como uma alternativa, às vezes o streaming de mídia é um único programa, em que você pode ouvir o que está sendo executado a qualquer momento. Não é surpreendente que seja chamado de *rádio na internet* e, muitas vezes, o fluxo de áudio é um programa real de rádio, como as nossas emissoras de rádio públicas em `www.radios.com.br`. Falamos mais sobre rádio na internet mais adiante neste capítulo.

Comprando mídia

O iTunes facilita a compra de música e vídeo. Vá até https://www.apple.com/br/itunes/ para ouvir o início de qualquer música do catálogo. Se você gostar, pode comprar sua própria cópia permanente, com preços variados mas em dólar, e poderá copiar para o seu iPod, tocar no seu computador ou gravar em um CD. Você não precisa ser usuário de Mac para usar o iTunes; também é possível escutar as músicas usando sua versão Windows (veja a seção "Organizando suas músicas com o iTunes", mais adiante neste capítulo). Não é surpresa que as pessoas comprem aos montes, tornando o iTunes a maior loja de música online. Da mesma forma, muitos outros sites vendem música a partir de uma loja baseada na web ou como um add-on para um serviço de aluguel, a maioria por mais ou menos o mesmo preço do iTunes.

A Apple possibilita ouvir música e assistir a vídeos do iTunes em um iPhone, iPod ou iPad. Se você tiver um Android ou outro smartphone ou tablet, também há programas disponíveis para transferir música e vídeos para eles.

A Amazon.com (www.amazon.com, em inglês), a maior livraria do mundo, também vende músicas que podem ser baixadas em formato MP3. O catálogo de vendas é consideravelmente maior que o de streaming para os clientes Amazon Prime (clientes que pagam cerca de $100 dólares por ano para frete grátis em dois dias e outros benefícios).

Tocando mídia de CDs e DVDs que você já tem

Provavelmente, você tem um monte de músicas em formato de CDs. Copiar seus CDs de música para o seu computador é conhecido como "ripar" (do inglês *ripping* — arrancar), e é muito fácil de fazer. O Windows Media Player, o iTunes e outros programas de música podem copiar as faixas dos seus CDs para uma biblioteca musical para que você possa ouvi-las em seu computador (sem o CD) ou copiá-las para seu MP3 player. Veja "Copiando música de seus CDs", mais adiante neste capítulo.

Assinando serviços de mídia

É possível assinar programas de áudio na internet. Um podcast é um arquivo de áudio distribuído online para ser ouvido em um iPod ou outro tipo de MP3 player ou qualquer outro computador com caixas de som. Há muitos programas de rádio disponíveis como podcasts; acesse www.tunein.com. Muitas empresas e pessoas fazem podcasts, também. Veja a seção "Assinando podcasts com o iTunes" para instruções, mais adiante.

Compartilhando Mídia

A versão original do Napster foi o primeiro serviço popular de troca de música, permitindo que os membros baixassem arquivos em MP3 a partir de outros membros de graça. O sistema foi o primeiro serviço de larga escala de troca de música *peer-to-peer* (P2P), onde as pessoas trocam arquivos entre si em vez de baixá-los em uma biblioteca central. Em certo ponto, as grandes gravadoras moveram um processo judicial para encerrar o serviço, pois a maioria do material era compartilhado em flagrante violação dos direitos autorais das músicas. O Napster ressurgiu mais tarde como um site de aluguel de música e streaming gratuito online — mas sem download grátis.

O popular sistema de compartilhamento de arquivos BitTorrent (`www.bittorrent.com`) tem conseguido passar despercebido pelo radar da lei, ao contrário do LimeWire (`www.limewire.com`), que foi encerrado por decisão judicial. Eles lembram o antigo Napster — uma rede onde é possível baixar música de graça, e uma parte delas estão disponíveis contra a vontade dos seus donos. Ao baixar músicas do computador de outras pessoas, eles, por sua vez, baixam músicas do seu, por isso a velocidade do seu computador e da sua internet pode diminuir bastante. A indústria da música insiste que a atitude dessas pessoas é moralmente condenável, mas as pessoas usam o BitTorrent, particularmente, para compartilhar grandes quantidades de material totalmente legítimo e lícito além do material ilegal. Sugerimos que você fique fora disso — com a música legítima cada vez mais barata, para que arriscar e violar a lei para economizar alguns trocados?

Alugando mídia

Uma grande quantidade de músicas não está disponível gratuitamente, mas é barata. Serviços como o Real Networks Rhapsody (`www.real.com/rhapsody`) oferecem assinaturas mensais que lhe permitem ouvir grandes bibliotecas de música gravada. A Amazon oferece streaming de música como parte de seu pacote Prime, a um custo baixo por ano. O Spotify (`www.spotify.com/br`) oferece um serviço básico gratuito com publicidade, e um serviço premium sem publicidade e com alguns recursos adicionais por R$14,90 por mês.

Esses serviços de aluguel possuem enormes catálogos de músicas, e sempre alegando ser o maior. Eles realmente *são* grandes: ao verificar o Rhapsody, finalmente conseguimos fazer uma comparação lado a lado da versão do final da década de 1940 de Desi Arnaz de *Babalu* e a gravação mais elegante do seu mentor, Xavier Cugat, de 1941 (você terá que decidir por si mesmo de qual gosta mais). Porém, quando você para de pagar o aluguel, sua música desaparece. Lembre-se de que você nunca foi o dono dela.

Você pode encontrar sites de streaming de vídeos também, para assistir filmes ou séries. Por exemplo, o Netflix, em `www.netflix.com.br`, é conhecido pelo serviço de streaming de vídeos sob demanda. A Blockbuster, em `www.blockbuster.com.br`, permite que você alugue a mídia física.

Downloads para os pós-letrados

Nem todos os arquivos de áudio que podem ser baixados contêm música. Existe um mercado em expansão para o que costuma ser chamado de audiolivro. Agora você pode baixar livros e revistas e quase qualquer outra coisa para ler, bem como programas de rádio que tenha perdido. Embora ouvir livros baixados no seu computador funcione bem — e pode ser uma ferramenta essencial para quem tiver alguma dificuldade visual —, é um pouco sem sentido se você consegue ler o livro em papel mais rápido do que pode ouvi-lo (e relaxar em um parque enquanto faz isso). Mas se você costuma correr ou vai para o trabalho dirigindo, um audiolivro em CD no carro (ou copiado para o seu MP3 player ou iPod no seu cinto) é a solução.

A maior fonte de audiolivros é a Audible (`www.audible.com`) da Amazon. Você pode comprar livros individuais por preços semelhantes aos de livros impressos ou assinar e ouvir um ou dois livros por mês, por um preço mais baixo do que você pagaria por eles individualmente. De qualquer forma, os livros comprados são seus e você pode guardá-los. Eles têm aplicativos para iPhones e Androids e parcerias com muitos outros programas de mídia. Portanto, é possível encontrar um plug-in do Audible para iTunes, que permite copiar seus livros para um iPod, e, também, um plug-in para Windows Media Player e todos os aparelhos de MP3 compatíveis, entre outras possibilidades. Para os mais conservadores, eles oferecem um plug-in do iTunes que pode ser usado para gravá-los em CDs (muitos CDs — aproximadamente 15 para um livro inteiro). Se seu celular ou tablet tem Bluetooth (os mais recentes têm) e se o rádio do seu carro também, não é difícil tocar os livros em seu telefone, com o som saindo pelos auto-falantes do carro.

O Audible geralmente oferece uma assinatura teste de alguns livros, e seu catálogo inclui áudios de interesse público disponíveis gratuitamente se quiser experimentar. ***Cuidado:*** o John experimentou e acabou inventando coisas para fazer de carro, como dirigir até lojas distantes para poder ouvir o último capítulo de O Código DaVinci. Por outro lado, o marido de Margy sobreviveu ao seu longo trajeto para o trabalho graças a assinatura do Audible.

Uma alternativa não-comercial é o Librivox (`https://librivox.org`), que oferece gravações gratuitas de livros em domínio público, narrado por voluntários. O filho de Margy está ouvindo a obra completa de H.P. Lovecraft em gravações do Librivox.

Roubando mídia — hum... não

Muita mídia pirateada ainda está na internet, e, provavelmente, sempre estará. Esperamos que nossos leitores, como pessoas de bom caráter, nunca queiram vê-las, mas se você quiser, terá que fazê-lo sem nossa ajuda.

Como Você Está Ouvindo?

Os dois programas mais populares usados para tocar mídia online baseada na web são o Windows Media Player e o iTunes. Ambos possuem programas tocadores separados e plug-ins para os navegadores, para que as páginas web possam inserir pequenas janelas que mostrem os filmes ou toquem música.

iTunes

`www.apple.com/br/itunes`

O iTunes, mostrado na Figura 14-1, tornou-se incrivelmente popular pois você tem que usá-lo se tiver um iPhone ou iPod. Além de tocar e organizar as músicas, o iTunes é a forma para passar as músicas do seu computador para o iPod ou o iPhone. Você talvez tenha ouvido falar nele como uma loja de música e uma forma de organizá-las, mas o iTunes pode tocar todos os tipos de mídia, inclusive vídeos. O iTunes suporta streaming de vídeo, assim como áudio nos formatos mais populares.

Descrevemos como "ripar" CDs para o seu computador e manter suas músicas organizadas no iTunes posteriormente neste capítulo.

Figura 14-1: Você pode usar o iTunes para comprar música, "ripar" e gravar CDs, organizar músicas em listas, assinar podcasts e talvez até lavar a louça.

Windows Media Player

`http://windows.microsoft.com/pt-br/windows/windows-media-player`

A Microsoft possui seus próprios formatos de streaming de áudio e vídeo e um player para eles que vem com o Windows. O programa Windows Media Player, como mostra a Figura 14-2, pode tocar arquivos em Advanced Systems Format (com a extensão .asf ou .asx), além da maioria dos outros formatos. As versões mais recentes adicionaram recursos úteis, então se você não tiver a versão 11 ou posterior do Media Player, vale a pena visitar o Windows Update ou o site do Media Player para baixá-la (o próprio Media Player pode lembrá-lo de atualizar, se você tiver uma versão mais antiga).

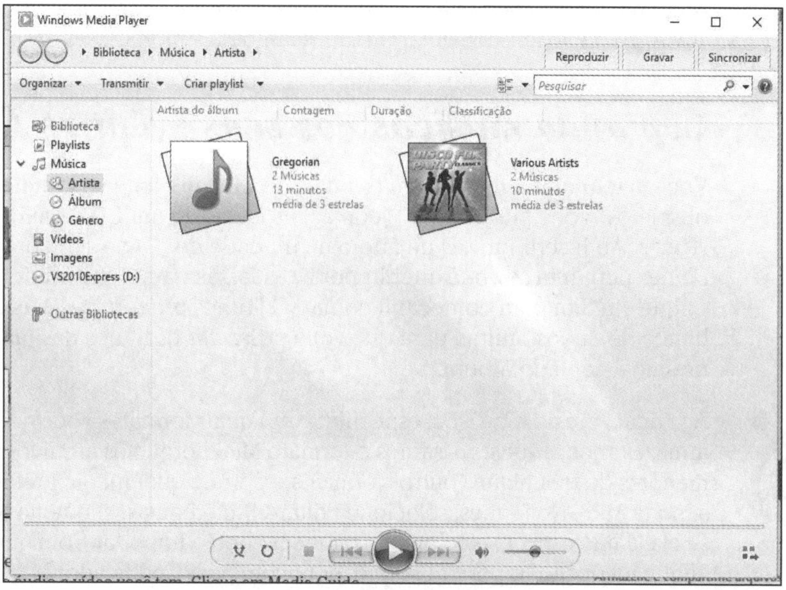

Figura 14-2: Organizando sua música com o Windows Media Player.

Clique nas pastas Música e Vídeos no lado esquerdo da janela do Media Player para ver quais arquivos de áudio e vídeo você tem. Clique em Media Guide (o ícone do Windows) para navegar pelas músicas populares. Ao inserir um CD de áudio na unidade de CD do computador, ele exibe uma lista de faixas do CD, e você pode clicar em Copiar CD para Biblioteca para "ripar" (copiar) o CD para o seu computador. Você também pode gravar CDs de música clicando na aba Gravar.

Que Tal um Pouco de Música?

Duas atividades populares na internet são baixar e trocar arquivos de música com seus amigos no formato MP3. MP3 significa *MPEG* nível *3* (acrônimos dentro de acrônimos — muito técnico) e é simplesmente o formato de trilha sonora usada em filmes MPEG. Devido a esse formato ser amplamente disponível e fazer uma boa compressão de música em um tamanho razoável para baixar, ele foi adotado pelos aficionados por música na internet. Como você já deve ter imaginado, os MP3 players (semelhantes ao iPod e aos dispositivos pequenos e mais baratos da Sandisk e Rio) também podem tocar arquivos MP3, que é o principal motivo para sua popularidade. Muitos telefones celulares também tocam arquivos MP3.

Você pode tocar arquivos MP3 através de vários programas diferentes, incluindo o iTunes e o Windows Media Player. Esta seção explica como usar o iTunes para organizar as músicas, assinar podcasts, criar listas de execução e ouvir estações de rádio online, pois todos os programas são razoavelmente semelhantes. Se você usar o Windows Media Player, terá uma ideia geral.

Naturalmente, a Microsoft tem o formato de arquivo concorrente, chamado WMA, com a extensão .wma. O iTunes também suporta esses arquivos.

Copiando músicas dos seus próprios CDs

Você já tem muita música em estantes de CDs que logo se tornarão obsoletos. Você pode “ripar” (copiar) as faixas de um CD de áudio usando o iTunes. Ao inserir um CD de áudio na unidade de CD do seu computador, o iTunes pergunta se você quer importar as faixas para a sua biblioteca iTunes. Clique em Sim para começar a copiar. O iTunes procura o CD usando um banco de dados online, para que você possa ver os títulos das faixas e até mesmo a capa do álbum.

DICA

Ao “ripar” músicas de CDs, especifique em quais formatos você quer armazenar os arquivos. Usamos o formato MP3 porque os arquivos são menores do que alguns outros formatos e porque qualquer aparelho de som suporta MP3. No iTunes, selecione Editar⇨Preferências, clique na aba Geral, se ela já não estiver selecionada, clique no botão Importar Configurações, clique na opção Importar Usando, configure para Codificador MP3 e clique duas vezes em OK. Você também pode escolher a qualidade, onde há um balanceamento entre tamanho e qualidade de som.

Organizando suas músicas com o iTunes

O iTunes permite que você compre músicas baixadas legalmente por preços variáveis, dependendo da popularidade. Tanto usuários de Mac como de Windows podem comprar e tocar músicas baixando o programa gratuito do iTunes. Ele é excelente para guardar e organizar suas músicas, mesmo que você não tenha iPod e nem compre em sua loja. Clique em iTunes Store para navegar pela loja — o iTunes vira um navegador da web para permitir que você clique para encontrar arquivos de áudio e vídeo. Os iPhones e iPads já vêm com um aplicativo iTunes instalado.

Criando listas de execução

No iTunes, você pode organizar suas músicas em listas de execução, que são seus próprios álbuns personalizados. Uma lista de execução pode conter músicas que você gosta de ouvir enquanto lava a louça e, uma outra, com uma fabulosa coleção de músicas antigas. Ou, então, cada usuário do seu computador pode ter sua própria lista de execução. Você pode ter quantas listas quiser (Margy tem uma com partes de barítono que ela precisa aprender para o seu grupo de canto feminino, Maiden Vermont, e outra lista de jazz instrumental, rock da década de 1960 e cantos hindus para ouvir no trabalho).

Para criar uma nova lista, selecione Arquivo➪Nova Lista ou pressionando Ctrl + N. No aplicativo do iTunes, toque em Listas na parte inferior da tela e depois em Nova Lista. Você pode nomear a lista como quiser e depois é só arrastar as músicas da sua biblioteca. Arrastar da biblioteca para uma lista não remove a música da biblioteca, e nem copia o arquivo — você pode colocar a mesma música em múltiplas listas, e ela continuará armazenada na sua biblioteca geral apenas uma vez. Você pode ainda criar uma Lista Genius, especificando uma música de que você goste; assim, o iTunes exibirá uma lista de músicas semelhantes.

Assinando Podcasts

Podcasts são revistas em áudio que entregam arquivos MP3 de conversas ou música diretamente no seu computador (veja a seção "Assinando serviços de mídia", anteriormente neste capítulo). A palavra é uma combinação de *iPod* e *broadcast*, mas você não precisa de um iPod para ouvi-los — qualquer computador ou MP3 player podem executar podcasts. Programas de rádio, empresas, músicos, comediantes e até pessoas comuns produzem podcasts sobre uma enorme variedade de assuntos; tem de tudo, desde "*A Saga Crepúsculo*" até o mercado de ações.

Podcasts de vídeo possuem a mesma ideia, mas você recebe vídeos, em vez de arquivos de áudio.

Assinando podcasts na web

Diversos sites fornecem diretórios de podcasts, incluindo o Podpods (`www.podpods.com.br`) e o Mundo Podcast (`www.mundopodcast.com.br`). Eles permitem que você encontre podcasts por tópico, assine-os e ouça-os através do site. Ou, vá até o site do programa que você quer assinar. O Podflix, em `www.podflix.com.br`, possui uma enorme variedade de podcasts.

Veja uma lista dos nossos preferidos:

- Radiolab (`www.radiolab.org`, em inglês): com histórias baseadas em ciência
- Serial (`serialpodcast.org`, em inglês): dos criadores de This American Life (outro ótimo podcast: `thisamericanlife.org`, em inglês)
- TED Radio Hour (`www.npr.org/programs/ted-radio-hour`, em inglês)
- Welcome to Night Vale (`www.commonplacebooks.com`, em inglês): um drama estranho com jovens hipsters
- Wait Wait Don´t Tell Me (`www.npr.org/programs/wait-wait-dont-tell-me`, em inglês): um quiz de notícias semanal

Assinando podcasts com o iTunes

Para assinar um podcast, clique no link iTunes Store e depois no link Podcasts. Quando você encontrar um podcast que pareça interessante, clique em um episódio para ouvi-lo ali mesmo ou clique no botão Assinar para receber todos os futuros episódios automaticamente. A maioria dos podcasts é gratuita, e o iTunes baixa os episódios mais recentes toda vez que você inicia o programa.

Tocando Música e Podcasts

Para ouvir músicas e podcasts sentado em frente ao computador, você já tem tudo de que precisa — inicie o iTunes ou o Windows Media Player e ouça. Mas já ouvimos dizer que algumas pessoas, na verdade, têm vida e querem ouvir música em outros lugares.

Mais ameaças e promessas

As pessoas que ripam suas músicas favoritas de CDs ou de serviços de download e as enviam por e-mail para seus cinquenta amigos mais próximos são uma horrível ameaça à indústria musical, sem mencionar que estão violando a lei dos direitos autorais. (As antigas ameaças horríveis, para leitores com idade suficiente para lembrar, eram as fitas cassete e de videocassete, que destruíram totalmente as indústrias de música e filmes. O quê? Não destruíram? Humm, bem, *desta* vez talvez seja diferente porque... porque sim.) Os esforços da indústria para fechar sites que oferecem músicas ripadas para download gratuito têm sido moderadamente bem-sucedidos, mas e-mails privados são difíceis de deter.

A indústria da música trouxe a Secure Digital Music Initiative, um formato próprio de arquivo de música. O SDMI tinha como objetivo permitir que a pessoa baixasse, mas não compartilhasse a música. Ele falhou, em parte porque tinha defeitos técnicos rapidamente analisados e relatados por audazes professores e alunos universitários, e, em parte, porque ninguém queria música *defasada*. A indústria musical tem processado os compartilhadores de música mais visíveis, com a peculiar teoria de que, se ela ameaçar ou processar seus usuários, eles mudarão de atitude e passarão a comprar mais. Talvez algum dia, a indústria descubra, como a Apple fez, que se vender música decente a preços razoáveis e permitir os clientes ouvi-la do jeito que quiserem, as pessoas pagarão por elas.

Existem CDs e CDs

Embora todos os CDs pareçam iguais, nem todos são executados da mesma maneira. Os CDs de áudio normal contêm um máximo de 74 minutos de música e funcionam em todos os CD players já produzidos. Quando você grava um CD-R (o tipo de CD que você pode gravar apenas uma vez), está criando um CD de áudio normal. Apesar de os CD-Rs virgens serem baratos (em torno de R$1,00), a grande desvantagem deles é acabar com enormes pilhas de CDs.

Os arquivos MP3 são muito menores do que os de áudio normal. Logo, se você gravar um CD cheio de MP3, pode colocar em torno de dez horas de música em cada disco. Aparelhos de DVD e muitos CD players recentes, incluindo o do seu carro, podem tocar CDs com MP3. Se você não tiver certeza se seu aparelho de som toca CDs de MP3, crie um no seu computador e experimente no seu aparelho. Ele não estraga o aparelho, embora você veja algumas mensagens estranhas de erro. Embora CD-RWs regraváveis não funcionem em CD players comuns, os que suportam CDs com MP3s geralmente suportam CD-RWs. Novamente, se você não tiver certeza, experimente. Mal não vai fazer.

Você pode comprar um MP3 player portátil — um iPod, uma alternativa mais barata feita por outro fabricante, ou um telefone que possua MP3 player — e, pegar milhares de MP3 para ouvir enquanto corre, viaja ou apenas fica à toa. Seu smartphone provavelmente já tem um aplicativo MP3 player, como o iTunes no iPhone (os usuários de Android podem procurar um aplicativo na Google Play Store; há dezenas, incluindo o DoubleTwist e o Google Play Music). Você conecta o MP3 player ao computador sempre que quiser baixar novas músicas. Esses players podem armazenar *semanas* de músicas e podcasts. O mais popular é o onipresente iPod, mas outros players são mais baratos e funcionam bem. Apenas iPods e outros dispositivos da Apple podem tocar músicas MP4 (protegidas contra cópias) e apenas arquivos que você possua as licenças.

Ouvindo Rádio na Internet

Se você gosta de ouvir música enquanto trabalha, verifique as estações de rádio reais ou as que são exclusivas na internet. A maioria das estações de rádio agora transmitem suas locuções e músicas pela internet, além de transmiti-las pelo ar. Vá até o site de uma emissora de rádio e clique no link Ouvir Agora ou algo com nome semelhante — por exemplo, estamos ouvindo um programa sobre galinhas de quintal em `wbur.org` enquanto escrevemos esta seção. Muitas estações de rádio possuem MP3 players internos nos seus sites.

Sintonizando uma estação

Assim como as estações de rádio normais, as estações apenas de internet oferecem uma mistura de música e locução e, às vezes, comerciais. Diferentemente das estações reais (transmissoras), elas são extremamente baratas de criar, então muitas pessoas possuem — fornecendo diversas estações especializadas administradas por pessoas em todo o mundo. Você as ouve em um programa de streaming, geralmente o iTunes ou o Windows Media. A maioria está disponível gratuitamente, algumas requerem assinatura, e outras têm uma opção de assinatura para desaparecer com os anúncios publicitários.

Se você usa o iTunes, clique no link Rádio para iniciar. Você verá um menu de tipos diferentes de estações e, depois de escolher uma, poderá examinar estações de todo o país no seu tempo de lazer gratuitamente. Dê um clique duplo na estação para ouvi-la.

Para começar, aqui estão alguns sites de estação de rádio na internet:

- `www.radiocidade.fm`: ouça a Rádio Cidade.
- `www.radiosaovivo.net`: possui links para inúmeras estações de rádio de todo o país.
- `www.live365.com`: o Live 365 Internet Radio faz stream de milhares de estações com todo tipo possível de música.

De qualquer forma (transmissão de rádio ou rádios apenas na internet), você pode ouvir locuções e música de todo Brasil — ou do mundo.

Criando sua própria estação

Toda estação de rádio — por internet ou transmitida — seleciona uma variedade de estilos para tocar. Por que você deveria ficar limitado aos gostos musicais das estações de rádios existentes? Em vez disso, crie sua própria seleção musical, incluindo músicas que você nem tem!

Entre na Last.fm, em `www.lastfm.com.br` (mostrado na Figura 14-3). Como o site informa, é um novo tipo de estação de rádio, que só toca músicas que você gosta. Digite o nome de um cantor ou banda, ou o nome de uma música, e o site encontra em seu enorme banco de dados musical, as músicas que forem semelhantes à que você especificou. Você não pode tocar a música exata que quiser, mas pode tocar músicas semelhantes, exibindo informações sobre o artista e o álbum. Quando a Last.fm entende errado o que ela acha que você gosta, você pode clicar no ícone com a figura de um dedo para baixo para interromper a música. Quando ele acerta, clique no ícone com a figura de um dedo para cima para indicar para tocar mais músicas como essa.

Você pode dar um nome para sua "estação de rádio" e ter diversas estações para tipos diferentes de música — talvez uma para trabalhar e outra para pagar contas. Você também pode compartilhar sua estação de rádio com outras pessoas, para que elas possam ouvir a seleção que você criou.

A Rádio UOL (em `www.radio.uol.com.br`) funciona como a Last.FM. Muitos desses sites também têm aplicativos para iPhone, Android e outros smartphones e tablets.

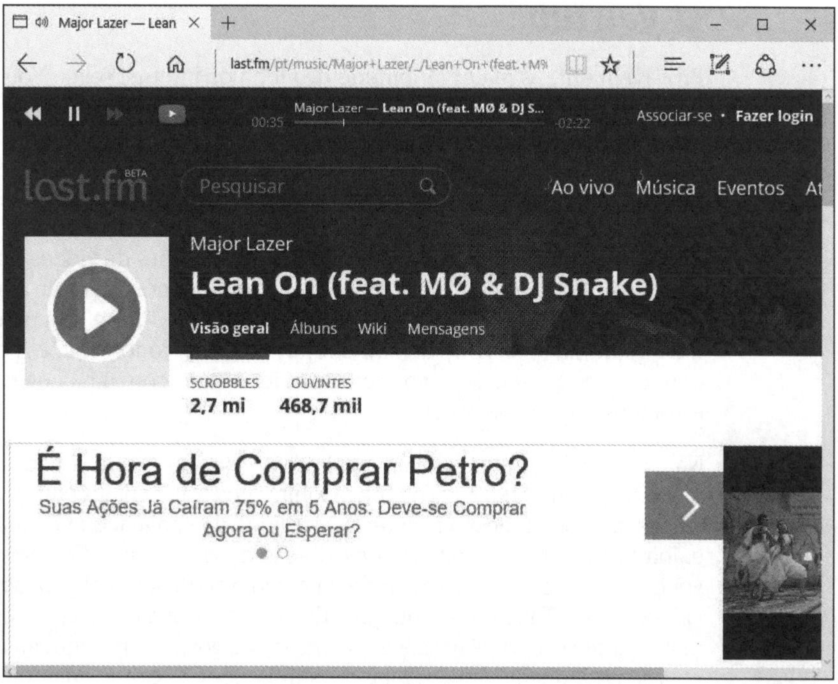

Figura 14-3: Crie sua própria estação de rádio na Last.fm.

Assistindo a Filmes na Web

Agora que a maioria das pessoas possui conexões rápidas, assistir a vídeos pela internet se tornou possível e popular. Você pode assistir a vídeos curtos no YouTube, programas de televisão, filmes inteiros, ou enviar seus próprios vídeos para os outros assistirem.

Os navegadores da web mais antigos não conseguem reproduzir vídeos — você precisará de player de vídeo. Também é preciso ter um computador razoavelmente rápido para exibir filmes em uma velocidade próxima a real. O Flash, o player mais amplamente usado, se conecta ao seu navegador (baixe-o gratuitamente em `get.adobe.com/br/flashplayer/otherversions`); o iTunes e o Windows Media Player também lidam com filmes (e são descritos anteriormente neste capítulo). Nenhum dispositivo móvel popular — como o iPhone, o iPod Touch, o iPad ou qualquer Android — suporta o Flash, a tecnologia que os navegadores da web usam para exibir vídeos, portanto, nem todas essas opções funcionam nesses dispositivos. Felizmente, a maioria dos provedores de vídeo tem aplicativos que podem ser usados em dispositivos móveis.

O YouTube

Provavelmente, o maior fenômeno de vídeo da internet seja o YouTube (`www.youtube.com.br`). É um site como o Google (que é proprietário do YouTube), mas, em vez de um mecanismo de busca pela internet, é apenas para vídeos. No YouTube você encontra de tudo, desde vídeos de programas de TV, como Pegadinhas do Silvio Santos, até trailers de filmes a serem lançados e estranhos "filmes" caseiros de Lego. De acordo com o *The New York Times,* as pessoas publicam mais de 100 milhões de vídeos no YouTube *por dia* — 48 horas de vídeo enviados por minuto, com mais de 3 bilhões de visualizações de vídeos por dia. Infelizmente, o Google está perdendo uma quantidade enorme de dinheiro no YouTube todos os dias, pois poucos anunciantes querem seus anúncios exibidos junto com uma coleção de vídeos estranhos ou imprevisíveis.

Na barra de Pesquisa, digite uma palavra ou expressão relacionada ao vídeo que está procurando, e o YouTube exibirá uma lista de links para possíveis vídeos, conforme mostra a Figura 14-4. Clique na imagem ou no título para exibir o vídeo. Há um software de exibição de vídeos embutido no site, assim, você não precisa de nada além de uma conexão de internet para assistir aos vídeos no YouTube (veja o quadro "Excesso de formatos de arquivos de vídeo", mais adiante). Se você assistir a um vídeo que goste muito e queira compartilhar com seus cinquenta amigos mais próximos, pode clicar no link Compartilhar abaixo do vídeo para enviar um link por e-mail, postar um tweet no Twitter (veja o Capítulo 11) ou postá-lo no Facebook, conforme descrito no Capítulo 10.

Figura 14-4: Milhões de vídeos estranhos e, ocasionalmente, maravilhosos estão disponíveis no YouTube.

O Porta dos Fundos, em `www.portadosfundos.com.br`, é um site criado por um grupo de amigos que, insatisfeitos com a falta de liberdade criativa da TV brasileira, criaram este canal de esquetes de humor no YouTube. O grupo atingiu a marca de 1,6 bilhões de visualizações e de 10 milhões de inscritos se tornando um fenômeno da internet.

Outros sites do tipo incluem o Vimeo (`www.vimeo.com`), Metacafe (`www.metacafe.com`) e o Bing Videos (`bing.com/videos`). O Justin.tv (`www.justin.tv` — sem *.com*) mostra vídeos ao vivo — coisas que estão acontecendo neste exato momento. O Online Video Guide (`www.ovguide.com`) pode ajudá-lo a encontrar programas de TV e filmes na web.

Se você tem um iPhone, iPad, ou um Android, não poderá exibir o YouTube no seu navegador. Em vez disso, esses dispositivos vêm com um aplicativo do YouTube pré-instalado.

Colocando você no YouTube

Você pode enviar um vídeo para o YouTube, desde que: esteja no seu computador, você possua os direitos autorais (o YouTube apaga vídeos roubados), não seja difamatório nem pornográfico e não tenha mais de dez minutos. Para enviar, siga estes passos:

1. **Crie uma conta gratuita no YouTube clicando no link Criar Conta no canto superior direito de qualquer página do YouTube.**

   Ou entre na sua conta já existente. Se você tiver uma conta no Google, pode usá-la.

2. **Clique no botão Enviar.**

   Ou clique no link Postar uma Resposta de Vídeo abaixo do vídeo existente.

3. **Selecione o arquivo de vídeo no seu computador e siga as instruções.**

   Você pode escolher tornar o vídeo público ou privado, dar um nome para ele e especificar em qual categoria ele se enquadra. O YouTube envia seu vídeo e o converte para o formato Flash para streaming. O envio pode demorar um pouco (dez minutos ou mais), dependendo da velocidade da sua conexão de internet.

Depois que seu vídeo estiver no YouTube, você pode compartilhá-lo com seus amigos.

Se um vídeo estiver como público no YouTube, ele é muito, muito público. Pense duas vezes antes de incluir informações de identificação pessoais sobre você mesmo ou seus filhos, a menos que o vídeo seja algo do qual você esteja realmente orgulhoso. Depois de enviar um arquivo, clique no nome da sua conta no canto superior direito da página da web, selecione Meus Vídeos, clique no botão Editar abaixo do vídeo e altere as opções de Broadcast e Compartilhamento de Público para Não Listado (qualquer pessoa com o link pode visualizar) ou Privado (apenas as pessoas que você escolher podem visualizar).

Excesso de formatos de arquivos de vídeo

Tex O formato original padrão de filmes digitais é o Moving Picture Experts Group (MPEG). O MPEG foi projetado por um comitê próximo do comitê JPEG, que definiu formatos de arquivos para fotos escaneadas (praticamente sem precedentes na história dos esforços de padronização computacional), e foi projetado com base em trabalhos anteriores. Os arquivos MPEG têm a extensão .mpeg ou .mpg.

A Microsoft, respondendo ao desafio de padrões emergentes que ela não controlava, criou seus próprios formatos. O formato AVI (Audio/Visual Interleave) é para vídeo sem streaming, com a extensão .avi. O Advanced Streaming Format (com a extensão .asf ou .asx) é para formatos de áudio e vídeos que podem sofrer streaming. Ela também criou o Silverlight, que é muito parecido com o Flash e está disponível para Windows e Macs. O pacote open source mais compatível, o Moonlight, está disponível para Linux. Todos esses formatos estão sendo substituídos pelo Flash porque é o que o YouTube usa — arquivos que terminam com .flv e algumas variações. O player Flash se conecta ao seu navegador da web e executa streaming de vídeo em diversas qualidades, incluindo uma semelhante à televisão HD. Por motivos mais políticos do que técnicos, o Flash não funciona em dispositivos móveis Apple e Android.

Todos esses problemas devem desaparecer quando os navegadores passarem a suportar a última versão da linguagem de código HTML, a HTML 5, que terá seu próprio video player livre, o que significa que não haverá motivos para que todos os sites de vídeo não sejam compatíveis com ela. Eles ainda estão trabalhando para resolver alguns problemas, então deve demorar alguns anos até que a HTML 5 funcione em todos os lugares.

Assistindo a filmes

Você pode executar streams de filmes pela web, embora geralmente não de graça (pelo menos, não legalmente). Se você tiver uma conta Netflix pode executar streams de vídeos a partir do site deles para um contéudo adicional. O Netflix possui um estoque enorme de filmes, séries e shows disponíveis para streaming. No canto superior direito, digite sua pesquisa para encontrar um filme e assisti-lo no mesmo instante.

A SKY Online (`www.skyonline.com.br`) oferece um serviço de vídeos sob demanda, somente para assinantes da SKY, que permite fazer o streaming de filmes pagando uma taxa única. Você pode comprar filmes para assistir logo e quantas vezes quiser, e ele ficará disponível por mais alguns dias. O Clube SKY Online oferece conteúdo ilimitado para os usuários que possuem assinatura mensal.

Compartilhando mídia perto de casa

O Microsoft Windows 7 e os mais recentes têm um recurso que permite configurar todos os seus computadores, pelo menos todos os que rodam Windows, em um Grupo Doméstico que pode compartilhar facilmente os recursos de seus computadores e dispositivos em rede. Abra o Windows Media Player, vá até a página da Biblioteca e clique em Transmitir⇨Ativar Streaming de Mídia. Se seu computador ainda não estiver em um Grupo Doméstico, ele iniciará o processo para participar de um grupo existente ou configurar um novo. Depois de fazer isso, a página da Biblioteca mostrará um ícone para as bibliotecas dos outros usuários, do seu computador e dos outros dispositivos, que tiverem ativado o streaming de mídia e você poderá executar as mídias deles assim como faz com as suas. Você também poderá executar a partir de seu computador os outros players e dispositivos do grupo, se seu computador Windows puder ver os outros na rede. Ele configurará ícones para que você possa acessá-los.

Ainda há a opção de permitir streaming para a internet, o que não recomendamos porque, a menos que você ajuste suas configurações de segurança com muito cuidado, poderá permitir que desconhecidos na rede acessem seu computador. Esperamos que o uso mais entusiasmado da rede de streaming de mídia seja nas repúblicas e alojamentos de estudantes universitários, onde todos usam a mesma rede, e, agora, poderão compartilhar músicas uns dos outros com um simples clique.

Assistindo à TV

Perdeu seu programa de TV favorito? Não gravou? Você talvez possa vê-lo no Hulu, em `www.hulu.com`, em inglês. Mantido pela ABC, Fox, NBC e outros, ele mostra episódios inteiros, não clipes de dez minutos, e possuem programas com direitos autorais que você não encontra em nenhum outro lugar, pelo menos, não legalmente. O YouTube respondeu com o YouTube Shows (`www.youtube.com/shows`, em inglês), que é diferente do site normal do YouTube; como o Hulu, ele possui vídeos comerciais, mas nenhum envio de amadores.

O Blip.tv (`blip.tv` — sem *.com* no final) hospeda programas dos quais você pode nunca ter ouvido falar porque são feitos por produtores independentes. O Link TV (`www.linktv.org`, em inglês), mostra programas educacionais de todo o mundo.

O Netflix possui programas de televisão, assim como filmes, sendo assim, se você tiver uma conta Netflix, pode executar streaming de TV também. A Net e a Globosat têm aplicativos para tablets e telefone, onde é possível assistir a filmes e séries de acordo com o seu plano de assinatura de TV a cabo.

Capítulo 15

Mais Compras, Menos Desistências

Neste Capítulo

- Descobrindo os prós e os contras das compras online
- Usando seu cartão de crédito online sem medo
- Comprando passo a passo
- Encontrando os menores preços
- Encontrando passagens aéreas, livros, roupas, computadores, comida e fundos de investimento online
- Muitas opiniões sobre o que você deve comprar

Já fizemos compras na internet e já fizemos compras no *souq* de Marrakesh. As experiências foram surpreendentemente semelhantes, com a diferença que o *souq* tinha um cheiro mais interessante e, provavelmente, mais cobras vivas. A internet é o maior bazar do mundo, com lojas que têm de tudo, de livros a blusas, de DVDs a remédios controlados, de fundos de investimento a instrumentos musicais, de passagens aéreas a... hum... artigos pessoais personalizados (Por quê? O que você pensou?). Compras online são convenientes — não tem estacionamento nem filas — e você pode comparar os preços facilmente. Mas as compras online são seguras? Bem, já compramos todos os tipos de produto online, e ainda estamos vivos para contar a história (temos um belo tapete do *souq* também).

Comprando Online: Os Prós e os Contras

Aqui estão alguns motivos para comprar na internet:

- As lojas online são convenientes, ficam abertas a noite toda, e os vendedores não se importam se você estiver descalço, ou se ficar só olhando a vitrine durante uma semana antes de comprar algo.
- Os preços online são frequentemente mais baixos, e você pode compará-los em diversas lojas online em questão de minutos. Mesmo que você acabe fazendo sua compra em uma loja física, as informações

que você encontra online podem ajudá-lo a economizar. O frete e o prazo de entrega geralmente são os mesmos de quando você paga por encomendas pelo correio (embora alguns sites não cobrem frete para pedidos grandes), e você não precisa sair de casa, dirigir e nem procurar vaga para estacionar.

- As lojas online podem, às vezes, oferecer uma seleção melhor. Elas geralmente enviam seus produtos a partir de um depósito central, em vez de precisar manter o estoque em dezenas de filiais. Se você estiver procurando um item que seja difícil encontrar — por exemplo, uma peça daquela torradeira antiga que está no conserto —, a web pode lhe poupar semanas de pesquisa.
- Às vezes, as coisas não estão disponíveis onde você mora, e comprar online pode lhe poupar uma viagem. (Os autores deste livro moram em pequenas cidades rurais. Trumansburg, no estado de Nova York, é um lugar maravilhoso, mas se você quiser comprar uma torradeira nova, pode esquecer. E Margy não conseguiu encontrar um teclado indiano em lugar algum em Champlain Valley.)
- Algumas lojas online oferecem aplicativos para smartphones. Quando alguém comenta com Margy sobre um livro interessante, ela provavelmente o encomendará na mesma hora, usando um aplicativo para iPhone de uma livraria.
- Diferentemente de shopping centers, as lojas online não têm música ambiente (alguns sites tocam música de fundo, mas não nos demoramos neles).

Por outro lado, aqui estão alguns motivos pelos quais você não deve comprar tudo na internet:

- Você não pode examinar fisicamente ou experimentar algo antes de comprar e, na maioria dos casos, tem de esperar até que o produto chegue. (Não temos tido muita sorte comprando calças online, por exemplo.)
- Suas lojas locais também precisam sobreviver, para que estejam lá quando você precisar de algo de imediato ou da ajuda dos vendedores para escolher algo.
- Você não pode flertar com os(as) vendedores(as) de uma loja na web, nem ficar sabendo das fofocas mais recentes.

A Questão do Cartão de Crédito

Como você paga pelos produtos que compra online? Geralmente, com cartão de crédito, da mesma maneira que paga tudo o mais. Não é incrivelmente perigoso dar seu número de cartão de crédito online? Bem, não.

Quando você paga a conta em um restaurante, você entrega o seu cartão de crédito físico, com a sua assinatura física, ao garçom, que o leva para a sala dos fundos, faz sabe-se lá o quê com ele, e depois o devolve. Comparado com isso, o risco de enviar o número do seu cartão para uma loja online é pequeno. Um amigo nosso administrava um restaurante e uma loja online, e nos garante que não há comparação: a loja online não teve nenhum dos problemas com o cartão de crédito que o restaurante teve.

Alerta de cookies

Você talvez tenha escutado histórias horríveis sobre cookies, que os sites propositalmente usam para espionar você, roubar seus dados, devastar seu computador, injetar celulite nos seus quadris enquanto você dorme, e tornar sua vida um inferno. Após uma extensa investigação, descobrimos que a maioria dos cookies não é ruim. Eles são muito úteis quando você faz compras online (Veja mais sobre cookies no Capítulo 2).

Um *cookie* nada mais é do que um pequeno trecho de texto que um site envia para um navegador com uma solicitação (não uma ordem) para enviá-lo de volta em futuras visitas ao mesmo site. O cookie é armazenado no seu computador na forma de um pequeno trecho de texto. Isso é tudo o que ele é. Nos carrinhos de compras online, os cookies permitem ao servidor da web registrar os itens que você selecionou mas não comprou ainda, mesmo que você se desconecte e desligue seu computador nesse meio tempo. As lojas também podem usar cookies para registrar a última vez que você as visitou e o que comprou, e armazenar esses dados em seus próprios computadores. Então, qual é o grande problema?

Os chamados cookies de *terceiros* são menos inofensivos, e, geralmente, são usados para inserir anúncios que serão mostrados em diferentes sites, mas a maioria dos navegadores os bloqueia automaticamente. Para mais informações sobre como impedir que sites armazenem cookies em seu computador, veja o Capítulo 7.

Muitos livros (incluindo edições anteriores deste) fazem muito alarde sobre a questão de um site possuir certificado de segurança, que é quando ele exibe um pequeno cadeado no canto da janela do navegador. É ótimo ter o cadeado, mas o problema que ele resolve — como pessoas mal-intencionadas xeretando a conexão entre o seu PC e o site do vendedor — é bem improvável de acontecer, a menos que você esteja usando uma conexão de rede pública sem fio. Achamos que você deve se preocupar mais se a loja da qual está comprando é administrada suficientemente bem para lhe enviar o item que você comprou. Falhas recentes de segurança, que revelaram números de cartões de crédito para trapaceiros, foram originadas por invasões ao banco de dados de uma loja, e não, por bisbilhotarem sua conexão de internet.

Os cartões de crédito e de débito parecem iguais e gastam da mesma maneira, mas os de crédito lhe cobram no final do mês, enquanto que os de débito retiram o dinheiro da sua conta bancária imediatamente. Nos Estados Unidos, as leis de proteção ao consumidor são muito mais fortes para cartões de crédito. Uma diferença importante é que, no caso de uma transação duvidosa, você ainda tem o dinheiro se usou cartão de crédito, mas quem lhe vendeu o item já está com o dinheiro se você tiver usado o de débito. Use sempre cartão de crédito para uma melhor proteção, e depois pague a conta no final do mês, para não pagar juros.

Se, após este discurso, você ainda não quiser enviar seu número de cartão de crédito pela internet, a maioria das lojas online não se importa de você ligar e informar o número do cartão (embora, muito provavelmente, um operador do outro lado do planeta terá que digitar o número do seu cartão de crédito usando a internet). Se você for do tipo mais cauteloso que não usa cartão, escolha a opção de pagamento por boleto bancário.

Pagando na Loja

Comprar produtos em uma loja online não é muito diferente de uma loja comum. A maioria das lojas espera que você compre diversos itens de cada vez, por isso usam os *carrinhos de compras*. Enquanto você clica para se movimentar pelo site, pode jogar itens no seu carrinho, adicionar outros e removê-los quando quiser, clicando em um botão rotulado como Adicionar Item ou Comprar Agora. Depois de escolher tudo que deseja, visita a fila de pagamentos virtual e compra os itens do seu carrinho, informando à loja para onde enviar e a forma de pagamento. Até que você vá para o pagamento, sempre poderá tirar itens do carrinho se decidir que não os quer mais, e, em lojas online, eles não ficam desgastados, não importa quantas vezes você faça isso.

A Figura 15-1 mostra o carrinho de compras em uma loja de livros online de que gostamos com dois itens nele. Quando você clica no botão Secure Checkout, a próxima página solicita os demais detalhes do seu pedido.

Algumas lojas online permitem compras parceladas e listas de presentes. Por exemplo, alguns sites de compras na web permitem que você adicione um item a uma lista de desejos, que você pode compartilhar com seus amigos, de modo que você ou outra pessoa possa comprar o item para você posteriormente. Alguns sites também oferecem vales-presente para compras online.

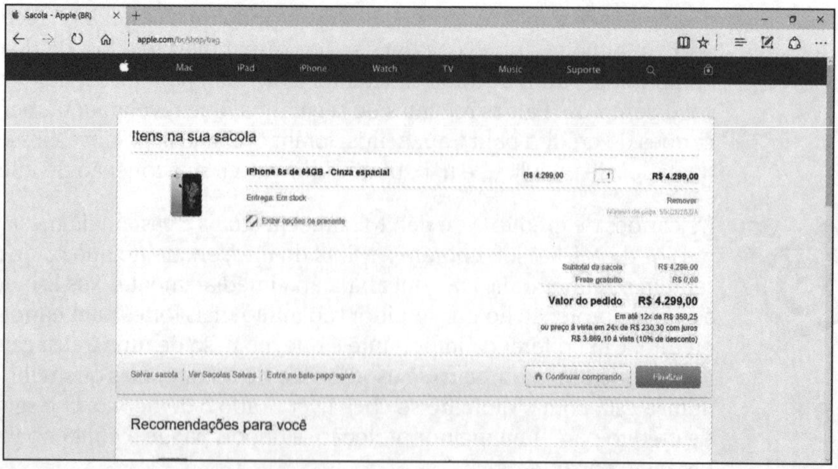

Figura 15-1: Você já terminou suas compras de fim de ano?

Quanto Você Quer Pagar?

Você quer pagar o mínimo possível, é claro. Cerca de quinze minutos depois que a segunda loja online surgiu, alguém percebeu que era possível pesquisar em mais de uma loja, para ver quem cobra quanto por qual item e depois informar em seu próprio site. Os sites de comparação de preços funcionam bem *se* você identificar exatamente os produtos que quer comprar. Para livros, eletrônicos, computadores e peças de computadores, sempre vale a pena dar uma olhada. Mas se você estiver procurando calças cáqui, não existem duas iguais, e a maioria das pessoas prefere pagar um pouco mais para evitar receber em casa uma calça que lhe faça parecer uma batata enrolada em lycra.

Os sites de comparação agora funcionam de duas maneiras. Uma é visitando os sites das lojas e copiando os preços. A outra, é fazendo um acordo com as lojas interessadas para que elas os enviem seus preços diretamente, geralmente por uma comissão pelo acesso de um usuário através de seu link. Os dois métodos funcionam bem, mas, ocasionalmente, temos visto sites de comparação mostrando preços diferentes dos que você vê quando visita diretamente o site da loja. Aqui estão alguns dos nossos favoritos:

- **Google Shopping** (`www.google.com.br/shopping`) é a versão mais nova do site de comparação de preços do Google que foi chamado originalmente de Froogle. As lojas enviam preços, mas o Google não cobra delas (as páginas de pesquisa têm anúncios à direita). A pesquisa é útil, mas a variedade é limitada.
- **ISBN.NU** (`isbn.nu – conteúdo em inglês`) verifica preços de livros novos em uma dezena de lojas online e lhe informa qual delas tem o melhor preço. O site copia os preços e então usa os programas afiliados das lojas para ser pago.
- **Consulta Remédios** (`www.consultaremedios.com.br`) mostra os medicamentos genéricos, similares, os princípios ativos e as bulas. Compara os preços em farmácias online e entregas em casa. Lista as farmácias localizadas próximas ao usuário.
- **Trivago** (`www.trivago.com.br`) é o maior site de pesquisa e comparação de preços de hotéis do mundo. Está sempre atualizado com ofertas e desconto e disponibiliza diversos filtros nas opções de busca.
- **Compare Games** (`www.comparegames.com.br`) é exclusivo para busca de jogos em várias plataformas. Contém as últimas notícias sobre o mundo dos jogos, trailers, e reviews enviadas pelos usuários.
- **Red Laser** (`redlaser.com`) é um aplicativo para iPhone e Android que permite a você escanear um código de barras enquanto estiver em uma loja. O aplicativo então exibe uma lista de lojas online que o vendem, com os preços.
- **Buscapé** (`www.buscape.com.br`) site nacional que compara o preço de produtos, além da avaliação de usuários sobre a loja.

Ao fazer uma compra em uma loja virtual pela primeira vez, pesquise sua reputação. Consulte sites de reclamações para ver se há informações negativas sobre ela (`www.reclameaqui.com.br`).

Subindo e Partindo

Costumamos comprar passagens aéreas online. Embora os sites de viagens não sejam tão bons quanto as melhores agências de viagens "reais", eles agora estão melhores do que a maioria. Mesmo que você conheça uma boa agência, os sites permitem que você pesquise para ver suas opções antes que você pegue o telefone. Algumas companhias aéreas oferecem nos seus próprios sites algumas taxas mais baratas, e que não estão disponíveis de outra forma. As companhias aéreas sabem é mais em conta deixar que a web faça o trabalho, e elas lhe pagam (com um bom desconto) para usar seu espaço.

A teoria das passagens aéreas

Os sistemas computacionais gigantes de três empresas aéreas dos Estados Unidos — Sabre, Galileo/Worldspan (duas empresas anteriormente separadas que estão se unindo) e Amadeus — lidam com quase todas as reservas aéreas no país (um site como esse é conhecido como *CRS*, ou sistemas de reservas computacionais, ou *GDS*, sistemas distribuídos globais). O ITA, Software do Google, discutido mais adiante, está tentando entrar no mercado do GDS, embora ainda tenha poucas companhias aéreas regionais participando.

Embora cada companhia aérea tenha um GDS "em casa", os sistemas são todos interligados, de modo que você pode, com poucas exceções, comprar passagens de qualquer companhia aérea a partir de qualquer GDS. Algumas companhias aéreas iniciantes e de preço promocional estão disponíveis através de GDS, e outras — notadamente, a Southwest — não participam de nenhum desses sistemas, mas têm seus próprios sites, onde você pode verificar voos e comprar passagens.

Em teoria, todos esses sistemas mostram os mesmos dados; na prática, entretanto, eles ficam um pouco fora de sincronia entre si. Se você estiver procurando lugar em um voo lotado, o sistema local de uma companhia aérea provavelmente terá aquele último assento exclusivo. Se você estiver procurando pelo preço mais baixo, verifique todos os quatro sistemas (usando diferentes sites de viagens), porque uma categoria de preço que está marcada como vendida muitas vezes reaparece misteriosamente em outro. Verifique também o Orbitz (`www.orbitz.com` — em inglês), que possui acesso a conexões diretas com várias companhias aéreas, contornando o GDS.

Algumas categorias de preço são visíveis apenas para agentes de viagens e não aparecem em sites, especialmente se você não vai ficar mais de uma semana. Então pesquise em uma boa agência antes de comprar, se pretende fazer uma viagem curta durante a semana. Por outro lado, muitas companhias aéreas têm ofertas especiais que estão *apenas* nos seus sites e sobre as quais as agências, muitas vezes, não têm conhecimento. Está confuso? Nós também.

A confusão é pior ainda, se você quiser viajar para outro país. As tarifas oficiais, para a maioria dos países, são estabelecidas através do acordo IATA. Portanto, os sistemas computacionais geralmente listam apenas essas tarifas para voos internacionais. Se você precisa comprar passagens com menos de um mês de antecedência, pode, muitas vezes, encontrar passagens de consolidadores inteiramente legais por um valor consideravelmente menor do que o preço oficial. A companhia aérea ou o agente offline estão sempre disponíveis para encontrar o melhor preço. As companhias aéreas internacionais também têm algumas ofertas impressionantes online. Mais notavelmente a Cathay Pacific, que, geralmente, possui um passe que inclui uma passagem dos Estados Unidos para Hong Kong e depois viagens ilimitadas por toda a Ásia.

Eis a nossa experiência, em detalhes, sobre como comprar passagens online:

- **Verifique os sistemas online.** Veja quais voos estão disponíveis e a faixa de preços. Verifique os sites que usam GDSs diferentes (listamos alguns sites no final desta seção).
- **Depois de encontrar uma companhia aérea que lhe agrade, verifique o site.** Procure promoções especiais exclusivas para a internet. Se uma companhia aérea de preços baixos tiver a rota que você deseja, não se esqueça de verificá-la também.
- **Verifique os preços de voos que usam aeroportos vizinhos.** Quarenta e cinco minutos a mais dirigindo podem lhe poupar centenas de reais.
- **Para uma viagem mais complexa do que apenas ida e volta para o mesmo destino, consulte um agente de viagens.** Você pode verificar por telefone, e-mail, ou pelo site da agência, para ver se ela pode fazer um preço mais baixo do que o anunciado online, e compre suas passagens na agência, a menos que a oferta no site seja melhor.
- **Para passagens internacionais, verifique as passagens de consolidadores.** Faça tudo nessa lista e verifique tanto online quanto com seu agente de viagens, especialmente se você não se qualificar para a tarifa mais barata. Para viagens internacionais complexas, como um volta ao mundo, os agentes geralmente encontram rotas e preços que os sistemas automatizados não conseguem.
- **Não exagere no lance.** Se você fizer um lance em uma passagem aérea em um site de leilões de passagens, assegure-se de já saber o preço pelo qual poderia comprar a passagem numa agência ou online.

Antes de procurar agências online, verifique o ITA Software (`www.itasoftware.com`). Essa empresa produz o mecanismo de busca de preços usado pela Orbitz e vários sites de companhias aéreas. O próprio site do ITA possui uma versão que apenas pesquisa, e não tenta lhe vender passagens, com mais opções de pesquisa do que a maioria dos seus clientes oferece. Eles foram adquiridos pelo Google, de modo que, ao ler este capítulo, as pesquisas deles podem estar integradas às do Google.

Se você não gosta de viajar de avião ou prefere ir de trem, a Amtrak e a VIA Rail Canada oferecem reservas online (`www.amtrak.com` e `www.viarail.ca` — em inglês). Se você vai visitar a Europa, um Eurailpass em `www.raileurope.com` — em inglês pode fazer sentido se você planejar pegar muitos trens. Verifique os horários e taxas da maioria dos trens europeus no site da ferroviária alemã em `www.db.de` — em inglês.

Os principais sites de passagens aéreas, além das de companhias aéreas individuais, incluem:

- **Expedia:** A entrada da Microsoft nos negócios de viagens (`www.expedia.com` — em inglês) é agora uma parte do império de mídia Interactive.
- **Decolar:** Esse site de múltiplas companhias aéreas (`www.decolar.com`) oferece descontos em passagens remanescentes, hotéis e aluguel de carros.
- **Orbitz:** A Orbitz (`www.orbitz.com` — conteúdo em inglês) é a entrada high-tech nos negócios de viagens, com especiais semanais na internet da maioria das companhias aéreas.
- **ViajaNet** (`www.viajanet.com.br`): Semelhante ao Decolar, também oferece aluguel de carros e reservas de hotéis.
- **Travelocity:** A Travelocity (`www.travelocity.com`) é a entrada Sabre nos negócios de viagens. O Yahoo! Travel é provido pelo Travelocity.

Há muitos sites de comparação de preços, incluindo o Kayak (`www.kayak.com` — em inglês). Não achamos nenhum deles suficientemente abrangente, mas vale a pena dar uma olhada se você quiser tentar encontrar aquele último lugar em conta.

Mais sobre companhias aéreas online

Pelo fato da situação nas companhias aéreas online mudar semanalmente, qualquer coisa a mais que colocássemos aqui estaria desatualizada antes de você ler. Um dos autores deste livro adora viajar em seu tempo livre; para ver sua lista atual de sites de companhias aéreas online, especiais da web e agências de viagens online, visite `airinfo.travel` — em inglês.

Mais Lugares Para Fazer Compras

Aqui estão, alguns outros lugares para você comprar na web. Já até fizemos compras na maioria deles.

Leilões e itens usados

Você pode participar de leilões online de tudo, desde computadores e peças de computadores até antiguidades e pacotes de viagem. Os leilões online são como qualquer outro tipo de leilão em, pelo menos, um aspecto: se você souber o que está procurando e souber o quanto vale, pode encontrar preços impressionantes; se não souber, corre o risco de pagar mais. Encontramos uma peça para o nosso liquidificador e os pratos que faltavam em nosso conjunto de porcelana decorado.

Muitos leilões — especialmente o Mercado Livre e o eBay (mostrado na Figura 15-2) — também possibilitam que você coloque seus próprios artigos à venda, o que pode ser uma maneira de se livrar de algumas tralhas da sua casa, mais discretamente, do que em uma venda de garagem. O serviço Paypal (`www.paypal.com/br/home`), agora de propriedade do eBay, permite que você aceite pagamentos em cartão de crédito de quem fizer a maior oferta (veja no Capítulo 16 mais informações sobre o PayPal).

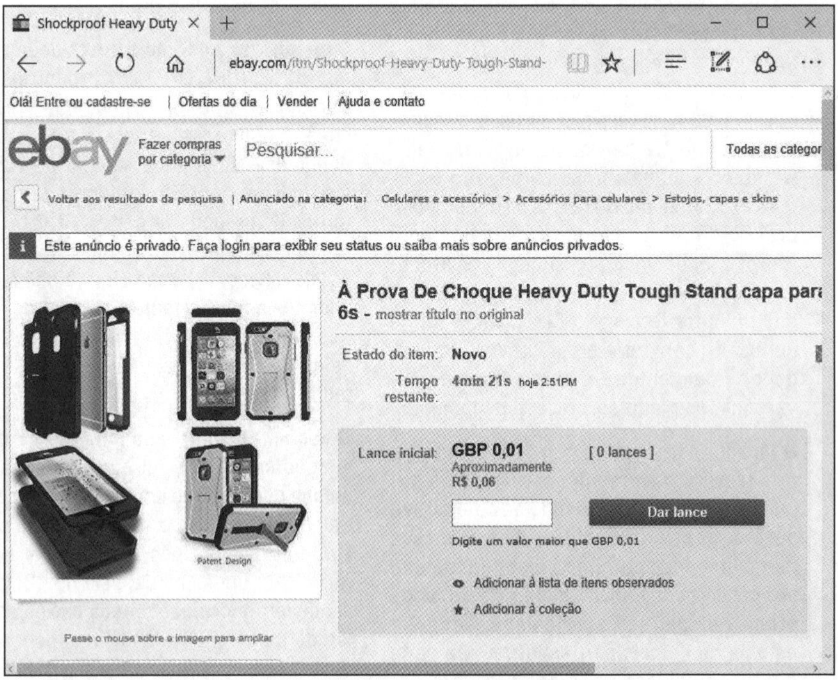

Figura 15-2: Você pode encontrar quase qualquer coisa à venda no eBay.

Sites de leilão online incluem:

- **eBay** (www.ebay.com): É o site de leilões mais popular na web, e as pessoas vão lá para vender todos os tipos de produtos, de roupas e brinquedos de bebê a peças de computadores e alguma ilha tropical, ou algo do gênero. Você também pode vender itens, cadastrando-se como vendedor. O eBay cobra uma pequena comissão em leilões, que é paga pelo vendedor. Pesquisar os leilões concluídos no eBay também é uma ótima maneira de descobrir quanto um item vale — você pode ver o quanto as pessoas acabaram pagando pelos itens. Se você estiver pensando em vender aquela Fofolete rara, pesquise nos leilões concluídos para descobrir a má notícia de que vale um pouco menos do que quando era nova e para ter uma ideia de como escrever seu anúncio.
- **Mercado Livre** (www.mercadolivre.com.br): É muito parecido com o eBay. Os vendedores listam itens novos e usados que querem vender a um preço fixo ou através de leilão.

Não caia nesses truques online

O comércio eletrônico, como qualquer outro comércio, possui algumas maçãs podres. Aqui temos algumas situações ruins que podem ser evitadas, especialmente no eBay, Mercado Livre e Craigslist, onde você muitas vezes vende e compra de indivíduos, não de empresas estabelecidas. Uma observação importante é que todo site possui uma forma normal de fazer negócio, e qualquer outra fora do normal é suspeita. No eBay, a forma normal de pagar é usando o PayPal. A menos que você esteja comprando de um vendedor suficientemente próximo, onde você possa pegar os produtos e examiná-los antes de pagar, não pague de outra forma. No Craigslist, a forma normal de compra é o comprador e o vendedor se encontrarem pessoalmente para examinar os produtos e fazer o pagamento.

O locador não mora na cidade: Um anúncio na Craigslist mostra um apartamento fabuloso a preço baixo. Quando você escreve para o proprietário, ele explica que teve que se mudar para uma cidade longínqua por causa de um novo emprego, mas ainda precisa alugar seu apartamento antigo, e está longe demais para voltar, então pede que você envie a papelada e o depósito para ele. Humm... não. A menos que você nunca mais queira ver seu depósito de novo. Geralmente, os apartamentos são reais, e os anúncios são copiados de anúncios reais, mas o "proprietário" não.

O cheque de valor mais alto: Você vende algo no eBay por R$100. O comprador explica que tem um cheque de R$1.000 que lhe enviará, você depositará e esperará alguns dias pela compensação, e pode mandar de volta R$850 e ficar com os R$50 de diferença pelo transtorno. O que poderia dar errado? Um cheque forjado pode levar uma semana ou mais para ser devolvido, e a essa altura você terá R$850 a menos e o espertalhão estará longe. Um truque semelhante tem como alvo restaurantes; veja dirtcandynyc.com/?p=82 — conteúdo em inglês).

O negócio bom demais para ser verdade: Um vendedor no eBay ou outro site oferece um iPhone por R$100 ou por um outro preço incrível. Seu dinheiro pode ser real (desculpe o trocadilho), mas o iPhone não. De vez em quando, você pode fazer um ótimo negócio no eBay com um vendedor que coloca preços baixos em um leilão de um item duvidoso, mas todos sabemos quanto custa um iPhone, e não é R$100.

Craiglist

O Craigslist (`www.craigslist.org`), na Figura 15-3, é o site mais odiado pelos jornais locais, porque ele é como os anúncios classificados, só que gratuito. Ele possui subsites para cidades grandes e pequenas do mundo inteiro, onde você pode encontrar de tudo, desde um automóvel usado até um novo apartamento, emprego ou namorado. Diferentemente do eBay, as listagens do Craigslist devem ser locais, de modo que as duas partes (digamos, o comprador e o vendedor), possam se encontrar pessoalmente para concluir a transação. Quase todos os anúncios são gratuitos; eles só cobram por anúncios de imóveis em algumas cidades grandes, o que gera verba suficiente para arcar com todo o resto.

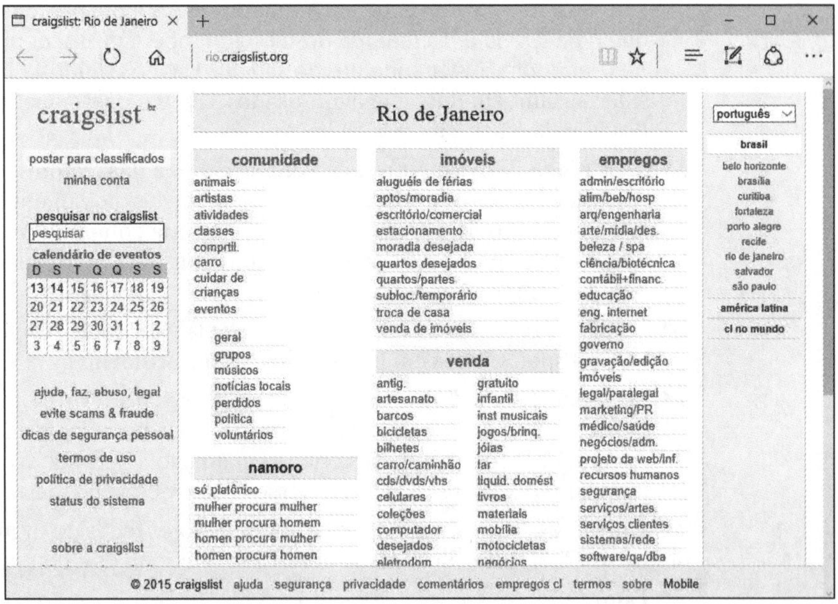

Figura 15-3: Comprar e vender localmente com o Craigslist.

Temos tido sorte comprando e vendendo eletrodomésticos, automóveis e até um bote antigo Sunfish no Craigslist. Eles fazem um trabalho de qualidade ao verificar anúncios fraudulentos, mas veja a seção anterior, "Não caia nesses truques online" para saber sobre ao que deve estar atento.

Livros, música e mais

Você não pode folhear livros em uma livraria online com a mesma facilidade com que o faz numa livraria física (embora a Amazon chegue perto disso, oferecendo uma seleção de páginas de vários livros). Todavia, se você souber o que quer, pode encontrar bons negócios.

Aqui estão alguns dos principais sites:

- **AbeBooks:** Esse site, Advanced Book Exchange, oferece catálogos de milhares de vendedores de livros usados em `www.abebooks.com – em inglês)`. Você paga o mesmo preço que pagaria em um sebo (mais o frete, é claro) e economiza horas de pesquisa. Uma boa opção para achar aquele livro favorito da sua infância ou um livro raro.
- **Amazon.com:** Um dos grandes sucessos de loja de comércio online, que cresceu do nada — se é que se pode chamar de nada muitos milhões de dólares de capital inicial — para se tornar uma das maiores lojas online da internet. A Amazon possui um catálogo enorme de livros e uma variedade crescente de outros produtos, muitos dos quais podem chegar até você em alguns dias. Ela também possui um programa de afiliação, no qual outros sites podem direcioná-lo aos seus livros favoritos. A Amazon vende a maioria dos livros a um preço mais baixo que o da tabela e, na maioria dos casos, também possui cópias usadas de vendedores independentes no site dos Estados Unidos. Eles, por sua vez, também possuem livros usados, DVDs e quase qualquer coisa, desde pula-pulas a roupas de baixo.
- **J&R Music World:** A presença online de uma das maiores lojas de discos de Nova York, `www.jr.com` — em inglês, possui uma enorme seleção de CDs de música. Você também pode comprar um aparelho de som para ouvir seus CDs novos e um refrigerador para manter as bebidas sempre à mão.
- **Saraiva** (`www.saraiva.com.br`): Ampla variedade de livros, CDs e DVDs. Especializada em livros técnicos e profissionais.
- **Livraria Cultura** (`www.livrariacultura.com.br`): Uma das maiores redes com lojas físicas e virtuais. Você pode fazer encomendas, e retirar os livros comprados online em uma loja perto de você. Alguns itens têm frete grátis e envio expresso (você recebe no mesmo dia).
- **Fnac** (`www.fnac.com.br`): Uma das maiores redes do mundo. Vende livros, CDs, DVDs, bem como acessórios, eletrônicos e computadores.
- **Estante Virtual** (`www.estantevirtual.com.br`): Aqui você encontra livros novos e usados de diversos sebos e vendedores particulares. Excelente para encontrar livros esgotados e raros, como a primeira edição da série *Para Leigos*.

Roupas

Esta seção destaca as lojas virtuais de roupas mais populares. Diretórios como o Yahoo! (em `dir.yahoo.com`) possuem centenas de outras lojas, algumas conhecidas e outras nem tanto. Quase todas as lojas de roupas conhecidas têm sites para venda online. As mais conhecidas são:

- **Marisa** (`www.marisa.com.br`): Possui todos os produtos encontrados nas lojas físicas, tem roupas femininas, masculinas e infantis.

- **The Gap,** em www.gap.com (conteúdo em inglês) possui as mesmas coisas que você encontra nas lojas, mas para pessoas de tamanhos vertical ou horizontal incomuns. Ele também tem jeans de tamanhos que as lojas não possuem em estoque, assim como links para a Banana Republic e Old Navy, suas divisões de escala maior e menor.
- **Amaro** (www.amaro.com.br): Uma enorme variedade de roupas e acessórios femininos. Oferece frete e troca grátis, e entrega expressa.
- **Dafiti** (www.dafiti.com.br): Ampla variedade de roupas masculinas, femininas e infantis, calçados e acessórios, perfumaria e beleza, roupas esportivas e artigos de marcas famosas. Oferece troca e frete grátis. Também possui produtos para casa e decoração.

Computadores

Quando você comprar hardware online, assegure-se de que o vendedor que você está considerando ofereça uma boa política de devolução (no caso de o computador não funcionar quando chegar, por exemplo) e uma garantia longa.

Aqui estão alguns vendedores bem conhecidos:

- **Apple Computer:** O site da Apple (store.apple.com) possui muitas informações sobre computadores Macintosh, e agora oferece compras online de iPad, iPod e iPhone também.
- **Fast Shop** (www.fastshop.com.br): Oferece diversos tipos de eletrônicos, além de celulares e computadores. possui serviço de suporte digital, de instalação e orientação, seguro contra roubo e furto, e cria listas de casamento.
- **Boa Dica** (www.boadica.com.br): Um site inteiramente voltado para informática. Possui artigos, tutoriais, dicas, oferta de serviços, e programas para download. Seu maior diferencial é a pesquisa de preços; o cliente seleciona o item que está procurando, e o site retorna inúmeras lojas ou vendedores com os melhores preços em diversos locais da cidade.
- **Promoinfo**(www.promoinfo.com.br): É uma rede de 8 shoppings de informática formada por stands e lojas em diferentes partes da cidade. Ao pesquisar por um produto, o site exibe os preços mais em conta e diz em quais lojas ele está disponível, além de possuir um encarte online mostrando as melhores ofertas. Cada loja possui sua própria política de compra, venda e troca de produtos. Os shoppings ainda contam com pontos de coleta para que o público descarte seu lixo eletrônico.

Uma lista de verificação do comprador online

Aqui estão algumas perguntas para ter em mente ao comprar online. Compradores inteligentes perceberão que estas perguntas são as mesmas para qualquer tipo de compra:

- As descrições são claras o suficiente para saber o que se está comprando?
- Os preços são competitivos, com outras lojas online *e* com encomendas por correspondência e varejistas normais?
- A loja tem os produtos em estoque, ou oferece uma data de entrega garantida?
- A loja tem boa reputação?
- A loja tem uma política de privacidade claramente escrita que limita o que ela pode fazer com os dados que solicitar do cliente?
- Você pode fazer perguntas e acompanhar seu pedido?
- Como você pode devolver ou trocar produtos com os quais estiver insatisfeito?

Alimentos

Há uma infinidade de lugares para comprar todo tipo de comida online. Você pode fazer compras de supermercado sem sair de casa, pedir um cardápio completo para a sua dieta ou aquela comidinha para a hora que a fome bate. Veja aqui alguns exemplos:

- **Pão de Açúcar Delivery** (`www.paodeacucar.com.br`): Todos os produtos das lojas com preços e ofertas exclusivas. Você escolhe os produtos e agenda a entrega.
- **China in Box** (`www.chinainbox.com.br`): A mais famosa rede de comida chinesa, possui uma infinidade de lojas. Você pode pedir por telefone ou diretamente na internet, onde pode acompanhar seu pedido.
- **Viva Light** (`www.vivalight.com.br`): Loja de congelados especializada em refeições light.
- **Zona Cerealista** (`www.zonacerealista.com.br`): Especializado em alimentação natural, possui uma grande variedade de grãos, cereais matinais e suplementos.
- **iFood** (`www.ifood.com.br`): Os melhores restaurantes da sua região. Disponível como aplicativo para dispositivos móveis na Apple Store, Google Play Store e Windows Store.

Mais Opiniões do que Você Imaginou

Com tantos produtos disponíveis para comprar na web, como decidir o que comprar? Definitivamente, você não é o único. Vários sites apresentam conselhos sobre tudo, desde viagens de navio a restaurantes e carros usados. Muitos desses sites são parte da *Web 2.0*, uma forma mais elegante de se dizer que a maioria do seu conteúdo é feita a partir da contribuição dos usuários. Esse conceito traz dois benefícios vantajosos: você tem a experiência e opinião de todos os usuários em um lugar só e o site recebe essas avaliações de graça. Em muitos casos, eles mostram uma combinação de resenhas profissionais e comentários de usuários, o que seria uma Web 1½. Aqui estão alguns sites de resenhas que achamos úteis.

Viagens e alimentação

Livros do tipo guia existem desde Baedecker, na década de 1820, e guias de restaurantes existem pelo menos desde o Michelin, em 1900. Atualmente os guias estão online, de modo que você pode examinar seus conselhos e depois informar aos seus editores se você não concordar:

- **Yelp:** Como mostra a Figura 15-4, o Yelp (`www.yelp.com.br`) é o guia de negócios mais abrangente nas cidades, com resenhas de serviços locais organizados geograficamente, desde vendedores de carros a restaurantes com jardins botânicos. É um bom recurso para procurar lugares para comer.
- **TripAdvisor:** Como o próprio nome sugere, o TripAdvisor (`www.tripadvisor.com.br`) é um site para viajantes. Digite o nome de um lugar e ele lhe informa onde ficar, o que ver e talvez como chegar lá. O site tem como público principal as pessoas que visitam o local, ao contrário do Yelp, que é mais voltado para as pessoas que moram no local. A empresa possui uma grande quantidade de sites de viagens associados, incluindo o `seatguru.com` (aonde sentar em um avião — em inglês) e o `flipkey.com` (aluguel de casas de temporada em todo o mundo — em inglês).
- **Zagat:** O Zagat (`zagat.com` — em inglês) fez uma ponte dos guias impressos para os online com bastante sucesso. O conteúdo inteiro dos guias impressos está no site, e as resenhas na web são agora o principal material para os guias impressos. Informações básicas estão disponíveis gratuitamente, mas o acesso às resenhas integrais requer uma assinatura. Se você contribuir com resenhas, o site, muitas vezes, recompensa com assinaturas ou lhe envia o próximo guia impresso. Esse site foi recentemente vendido para o Google, que informou que planeja integrar as resenhas do Zagat com suas pesquisas locais.

Figura 15-4: O Yelp resenha quase tudo.

- **Opentable** (`www.opentable.com` — em inglês): O maior site para fazer reservas em restaurantes. Também possui resenhas dos seus usuários e do Zagat. Nós o usamos para descobrir rapidamente quem tem mesa e horário disponíveis hoje à noite. Se você já souber o restaurante aonde quer ir, ligue diretamente, em vez de usar o Opentable, para economizar a taxa do restaurante, cuja reserva deve ser paga.
- **Via Michelin:** Os famosos guias Michelin (`www.viamichelin.com` — em inglês) também fizeram a transição para online. O site possui resenhas de restaurantes em boa parte da Europa, Nova York, Chicago e São Francisco e guias de hotéis e pontos turísticos para quase qualquer lugar. As resenhas mostram tanto as resenhas profissionais como os comentários de usuários.

Vrum, vrum

Um carro é uma das maiores compras que fazemos. Agora, você pode fazer sua pesquisa, para quando chegar à concessionária, provavelmente saberá mais sobre o carro que quer comprar do que o vendedor. Deixe que estes sites o ajudem:

- **Web Motors** (`www.webmotors.com.br`): Análise de modelos, comparação de marcas, preços da tabela FIPE, classificados de novos e usados.

- **Quatro Rodas** (`www.quatrorodas.abril.com.br`): Notícias, lançamentos, comparações, guia de compras e testes.
- **Carros na Web** (`www.carrosnaweb.com.br`): Classificados, comparativos, rankings, concessionárias e comentários dos donos, contando uma experiência especialmente boa ou ruim.

DICA

Para uma compra maior ainda, como um imóvel, o Yelp possui resenhas de imobiliárias e apartamentos.

Imóveis

Imagine que você está passeando com seu cachorro na rua, passa por uma casa com uma placa "VENDE-SE", pega seu telefone, consulta o preço e diz: "Rá! Eles nunca vão vender por esse preço!". Nunca fizemos isso, mas conhecemos alguém que faz!

Essas avaliações são verdadeiras?

Se qualquer um pode escrever uma resenha, o que impede que empresas não muito éticas escrevam resenhas favoráveis falsas para si mesmas e desfavoráveis para seus concorrentes? Nada, infelizmente. Todos os sites de resenhas legítimas tentam policiá-las, mas algumas resenhas falsas aparecem, especialmente no Tripadvisor. A maioria das pessoas que escreve resenhas falsas não são boas nisso, fique atento para avaliações muito discrepantes da maioria, de modo que, se você vir um lugar com cinco resenhas favoráveis e uma desfavorável, desconfie. Também é possível que o lugar seja inconsistente, mas, depois de ler resenhas por um certo tempo, você consegue facilmente diferenciá-las.

Além disso, muitos sites de "avaliações" são completamente falsos. Novamente, não é difícil diferenciar; se você se deparar com um site de avaliações do qual nunca ouviu falar, e ele, generosamente, se oferecer para lhe vender algum item que tenha mais estrelas, agora você sabe o porquê.

Se esse não é seu estilo, experimente estas opções online:

- **Zap Imóveis** (`www.zapimoveis.com.br`): Consulte preços, lançamentos, imóveis novos e usados para locação, venda e temporada em praticamente em qualquer cidade do Brasil. Anúncios de imobiliárias e de proprietários.
- **Imóvel Web** (`www.imovelweb.com.br`): Nos mesmos moldes do Zap Imóveis.

Figura 15-5: Procure sua nova casa ou apartamento.

Imóveis por temporada

Além dos sites de imóveis para compra ou aluguel, há, também, os que possuem imóveis por temporada em praticamente todo o Brasil. Confira esse site especializado em aluguel para temporada no Brasil e no exterior.

- **Airbnb** (`www.airbnb.com` — em inglês) oferece desde um sofá em quartinho que esteja sobrando a uma casa mobiliada por aluguel por temporada, nos Estados Unidos e em outros países. Nós encontramos um ateliê aconchegante em Paris e um apartamento ótimo em Montreal.

Perguntas e Respostas

Diversos sites reúnem pessoas com perguntas a pessoas com respostas. Pergunte qualquer coisa e, provavelmente, obterá respostas. Muitas vezes, as respostas são até corretas (esse problema é crônico na Web 2.0). Todos eles organizam questões por tópico, de modo que você pode navegar por perguntas existentes já respondidas e escrever suas próprias perguntas e respostas. Os habituais incluem:

- **Answers.com:** O maior site de perguntas e respostas (`www.answers.com` — em inglês) possui uma enorme gama de tópicos. As questões variam de estudantes que querem que você faça seu dever de casa ("O que foi a Guerra Fria?") a questões complexas sobre ciências e finanças. O sistema faz um bom trabalho, detectando e conectando quando uma pergunta já foi feita.

- **Quora** (`www.quora.com` — em inglês): Uma entrada mais recente nesta área, o Quora dirige-se ao público empresarial e profissional. Em vez de colocar as perguntas em categorias, eles marcam as perguntas com palavras-chave, de modo que você possa procurar perguntas sobre Banco e Nova Jersey ou algo semelhante.
- **Yahoo! Respostas:** Este site (`br.answers.yahoo.com`) é semelhante ao Answers.com, mas tem um público mais jovem e conteúdo em português.

De onde vem todos esses spams?

Os vendedores sabem que as pessoas que já compraram seus produtos são seus clientes mais prováveis em compras futuras. Para ajudar nesse processo, a maioria deles começa a enviar anúncios já no dia seguinte à sua primeira compra. Às vezes, esses anúncios chegam com uma frequência assustadora, já no dia seguinte e depois a cada três dias, sistematicamente.

Geralmente, há uma caixa de seleção já assinalada na página do seu pedido, que você pode desmarcar se quiser evitar esses spams. Se esquecer de fazer isso, todo anúncio de vendedor profissional tem um link para cancelamento da inscrição, o que funciona muito bem (isso não ocorre porque eles são bonzinhos, mas porque a lei assim exige). Se depois de fazer seu pedido online desmarcando a opção ou depois de pedir o cancelamento da inscrição você receber spams, saberá que o vendedor não é profissional, mas aí será tarde demais.

Capítulo 16

Bancos, Pagamento de Contas e Investimentos Online

Neste Capítulo

- Gerenciando sua conta corrente e poupança online
- Examinando seus extratos de cartão de crédito online
- Pagando por e-mail com o PayPal
- Gerenciando seus investimentos online
- Controlando seu orçamento doméstico

Era uma vez, um tempo em que o dinheiro era um objeto substancial que brilhava no sol e tilintava ao cair sobre a mesa. Investimentos eram certificados gravados que você guardava no cofre de um banco se dessem lucro, caso contrário, usava como papel de parede no banheiro. Bem, isso naquela época. Agora, dinheiro e investimentos são apenas bips de computador para computador e, se você usar bancos ou investir, um desses computadores pode ser o seu.

Você pode fazer quase qualquer transação bancária online que não requeira lidar fisicamente com papel, o que significa tudo, menos depositar cheques e sacar dinheiro. Para essas tarefas, você tem que usar caixas eletrônicos ou, se for do tipo conservador, ir a uma agência bancária e entrar na fila do caixa. Mas nós ajudamos você a evitar essa última opção tanto quanto possível.

Indo ao Banco sem Sair de Casa

Agora, quase todos os bancos oferecem serviços online. Eles não fazem isso para serem modernos, mas, sim, porque o *internet banking* é muito mais cômodo para eles do que caixas eletrônicos ou funcionários. Devido ao interesse tanto do banco quanto do cliente em assegurar que a única pessoa que mexa nas suas contas seja *você mesmo*, o processo de registro é geralmente um pouco complicado — o banco lhe liga para confirmar que você se registrou ou lhe envia uma carta mostrando sua senha. Depois de se registrar, acesse o site do banco e se conecte com o número de sua conta e senha. Os bancos possuem sites diferentes, mas todos eles lhe mostram um extrato parecido com o do banco do John, mostrado na Figura 16-1.

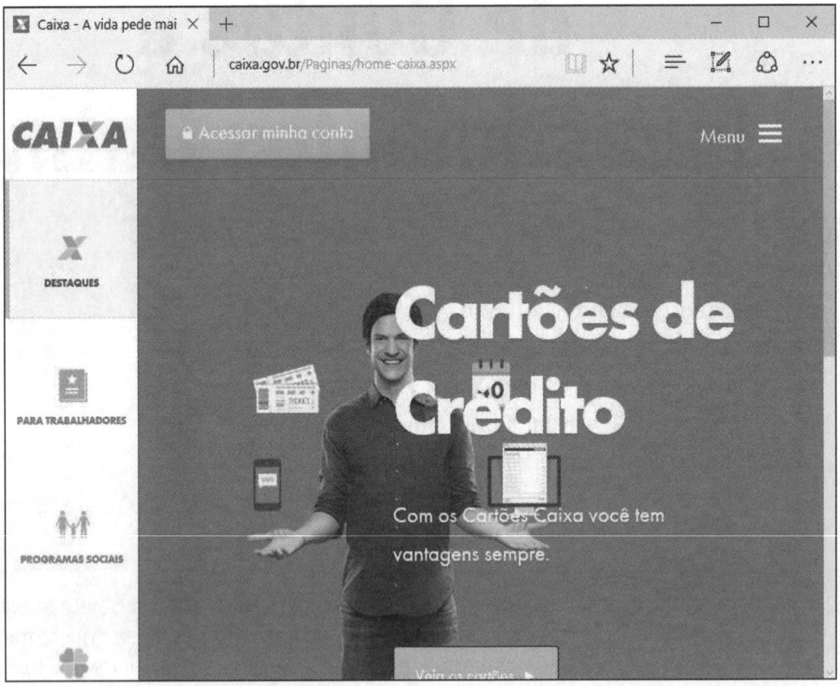

Figura 16-1: Uma semana de operações bancárias, com alguns detalhes.

Como você pode ver, depósitos e saques aparecem da mesma forma que os extratos impressos que você recebe por correspondência. Você também pode baixá-los em PDF.

Se você usar um programa de conta como o Quicken ou o Microsoft Money, os bancos oferecem uma forma de baixar as informações da sua conta para o seu programa. Procure um link rotulado Download ou Export. Na Figura 16-1, é o pequeno botão Export History, próximo ao canto superior esquerdo.

Os detalhes diferem, mas, além da capacidade de verificar seus extratos, todos os bancos oferecem mais ou menos os mesmos serviços, incluindo transferências e pagamentos de contas.

TED! É melhor do que cheque!

Nos últimos 150 anos, a forma habitual de se transferir dinheiro da conta de uma pessoa de um banco para a de outra pessoa em outro banco, era a primeira pessoa preencher um cheque e entregá-lo para a segunda pessoa, que o levava até seu banco e o depositava. Agora que estamos na era do computador, temos um substituto high-tech para esse processo: *transferência eletrônica disponível* ou TED.

O TED pode fazer as mesmas coisas que um cheque. Em vez de imprimir cheques de pagamento, as empresas podem usar o TED para depositar o dinheiro diretamente nas contas bancárias dos funcionários. Você pode usar TED para pagar contas ou transferir dinheiro entre contas em bancos diferentes. Para a maioria das operações, as transações TED são melhores do que cheques de papel, por serem mais rápidas e mais confiáveis.

Para identificar a conta para usar em uma transferência TED, você precisa fornecer o número do banco, da agência e da conta, bem como o número do CPF ou CNPJ do favorecido, caso a transferência seja para contas de terceiros. Contas poupança também funcionam com transferências TED.

Outra forma de transferência online é o *documento de ordem de crédito*, ou DOC. A diferença entre o DOC e o TED é, principalmente, no tempo de disponibilização do dinheiro. Enquanto que no TED, o dinheiro é debitado na mesma hora; no DOC, o crédito ocorre somente no dia seguinte. As tarifas para essas transações também podem variar, bem como o valor mínimo e máximo para cada tipo de operação. Consulte seu banco para saber quais são os limites de sua conta.

Transferindo dinheiro entre contas bancárias

Se você tiver mais de uma conta no mesmo banco, uma conta corrente e uma poupança, alguns CDBs, ou uma hipoteca, geralmente pode transferir dinheiro de uma conta para outra. Para ter uma ideia melhor de como essa transação funciona, aqui estão os passos para transferir dinheiro de uma conta corrente para uma conta, de investimento ou poupança (novamente, os passos específicos variam entre os bancos):

1. **Clique em Transferência (ou equivalente).**

2. **Digite a quantia a ser transferida na caixa rotulada Valor (ou equivalente).**

3. **Selecione a conta de onde o dinheiro será debitado, geralmente há uma lista de contas possíveis.**

4. **Selecione o número da conta para onde o dinheiro irá, geralmente de uma lista de contas possíveis.**

5. **Digite sua senha, e/ou código de segurança e clique no botão Transferência ou Concluir (ou algo parecido) — e pronto.**

É fácil assim. A maioria dos bancos lida com as transferências feitas nas agências no mesmo dia, porém, cada um estipula um horário limite para que a operação seja feita. No banco do John, você pode fazer uma transferência até às 7 horas da noite, o que é útil quando você se lembra, na hora do jantar, que o pagamento do cartão de crédito era até hoje.

Muitos bancos também permitem que você transfira de sua conta para contas em *outros* bancos usando o TED ou o DOC, veja mais detalhes no box "TED! É melhor do que cheque!". Você também pode transferir dinheiro entre seu banco e seu fundo de investimento ou conta de corretagem.

LEMBRE-SE

Transferências para outros bancos têm duas diferenças importantes: o tempo e o custo. Embora a transferência seja feita totalmente de forma eletrônica, o dinheiro leva até um dia ou mais para aparecer no outro lado, dependendo do outro banco. Se você precisar ter o dinheiro disponível em sua conta para saques, cartão de débito ou emissão de cheques prefira o TED, que é feito no mesmo dia dentro do horário estipulado, que varia de banco para banco.

O limite mínimo para TEDs é de R$500,00 e o limite máximo é de R$ 30.000,00, podendo variar de cliente para cliente. Para DOCs, o limite máximo é de R$4.999,99. Esses valores são estipulados pela FEBRABAN (Federação Brasileira de Bancos) e podem ser alterados a qualquer momento. Consulte seu banco antes de fazer esses tipos de transações. O custo das transferências varia de banco para banco e depende do tipo de transferência, TED ou DOC. Normalmente, as transferências entre contas do mesmo banco não são cobradas.

DICA

Você pode usar o PayPal para transferir dinheiro da maioria das contas bancárias para qualquer outra gratuitamente. É uma forma prática de fazer transferências online (e a descrevemos mais adiante neste capítulo).

Pagando contas online

Preencher cheques é muito século XX. Agora, você pode pagar a maioria das suas contas online. Em muitas situações, você pode agendar pagamentos automáticos da sua conta para contas mensais rotineiras. (Na Figura 16-1, *Bank America* se refere à conta do MasterCard.) Pode-se programar pagamentos automáticos para cartões de crédito, contas de luz, de gás, e de telefone — uma configuração típica. A maioria dos bancos oferece um serviço de *débito automático* usando uma entre as muitas empresas especializadas nessa área. Alguns bancos oferecem serviço de débito automático gratuito, alguns cobram, e outros o fornecem como parte de um pacote. Mesmo que seu banco não ofereça o serviço de débito automático, as empresas de cartão de crédito e prestadoras de serviços muitas vezes podem determinar débitos automáticos diretamente em sua conta corrente.

Alguns sistemas de pagamento de contas oferecem a opção de *apresentação eletrônica*, na qual você vê sua conta na web, em vez de recebê-la por correspondência em papel. Você também informa ao sistema qual conta bancária usar para fazer o pagamento. Depois, para pagá-las todos os meses, apenas acesse o site do banco e digite a quantia a ser paga e a data. O banco transfere automaticamente o dinheiro da sua conta na data de cada pagamento. Alguns bancos oferecem pagamentos recorrentes, de modo que você pode programá-los para pagar as mesmas quantias todos os meses.

Para pagar suas contas pelo internet banking, basta acessar o menu Pagamentos, escolher o tipo de documento, boleto bancário, serviços conveniados, impostos, entre outros; digitar o código de barras no campo correspondente ou usar um leitor de códigos de barra (que pode ser acoplado ao seu computador), inserir a senha e/ou código de segurança e pronto. Você ainda pode imprimir ou salvar os comprovantes em seu computador.

Figura 16-2: Pague o cartão de crédito com um clique.

A Figura 16-3 mostra a tela de pagamento de um banco. As páginas podem variar de banco para banco, mas os procedimentos são relativamente iguais.

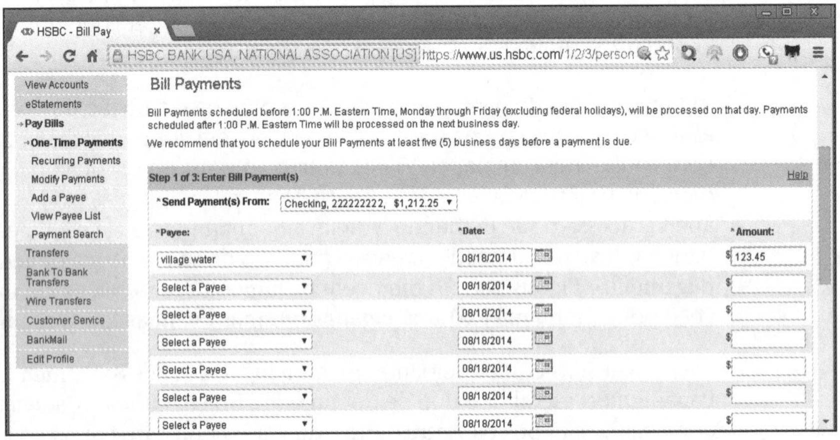

Figura 16-3: Aponte, clique e pague as contas de água e luz.

Utilizando outros serviços bancários online

Por ser muito mais barato fazer transações via web do que pessoalmente, os bancos estão criando todos os outros tipos de serviços online. Visite o site do seu banco para ver o que ele oferece. Alguns dos serviços mais comuns são:

- Empréstimos
- Simuladores de empréstimos
- Contas de aposentadoria
- Seguros e outros serviços semelhantes

Lidando com Cartões de Crédito

Quase todos os cartões de crédito do país oferecem acesso online pelo mesmo motivo que as contas bancárias — transações online são muito mais baratas do que ligações para números gratuitos.

Os serviços online de cartão de crédito começam com a solicitação do cartão. Pesquise cartões de crédito no seu mecanismo de busca favorito e você encontrará uma tonelada de ofertas. Elas mudam diariamente, mas você pode encontrar diversas vantagens — sem taxa anual, bônus e descontos, e taxas de juros mais baixas. A maior parte dos sites que parece comparar cartões, na verdade, está vendendo o cartão de algum banco; então encare sua afirmação de recursos únicos e melhores com desconfiança.

Depois que você tem seu cartão, as conveniências online mais comuns incluem:

- Verificar seu saldo e transações recentes.
- Pagar sua fatura a partir da conta corrente.
- Solicitar aumento na linha de crédito.
- Solicitar cópias de vendas em cobranças que você não reconhece, ou pedir para cancelarem as que achar que não foram feitas por você.
- Baixar informações da conta para o Quicken e outros programas financeiros pessoais.
- Gerenciar programas de descontos e bônus relacionados aos cartões.

Os bancos que emitem cartões de crédito possuem versões um pouco diferentes desses serviços, mas é difícil compará-las sem obter o cartão de crédito primeiro. Por exemplo, alguns bancos permitem que você agende pagamentos automáticos para cada conta na data certa, fazendo o melhor uso do seu dinheiro sem pagar juros. Em outros, você tem que ir ao site todos os meses para agendar os pagamentos. Alguns têm números de cartão para um único uso, outros não. Faríamos uma lista de características, mas ficaria desatualizada antes que este livro fosse para a gráfica; então, visite os sites dos bancos para ver o que eles oferecm. (Comparamos dois bancos diferentes na décima edição deste livro, mas, logo depois, eles fizeram uma fusão, mantendo as piores características de cada.)

Pague com o PayPal

Cartões de crédito são fáceis de usar — se você estiver *gastando* dinheiro. Até recentemente, era impossível um indivíduo (que não fosse uma empresa) receber pagamentos por cartão de crédito. Até pequenas empresas achavam caro e demorado receber pagamentos em cartão de crédito. O PayPal (`www.paypal.com.br`) mudou isso, e também oferece uma forma fácil de transferir dinheiro entre contas de bancos diferentes.

O PayPal é um benefício para indivíduos que compram e vendem em sites de leilões como o eBay (que é dono do PayPal), mas possui muitos outros usos também. Ele o ajuda a iniciar um pequeno negócio na web: pequenas empresas podem usar o PayPal para receber pagamentos de eventos como jantares e teatro amador e, as que não têm fins lucrativos podem receber doações. Também, é quase a única maneira de fazer pagamentos para indivíduos em outros países, sem pagar taxas de serviço maiores do que a quantia que se está pagando.

CUIDADO!

Se você pretende aceitar o PayPal no seu negócio, assegure-se de prestar atenção nos avisos relacionados a enviar apenas para *endereços de comprador verificados*. Assegure-se de obedecer cuidadosamente todos os detalhes para se proteger contra fraudes. A maioria dos vendedores novatos aprende do modo mais difícil que são eles que pagam os custos das fraudes — e até o custo dos erros inocentes de seus clientes. A taxa de fraudes no PayPal é mais baixa do que a da maioria dos cartões de crédito, mas é um caso de se *tomar cuidado* — conheça seu cliente e tome medidas para proteger suas transações.

Para usar o PayPal, você cria uma conta, o que é bastante fácil. Ele pede seu nome, endereço de correspondência, número de telefone e endereço de e-mail. A conta pessoal básica é tudo o que você precisa, a menos que pretenda vender muita coisa no Mercado Livre ou no eBay (se seus planos mudarem, você pode atualizar sua conta). O PayPal o encoraja a fornecer seu número de conta bancária, de modo que, quando você pagar alguém, ele possa tirar o dinheiro diretamente. Dessa maneira, eles não precisam pagar as empresas de cartão de crédito, e você pode transferir qualquer dinheiro que receber para sua conta sem problemas. Você pode e, provavelmente, também deve, cadastrar um cartão de crédito, se tiver um.

Quando você disser para o PayPal para associar sua conta a uma conta bancária, ele verifica o número de sua conta bancária fazendo dois depósitos aleatórios de menos de um dólar. Você tem, então, que informar a ele o valor dos depósitos para completar seu registro. Você pode cadastrar diversas contas bancárias a sua conta no PayPal e transferir dinheiro de uma conta para o PayPal, esperar alguns dias para que a transação seja completada e transferi-lo para uma conta diferente — tudo isso de graça. Se você morar nos Estados Unidos, só pode associar contas bancárias americanas; se você morar em outro lugar, pode associar essas contas com as do seu próprio país.

Depois de abrir uma conta, você pode enviar dinheiro para qualquer pessoa que possa receber e-mails. Se essa pessoa ainda não tiver uma conta PayPal, ela abre uma ao receber seu dinheiro. O dinheiro que você envia pode vir do saldo da sua conta PayPal ou de uma conta bancária, ou ainda, de um cartão de crédito que você tenha associado a sua conta PayPal. Depois que você tiver dinheiro na conta, pode usá-lo para pagar outras pessoas ou transferi-lo para sua conta bancária associada ao Paypal. Verifique cuidadosamente a lista de taxas. Pagamentos marcados como *Pessoais* e feitos sem usar cartão de crédito geralmente são gratuitos. Todas as outras operações têm uma taxa em torno de 3%. Cada vez que você faz um pagamento, o PayPal o deduz do seu saldo, se houver, e depois, da sua conta bancária associada. Se você quiser pagar com cartão de crédito, geralmente uma boa ideia para o Mercado Livre, eBay e outros pagamentos comerciais, tem que clicar em um pequeno link Alterar e alterá-lo antes de completar o pagamento.

DICA

O PayPal geralmente é a forma mais fácil e barata de enviar quantias de dinheiro moderadas (menos de U$ 1.000) para pessoas em outros países. Ele cobra uma porcentagem para converter moedas diferentes, mas, em comparação com as alternativas, como os cheques em moeda estrangeira ou Western Union, é barato.

CUIDADO!

Criminosos enviam spam alegando serem do PayPal e que você "precisa" fornecer o número da sua conta bancária e senha imediatamente para resolver um problema na conta. Não caia nesse truque. O PayPal *nunca* vai lhe solicitar sua senha ou informações de conta em uma mensagem de e-mail

— ou em qualquer outro lugar que não o próprio site. Se você receber uma mensagem que pareça ser do Paypal e não tiver certeza se é legítima, não clique em links na mensagem — em vez disso, manualmente, digite www.paypal.com.br no seu navegador da web e conecte-se. Se alguma coisa estiver errada, o site lhe informará.

O Mercado Livre tem um sistema parecido chamado Mercado Pago, em www.mercadopago.com.br.

Investindo Seu Dinheiro Online

Se você investir em fundos ou na bolsa (algo que é difícil evitar atualmente, a menos que você ache que vai morrer jovem), pode encontrar uma ampla variedade de recursos online. Uma quantidade enorme de informações sobre ações também está disponível, fornecendo aos usuários da internet recursos tão bons quanto os analistas profissionais tinham antes do advento do investimento online.

O mais importante a ser lembrado sobre *todos* os recursos financeiros online é que todos os envolvidos têm opiniões muito bem estabelecidas — e querem ser pagos de alguma forma. Na maioria dos casos, a situação é simples; por exemplo, um administrador de fundos de investimento quer que você invista no seu fundo, e um corretor de ações quer que você compre e venda ações com ele. Alguns outros sites são menos óbvios; alguns são patrocinados por anúncios e outros enviam alguns tipos especiais de investimento. Apenas considere a origem (e quaisquer interesses que eles possam ter em mente) quando for analisar o conselho dessa fonte.

Fundos de investimento

Os fundos de investimento são, sem dúvida, o investimento da geração nascida no pós-guerra. Hoje, o mundo possui mais fundos de investimento do que ações disponíveis para compra. (Isso leva você a pensar, não?) A maioria dos administradores de fundos tem pelo menos descrições dos fundos e prospectos online, e, muitos agora fornecem acesso online. Logo, você pode verificar sua conta, transferir dinheiro de um fundo para outro dentro de um grupo de fundos, e comprar e vender fundos — tudo através de transferências em sua conta bancária.

Para investir em fundos, consulte o gerente de seu banco. Ele poderá traçar seu perfil de investidor e ajudar a decidir qual a melhor opção para você. Alguns bancos oferecem simuladores de investimento e análise de perfil online, para que você possa chegar a suas próprias conclusões.

Os corretores online listados na seção a seguir, também permitem a você comprar e vender fundos de investimentos, embora, quase sempre custe menos se você tratar diretamente com o administrador do fundo.

Corretores de ações

A maioria das corretoras de valores conhecidas entrou na web, junto com uma nova geração de corretores online de baixo custo, que oferecem negócios de ações incrivelmente baratos. Um negócio que pode custar U$ 100 com uma empresa de corretagem tradicional, pode custar apenas U$ 8 com um corretor de baixo custo. A principal diferença é que as firmas mais baratas não oferecem aconselhamento de investimentos, e não lhe designam um corretor específico. Para pessoas que fazem suas próprias pesquisas e não querem aconselhamento de um corretor, as empresas de baixo custo funcionam bem. Para quem precisa de aconselhamento, as corretoras de valores oferecem negócios de baixo custo online e disponibilizam uma visualização completa da conta sempre que você precisar. O número de serviços adicionais que os corretores de ações oferecem (como contas de aposentadoria, reinvestimento de dividendos e transferências automáticas para e da sua conta corrente) varia muito.

Para encontrar uma corretora de valores online, busque indicações em sites especializados no mercado financeiro. O Guia Invest (`www.guiainvest.com.br`) tem uma seção de avaliação de notícias sobre diversas corretoras. Quase todos os bancos também possuem corretoras de valores.

Algumas das corretoras de valores dos principais bancos:

- Itáu Corretora (`www.itaucorretora.com.br`)
- BB Corretora (`www.bbcorretora.com.br`).
- Bradesco Corretora (`www.bradescocorretora.com.br`)

Acompanhando o portfólio

Diversos serviços possibilitam o acompanhamento do seu portfólio online. Você insere o número das ações de cada fundo e das ações que tiver, e o serviço pode lhe informar — a qualquer momento — exatamente quanto elas valem e quanto dinheiro você perdeu hoje. Alguns lhe enviam, por e-mail, um relatório diário do portfólio, se for solicitado. Esses relatórios são úteis se você tiver fundos de investimento de mais de um grupo ou se tiver fundos e ações. Todos os serviços de acompanhamento são patrocinados por anúncios ou administrados por um corretor, que espera ganhar com seus negócios:

- **Google Finance:** Este serviço de acompanhamento (`www.google.com/finance` — em inglês) oferece múltiplos portfólios com o estilo minimalista do Google. No momento, é o único site que oferece cotações de ações em tempo real, e não, com atraso de vinte minutos, para pessoas que acham que podem ser mais rápidas que o mercado.

- **MSN Dinheiro:** Este serviço (`www.msn.com/pt-br/dinheiro`) também possui portfólios e muitas informações, embora o achemos mais difícil de configurar e de usar do que o Meu Yahoo!. Para usar todos os seus recursos, você tem que usar o Internet Explorer.
- **Yahoo! Finanças Brasil:** Digite múltiplos portfólios e personalize suas telas com relatórios de notícias gerais e relacionados a empresas em `br.financas.yahoo.com`. Você também pode ver muitas notícias sobre empresas e o mercado, incluindo acesso a sites que, de outra forma, exigiriam assinaturas pagas. É patrocinado por anúncios, abrangente e fácil de usar.

Existem programas de acompanhamento de portfólio que podem ser baixados gratuitamente. Alguns sites oferecem diversos programas para baixar, gratuitos ou para testar. Consulte Superdownloads (`www.superdownloads.com.br`) ou Baixaki (`www.baixaki.com.br`)

Ferramentas de Orçamento

Sites para ajudar a gastar, pagar e investir seu dinheiro são úteis, supondo que você tenha dinheiro para gastar, pagar e investir. Nesse sentido, alguns sites o auxiliam a criar e seguir um orçamento. Eles conectam suas contas de cartão de crédito e bancária, para que possam acompanhar o dinheiro que vai e vem, e possibilitam que você conheça a realidade do seu orçamento. Encontramos alguns problemas significativos naqueles que experimentamos, que os fizeram relatar equivocadamente nossa situação financeira, então verifique os números antes de confiar neles. Entretanto, se suas finanças forem simples (e em um tipo de moeda apenas), esses sites podem ser úteis para categorizar seus gastos e compará-los com seu orçamento.

O Mint (`www.mint.com`), o site que muitas pessoas usam, acompanha seu orçamento em contas bancárias, com ofertas ocasionais de seus patrocinadores. É forte em ferramentas de orçamento, sugestões sobre como seu orçamento se compara com seus outros milhões de usuários, avisos de contas que chegam e muitos outros gráficos. São uma subsidiária da Intuit, criadores do popular pacote financeiro Quicken, mas você não precisa do Quicken para usar o site do Mint (conteúdo em inglês).Também existem diversos aplicativos que lhe ajudam a acompanhar suas despesas e organizar seu orçamento. Procure na Apple Store e na Google Play Store por um que lhe agrade.

Parte V

Colocando Seu Próprio Material na Net

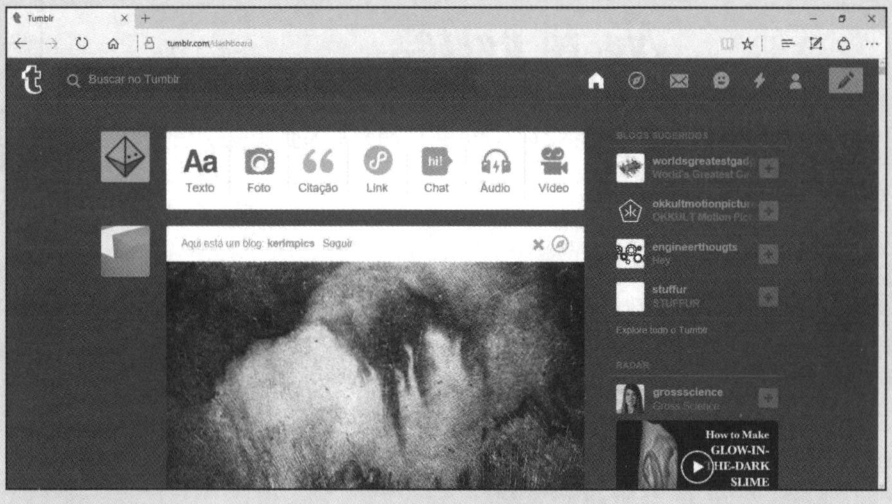

Nesta parte...

- Explore algumas maneiras de colocar um pouco de você na net
- Conheça todos os detalhes sobre a criação de blogs

Capítulo 17

Dando um Mergulho Online

Neste Capítulo

- Colocando material na web
- Mostrando fotos da sua família online
- Publicando documentos e calendários online para visualização e edição por outras pessoas
- Fazendo seu próprio site a partir do zero
- Criando uma loja online ou apenas vendendo coisas aleatoriamente

Voltando ao início da World Wide Web (em 1989), o plano era que as pessoas de todo o mundo se comunicassem entre si — uma simples aldeia global virtual. Não foi exatamente o que ela se tornou, com super shopping centers, como a Amazon, fazendo da internet uma experiência muito mais sofisticada. Mas, depois que você já usou a internet e navegou pela web por um certo tempo, provavelmente terá vontade de colocar seu próprio material lá. Ei, você tem coisas interessantes para dizer, provavelmente mais interessantes do que muitos sites que já visitamos!

Sim, está na hora de parar de apenas navegar na web e começar a mergulhar um pouco mais fundo. Este capítulo guia você em diversas maneiras de postar informações na web e explica como começar pelas mais fáceis.

Formas de Publicar na Web

Você pode colocar informações na internet de várias formas diferentes. Algumas requerem mais esforço inicial do que outras. Estes são os melhores métodos para publicar suas próprias informações online:

- **Entrar em uma rede social:** Sites como o Facebook, LinkedIn e MySpace começaram como anúncios pessoais e se expandiram para incluir fotos, vídeos, e-mail, blogs, pesquisas — uma lista enorme. Veja o Capítulo 10.

- **Criar galerias de fotos:** Muitos sites permitem que você crie uma galeria de fotos ou outras imagens online. Publique sua própria galeria ou compartilhe-a apenas com seus amigos e família. Veja a seção "Diga 'X'!"
- **Compartilhar vídeos:** Se você tem vídeos caseiros, filmes animados ou outros vídeos digitais criados ou editados usando um software no seu PC ou Mac, pode publicá-los em uma variedade de sites de vídeos. Veja o Capítulo 14.
- **Compartilhar documentos, planilhas e agendas:** Publique documentos de editores de texto ou planilhas, que somente as pessoas selecionadas podem visualizar ou editar, e crie agendas que outros podem ver e alterar. Veja a seção "Compartilhando Documentos e Agendas", mais adiante neste capítulo.
- **Escrever um weblog (blog):** Crie um diário online com entradas cronológicas. O Capítulo 18 descreve como acompanhar blogs e escrever o seu próprio.
- **Usar o Twitter para contar aos seus amigos o que está fazendo:** O Twitter é um pequeno blog onde você publica mensagens curtas (tweets) e lê as mensagens das outras pessoas. Veja o Capítulo 11.
- **Criar você mesmo um site:** Você pode usar o Google Sites, Wix, Uol Host ou um editor de páginas web para criar um site com as páginas que quiser. Veja a seção "Criando Seu Próprio Site", mais adiante neste capítulo, para descobrir como.
- **Vender coisas:** Venda bens ou ofereça serviços em uma loja ou leilão online. Veja a seção "Criando uma Loja Online", no final deste capítulo.

Diga "X"!

Gostamos muito de compartilhar as fotos da nossa família com outras pessoas, e a web facilita isso. Além disso, compartilhar pela web economiza nas revelações extras e é rápido. Diversos sites permitem que você publique suas imagens digitais e as compartilhe com seus amigos e família. Esses sites gratuitos de compartilhamento ganham dinheiro vendendo revelações das fotos — depois que os tios e as avós virem aquela foto fofa da pequena Maria pintando à mão com massa de bolo, eles vão querer ter uma cópia na geladeira!

É claro que a forma mais popular de compartilhar imagens é no Facebook.

Você pode experimentar um destes sites de compartilhamento de fotos:

- **Flickr** (parte do Yahoo!), em `flickr.com`, provavelmente é o maior site de compartilhamento de fotos. Envie fotos a partir do seu computador, por e-mail ou a do seu telefone —, e vídeos também. O Flickr lhe dá a opção de tornar as fotos públicas para todos os usuários do Flickr, acessíveis apenas para grupos específicos de pessoas ou completamente privadas.

- **Picasa** (do Google), em picasa.google.com, combina um programa gratuito de organização de fotos com um site baseado na web de compartilhamento de imagens, em picasa.web.google.com.
- **Photobucket** (de propriedade da Fox), em photobucket.com, hospeda imagens e vídeos.
- **Snapfish**, em www.snapfish.com, permite que você configure álbuns online usando fotos ou rolos de filme que você envia para o site. Você pode compartilhar os álbuns e encomendar revelações.

Após criar uma conta, você pode enviar fotos para álbuns online preenchendo formulários no site. A seguir, pode compartilhar esses álbuns com os amigos. Se quiser, pode torná-los invisíveis para o público geral — apenas para as pessoas com as quais você compartilha o álbum.

Você (e seus amigos) também podem encomendar revelações das fotos enviadas — é assim que esses sites ganham dinheiro. Os preços das revelações são razoáveis e achamos esses sistemas convenientes. Você pode imprimir suas fotos como agendas, cartões, livros e até selos.

DICA

Outra forma de compartilhar fotos é incluindo-as em um blog, conforme descrito no Capítulo 18. Os blogs são úteis se você quiser usar suas fotos para ilustrar uma narrativa, como a história de uma viagem que você tenha feito. O Tumblr, em www.tumblr.com, é propriamente um blog, mas muitas pessoas usam para hospedar fotos e vídeos.

Formatos de imagens

As imagens vêm em dezenas de formatos. Felizmente, apenas três formatos de imagens são de uso comum na web: GIF, JPEG e PNG. Muitas longas discussões ocorrem na internet com relação aos méritos relativos desses formatos. John, que é um Official Graphics Format Expert, em virtude de ter persuadido dois editores de reputação a publicar seus livros sobre o assunto, sugere que as fotos funcionam melhor em formato JPEG, ao passo que clip arts, ícones e desenhos ficam melhor em GIF ou PNG. Se você estiver em dúvida, os arquivos JPEG são menores e baixam mais rapidamente. PNG é uma substituição nova e superior de GIF, e sua única desvantagem é que as pessoas com navegadores muito antigos (Netscape 3.0 e outros, por exemplo) não conseguem visualizar arquivos PNG com facilidade.

Se você tiver uma imagem em algum outro formato, como BMP ou PCX, deve convertê-la para GIF, JPEG ou PNG antes de usá-la na web. O Windows vem com o Paint, que você pode executar selecionando Iniciar a Todos os Programas a Acessórios a Paint. Ou verifique no Superdownloads, em www.superdownloads.com.br/windows, programas gráficos que convertam formatos de arquivos. Para o Mac, considere o GraphicConverter em www.lemkesoft.de; clique na bandeira dos EUA para ver a versão em inglês do site.

Organizando Suas Fotos

Diversos programas o ajudam a organizar as imagens no seu computador, assim como enviá-las e compartilhá-las online. O Picasa é o programa de gerenciamento de fotos do Google que você pode baixar em `picasa.google.com.br`. Ele encontra as fotos em seu computador (identificando-as pelas extensões de nome do arquivo) e o ajuda a organizá-las, legendá-las e editá-las. Você pode, então, enviar as fotos ou os álbuns para o site para compartilhar com seus amigos e família. A Figura 17-1 mostra o site de compartilhamento de fotos Picasa.

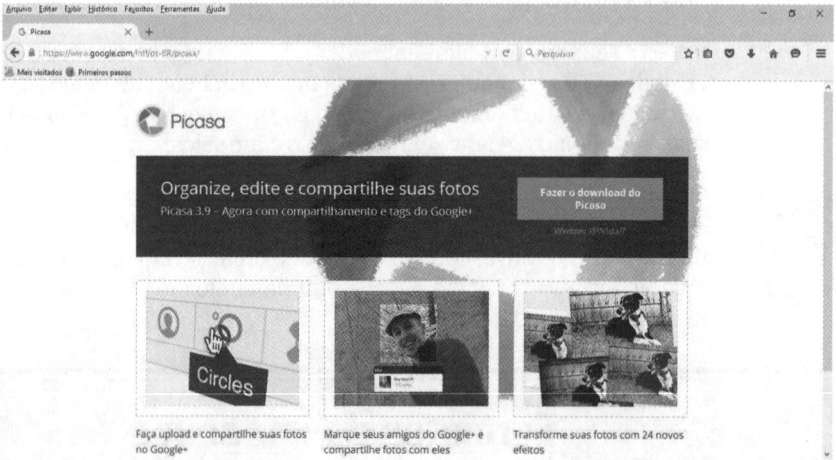

Figura 17-1: O Picasa o ajuda a organizar suas fotos e enviá--las para seu site de compartilhamento.

Compartilhando Documentos e Agendas

Você já quis poder compartilhar uma planilha ou documento de textos com outras pessoas, e talvez até mesmo permitir que elas façam alterações? Digamos que você seja membro de uma liga de basquete fictícia e queira compartilhar uma planilha de jogadores e suas estatísticas com os outros jogadores. Sim, você pode enviar uma planilha para todos por e-mail. Mas, e se você fizer alterações? Em vez disso, pode enviar a planilha para um site de compartilhamento de documentos e compartilhá-la com os outros.

Um documento ou uma planilha podem ser suficientes para você, mas, talvez, seja preciso editá-los em computadores diferentes. Nossos filhos usam um site de compartilhamento de arquivos para fazer seus trabalhos em casa e na escola — é muito mais fácil do que copiar os arquivos para uma unidade de disco ou pen drive, que eles provavelmente esqueceriam na mesa da cozinha, depois do almoço.

Vários sites de compartilhamento de documentos permitem que você use a web como editor de textos, planilha eletrônica ou programa de apresentação de slides a partir de qualquer computador conectado à internet. Na verdade, esses sites são tão bons que algumas pessoas os usam para todos os seus documentos e planilhas eletrônicas, mesmo que as tenham nos seus computadores.

Criando um documento no Google

O site de compartilhamento de documentos mais popular é o Google Docs, em `docs.google.com`. Suas aplicações, chamadas de Documentos, Planilhas e Apresentação (*slides*) não suportam todos os recursos avançados do Microsoft Word, Excel ou PowerPoint, mas lidam com o básico. A Figura 17-2 mostra um documento no editor de textos do Google. A barra de ferramentas logo acima do documento fornece opções de formatação, semelhante a um editor de textos "real", e a barra de menu (Arquivo, Editar, Visualizar e assim por diante) fornece outros recursos. Você pode imprimir sua planilha, apresentação ou documento ou ainda exportá-los para o seu computador como um arquivo normal.

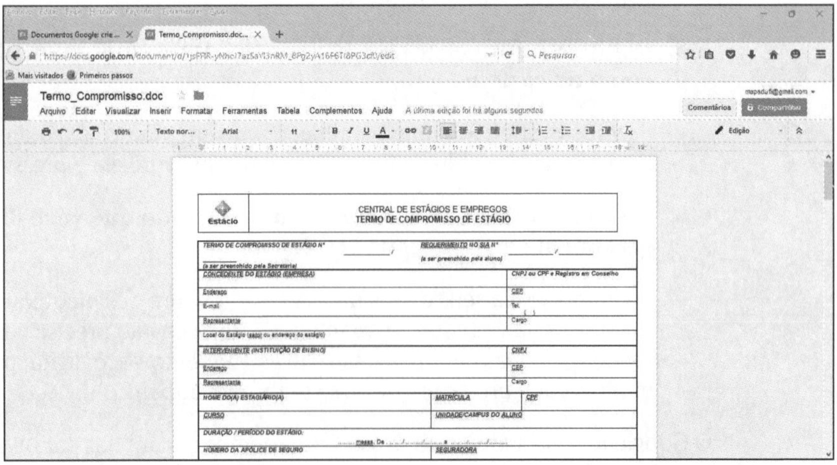

Figura 17-2: Um grupo de pessoas pode visualizar e editar um Google Doc, a menos que estejam com muita fome para conseguirem se concentrar.

Para iniciar o Google Docs, siga estes passos:

1. **Registre-se em `docs.google.com` com seu nome de usuário e conta Google.**

   Ou, se já estiver registrado em outro site do Google, clique em Documentos na lista de serviços no topo da tela. De qualquer forma, você verá a tela do Google Docs com uma lista dos documentos e planilhas que poderá visualizar ou editar.

2. **Para carregar um documento de texto, apresentação ou planilha eletrônica, clique em Fazer Upload, Arquivos ou Pastas e selecione o arquivo ou pasta a importar. Clique em Enviar Arquivo.**

   O Google Docs carrega o arquivo e cria um novo documento, apresentação ou planilha, que você pode editar e compartilhar.

3. **Para criar um novo documento, apresentação ou planilha do zero (em vez de carregar um documento existente), selecione Criar e escolha o tipo de arquivo que quer criar.**

   Ei, o menu Criar tem outras opções também (talvez já tenha mais desde que escrevemos este capítulo), como Drawing, que é um programa simples de desenho e pintura.

   O Google cria um novo elemento do tipo que você escolher e o exibe na tela, com a barra de menu apropriada e ícones para edição.

4. **Se você tiver criado um arquivo novo, dê a ele um nome. Clique no nome padrão que será algo como "Documento sem título" e especifique um nome melhor.**

5. **Digite as informações no documento, apresentação ou planilha, como de costume.**

   Se você tiver criado uma planilha, clique em uma célula e digite nela. Para editar uma célula, dê um clique duplo sobre ela e pressione F2.

6. **O Google Drive salva automaticamente tudo que você digita, geralmente alguns segundos depois.**

   O Google grava seus dados na *nuvem* — em um dos incontáveis servidores da web que ele mantém e que você não precisa ver nem se preocupar. Suas alterações são salvas enquanto você digita, portanto, é muito pouco provável que você perca seu trabalho.

O Google tem aplicativos de Drive, Documentos e Planilhas para Windows, Mac e a maioria dos dispositivos móveis. O aplicativo Google Drive para Windows e Mac faz com que suas pastas do Drive pareçam estar em seu computador. Os aplicativos para dispositivos móveis têm aplicativos separados para Documentos, Planilhas e Apresentações para que possa visualizá-los e (com alguma dificuldade) editar os arquivos em seu dispositivo.

Compartilhando a riqueza

Depois que você tiver um documento ou planilha (ou apresentação) no Google Docs, pode compartilhá-lo com outras pessoas. Clique no botão Compartilhar e recorte e cole ou digite os endereços de e-mail na caixa Adicionar Pessoas. Clique em Pode Editar se você quer permitir que elas façam alterações no seu arquivo, ou em Pode Visualizar, se elas puderem ver, mas não mexer. Digite o texto da mensagem de e-mail que o Google Docs enviará para convidá-las a examinar seu arquivo e clique em Compartilhar.

Seus convidados recebem uma mensagem explicando como acessar às informações que você está compartilhando.

Você também pode dar às pessoas um endereço da web onde elas podem visualizar o documento ou planilha (sem alterar). Clique em Compartilhar, no link Alterar, e selecione Qualquer Pessoa com o Link para ver uma URL longa, que você pode enviar por e-mail ou mensagem instantânea para as pessoas, para que elas possam ver.

Criando e compartilhando uma agenda online

Um tipo útil de informação que você pode compartilhar é uma agenda online. Talvez seu condomínio, clube, igreja, teatro, ou outra organização, tenha eventos públicos. Ou, talvez, tenha uma agenda de reuniões para compartilhar com um pequeno grupo de pessoas. De qualquer forma, você pode criar uma agenda online, dispor seus eventos ou reuniões nela e disponibilizá-la para visualização ou edição.

O Google Calendars, em `calendar.google.com`, permite que você crie uma ou mais agendas, compartilhe-as com outras pessoas e as publique. Você pode exibir mais de um calendário e sobrepô-los em cores diferentes, de modo que possa ver seus próprios eventos junto com os dos seus amigos ou colegas de trabalho. A Microsoft possui um serviço semelhante em `calendar.live.com`.

A família da Margy tem uma agenda Google para registrar os eventos familiares. No computador da cozinha, os membros da família consultam o calendário online, em vez da agenda de papel tradicional, manchada de café. Eles sincronizam a agenda Google da família com as agendas dos seus smartphones ou outros dispositivos, como o iPhone, iPod Touch e Android Captivate. (Tudo bem, eles entendem de computação, mas ter uma agenda familiar compartilhada o tempo todo é bem conveniente! John, por outro lado, acha que uma agenda Google não substitui a agenda de papel com figuras de desenhos anime japoneses.)

Indo além do Google Docs

O Google Drive não é o único site de compartilhamento online. O Zoho (`www.zoho.com` — em inglês) oferece contas gratuitas (você pode até se conectar usando seu nome de conta Google), que você pode usar para criar e compartilhar diversos tipos de arquivos:

- O **Zoho Writer** possui mais opções de formatação que o Documentos Google.
- O **Zoho Sheet** fornece planilhas eletrônicas online.
- O **Zoho Show** cria apresentações de slides.

Puxa vida — é um conjunto de programas do tipo Microsoft Office, tudo de graça!

Não é de admirar que a Microsoft também tenha decidido entrar no jogo. Se você for até o Microsoft Office Live, em `www.officelive.com`, poderá criar (surpresa!) documentos, apresentações e planilhas eletrônicas enviando-as para sua conta no Office Web Apps. Para iniciar, faça o login usando sua conta Windows Live, ou Hotmail (ou crie uma gratuitamente).

A Microsoft ainda oferece o Office 365, que é uma versão assinada da versão do software de desktop. Por $100 dólares por ano, você pode executar o Office em até cinco PCs ou Macs, e em até cinco dispositivos móveis. Os arquivos podem ser armazenados no computador ou na nuvem, Se você tem muitos PCs, geralmente é mais barato do que comprar um software separado para cada um.

Os Bons e Velhos Arquivos na Nuvem

Às vezes, você não precisa de todos os recursos que o Google Drive oferece, como editar e reformatar arquivos, você quer apenas armazenar arquivos em um local que permita que você e, talvez, seus amigos possam baixá-los exatamente como você os guardou, com um pouco menos de trabalho do que ter que enviar tudo como anexos em um e-mail. Nós usamos o armazenamento na nuvem para armazenar nossos álbuns de fotos em alta resolução de uma câmera e gravações de áudio que fizemos de eventos. O serviço mais popular é o Dropbox. Para armazenar ou compartilhar arquivos no Dropbox, siga estes passos:

1. **Se você ainda não tem uma conta no Dropbox, crie uma.**

   Acesse `www.dropbox.com`, clique em Assinar gratuitamente e crie uma conta. Escolha uma conta básica gratuita, que é mais do que suficiente para a maioria das pessoas; sempre é possível fazer um upgrade para uma conta paga, caso precise de mais espaço.

2. **Faça o login em `www.dropbox.com` se ainda não estiver conectado.**

3. **Faça o upload dos arquivos em sua conta Dropbox.**

   Geralmente, basta arrastar e soltar os arquivos na janela do navegador do Dropbox, e eles serão carregados automaticamente. Se não conseguir, clique no ícone Enviar (um retângulo com um pequeno sinal de adição) para acessar o menu de upload. Arquivos muito grandes podem demorar um pouco, acompanhe o progresso do upload na parte inferior da tela.

4. **Para baixar arquivos, faça o login em sua conta Dropbox usando o computador para o qual quer baixar e clique nos arquivos que deseja.**

   Eles serão baixados para o seu computador.

5. **Para compartilhar um arquivo com outra pessoa, passe o mouse sobre o arquivo e clique no pequeno ícone Compartilhar que surgirá.**

   A primeira vez que você fizer isso, ele pedirá que você confirme seu endereço de e-mail, clicando em um link enviado para ele. Depois da confirmação, ele mostrará uma URL que pode ser copiada e colada em um e-mail ou mensagem instantânea, ou o site envia um e-mail por você. Quando o destinatário clicar na URL, verá seus arquivos e pastas do Dropbox, que, então, poderá baixar.

DICA

O Dropbox possui diversos outros recursos úteis. O mais interessante é um aplicativo que pode ser baixado em computadores Windows, Mac ou Linux e em dispositivos móveis Android e Apple, que disponibilizam as pastas do Dropbox em seu computador ou dispositivo. Se você usa muito o Dropbox, vale a pena instalar e usar os aplicativos.

Embora seja o provedor de armazenamento em nuvem mais popular, existem muitos outros:

- **Microsoft OneDrive** em `onedrive.live.com/about/pt-br`, oferece recursos para upload e download de arquivos de forma semelhante ao Dropbox. Ele ainda é integrado com o Office, para que você possa usar os arquivos do OneDrive diretamente nos programas Office.
- **Amazon CloudDrive** em `www.amazon.com/clouddrive` — em inglês, oferece recursos semelhantes ao Dropbox, com armazenamento de fotos grátis.

É importante fazer um backup dos seus arquivos, e o Dropbox e outros serviços de armazenamento na nuvem podem manter cópias de backups para o caso de falhas no disco rígido, picos de energia, incêndio ou inundação.

Criando Seu Próprio Site

No início deste capítulo, listamos algumas formas pelas quais você pode colocar informações na web. Essas formas são ótimas — nós gostamos muito delas —, mas podem não ser suficientes para você. E se você quiser mais? E se você precisar de um site com muitas páginas, com títulos que você escolher, sobre tópicos que escolher e, talvez, até com seu próprio nome de domínio? Ok, você está pronto para a próxima etapa.

Há muitos criadores de páginas

Você tem (como de hábito) diversas formas para criar um site, além de usar o Facebook, sites de compartilhamento de fotos e blogs. O mais simples é um *site de criação de páginas*. Nesses sites, você pode projetar a aparência do seu site e criar quantas páginas quiser. Páginas diferentes podem ter aparências diferentes. Você não precisa aprender a usar HTML, a linguagem de formatação usada por todas as páginas da web; veja mais adiante o quadro "Por que você não se importa (muito) com HTML".

Sites de criação de páginas oferecem uma diversidade de recursos, então observe cuidadosamente antes de escolher um:

- **Custo:** O site pode ser gratuito ou cobrar uma taxa mensal. Sites gratuitos muitas vezes exibem anúncios sobre os quais você tem pouco controle.
- **Personalização:** Alguns sites de criação de páginas permitem mais personalização do projeto do que outros. Alguns permitem que você veja o HTML (o código da página web) que cria sua página e o altere, de modo que elas tenham a aparência desejada. Outros não permitem isso.
- **Subdomínio:** Seu site pode ser um *subdomínio* do site de criação de páginas, onde seu endereço da web é o endereço do site principal com o *www* substituído por um nome à sua escolha. Se quiser que seu site tenha seu próprio nome de domínio (o endereço da web terminando com *.com* ou seja lá o que for) para dar um toque de classe. Para saber mais sobre criação de sites, leia *Construindo Web Sites Para Leigos,* de David A. Crowder (Alta Books).
- **Projeto:** Os sites de criação de páginas oferecem vários projetos padrão. Veja se algum tem um projeto que lhe agrade.
- **Recursos especiais:** Alguns sites permitem que você inclua quadros de mensagens, livros de visitas, blogs, calendários, galerias de fotos e vídeos no seu site. Alguns o auxiliam a vender itens no seu site, com conexões como o PayPal para pagamento.
- **Tamanho:** A quantidade de informações que você pode armazenar no seu site varia, junto com o número máximo de páginas.

Estes são alguns sites de criação de páginas que conhecemos:

- O **Google Sites**, em `sites.google.com`, é um site gratuito de criação de páginas administrado pelo (quem mais?) Google. Não é muito flexível, mas é fácil de usar.
- O **Homestead**, em `www.homestead.com —em inglês`, é para pequenas empresas e permite que você inicie a partir de mais de 2 mil modelos para negócios.
- O **UOL Host**, em `www.uolhost.com.br`, possui diversos planos e formas de pagamento, com um, dois ou cinco sites por pacote. Você pode editar arquivos utilizando o Office online, mapas do Google e outros componentes interessantes nas suas páginas.

- O **Weebly**, em www.weebly.com/?lang=pt, possui um belo sistema de arrastar e soltar para configurar seu site — e sem anúncios.
- O **Wix**, em pt.wix.com, é uma plataforma online e gratuita de criação e edição de sites, que permite aos usuários criar sites em HTML5 e sites Mobile. Possui vários modelos de projeto e pode hospedar fotos, vídeos, blogs e fóruns de mensagens.
- O **Yola**, em www.yola.com/pt_BR, é outro site bem-conceituado gratuito de criação de páginas.

Todos esses sites tornam a criação do seu próprio site incrivelmente fácil — e de graça. Você pode adicionar páginas, texto e imagens às páginas e criar links. A maioria desses sites fornece alguns outros itens que você pode adicionar às suas páginas, como um calendário, um boletim meteorológico, um mapa Google, um blog, um MP3 player e vídeos. Por exemplo, você pode incluir um mapa para sua reunião na igreja ou no clube.

O que dizer?

Criar uma página é fácil. Decidir o que colocar na sua página, porém, é mais difícil. Para que serve a página? Que tipo de pessoa você quer que a veja? É para você, sua família, amigos e potenciais amigos pelo mundo, ou você está anunciando sua empresa online?

Considere quais informações você quer que o mundo inteiro saiba, porque o site fica potencialmente visível para qualquer pessoa, incluindo o cara que lhe odeia desde a 5ª série. Se sua página for pessoal, não inclua seu endereço ou número de telefone, a menos que não se importe que qualquer pessoa que veja a página, ligue para você. Se for uma página comercial, inclua seu endereço, telefone e quaisquer outras informações que possam interessar a potenciais clientes.

Por que você não se importa (muito) com HTML

Para que você saiba o que é *HTML*, no caso de alguém perguntar, significa *HyperText Markup Language*, a linguagem usada para formatar páginas da web. As páginas da web são feitas de texto e imagens que são unidos e formatados com códigos em HTML. No milênio passado (1999), você mesmo tinha que escrever a HTML. Felizmente, você esperou até agora para começar a criar uma página da web. Existem sites e programas de criação de páginas muito espertos, que permitem que você crie suas páginas, e que escrevem automaticamente para você os códigos em HTML.

Se você quiser escrever muitas páginas na internet, terá, em algum momento, que dominar um pouco de HTML.

Embora páginas interativas e complexas requeiram saber um pouco sobre programação, o básico não é tão complicado. O HTML para complicado é <b>complicado</b>, o <b> é para a fonte em negrito. Caso decida que quer fazer parte do negócio de criação de páginas de internet, diversos livros tratam desse tema específico. Recomendamos *HTML, XHTML e CSS Para Leigos*, de Jeff Noble e Ed Tittel (Alta Books).

Configurando uma Loja Online

Vender coisas na internet costumava demandar centenas de milhares de dólares em software e talento em programação. Uma quantidade de sites agora permite que você crie lojas na web a custos módicos. Estes são alguns:

- **Amazon.com Marketplace**, em `sellercentral.amazon.com` — em inglês, é fácil de configurar. Registre-se em uma conta na Amazon (a mesma conta que você usa para fazer compras), clique em Your Account e em Your Seller Account, para descobrir como configurar uma conta de vendedor. Ou pesquise no próprio site o item que você quer vender e clique no botão Sell Yours Here. O site até processa vendas com cartão de crédito para você, eliminando o que já foi uma horrível dor de cabeça.
- **eBay.com Stores**, em `pages.ebay.com/br/pt-br/help/sell/selling-basics.html`, permite que você venda itens em leilões (pelos quais o eBay é famoso) ou a preços fixos (usando a opção Comprar Agora). Sua loja pode ter seu próprio nome e logotipo, e os itens aparecem quando as pessoas pesquisam as mercadorias no eBay.
- **Craiglist**, em `www.craiglist.com` — em inglês, é um site enorme de anúncios classificados. Você pode listar quase qualquer coisa para vender. O site possui seções separadas para cada cidade importante no Brasil; se seu navegador exibir o site errado, clique nos links na coluna à direita para descobrir o site da sua região.
- **Etsy**, em `www.etsy.com` — em inglês, permite que você venda artesanato, incluindo roupas, joias, cerâmica e qualquer coisa que você possa fazer à mão. Existe um site equivalente a este no Brasil, o Elo7, em www.elo7.com.br.
- O **Bom Negócio** e a **OLX**, agora são uma única empresa em `www.olx.com.br`, e vêm ganhando uma enorme popularidade nos últimos anos devido aos seus comerciais que ficaram famosos por serem muito engraçados. Os usuários têm as opções de comprar e vender diversos produtos.
- **Mercado Livre**, em `www.mercadolivre.com.br`, muitos dizem que esse site é a versão nacional do Ebay.

Para estabelecer uma loja, você se registra em uma conta gratuita no site e então clica no link para criá-la. Você fornece informações sobre os itens que vende, incluindo descrições, preços e custos de envio. No eBay, você geralmente paga pelo PayPal; no Mercado Livre, pelo Mercado Pago e no Craiglist, o comprador e o vendedor se encontram pessoalmente e pagam em dinheiro ou cheque; para as outras pessoas, o site geralmente aceita cartões de crédito e deposita a sua parte na sua própria conta bancária.

Se você não quiser criar uma loja inteira, ainda assim pode vender itens em consignação em sites, como o `www.half.ebay.com`, ou em um leilão em sites como o Mercado Livre. O eBay é dono do Half, de modo que, quando você cria uma conta para comprar ou vender itens em um, já está pronto para comprar ou vender no outro também.

Vender um item no Mercado Livre é semelhante para livros, CDs e DVDs, mas para outros itens pode ser um pouco mais complicado. Você faz uma descrição do item e coloca uma imagem dele. Vá em `www.mercadolivre.com.br`, clique na aba ou link Vender e siga as instruções. Os leilões podem durar até sete dias, ou você pode estabelecer uma oferta com preço fixo sem data para terminar. O Mercado Livre normalmente cobra de você uma taxa para publicar seu anúncio, embora, caso seu item não seja vendido, você geralmente pode anunciá-lo novamente (tente novamente, talvez com um preço inicial mais baixo), de graça. Clique em Contato no canto superior direito de qualquer página do Mercado Livre e depois em Termos e Condições Gerais para obter instruções e dicas de vendas.

Pesquise anúncios reais no site do Mercado Livre para ter uma ideia dos títulos e descrições, e também dos preços de itens similares aos seus. Coloque uma boa foto do produto. Na maioria dos sites desse tipo, você precisa de uma conta no Paypal (descrito no Capítulo 16) ou no Mercado Pago para receber os pagamentos.

Capítulo 18

Blogs: O Mundo Lendo Seu Diário

Neste Capítulo

- Lendo blogs, ou diários online, de outras pessoas
- Comentando nos blogs de outras pessoas
- Assinando um blog para receber notificação de novas atualizações
- Criando seu próprio blog
- Publicando no seu blog

A prática de escrever diários é tão antiga quanto a escrita. (Fomos nós que criamos essa afirmação, mas bem que podia ser verdade. Talvez você possa pesquisar na internet e nos informar se é.) Entretanto, diários abertos para que todos na internet possam ler são uma invenção mais recente. Nem todo mundo sonha em publicar seus diários na internet, mas muitos desejam escrever colunas regularmente, onde possam expressar suas opiniões, contar histórias ou publicar imagens. Os blogs tornaram essa expressão possível, fácil e gratuita.

Se preferir publicações de fotos ou de vídeos em vez de texto, use sites como o Tumblr.

Se você não é um escritor entusiasta e volumoso, e quer publicar pequenos artigos ou entradas de diário, os microblogs foram feitos para você — o Twitter é o mais popular deles. Veja o Capítulo 11 para saber mais sobre como ler e postar no Twitter.

O que Tem em um Blog?

Um *weblog*, geralmente abreviado como *blog*, é um diário online público onde a pessoa posta atualizações com certa regularidade. Um blog usa um software que permite publicar entradas facilmente usando seu navegador da web — nenhum software adicional é necessário. Você pode até postar atualizações por e-mail ou a partir do seu telefone celular.

A maioria dos blogs é atualizada com frequência pelo seu autor e contém entradas curtas e datadas, como em um diário, com as mais recentes no topo. Outros blogs são mais complexos, com múltiplos tópicos e/ou imagens, com ou sem texto, mas com a mesma ideia de entradas relativamente curtas, atualizadas com relativa frequência. A Figura 18-1 mostra um blog cultural.

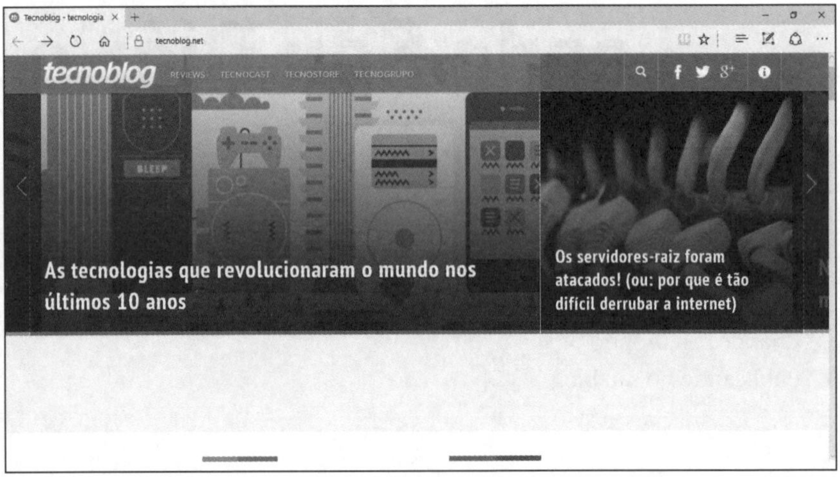

Figura 18-1: Um blog é um tipo de diário online, e seu valor depende do que o autor tem de interessante para dizer.

Os melhores blogs oferecem jornalismo de ponta, comentários e textos muito bons, ao passo que os piores contradizem o velho clichê de que um milhão de macacos em um milhão de máquinas de escrever acabariam produzindo o trabalho de Shakespeare. Se você pesquisar no Google, a palavra *blog* ou *weblog, ou* mais algumas palavras relacionadas a um assunto do seu interesse, você, inevitavelmente, encontrará alguém produzindo um blog sobre isso. Mas continue lendo para descobrir as melhores maneiras de encontrar e organizar os blogs que você lê.

À medida que os blogs se tornaram mais populares, muitos sites começaram a adotá-los para publicar notícias, fofocas e histórias de bastidores. Todos os colunistas do *The New York Times,* `www.nytimes.com` — em inglês, possuem um blog — vá até `nytimes.com/blogs` para ver uma lista. Alguns sites mostram a publicação mais recente ou as duas mais recentes em um local de destaque, e você pode clicar em um link para ver as mais antigas.

Como ler um blog

Ler um blog é fácil, porque eles nada mais são do que páginas da web. Vá até a página inicial do blog de seu interesse e leia (aposto que você pensou que seria mais complicado). Se você quiser ver mais informações sobre uma determinada história, clique no respectivo link. Role a página para visualizar as publicações mais antigas.

Ler um blog é como comer apenas uma batatinha, ou seja, é impossível. Quando você encontra um blog, ele geralmente possui links para outros. Se você buscar um blog a respeito de um determinado assunto, encontrará uma dezena sobre o tal assunto e, antes que perceba, estará perdido na Blogslândia, com uma quantidade enorme de blogs para acompanhar.

Quais blogs você deve ler? Isso vai depender sobre o que você quer ler. Experimente o Google ou outro site de busca para procurar os assuntos de seu interesse junto com a palavra "blog" e veja o que encontra. Veja alguns dos blogs mais populares:

- **Kibe Loko** (`www.kibeloko.com.br`): blog humorístico criado em 2002 pelo publicitário carioca Antonio Pedro Tabet. Recebe cerca de 12 milhões de visitas por mês.
- **Garotas Estúpidas** (`www.garotasestupidas.com`): criado em 2006 pela recifense Camila Coutinho. Começou apenas como um lugar para compartilhar dicas de moda e beleza com as amigas, mas se tornou um dos maiores blogs de moda do Brasil.
- **Conversa Afiada** (`www.conversaafiada.com.br`): com uma equipe liderada por Paulo Henrique Amorim, o blog discute temas atuais com a proposta de levar informação de qualidade e opinião enérgica.
- **Panelaterapia** (`www.panelaterapia.com`): blog de culinária que está entre os melhores eleitos pela Revista Casa e Jardim.

Como os blogs mudam com frequência (pelo menos deveriam), talvez seja bom marcar os seus favoritos em seu navegador, de modo que possa encontrá-los novamente. À medida que você descobre mais blogs, verá que sua pasta de favoritos e seu cérebro estão a ponto de explodir com tanta informação para acompanhar.

Mais fotos do que texto

Se você busca por fotos e vídeos em vez de texto, confira o Tumblr. Acesse `tumblr.com` e digite um assunto na caixa de pesquisa.

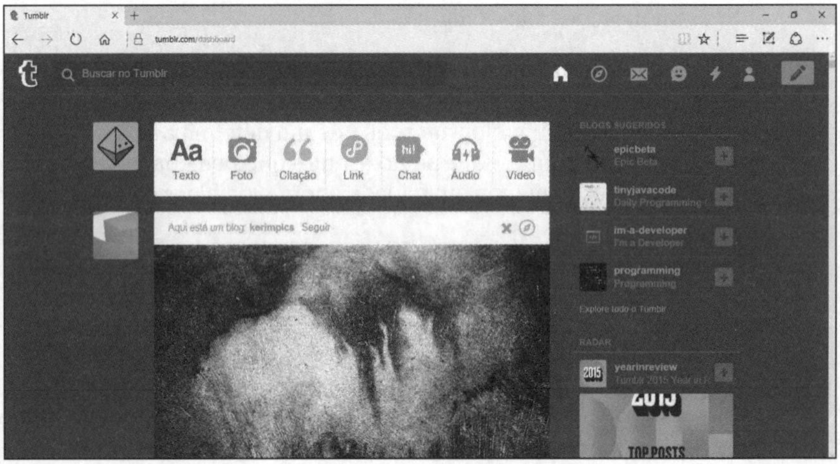

Figura 18-2: Os blogs do Tumblr contêm mais imagens do que texto.

Muitos blogs, dentro e fora do Tumblr, tratam principalmente de fotos e vídeos. Para um pouco de diversão, acesse:

- **Não Salvo** (`www.naosalvo.com.br`): O autor criou esse blog em 2008 e, desde então, tem se tornado uma referência para blogs humorísticos. Ganhou prêmio de Melhor blog 2010 pela Folha de São Paulo.

Comentando em blogs

Muitos blogs permitem comentários, assim, você pode ler o que outras pessoas acharam dos posts que acabou de ler e postar seus próprios comentários. Se o blog permite comentários eles aparecem logo abaixo da publicação. Para postar um comentário pode ser necessário criar uma conta e um login. Alguns blogs não os exibe até que o dono do blog leia e aprove a mensagem. Às vezes os comentários são a melhor parte do blog!

Super-blogs

Existem tantos blogs e tanto conteúdo, que surgiram alguns sites para reunir os melhores materiais em um só lugar. Alguns desses sites administrados têm centenas de autores para escrever para eles. Veja alguns exemplos:

- **Buzzfeed** (`www.buzzfeed.com/?country=br`): Um blog de notícias e entretenimento. Contém links para as notícias mais recentes, possui vídeos e listas e reportagens sobre os assuntos mais diversificados da internet.
- **Mega Curioso** (`www.megacurioso.com.br`): Esse blog traz notícias inusitadas e curiosidades muito excêntricas. É organizado em abas mostrando as novidades mais recentes e as postagens mais lidas do dia ou da semana.

Assinando blogs

Felizmente, você pode assinar blogs, assim não precisa se lembrar de retornar a cada site de blog para ler as publicações mais recentes. Quando você assina um blog, as novas entradas chegam automaticamente no seu computador, de modo que você não precisa checar o site do blog. Você pode encontrar dois tipos de assinaturas de blog: RSS e e-mail.

Assinaturas de blog tipo RSS

Um feed RSS é uma forma de assinar um blog e receber novas publicações automaticamente (*RSS* significa *Really Simple Syndication*). Um feed RSS é um endereço especial da web (URL) geralmente terminado em *.rss*. Quando você estiver lendo um blog no seu navegador, procure um link Assinar, ou RSS, que deve mostrar informações sobre o feed RSS do site. Alguns blogs usam uma URL no `feedburner.google.com` para seus feeds. O *Atom* é o sucessor do RSS; os Atom feeds funcionam da mesma forma que o RSS.

O sistema usado para ler suas assinaturas RSS é um *agregador*, embora quase ninguém use o termo. Procure *agregadores* na web, ou sites que registrem e mostrem todos os seus blogs favoritos. Você pode ir até o Google Reader (`reader.google.com`), conectar-se com sua ID Google gratuita e ler suas assinaturas de blog lá. Você pode usar o iGoogle (em `igoogle.com` ou `google.com/ig`) ou o My Yahoo! (`my.yahoo.com`) para criar sua própria página inicial da web e adicionar suas assinaturas à página.

Agregadores em seu navegador

Você pode instalar agregadores como complementos na maioria dos navegadores. Eles criam pseudopáginas web para mostrar as novas publicações em seus feeds RSS. Nós gostamos do Slick RSS para o Chrome (pesquise "Slick RSS" no Google). Existem dezenas de agregadores para

Firefox com diferentes formas de utilização; visite addons.mozilla.org e pesquise por "RSS".

Assinaturas de blog por e-mail

Usamos um sistema que nos alerta para novas informações — ele é chamado de e-mail. Em vez de nos preocuparmos com feeds RSS e sites agregadores, preferimos apenas receber uma mensagem de e-mail quando nossos blogs favoritos têm uma nova publicação. Muitos (mas não todos) blogs possuem uma assinatura para receber notificações por e-mail. Se o seu não oferecer essa opção, você pode ir ao feedMyInbox, em www.feedmyinbox.com — em inglês, e se registrar para receber notificações por e-mail para até cinco blogs gratuitamente. Você copia e cola o endereço dos feeds RSS e o seu endereço de e-mail, e pronto.

Eu posso ganhar muito dinheiro com meu blog?

Provavelmente não. O suposto caminho para essa riqueza é começar um blog, colocar ótimos textos e alguns anúncios nas laterais. Logo, milhões de pessoas visitarão seu blog e clicarão nos anúncios, fazendo com que a sua comissão nos anúncios seja suficiente para você comprar uma ilha tropical, onde você poderá morar depois de se aposentar.

Alguns blogs famosos foram bem-sucedidos com esse plano, mas você provavelmente pode contá-los nos dedos, e administrar cada um deles é uma tarefa de tempo integral. Experimentamos colocar anúncios em alguns dos nossos sites de blogs, como no site de informações aéreas de John, em http://airinfo.travel e no seu blog sobre internet e políticas de e-mail, em http://jl.ly (ambos com conteúdo em inglês), e nunca vimos mais do que alguns dólares por dia; o que significa que a nossa ilha tropical se limitará a quinze centímetros quadrados.

Você pode criar um blog com anúncios no Blogger (www.blogger.com), já que não tem nada a perder além do seu tempo, e, talvez, autoestima. Não largue seu emprego ainda.

Escrevendo Seu Próprio Blog

Depois que você estiver à vontade com a leitura de blogs de outras pessoas, que tal começar o seu? As pessoas leem blogs pelo seu conteúdo. Escrever um conteúdo brilhante é difícil, e ser brilhante o tempo todo é exaustivo. Se você começar seu próprio blog, experimente blogar por algum tempo sozinho até informar seus amigos sobre a existência dele. Caso contrário, talvez eles digam "Estava bom no início, mas agora é um tédio".

Muitos sites aceitam texto, fotos e até vídeos como parte do seu blog. Você não precisa decidir antecipadamente que tipo de material incluirá. Se você tem uma vida interessante e quer contar aos seus amigos e família o que tem feito, um blog talvez seja perfeito para você.

Encontrando um lugar para o seu blog

Muitos sites grandes permitem que você blogue sem ter que instalar nada, pois oferecem um blog básico gratuito. Alguns também têm complementos com custo adicional, que eles esperam que você use. Por motivos que em breve ficarão claros, se você ler esta seção inteira, sugerimos que a maioria dos nossos usuários experimente o Blogger.

As próximas seções descrevem alguns sites populares de hospedagem de blogs.

Blogger

`www.blogger.com`

Também conhecido como Blogspot, o Blogger faz parte do império Google. Após criar uma conta, você pode adicionar e editar entradas do blog no site, personalizá-lo de várias formas diferentes e publicar o seu blog. As entradas do blog podem incluir fotos e vídeos. Você pode até publicar textos e imagens a partir do seu telefone celular.

O Blogger é surpreendentemente desinteressado pelo seu dinheiro. Até onde conseguimos saber, sua razão de existir é ser um lugar para as pessoas colocarem anúncios do Google. O que não é nenhum problema — é um bom site, e os anúncios são inteiramente opcionais.

WordPress

`www.wordpress.com`

O WordPress oferece um blog personalizável gratuitamente. Devido ao fato de seu software ser amplamente usado, muitos plug-ins permitem misturar fotos do Flickr, publicações do Twitter e outros tipos de informação diretamente no seu blog. Você também pode criar páginas em um formato diferente do blog, como uma página com informações sobre você. O WordPress faz mais do que apenas blogs; ele se tornou um sistema de gerenciamento de conteúdo (CMS) completo capaz de exibir todos os tipos de sites. Para mais informações, acesse `br.wordpress.com`.

Os cinco principais motivos para não começar seu próprio blog

Entradas em blogs geralmente são curtas, de modo que, nesta onda, oferecemos a você uma breve lista:

5. Você se ocupa com seu blog quando deveria estar ocupado em seu trabalho diário, perturbando os colegas de trabalho e o chefe, e gasta horas lendo *outros* blogs, procurando tópicos para comentar ou pegar emprestado.
4. Toda conversa ou experiência se torna uma entrada potencial no blog, em vez de parte da sua vida (também conhecida como síndrome do romancista).
3. Você tenta ter experiências e conversas estranhas para ter algo para blogar (síndrome maligna de romancista).
2. Tudo, não importa quão trivial seja, recebe um significado profundo e blogável ("Você já percebeu todas as diferentes maneiras com que a chuva risca o solo do lado de fora do ônibus?").
1. Você percebe que não tem nada a dizer.

Praticamos o que pregamos aqui. Nenhum de nós tem um blog pessoal, apenas relacionados ao trabalho.

Postando

Quando você estiver pronto para publicar um artigo, entrada de diário, história ou discurso em seu blog, há várias opções:

- **Use seu navegador web.** Vá até o site do blog em seu navegador e clique no link Criar Postagem ou Nova Postagem. Digite seu artigo, ou recorte e cole do seu editor de texto. A maioria dos sites de blogs permite que você pré-visualize sua postagem antes de publicá-la para que o mundo veja.
- **Use seu smartphone.** Você pode instalar um aplicativo no seu iPhone ou Android ou outro tipo de smartphone, que lhe permita postar no seu blog. O WordPress, o Blogger e o Tumblr têm aplicativos que permitem publicar diretamente do seu telefone ou tablet.
- **Enviar por e-mail.** Em determinados sites de blog, é possível enviar e-mails com artigos para um endereço especial. No Blogger, você clica em Configurações e depois em Email para configurar o endereço. No WordPress, vá até Painel⇨Meus Blogs, escolha Opções de Tela e habilite a opção Postar por e-mail.

Ilustrando seu blog

Texto é muito século XX (na verdade, é muito século XV, mas quem se importa?). Se você achar que ele o restringe, quase todo site de blog, incluindo os que descrevemos na seção anterior, permite incluir imagens como parte do seu blog, muitas vezes, atualizado diretamente pelo seu telefone celular.

Por exemplo, quando você estiver criando uma nova publicação no Blogger ou no WordPress, é possível adicionar uma imagem ou vídeo. Basta carregar o arquivo e pronto! Pode ser necessário usar um programa de edição de fotos para cortar ou redimensionar a foto ou reduzir o tamanho do arquivo antes de postar.

Blogando sons

Se você for um contador de histórias ou músico, ou apenas tem muito a dizer, pode postar sua gravação digital na web como um *podcast*, que é um blog de áudio. Você pode enviar qualquer arquivo de áudio que tenha criado, contendo música, uma declaração ou quaisquer sons que quiser, e outras pessoas podem assiná-lo, da mesma forma que um blog. O Capítulo 14 descreve como encontrar e assinar podcasts.

Uma forma de configurar um podcast é criar um blog e postar arquivos de áudio nele. Diversos sites hospedam seu podcast gratuitamente ou por uma pequena taxa mensal. Estes são dois deles:

- **Podbean** (`www.podbean.com` — em inglês), é gratuito para podcasts pessoais, para os primeiros 100 MB de arquivos de áudio. Para armazenar mais arquivos, você precisa pagar uma pequena taxa mensal.
- **Podcast Garden,** em `www.podcastgarden.com/h/pt`, oferece armazenamento grátis, possui feed RSS e está disponível em vários idiomas.

Depois de fazer um podcast, envio-o para a iTunes Store, de modo que as pessoas que usam o iTunes possam assiná-lo facilmente: execute o programa iTunes gratuito (que é útil mesmo que você não possua algo da Apple), clique em iTunes Store, clique em Podcasts e clique em Submeter um Podcast (veja no Capítulo 14 como usar iTunes).

Outra possibilidade é publicar seus vídeos no YouTube e depois blogar sobre ele, com uma descrição e um link para o vídeo. Veja "Colocando você no YouTube" no Capítulo 14. Um jeito ainda mais esperto é incorporar o vídeo do YouTube como uma subjanela na publicação de seu blog. Para fazer isso, acesse a página do YouTube do seu vídeo, clique no ícone Compartilhar abaixo do vídeo e depois em Incorporar. Ele mostrará uma caixa contendo uma linha de código HTML. Copie e cole o código na postagem do seu blog e seu vídeo aparecerá lá.

Parte VI

A Parte dos Dez

Nesta parte...

- Problemas na internet e como resolvê-los
- Algumas coisas divertidas que você pode fazer online
- Maneiras de usar a internet para fazer a diferença no mundo

Capítulo 19

Dez Coisas Divertidas para Fazer Online

Neste Capítulo

- Tirando fotos infinitas com a família e os amigos
- Checando curtas-metragens, anúncios de TV, programas de rádio e quadrinhos
- Jogando
- Descobrindo o valor dos itens que está pensando em vender
- Fazendo o melhor aviãozinho de papel do mundo
- Vendo museus de arte pelo mundo
- Viajando pelo sistema solar e criando o seu próprio mundo
- Mostrando para amigos que moram longe o que está na sua tela

Você pode usar a internet de centenas de formas para trabalhar e obter lucro. Neste capítulo, o foco é a diversão. Quando você encontrar coisas novas e divertidas para fazer na internet, nos informe enviando um e-mail para `internet14@gurus.org`. Se você quiser passar seu tempo online fazendo algo que valha mais a pena — temos certeza que quer! —, dê uma olhada no Capítulo 20 também.

Compartilhar Imagens e Vídeos com Seus Amigos e Família

Anexos em e-mails (veja o Capítulo 9) são uma forma excelente de enviar fotos para qualquer lugar do mundo gratuitamente. Você nem precisa de uma câmera digital; o seu telefone tem até vídeo, provavelmente.

Se você tiver mais de uma ou duas imagens ou vídeos e quiser compartilhá-los com mais de uma ou duas pessoas, fazer um álbum online é a maneira mais prática. Crie uma conta no Flickr (em `www.flickr.com`), Picasa Web Albuns (em `picasaweb.google.com`) ou no Photobucket (em `www.`

photobucket.com), envie seus arquivos de fotos e vídeos e informe ao site quem mais pode vê-los. Você pode direcionar seus amigos para seu álbum informando a eles a URL, para que possam visualizar o conteúdo online.

Assistir a Filmes, TV e Anúncios

A internet criou uma nova forma para os produtores de curtas-metragens e filmes experimentais encontrarem um público. Muitos sites possuem *miniflicks* que você pode assistir gratuitamente. O mais popular é o YouTube, do Google, em www.youtube.com.br, cujos usuários enviam enormes quantidades de vídeos, desde os mais interessantes até os mais fúteis. Experimente procurar por "aterrissagens de aviões". Você pode enviar seus próprios vídeos também, desde que os faça você mesmo, não tenham mais de dez minutos e sigam as outras diretrizes do YouTube.

A Net (Net Now) e a Globosat possuem aplicativos para celular e tablet,onde você pode assistir a diversos programas, onde estiver. A programação depende do seu plano de assinatura, e é possível alugar filmes e jogos esportivos. Se você pertence ao Netflix (www.netflix.com.br), pode ver vídeos a partir desse site também.

DICA

Se por algum motivo você não vir tantos anúncios na TV quanto gostaria, visite www.advertisementsave.com, onde pode se atualizar com todos os anúncios que perdeu. O excelente AdCritic (creativity-online.com/adcritic) também possui os melhores anúncios atuais e clássicos. De qualquer forma, agora você pode assistir a esses anúncios engraçados do Super Bowl sem ter de assistir ao tedioso futebol americano. Os dois sites têm conteúdo em inglês.

Veja no Capítulo 14 outras formas de assistir vídeos e TV online.

Ouvir Programas de Rádio Atuais e Antigos

Você já ligou o rádio se envolveu no meio de uma história fascinante e ficou com vontade de a ter ouvido desde o início? A National Public Radio e a Public Radio International nos Estados Unidos mantêm muitos dos seus programas antigos disponíveis online. Se você quiser ouvir o programa inteiro, visite www.npr.org e www.pri.org (conteúdos em inglês). Você também pode usar os recursos de pesquisa do site para navegar por histórias que perdeu. Alguns programas de rádio têm seus próprios sites, como o *Car Talk*, mostrado na Figura 19-1, e o *This American Life* (ambos em inglês).

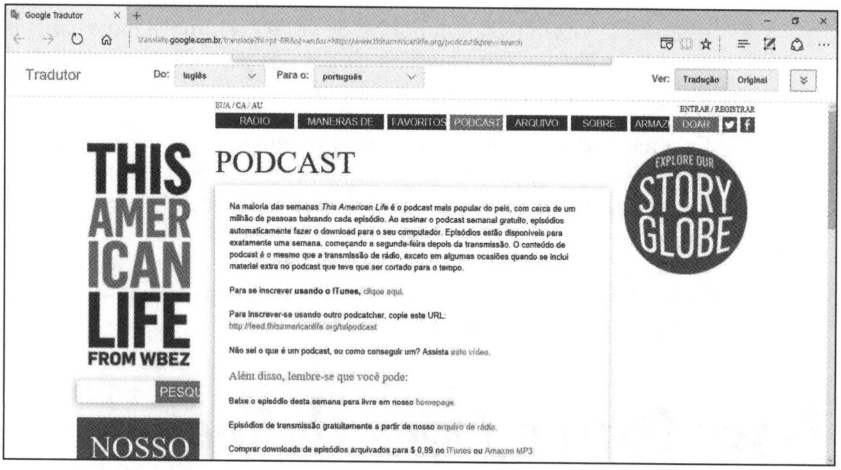

Figura 19-1: O podcast "This American Life" traz histórias e novos pontos de vista das esquisitices da vida cotidiana.

Muitas afiliadas da NPR e outras emissoras de rádio possuem streaming de rádio ao vivo dos seus programas, de modo que você pode escutar, ao vivo, estações do país inteiro — vá até o Google, ou ao seu mecanismo de busca favorito, e pesquise a estação ou o programa. (John recomenda sua estação local wrvo.fm, especialmente os programas antigos das décadas de 1930 a 1950, que eles transmitem à noite.) Muitas outras estações de rádio agora permitem que você ouça seus programas ao vivo pela internet, o que é bastante útil em prédios de escritórios grandes com recepção ruim de rádio. Você pode ouvir estações do mundo inteiro e ouvir uma música nova em primeira mão, ou ouvir as notícias a partir de diferentes perspectivas.

O Podflix traz uma infinidade de podcasts sobre diversos assuntos (`www.podflix.com.br`).

Se você tiver um iPod ou outro tipo de MP3 player, pode baixar arquivos de áudio e ouvir programas de rádio a qualquer momento. Veja no Capítulo 14 como assinar podcasts.

Jogar Damas ou Buraco

Ou jogue xadrez, pôquer, gamão, ou outro jogo de tabuleiro ou de cartas. Os jogos clássicos continuam resistindo bem aos jogos eletrônicos, que estão cada vez mais sanguinários. Se você costumava jogar *Diplomacia*, nosso jogo de tabuleiro favorito na década de 1970, experimente `www.playdiplomacy.com`.

Os aficionados por buraco e truco também têm seu espaço na web. Você pode jogar gratuitamente no computador, celular ou tablet. Pesquise na internet ou experimente os mais populares, como Buracoon (`www.buracoon.com.br`) e Netcartas (`www.netcartas.com.br`) e o Jogatina (`www.jogatina.com.br`), que têm diversos outros jogos como dominó, truco, paciência, sinuca e muito mais. Se prefere o pôquer, experimente o The Social Poker (`www.thesocialpoker.com`).

Jogar Outros Jogos Online

Agora você não precisa reunir amigos ao vivo para jogar — pode encontrar parceiros a qualquer hora do dia ou da noite em sites como UOL Jogos Online em `jogosonline.uol.com.br`, Click Jogos em `www.clickjogos.com.br` e `mundonick.uol.com.br/jogos` da Nickelodeon.

Outros sites bons para jogos individuais ou coletivos são `www.1001jogos.pt/.com` e `www.virtualness.com`, para ver jogos clássicos Nintendo recriados.

Descobrir Quanto Seus Itens Valem

Você talvez já conheça o Mercado Livre, o site de leilões online onde você pode comprar e vender quase qualquer coisa. (Se não conhecer, vá até o Capítulo 15 para ler sobre ele.) Mas, você talvez não saiba que pode usar o Mercado Livre para descobrir o valor de quase qualquer coisa — pelo menos, qualquer item que tenha sido vendido no Mercado Livre nos últimos noventa dias — pesquisando leilões que já tenham sido concluídos.

Você precisa de uma conta no Mercado Livre para pesquisar leilões concluídos, então comece em `www.mercadolivre.com.br` e registre-se para obter uma conta gratuita, se já não tiver uma. A seguir, clique no link de Pesquisa Avançada (não podemos lhe dizer exatamente onde ele está, pois os designs dos sites mudam com frequência, mas, provavelmente, fica próximo à Barra de Pesquisa ou ao botão de Pesquisa). Digite as palavras-chave sobre seu tesouro inestimável e selecione a caixa de verificação Listagens Completas. Quando você clica no botão de Pesquisa, vê todos os leilões com essas palavras-chave e o preço final de venda do item. Se alguma das mercadorias for semelhante ao fabuloso produto que você possui, você pode ver quanto as pessoas pagariam por ele.

Estamos avisando a todos os adoradores de Fofoletes: vocês podem ficar deprimidos ao descobrir o preço atual dessas peças raras, antigas, de edições especiais e colecionáveis, elas são verdadeiras preciosidades.

Criar Seu Próprio Jato Jumbo

Até mesmo sites corporativos sérios têm as tradicionais distrações. A Airbus constrói aviões, incluindo os superjumbos A380 muito, muito grandes. Normalmente, um A380 custa U$ 300 milhões, mas se esse valor estiver um pouco além do seu orçamento, a Airbus Goodies possui algumas versões em papel que você pode imprimir, recortar, dobrar e voar, em `www.airbus.com/galleries/goodies/index-cut-outs` — em inglês. Lá você também encontra algumas belas imagens de papel de parede.

Visitar Museus de Arte pelo Mundo

Museus de arte são lugares interessantes para passar as tardes chuvosas. Agora, você pode visitar museus e galerias do mundo todo usando seu navegador. Nem todos os sites de museus possuem obras de arte online, mas muitos sim. Nossos favoritos incluem o Louvre de Paris (em `www.louvre.fr`; clique na língua no canto superior direito se não souber ler francês), o Museum of Fine Arts de Boston (`www.mfa.org`), e o Metropolitan Museum of Art de Nova York (`www.metmuseum.org`). O site do Instituto Brasileiro de Museus, `www.museus.gov.br/os-museus/museus-do-brasil`, possui um guia de informações sobre os museus brasileiros divididos por região, estado e município. Veja todas as informações e curiosidades sobre a família imperial brasileira em `www.museuimperial.gov.br`, e os serviços e o calendário de eventos que o museu oferece, como mostra a Figura 19-2.

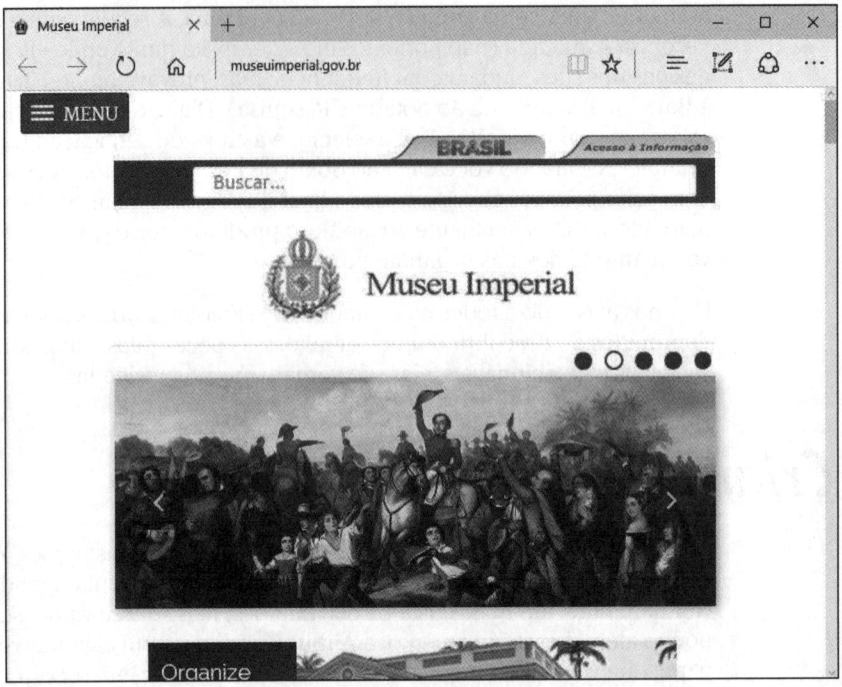

Figura 19-2: Página inicial do Museu Imperial localizado em Petrópolis.

Viajar pelo Planeta

O programa modestamente chamado de Google Earth (em `Earth.google.com`) permite que você passeie pela Terra e amplie e diminua as imagens. Ao chegar razoavelmente perto do solo, você encontra links inseridos pelos usuários (incluindo alguns lugares impressionantemente remotos — experimente procurar pela Geórgia do Sul), links da Wikipédia e o suficiente para mantê-lo ocupado por horas, dias ou até mesmo meses, se você não tomar cuidado.

Ou, verifique o Google Maps Street View: Vá para `maps.google.com`, visite uma área urbana (experimente o endereço 5th Avenue, New York, NYm 10011) e clique em Street View. Você pode dar um giro de 360 graus para ver como era o lugar na última vez em que um funcionário do Google passou por lá com uma câmera.

Há muitos outros mapas interessantes na web. Assista à "walmartização" dos Estados Unidos em `projects.flowingdata.com/walmart`. Uma bela análise do cenário político dos estados vermelhos *versus* azuis está em `personal.umich.edu/~mejn/election` — em inglês.

Viajar pelo Sistema Solar

A última metade do século XX ficará na história como a época em que os seres humanos começaram a explorar o espaço sideral. Sondas visitaram diversos cometas e asteroides e todos os planetas, menos Plutão. As sondas enviaram de volta fotos impressionantes: tempestades em Júpiter, oceanos na Europa, deslizamentos de terra em Marte e a Terra à noite.

Qual a geração que conseguirá ser turista no sistema solar ainda permanece indefinida; aqui estão alguns sites fascinantes sobre o espaço (todos com conteúdo em inglês):

- `apod.nasa.gov/apod`: Não se esqueça de visitar a imagem astronômica do dia.
- `antwrp.gsfc.nasa.gov/apod/image/0011/earthlights_dmsp_big.jpg`: Em especial, não perca a incrível montagem da NASA da civilização humana.

Criar Seu Próprio Mundo

Os Mundos virtuais são lugares eletrônicos que você pode visitar na Web — como se fossem salas de bate-papo em 3D. Em vez de criar um nome de tela, você cria uma figura de ação pessoal, ou *avatar*, que caminha, conversa e fotografa (mas não faz bagunça no seu chão). Quando você está em um desses mundos, seu avatar interage com os avatares de outras pessoas que estão conectadas perto de você, que vão de bastante realísticos a realmente fantásticos. Em alguns mundos virtuais, você pode até criar seus próprios lugares: uma sala, uma casa, um parque, uma cidade — o que quer que você possa imaginar. Outros mundos permitem que você ganhe dinheiro, status e participe de competições com estranhos. As pessoas que gostam de jogos RPG podem ser abduzidas pelos jogos online por horas, dias ou meses de cada vez. Os maiores e mais bem-sucedidos mundos online são o *World of Warcraft*, que é pago, em `us.battle.net/wow/pt`, e o *League of Legends* em `br.leagueoflegends.com`.

A maioria dos mundos virtuais requer que você baixe um plug-in ou software especial. Alguns são gratuitos, ao passo que outros requerem assinaturas anuais ou mensais. Por exemplo, o *Second Life*, em `secondlife.com/?lang=pt-BR` permite que você crie seu próprio papel em um mundo online compartilhado, incluindo gastar dinheiro no mundo real.

Mundos online baseados na web são uma expansão dos MUDs (*Multi User Dimensions, Multi-User Dungeons* ou diversos outros nomes, depende de a quem você perguntar), que eram mundos online baseados em escrita muito antes de a web existir.

Ler Quadrinhos

Por que sujar as mãos com tinta de jornal apenas para ler seus quadrinhos favoritos? Um dos nossos favoritos é o *Dilbert*, em `dilbert.com.` (OK, você sabia que éramos fanáticos por tecnologia!). Confira mais algumas histórias em quadrinhos online:

- A *Turma da Mônica* e seus outros personagens encontram-se em `turmadamonica.uol.com.br/quadrinhos/`. O leitor pode escolher e o tipo de história que quer ler, e depois clicar no personagem desejado. O site também possui produtos à venda, incluindo alimentos e acessórios.
- O *Maxmangás* em `www.maxmangas.net/` disponibiliza diversos títulos de mangás e hqs de super heróis para serem lidos online.
- A *HQ Online*, `hqonline.com.br`, possui inúmeros história em quadrinhos online dos mais variados super heróis, sejam eles da Marvel ou da Vertigo. Também possui alguns desenhos em longa-metragem para assistir online.

O GoComics, em `www.gocomics.com`, possui muitas outras histórias em quadrinhos, incluindo histórias antigas do Snoopy. Os sites têm conteúdos em inglês.

Também gostamos de quadrinhos que estão apenas na web, como `xkcd.com` (conteúdo em inglês, são três quadrinhos por semana, ocasionalmente PG-13); frequentemente recorremos ao `explainxkcd.com` (conteúdo em inglês) para entender o humor. Você pode encontrar milhares de outros; a melhor forma de encontrar boas histórias é seguindo os links de quadrinhos que você gosta e verificar os que eles gostam.

Compartilhar Sua Tela com um Amigo

Se você estiver fazendo algo interessante no seu computador, ou se precisar da ajuda de um amigo para fazer seu computador cooperar, pode permitir que seu amigo veja a sua tela. Muitos programas de bate-papo online têm este recurso, incluindo o Google Hangouts (`plus.google.com`), o Skype (`www.skype.com`) e o Zoom (`www.zoom.us`).

Por exemplo, se você criar uma conta gratuita no Zoom (que tem um limite de 40 minutos, mas é tempo suficiente para a maioria das conferências), clique no ícone Share Screen na parte inferior da tela para permitir que outras pessoas em sua vídeo conferência possam ver toda sua tela ou uma janela específica.

Capítulo 20

Dez Coisas que Valem a Pena Fazer Online

Neste Capítulo

- Doar alimentos respondendo a perguntas ou comprando
- Ajudar pessoas carentes no mundo
- Escolher instituições de caridade eficientes
- Ajudar empreendedores com pequenos empréstimos
- Aprender e se tornar um eleitor informado
- Aumentar o conhecimento do mundo
- Tornar livros clássicos acessíveis na web
- Procurar uma cura para o câncer
- Aconselhar um adolescente
- Mudar a vida de uma criança

A internet permite que você torne o mundo um lugar melhor, trabalhando diretamente em projetos ou possibilitando que outras pessoas o façam. Sempre que encontrar outras maneiras de melhorar o mundo, envie um e-mail para nós em `internet14@gurus.org`.

Alimentar Quem Tem Fome

Na web, você pode doar dinheiro para combater a fome do mundo ao mesmo tempo que melhora o seu vocabulário de inglês. O que mais você poderia querer de um site? O Free Rice (`www.freerice.com` — em inglês) pede que você associe palavras com seus significados. Para cada resposta correta que você der, o site doa dez grãos de arroz para uma organização internacional de combate à fome. Você começa com palavras fáceis no Nível 1 e a dificuldade vai aumentando; o desafio se torna viciante. Se você conhecer um adolescente que está estudando para o vestibular, esse site é uma forma útil para eles aprenderem algumas palavras novas e diferentes em inglês.

Apoiar uma Instituição de Caridade Enquanto Faz Compras

Se você comprar no site de leilões online eBay (descrito no Capítulo 15), procure por instituições de caridade que vendem produtos, ou pessoas que vendem, e doam parte do lucro para a caridade. Um pequeno ícone de fita azul e amarela indica listas de itens de caridade. Se você quiser ver apenas essas listas, visite o eBay Giving Works, em `givingworks.ebay.com` — em inglês, onde pode pesquisar, comprar ou vender em benefício de instituições de caridade.

Encontrar Bons Projetos para Ajudar a Financiar

Aqui você encontra pessoas e grupos de pessoas que precisam de dinheiro para realizar um projeto. Existe de tudo, desde pedido de ajuda para gravar um CD ou publicar um livro a financiamento de pesquisas científicas. Você decide quanto quer doar e, normalmente, recebe algum tipo de recompensa, dependendo do valor da doação e do tipo de projeto. Há diversos sites com essa finalidade de financiamento coletivo, um deles é o Catarse, em `www.catarse.com.br`.

Tornar-se um Microfinanciador ou um Filantropo

O pioneiro em microfinanças Muhammad Yunus ganhou um Prêmio Nobel por iniciar o Grammen Bank, que faz pequenos empréstimos para pessoas em Bangladesh e em outros países em desenvolvimento, para que iniciem pequenas empresas rurais. O Kiva (`www.kiva.org`) permite que você se torne um financiador de microcrédito para grupos de pessoas na América Latina, África e Ásia, para projetos como iniciar uma empresa de confecção, serviço de entregas ou mercado de peixes. Os empréstimos começam em 25 dólares.

A Heifer International (`www.heifer.org`) fornece animais e outros recursos para fazendeiros pobres para servir de sustento e renda. Um *hiefer* (que significa novilho, uma vaca ou boi jovem) custa $500 dólares e uma participação em uma cabra ou porco começa em $10 dólares (conteúdo do site em inglês).

Aprender

Thomas Jefferson disse: "Se uma nação espera ser ignorante e livre, em um estado de civilização, ela espera pelo que nunca houve e nunca haverá". Manter-se atualizado com as notícias nacionais e internacionais sobre política e economia é sua responsabilidade como cidadão. Experimente pesquisar jornais na web; quase todos possuem sites.

Alguns jornais proeminentes lhe cobram se você quiser ler mais do que alguns artigos por mês, como o Jornal O Globo em `www.globo.com`, e a Folha de São Paulo em `www.folha.uol.com.br`, mas a maioria dos jornais online é gratuita. Em épocas de eleição, acesse o site do TSE em `www.tse.jus.br`, para encontrar informações imparciais sobre assuntos e candidatos.

Se você precisa de informações básicas, pode fazer um curso no nível Ivy League sobre quase qualquer assunto no MIT OpenCourseWare (`ocw.mit.edu`). Vídeos de palestras, anotações de palestras e exames são publicados online (conteúdos em inglês). Você não recebe créditos, mas pode estudar gratuitamente!

Editar uma Enciclopédia

Os *wikis* foram projetados para permitir que grupos de pessoas trabalhem juntas para criar e manter sites. Ele foi chamado assim por causa dos ônibus interterminais do Aeroporto Internacional de Honolulu, que por sua vez recebeu o nome havaiano *wiki-wiki*, que significa "apressado" — ou quase isso. Um wiki pode ter um número ilimitado de autores, todos eles podendo adicionar e alterar páginas dentro do site. Diferentemente de um blog, ele não precisa ser uma sequência de entradas. Em vez disso, você pode organizar seu texto da maneira que achar melhor, incluindo a criação de páginas novas e interligadas.

Esse processo pode parecer potencialmente caótico por contar com mais de um autor, ele realmente é, mas a maioria dos wikis tem regras básicas que mantêm o grupo mais ou menos na mesma direção. Um wiki pode funcionar bem se tiver um único autor ou se for um grupo de pessoas que confiam entre si para editar os textos. Por exemplo, um grupo de colegas de trabalho pode criar um wiki que contenha informações sobre um projeto no qual estiverem trabalhando. Uma igreja ou um clube pode criar um wiki com pautas dos encontros de comitês, diretrizes de um objetivo, planos e cronogramas.

O maior wiki de todos é a *Wikipédia*, em `pt.wikipedia.org`, uma enciclopédia colaborativa que, com mais de 4 milhões de entradas (em inglês e mais milhões em outras línguas), está a caminho de incluir todo o conhecimento humano.

A Wikipédia não apenas é uma enciclopédia gratuita, ela também permite que você edite os artigos ali contidos. Se você achar que tem bastante conhecimento sobre algum tópico, procure-o na Wikipédia. A maioria das páginas possui um link, de modo que você pode adicionar o que sabe. Se você encontrar informações errôneas, equívocos, ou tiver algo a acrescentar, crie uma conta gratuita e clique na aba Editar. Se não houver algum artigo, a Wikipédia permite que você crie um. Clique no link Boas-Vindas no canto esquerda da página para saber mais sobre como editar artigos existentes e escrever novos, seguindo as regras do Princípio da Imparcialidade. Uma página pode ter um quadro lateral com reclamações sobre o artigo dos autores da Wikipédia, pedindo a você para melhorá-la.

Digitalizar Livros Antigos

Muitos sites requerem que você decodifique algum texto borrado conhecido como *CAPTCHA* (que supostamente significa Automated Public Turing test to tell Computers and Humans Apart) antes que você configure uma conta ou poste uma mensagem. O projeto reCAPTCHA na Carnegie-Mellon University, usa CAPTCHAs para ajudar a digitalizar livros e jornais antigos. Primeiro, o processo de digitalização cria uma imagem fotográfica de uma página e depois tenta identificar as palavras no texto. Ele consegue reconhecer a maioria das palavras, mas algumas estão borradas ou confusas demais para a identificação automática. É aí que você entra. Cada desafio reCAPTCHA mostra a você duas palavras: uma que já foi decodificada e uma que ainda não foi, conforme mostra a Figura 20-1. Quando você digita as duas palavras, o reCAPTCHA verifica a que ele conhece e, se você acertou esta, ele supõe que você provavelmente tenha acertado a outra também. Apenas para se certificar, as palavras desconhecidas são exibidas para diversas pessoas diferentes e, se todas concordarem, ela é considerada decodificada. O reCAPTCHA é usado por milhares de sites no mundo inteiro, exibindo em torno de 30 milhões de CAPTCHAs por dia. Nem todos são resolvidos, é claro, mas muitas palavras são decodificadas.

Você está ajudando o projeto reCAPTCHA cada vez que resolve um desafio reCAPTCHA de duas palavras. Para obter mais informações, veja o site deles em `www.google.com/recaptcha` — em inglês.

Figura 20-1: Você é uma pessoa ou um programa?

Buscar Vida Extraterrestre ou a Cura do Câncer

O experimento científico SETI@home, setiathome.berkeley.edu — em inglês, usa computadores caseiros e empresariais conectados à internet para procurar inteligência extraterrestre (SETI). A ideia é ter milhares de PCs e Macs que, de outra forma, ficariam ociosos, a fim de executar os cálculos massivos necessários para extrair os sinais de rádio de outras civilizações dos ruídos intergalácticos. Você pode participar executando um programa gratuito que baixa e analisa os dados coletados no telescópio de rádio Arecibo em Porto Rico.

Se ficar escutando alienígenas lhe parecer um pouco exagerado, você pode usar o tempo livre no seu computador para resolver problemas de criptografia e matemática. O Distributed.net, www.distributed.net — em inglês, gerencia diversos projetos. (Sinta-se à vontade para se juntar à equipe Internet Gurus.) Quando você se registra para auxiliar um projeto, pode instalar o programa deles no seu computador para executar quando o computador não estiver ocupado, e a sua doação de tempo de computador ajuda a atingir o objetivo do projeto.

Se matemática e criptografia não lhe interessarem, considere juntar-se ao projeto Folding at Home em folding.stanford.edu — em inglês. Esse projeto estuda como proteínas adquirem seus formatos tridimensionais, uma questão importante na pesquisa médica. Registrando-se para executar o programa, você estará auxiliando com a pesquisa básica que pode ajudar a encontrar uma cura para "Alzheimer, Vaca Louca, CID, ALS, Hunntington's, Parkinson e muitos tipos de câncer e síndromes relacionadas".

Aconselhar um Adolescente ou Jovem Online

Um conselheiro adulto pode fazer uma grande diferença para uma pessoa jovem que esteja enfrentando problemas ou alguma crise. Diversos sites de aconselhamento online conectam adultos e jovens. O Icouldbe, www.icouldbe.org — em inglês, presta serviço para 2.300 estudantes carentes de ensino fundamental, médio, e faculdade, todos os anos nos Estados Unidos. Registre-se para compartilhar sua experiência profissional, ou de vida, com a próxima geração. O iMentor, www.imentor.org — em inglês, concentra-se na área de Nova York.

Apadrinhar ou Adotar uma Criança

Você navega horas por dia pela web? Talvez sua vida precise de mais significado. Se você quer ajudar uma criança e não sabe como acesse www.padrinhonota10.com.br. Nesse site é possível apadrinhar (afetiva ou financeiramente) crianças de todos os estados. Outra opção é o Visão Mundial, em www.visaomundial.org.br. Outros sites atendem crianças de diversas áreas em situações críticas pelo mundo, inclusive no Brasil. Entre eles, o Action Aid em www.actionaid.org.br.

Índice

• Símbolos •

404 Página Não Encontrada, 242
(hashtags), 194
@ sinal de arroba
  endereços de e-mail, 140
  Twitter, 194

• A •

abas
  movendo-se pelas, 103
  múltiplas janelas versus, 103
ActiveX, 94, 132
Adware, 27
agendas, 152, 224, 239, 304, 305, 309
amigos, 329
amizade online, 188
Anexos de E-mails, 24, 160, 174, 310, 329
Antivírus, 25, 33, 49, 71, 134, 209
Aplicativos para celulares, 26, 27, 54, 72, 106, 133, 146, 149, 152, 165, 169, 193, 200, 204, 206, 239, 255, 262, 263, 267, 270, 299, 308, 311, 324, 330
Apple Mail
  configurando, 153–154
  filtro de spam, 166
  lista de contatos
    adicionando pessoas, 169
  salvando mensagens, 144, 150, 152, 173, 221
ARPANET, 8
Assinando blogs, 321
Assistindo a filmes, 263–267
Assistindo à TV, 267
Atom feeds, 321
áudio
  chamadas de voz
    Google Hangout, 190, 211
    Skype, 214
    Viber, 212
  Google Hangouts, 190
  microfones, 209
  reconhecimento de voz, 150
  salas de bate-papo, 209
AVG, 71
AVI, 266

• B •

Bancos
  pagamento de contas, 293
  transferências, 290, 297, 298
banda larga, 59
  configuração inicial, 62
  DSL versus cabo, 59–63
  filtros DSL, 63
barra de Pesquisa, 96
barra de tarefas Windows, 115
Bate-papo
  com vídeo, 209
  com Voz, 209
  etiqueta online, 164, 208
  Facebook, 205
  Google Hangouts, 206

IM versus mensagem de texto, 10
Skype, 214
SnapChat, 214
Viber, 204, 206
Bing!, 239
buscando endereços de e-mail, 239–240
buscando por assuntos, 239–240
geral, 239–240
Google versus, 239–240
links de mapas, 239–240
Bittorrent, 254
agregadores, 254
favoritos, 254
imagens, 254
Blogando sons, 325
Blogger, 323
Blogs
agregadores, 321
assinando
via e-mail, 322
via RSS feeds, 321
imagens, 320
lendo, 317–321
microblogs, 317
podcasts, 325
postando, 324
renda dos, 322
bloqueando janelas pop-up, 130–132
botão voltar, 96, 129, 217
busca, mecanismos de
Bing, 234
Google, 235

• C •

Captcha, 340
Cartão de crédito
PayPal, 295
segurança, 271
celulares
mensagens instantâneas versus IM, 206
plano de dados, 204
Chrome
cookies, configuração, 128
downloads, 134
e os pop-ups, 131
favoritos, 115
histórico de navegação, 129
apagando, 129
modo anônimo, 130
Compartilhando Documentos e Agendas, 304, 306
Compras
phishing, 19, 31, 160
Computação na nuvem, 310
agendas, 309
Amazon CloudDrive, 311
criação de documentos
Google Docs, 309–310
Planilhas Google, 307, 308
Dropbox, 310
OneDrive, 311
Computadores
e laptops, 29, 50, 51, 54, 57, 61, 62, 75, 83, 86, 87, 102, 169, 214
equipamentos, 281
Conexão
a cabo
contas ISP, 59
Contas, 50, 59
Conversar por Mensagens de Texto, 12, 139, 187, 193, 203, 204
Cookies
benefícios, 21
configurações no Chrome, 128

configurações no Firefox, 127
configurações no Internet Explorer, 127
configurações no Safari, 128
de terceiros, 22, 128
Cópia
carbono, 147
oculta, 156
Corretores de ações, 298
Craiglist
geral, 314
Crianças e a internet
alvos de propaganda, 42
bate-papo
compras, 37
faixa etária, 39
recreacional, 38
compartilhando música e vídeo, 37, 39
pornografia, 39
redes sociais, 36
regras de segurança, 41
uso escolar, 35
Criptografia, 29, 56, 98, 341

• D •

DARPA, 8
Dicas de senha, 30
Digitando e Conversando na Internet, 203–228
Dinheiro Online, 297
Diretórios, 231, 232, 234, 241
documentos
agendas, 306
backups na nuvem, 310
domínios
endereços de e-mail, 140
Dropbox, 310, 311
DSL, 59, 62
equipamentos, 63
instalação, 64
ISP, contas, 60
modens, 60

• E •

eBay
fraudes, 278
leilões, 278
Paypal, 295
E-mail
abreviações, 163
anexos, 173
com cópia
com cópia oculta, 156
encaminhando, 171
endereços, 170
enviando e recebendo, 139–160
lista de contatos, 168
no Smartphone, 148
respondendo, 149
vírus, 160, 174
webmail, 145–147
Emoticons, 207–209
Encontrando Coisas na Internet, 91, 139, 182, 224, 231, 246, 269, 323
Endereço, 9, 17, 18, 19, 20, 21, 40, 41, 43, 56, 60, 61, 67, 72, 78, 79, 83, 92, 96, 97, 98, 99, 110, 113, 117, 118, 119, 123, 131, 139, 140, 141, 142, 143, 144, 145, 147, 148, 149, 153, 155, 156, 158, 159, 160, 165, 168, 169, 170, 179, 182, 192, 198, 201, 211, 214, 217, 218, 219, 220, 221, 222, 224, 227, 234, 238, 239, 242, 243, 246, 248, 296, 309, 311, 312, 313, 321, 322, 324, 334

Enviando e Recebendo E-mails, 139–160
Equipamentos, 10, 48, 77, 82, 83
Erro 404, 242
Ethernet, 61, 64, 66, 67, 78, 79, 81, 82
Etiqueta, 161, 164, 208, 227, 237

• F •

Facebook, 177–190
  bate-papo, 205
  configurações de conta, 179
  excluindo amigos, 187
  Facebook Messenger, 186–188
  Feed de Notícias, 184
  Google+ versus, 188
  Grupos, 182–183
  Notificações, 187
  Perfil, 181
    adicionando amigos, 181–182
    grupos de amigos, 182
  Smartphones e tablets, 180
favoritos, 111–117
Feed de Notícias, 180, 184, 185, 186, 187, 188
Ferramentas de Orçamento, 299
Filmes na Web, 263, 330
Filtro de spam, 32, 166
Firefox
  bloqueando pop-ups, 130
  configurações de cookies, 127
  geral, 92
  histórico, 128
    excluindo, 129
    modo anônimo, 130
  mecanismo de busca padrão, 248
firewall, 25, 33, 43, 69
  do roteador, 70
  software, 69
Flash, 133, 135, 263, 265, 266
Formulários, 11, 12, 89, 118, 119, 125, 126, 305
Fóruns, 200, 203, 223, 224, 313
fraudes, 15, 18, 295, 296. *Veja* segurança
Fundos de investimento, 297

• G •

Gmail
  bate-papo, 206
  e-mail, 168
Google
  doodles, 236
  links patrocinados, 237
Google+
  bate-papo, 206
  Facebook versus, 188
  Google Drive, 239, 308
  Google Hangout, 190, 211
GPS, 15, 23

• H •

Hashtags, 194
Histórico de navegação, 128
  excluindo, 129
  modo anônimo, 130
HTML, 91
HTTP, 29, 91

• I •

ID, 146, 211, 224, 321
imagens
  Picasa, 305, 329
  SnapChat, 214
IMAP, 151

informação de configuração de caixa de e-mail, 148
vantagens, 151
IM (mensagem instantânea), 10
mensagem de texto versus, 204
Imprimindo páginas, 110–111
Internet
a Cabo, 59
história da, 8
nas Escolas, 43
Internet Explorer
ActiveX
escolha de navegador, 94
cookies, configuração de, 127
excluindo
histórico, 129
favoritos, 111
gerenciamento de plug-ins, 133
histórico
excluindo, 129
modo anônimo, 130
impressão de páginas, 111
Investimentos Online, 289–299
iPad, 10, 51, 93, 94, 105, 150, 169, 170, 172, 175, 214, 253, 263, 265, 281
iPhone, 10, 27, 52, 53, 54, 93, 94, 105, 148, 150, 157, 165, 169, 170, 172, 175, 193, 205, 213, 214, 253, 256, 261, 262, 263, 265, 270, 273, 278, 281, 309, 324
IRPF, 11
ISP, provedor
acesso à internet, 10
endereços de e-mail, 140, 145
iTunes, 256
copiando CDs, 258
listas de execução, 258
MP3, 257
podcasts, 260
Store, 258, 325

• J •

janelas
pop-up, 28
Java plugin, 133
jogos online, 35, 81, 332, 335

• L •

LAN, 61, 76, 77, 79, 80, 81
Leilões
eBay, 12, 18, 19, 20, 277, 278, 279, 295, 296, 314, 315, 338
Mercado Livre, 277, 278, 296, 297, 314, 315, 332
Lendo suas mensagens, 156–157
LinkedIn, 178, 179, 195, 200, 303
links
404 Página não encontrada, 242
Listas
de contato, 168
Livros, música e mais, 9, 11, 12, 30, 36, 39, 45, 46, 196, 230, 233, 243, 251, 252, 253, 254, 255, 256, 257, 258, 259, 260, 261, 262, 269, 270, 271, 272, 273, 279, 280, 305, 312, 313, 315, 325, 331, 337, 340
lixo eletrônico, 15, 16, 18, 26, 32, 39, 42, 43, 165, 166, 218, 281
Lojas Online, 42, 269, 270, 272, 273, 280, 282

• M •

Macs
iOS Mail, aplicativo, 170
Safari, 95, 106

malware
  anti-malware, 72
mapas, 12, 54, 239, 240, 312, 334
mecanismo de busca, 206, 232, 233, 234, 235, 239, 242, 245, 247, 248, 264, 275, 294, 331
mensagens
  instantâneas, 10
microblogs, 12, 317. *Veja ainda* Twitter
Microsoft Exchange, 144, 148, 152
Microsoft Office Live, 310
Microsoft OneDrive, 311
Microsoft Outlook, 144
mídia
  assinando
    geral, 253
  comprando, 253
  podcasts, 259
  streaming, 252
MPEG, 257, 266
museus/galerias, 35, 101, 333
música
  rádio na internet, 330
MySpace, 178, 303

• N •

netbooks, 62
Netflix, 105, 254, 266, 267, 330

• O •

Office, 142, 150, 151, 152, 153, 161, 310, 311, 312
OneDrive, 311
  salvando/compartilhando documentos, 311
Online, recursos
  antispyware, 71
  blogs, 317–325
  comparação de preços, 273, 276, 332
  estações de rádio, 257, 261, 262, 330, 331
  internet banking, 289
  jogos, 11, 12, 27, 37, 38, 45, 46, 55, 81, 132, 133, 236, 273, 330, 332, 335
  lojas virtuais, 280
  passagens aéreas, 8, 21, 28, 269, 274, 276
  Perguntas e Respostas, 286
  sites de leilões, 277
  viagens, 283, 334
Outlook
  caixa de mensagens, 142, 155
  configurações, 153
  filtros de spam, 165
  Microsoft Exchange, 144, 148, 152
  POP/SMTP, informação do servidor, 152
  webmail versus programas, 145

• P •

Paypal
  cartão de crédito, 295
PayPal
  cadastramento de contas, 296
  pagamentos
    internacionais, 296
    recebendo, 296
  transferências, 292
PDF, arquivos
  geral, 134
  vírus, 174
phishing, 18
  proteção contra, 19
Picasa, 239, 305, 306, 329

POP
configuração de e-mail, 152
IMAP versus, 151
pop-ups, 28, 127, 130–132, 248
privacidade
configurações do Facebook, 184
e-mail
cópia, 156
cópia oculta, 156
GPS, 23
rastreamento, 22
sensação de anonimato, 226
sites criptografados, 119

• Q •

quer
configurações de privacidade, 183
QuickTime, plug-in, 133

• R •

rádio, 330
reCAPTCHA, projeto, 340
Reddit, 215
configuração, 217
postando, 218
subreddits, 216
RJ-45, adaptadores, 61, 78, 81
roteadores, 73, 77, 78, 79, 80, 85
firewall, hardware, 25
firewall, software, 69, 70
RSS (Really Simple Syndication), 321, 322, 325

• S •

Safari, navegador
cookies, 128
download, 106
favoritos, 116
histórico
excluindo, 130
geral, 129
modo anônimo, 130
impressão de página, 111
página inicial, 123
plug-ins, 133
senhas, 126
Segurança
e-mail
conexões criptografadas, 119
phishing, 18
sensação de anonimato, 226
servidores
contas de e-mails, 151–152
Gmail/Outlook, 152
POP versus IMAP, 151
Skype
compartilhamento de tela, 214
smartphones
e-mail
configuração, 148–150
enviando, 148–150
lendo, 148–150
Facebook Messenger, aplicativo, 204
filtros de spam, 165
Twitter, aplicativo, 193
SMS, 193, 204
SMTP, 144, 149, 151, 152
SnapChat, 214
spam
filtros em smartphone e tablet, 165
Spam, 164–166
filtros, 164
spyware
antispyware, programas, 71
instalação oculta, 26

programas spyware, 71
vírus versus, 71
vulnerabilidade dos Macs, 26

• T •

tablets
e-mail
configurando, 148
enviando, 149
recebendo, 149
filtros de spam, 165
Twitter, aplicativo, 193
telefones
vulnerabilidade de smartphones, 27
Twitter, 191–202
aplicativos móveis, 193
assuntos do momento, 304
configurações de perfil, 196
configurações de privacidade, 197
hashtags, 198
mensagens diretas, 200
pesquisas
encontrando amigos, 194
pesquisas salvas, 196
respondendo/ retweetandotweets, 198–199
@, sinal de, 194

• U •

URLs (Uniform Resource Locators)
botão voltar, 96
configuração da caixa de mensagem, 142
copiar e colar, 110
nomes de domínio, 140
usuário, nome de, 141
USB (Universal Serial Bus), 62, 64, 66, 67, 82, 211
usuário, nome de
e-mail, 141
Twitter, 196

• V •

Viber
instalando, 213
vídeos
anexos de e-mail, 173
chamada
Google Hangouts, 190
Skype, 214
Viber, 212
compartilhando na rede, 265
Facebook, 179
filmes, 263, 330
Flash Player plug-in, 133
formatos de arquivos, 266
Netflix, 266
streaming/assistindo, 252
Viber, 212
vírus
anexos de e-mail, 174
software antivírus, 33
spyware versus, 71
worms versus, 25

• W •

webcams, 211
WEP, 83
Wi-Fi, 61
configuração, 57
ponto de acesso, 53, 55
redes públicas, 17, 29

segurança de e-mails, 58
Windows Media Player
arquivos MP3, 257, 259, 261
geral, 256
podcasts, 260
WMA, formato, 258
WPS, 86

• Y •

Yahoo!, Diretório, 241
Yahoo!, Grupos, 224
Yelp, 283